CINEMA FOR
FRENCH CONVERSATION

Le cinéma en cours de français

Fifth Edition

CINEMA FOR FRENCH CONVERSATION

Le cinéma en cours de français

Fifth Edition

Anne-Christine Rice
Tufts University

an imprint of
Hackett Publishing Company, Inc.
Indianapolis/Cambridge

A Focus book

Focus an imprint of
   Hackett Publishing Company

25 24 23 22   1 2 3 4 5 6 7

For further information, please address
   Hackett Publishing Company, Inc.
   P.O. Box 44937
   Indianapolis, Indiana 46244-0937

   www.hackettpublishing.com

Library of Congress Control Number: 2022932264

ISBN-13: 978-1-64793-013-4 (pbk.)
ISBN-13: 978-1-64793-014-1 (PDF ebook)

The paper used in this publication meets the minimum requirements of American National Standard for Information Sciences—Permanence of Paper for Printed Library Materials, ANSI Z39.48–1984.

∞

Table des matières

Préface

La première édition de *Cinema for French Conversation* a été publiée il y a 22 ans. Elle offrait une vision différente et nouvelle de l'enseignement du français. Le but de la méthode était d'utiliser le film comme tremplin pour amener les étudiants à s'exprimer et les ouvrir à la culture française. Pour les éditions suivantes, je me suis basée sur ma pratique de classe, ainsi que sur les recommandations de mes étudiants et de collègues utilisateurs du manuel. L'expérience de tous a permis le développement et l'enrichissement de la méthode.

Les films de la 5e edition :

- *Diplomatie* de Volker Schlöndorff apporte un éclairage innovant sur la Deuxième Guerre mondiale.
- Les 5 autres films offrent une vision de la France d'aujourd'hui : l'intégration d'adolescents étrangers (*La cour de Babel* de Julie Bertuccelli), le quotidien d'une femme de ménage d'origine algérienne et de ses deux filles (*Fatima* de Philippe Faucon), le difficile héritage d'un vignoble et la fabrication du vin (*Ce qui nous lie* de Cédric Klapisch), les aspirations d'une jeune fille douée pour le chant dans une famille sourde (*La famille Bélier* d'Eric Lartigau) et l'amitié entre deux hommes que tout semblait séparer (*Intouchables* d'Eric Toledano et Olivier Nakache).

Companion Website

Le companion website à **hackettpublishing.com/cinema-for-french-resources** est le site web qui accompagne le manuel. Il propose des lectures complémentaires, des interviews, des documents audio-visuels, des suggestions de films sur le même sujet. L'objectif est d'enrichir, d'approfondir et de prolonger l'étude du film.

Tout en restant fidèle au succès des éditions précédentes, *Cinema for French Conversation, 5th ed.* répond aux besoins et aux goûts des étudiants et aux attentes de leurs professeurs. Cette méthode innovante et efficace continue d'utiliser la richesse des films pour offrir de nombreuses activités d'approfondissement des connaissances linguistiques et culturelles.

Acknowledgments

I would like to express my gratitude to those who inspired and encouraged me along the way:

My students at Tufts University: a young, energetic, and enthusiastic group, a bright pool of ideas, and a constant source of amusement. Their spontaneous and candid participation in class discussions helped shape the book and they suggested many of the changes I have made.

The teams at Focus Publishing and Hackett Publishing: Ron Pullins believed in me and my ideas from the start. He published the first editions, and the book was adopted by hundreds of schools over time. Now it is a pleasure to work with Hackett Publishing, and I look forward to many productive years.

The following individuals for the time given, the advice and the thoughts shared:

Bella Goldstein-Belbéoch and Andrée Anglard for their willingness to share painful memories of the war; Gabriel Houdebine, Bernadette Gaillard, Philippe Séjourné, Lucienne Miège, and Joseph Séchet for their memories as youths during World War II; Vicenta Carmeiro and Marie-Annick Legendre for sharing their experience of life in the 1960s; Thomas Sertillanges for his generosity and his enthusiasm in opening his rich collection on *Cyrano de Bergerac*; André Lafargue for his photographs of Saint-Pierre-et-Miquelon; Nathalie and Jean-Claude Theulot for sharing their experience as winemakers in Burgundy.

My daughters Caroline and Aliénor and my parents for their love, support, understanding, and never-ending enthusiasm. They have discussed topics with me, offered suggestions, proofread chapters, encouraged me, and been patient!

Vocabulaire du cinéma

« le septième art » : le cinéma

Les films :

un film   *a movie*
une comédie   *a comedy*
un drame   *a drama*
un (film) policier   *a detective movie*
un film d'aventure   *an adventure film*
un film de cape et d'épée   *a cloak-and-dagger film*
un film d'action   *an action movie*
un film à suspense   *a thriller*
un film d'épouvante   *a horror movie*
un western   *a Western*
un film de science fiction   *a science fiction movie*
un documentaire   *a documentary*
un dessin animé   *a cartoon*
un film d'animation   *an animation film*
un film muet   *a silent film*
un film en noir et blanc   *a black-and-white film*
un long métrage   *a full-feature film*
un court métrage   *a short*
un film à succès   *a box-office hit*
un échec   *a flop*

L'équipe :

un(e) cinéaste   *a film director*
un(e) réalisateur (-trice)   *a director*
un(e) metteur (-euse) en scène   *a (stage) director*
un(e) scénariste   *a screenwriter*
un(e) producteur (-trice)   *a producer*
un(e) distributeur (trice)   *a distributor*

Les acteurs :

la distribution   *casting*
un(e) acteur (-trice)   *an actor / actress*
une vedette   *a star*
un rôle principal   *a starring role*
un second rôle   *a supporting role*
tenir un rôle   *to play a role*
interpréter un rôle   *to interpret a role*
le jeu d'un(e) acteur (-trice)   *the acting style (of an actor)*
un personnage   *a character*
un héros   *a hero*
une héroïne   *a heroine*

Les étapes :

écrire un scénario   *to write a screenplay*
tourner un film   *to shoot a film*
réaliser un film   *to make a movie*
jouer dans un film   *to appear in a film*

produire un film   *to produce a film*
distribuer un film   *to distribute a film*
la sortie du film (en salle, en DVD)   *the film's release*
la bande-annonce   *the trailer*
une critique   *a film review*

La technique :

la caméra   *the camera*
un zoom   *a zoom lens*
une scène   *a scene*
un gros plan   *a close-up*
un plan d'ensemble   *a long shot*
un travelling   *a tracking shot*
le décor   *set, scenery*
un costume   *a costume*
le maquillage   *make-up*
les accessoires   *props*
le son   *the sound*
le bruitage   *the sound effects*
la bande son   *the sound track*
la voix off   *the voice-over*
une musique de film   *a score*
un trucage   *a special effect*
les effets spéciaux   *special effects*
un cascadeur = une doublure   *a stuntman, stuntwoman*
le générique   *the credits*
le montage   *editing*
les sous-titres   *the subtitles*
un film sous-titré   *a film with subtitles*
en version originale = en v.o.   *in the original language*
doubler   *to dub*
un film doublé   *a dubbed film*

Note culturelle

En France les cinémas ne sentent pas le popcorn ! Les hôtesses vendent des glaces et des barres chocolatées mais en général les gens ne mangent rien.

Au cinéma :

un cinéma   *a movie theater*
une salle de cinéma   *a movie theater*
une affiche de cinéma   *a movie poster*
un billet   *a cinema ticket*
bénéficier d'un tarif réduit   *to pay a reduced price*
l'écran   *the screen*
une place   *a seat*
un siège   *a seat*
les spectateurs   *the audience*

un(e) cinéphile   *a movie buff*
un(e) critique de cinéma   *a film critic*
passer un film   *to show a movie*
projeter un film   *to show a movie*
aller au cinéma   *to go to the movies*
faire la queue   *to wait in line*
regarder un film   *to watch a movie*

Les festivals de cinéma :
la première   *the opening night*
une récompense   *an award*
un(e) nominé(e)   *a nominee*

Le Festival de Cannes : Il a lieu tous les ans en mai depuis 1939. Le prix principal est la Palme d'or.

Les César : L'Académie des arts et techniques du cinéma décerne les César chaque année depuis 1976. Cette distinction est comparable, en France, aux Oscars américains. Le nom de ce prix vient du sculpteur César qui a réalisé les statuettes remises aux vainqueurs (c'est la raison pour laquelle le mot ne se met jamais au pluriel).

Le Prix Lumière : Ce prix est décerné par 200 correspondants de la presse étrangère. Les frères Lumière étaient des pionniers du cinéma à la fin du XIXe siècle.

Le Prix Méliès : Il est décerné par le Syndicat français de la critique de cinéma et récompense le meilleur film français de l'année. Georges Méliès était un cinéaste au début du siècle.

Le Prix Louis-Delluc : Ce prix (décerné tous les ans depuis 1937) couronne le meilleur film français de l'année. Louis Delluc (1890-1924) était un cinéaste et est considéré comme le fondateur de la critique cinématographique.

L'Académie Nationale du Cinéma a été créée en 1982 et compte 40 membres (tous des personnalités du cinéma) qui décernent leur prix chaque année.

Comment exprimer votre opinion ?

je pense que   *I think that*
je crois que   *I believe that*
je trouve que   *I find that*
j'estime que   *I consider that*
je suppose que   *I suppose that*
il me semble que   *it seems to me that*

j'aime   *I like*
j'adore   *I love*
je déteste   *I hate*
je préfère   *I prefer*
cela m'est égal   *I don't mind*

à mon avis   *in my opinion*
personnellement   *personally*
je suis d'avis que   *I am of the opinion that*
je suis du même avis que   *I am of the same opinion as*
je partage l'opinion de   *I agree with*
je partage le point de vue de (qq)   *I share (someone)'s point of view*

je suis d'accord avec   *I agree with*
je ne suis pas d'accord avec   *I disagree with*
j'aimerais ajouter que   *I would like to add that*
je voudrais expliquer   *I would like to explain*
j'ai changé d'avis   *I changed my mind*

en ce qui me concerne   *as far as I am concerned*
j'ai l'impression que   *I am under the impression that*
il me semble que   *it seems to me that*
j'ai dans l'idée que   *I have an idea that*
je suis persuadé(e) que   *I am convinced that*
je suis convaincu(e) que   *I am convinced that*
je me demande pourquoi…   *I wonder why*
j'aimerais savoir pourquoi…   *I wonder why*
je doute que   *I doubt whether*
je mets en doute   *I question*
cela me fait penser à   *this reminds me of*
cela me rappelle   *this reminds me of*

Carte de France

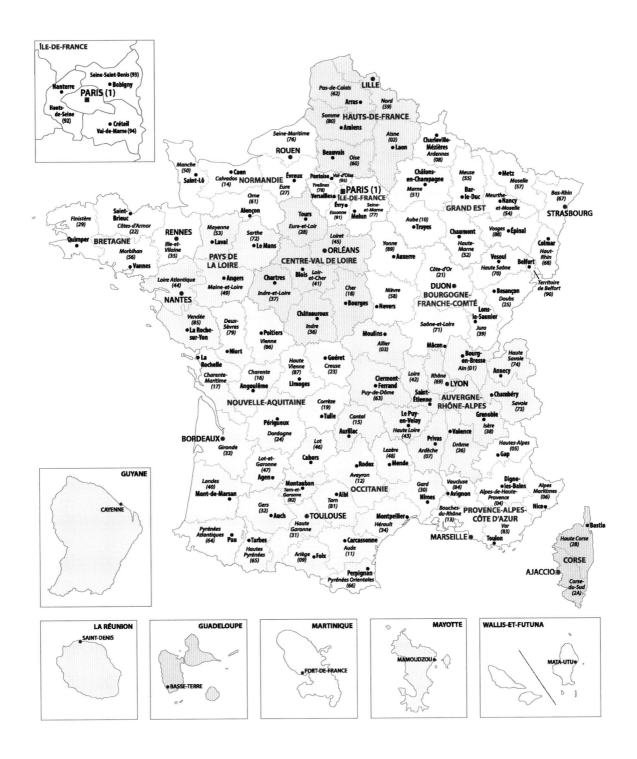

Inch'Allah dimanche

1974 — A savoir

Valéry Giscard d'Estaing (droite modérée) est élu président. Jacques Chirac est premier ministre.
Quelques réformes importantes :
- la majorité passe de 21 à 18 ans
- légalisation de l'IVG (avortement)
- suspension de l'immigration de travailleurs non-européens
- création d'un secrétariat d'Etat à la condition féminine

Présentation du film

1974 - Zouina quitte l'Algérie avec ses trois enfants pour rejoindre son mari qui vit en France depuis 10 ans. Dans une culture étrangère où elle vit en recluse Zouina doit faire face à un mari méfiant, une belle-mère tyrannique et méprisante et des voisins racistes. Pourtant, elle est forte, courageuse et déterminée et attend le dimanche pour braver les interdits.

Carte d'identité de la réalisatrice

Yamina Benguigui est née en 1957, en France, de parents algériens.

Son père est arrivé en France en 1950. Il n'était pas ouvrier mais militant politique et réfugié. Ses activités l'ont mené en prison et il a ensuite été assigné à résidence à Saint-Quentin pendant la guerre d'Algérie. Il travaillait dans la restauration, était musicien, et donnait des cours d'arabe et de solfège à ses enfants. Il a toujours rêvé de rentrer en Algérie mais ne l'a jamais fait.

La mère de Yamina est venue en même temps que son mari, en laissant derrière elle sa mère effondrée. Elle était berbère, donc n'a jamais porté le voile et elle pouvait sortir. C'était une femme rebelle mais attachée aux traditions. Elle a vécu longtemps avec son mari, puis a divorcé.

Yamina Benguigui a écrit le rôle de Zouina en pensant à Fejria Deliba. Elle avait le talent et l'expérience nécessaires au rôle.

Yamina Benguigui est la première femme française d'origine algérienne à réaliser un long métrage. Dans un métier où les femmes sont moins représentées et où les femmes arabes sont très rares, son travail a été remarqué et applaudi. Elle a néanmoins été obligée de rompre ses liens avec son père pour pouvoir réaliser son film. Il est finalement revenu vers elle après l'accueil très chaleureux que le film a reçu. Yamina est l'auteur de documentaires remarquables, entre autres *Femmes d'Islam* (1994), *Mémoires d'immigrés – L'héritage maghrébin* (1997), et *Le plafond de verre, les défricheurs* (2006). Elle a réalisé la série *Aïcha* en 2009, et *Sœurs* en 2019. Elle est aussi écrivain et a reçu le Prix de la Paix en 2003 pour son œuvre littéraire.

Carte d'identité des acteurs

Fejria Deliba a commencé sa carrière par le théâtre et a joué des rôles classiques. Son premier rôle au cinéma était pour *La bande des quatre* en 1988. Elle a ensuite eu de beaux rôles dans *Marie-Line* (2000) et *Inch'Allah dimanche* (2001). Elle a aussi joué dans des courts-métrages et des films pour la télévision, avant de passer derrière la caméra et de réaliser *D'une pierre deux coups* en 2016.

Zinedine Soualem était mime et acteur de théâtre avant d'avoir de nombreux seconds rôles au cinéma. On l'a notamment vu dans *La haine* (1995), *Un air de famille* (1996), *Mademoiselle* (2000), *Inch'Allah dimanche* (2001), *L'auberge espagnole* (2001), *Le démon de midi* (2005), *Bienvenue chez les Ch'tis* (2008), *Rien à déclarer* (2011), *Le ciel attendra* (2016) et *Chacun sa vie* (2017).

Rabbia Mokeddem n'est pas une actrice professionnelle mais est très crédible dans le rôle de la belle-mère. **Amina Annabi** est avant tout une chanteuse et compositrice appréciée et elle a joué dans quelques films. **Mathilde Seigner** est aimée pour sa franchise et son naturel. Elle peut être fière de sa filmographie dont on retient *Vénus Beauté Institut* (1999), *Harry, un ami qui vous veut du bien* (2000), *Une hirondelle a fait le printemps* (2001), *Camping* (2006), *Danse avec lui* (2007), *La guerre des boutons* (2011), *Bowling* (2012), *Une mère* (2015) et *Edmond* (2019). Enfin **Jalil Lespert**, d'origine franco-kabyle, a eu des rôles magnifiques depuis sa révélation dans *Ressources humaines* en 2000. Il a joué dans *Pas sur la bouche* (2003), *Le promeneur du Champ de Mars* (2005), *Le petit lieutenant* (2005) et *Premiers crus* (2015) et a réalisé *Yves Saint-Laurent* en 2014.

L'heure de gloire

Inch'Allah dimanche a remporté deux prix au Festival International du Cinéma au Féminin : meilleur film et meilleure actrice et Yamina Benguigui a reçu l'Etoile d'or au Festival International du Film de Marrakech. Enfin le film a été distingué au Festival International du Film de Toronto : la réalisatrice a reçu le prix de la critique internationale pour sa sensibilité, son humour et sa capacité à traiter des conditions de vie des femmes du tiers-monde, du racisme au quotidien et des tensions entre les cultures.

1   Vocabulaire

Vocabulaire utile avant de voir le film :

> Conseil aux étudiants : Vous connaissez déjà certains des mots de la liste. Ils sont notés pour que vous les révisiez. Vous devez savoir ce vocabulaire par cœur, avec les genres pour les noms, les prépositions pour les verbes et les orthographes difficiles. Observez bien les exemples, ils vous aideront à vous exprimer correctement.

Noms

les années 70 : *the 70s**
une loi : *a law*
la main d'œuvre : *the workforce / workers***
le mari : *the husband*
la belle-mère : *the mother-in-law*
une camionnette : *a van*
le/la voisin(e) : *the neighbor*
l'épicerie : *the grocery store*
un billet de 10 francs : *a 10-franc bill*
le chauffeur de bus : *the bus driver*
la liberté : *freedom*
la radio : *the radio****

une émission de radio : *a radio program*
une usine : *a factory*****
du maquillage : *make-up*****
un aspirateur : *a vacuum cleaner*
un cimetière : *a cemetery******

*Attention ! On ne dit jamais « les 70s » !
**C'est un nom singulier, même s'il a un sens pluriel. Attention à bien conjuguer le verbe au singulier. Ex : Plus de main d'œuvre <u>a</u> été embauch<u>ée</u>.
***Souvenez-vous que le verbe « écouter » n'est pas suivi d'une préposition comme en anglais. On dit donc : « écouter la radio ».
****Quand on les combine, c'est « une usine <u>de</u> maquillage ».
*****Attention à l'orthographe de ce mot !

Verbes

obéir à qq'un : *to obey s.o.*
surveiller qq'un : *to keep an eye on s.o.*
frapper qq'un : *to hit s.o.*
être frappé(e) par qqch : *to be struck by sth*
humilier qq'un : *to humiliate s.o.*
mépriser qq'un : *to look down on s.o.*
permettre / autoriser : *to allow**
avoir le droit de faire qqch : *to have the right to do sth***
sortir : *to go out*

rejeter qq'un : *to cast s.o. out*
avoir peur de : *to be afraid of*
sourire à qq'un : *to smile at s.o.*
souffrir de qqch : *to suffer from sth*
manquer à qq'un : *to be missed by s.o.****
braver : *to defy*
porter plainte contre qq'un : *to press charges against s.o.*****
se perdre : *to get lost*

*Comparez : Permettre <u>à</u> qq'un <u>de</u> faire qqch : Il permet à Zouina d'aller à l'épicerie.
Autoriser qq'un <u>à</u> faire qqch : Il autorise Zouina à aller à l'épicerie.
**Ne confondez pas « le droit » et « la droite » !
***Ex : Zouina manque à sa mère (*her mother misses Zouina*).
L'Algérie manque à Zouina (*Zouina misses Algeria*).
****Ex : Il a peur que les voisins portent plainte contre eux.

Adjectifs

algérien(ne) : *Algerian*

étranger (-ère) : *foreign*

déraciné(e) : *uprooted*

musulman(e) : *muslim*

isolé(e) : *isolated*

malheureux (-se) : *unhappy*

angoissé(e) : *anxious, worried sick*

révélateur (-trice) : *telling, revealing*

dominateur (-rice) / autoritaire : *domineering*

intransigeant(e) : *uncompromising*

possessif (-ve) : *possessive*

maladroit(e) : *awkward*

méfiant(e) : *suspicious*

hostile : *hostile*

interdit(e) : *forbidden*

injuste : *unfair*

divorcé(e) : *divorced*

célibataire : *single*

veuf (-ve) : *widowed*

Attention !
1ère phrase : Réfléchissez à la traduction de « to have their families come ». Ce n'est pas « avoir leur famille venir » !

Le regroupement familial

En 1974, le gouvernement français a décidé que la France n'avait plus besoin de nouveaux travailleurs étrangers. Il a alors voté une loi appelée « le regroupement familial » pour permettre aux familles des hommes (beaucoup d'Algériens mais aussi d'autres nationalités dont des Marocains et des Tunisiens) qui travaillaient en France de venir les rejoindre (ce qui n'était pas autorisé avant cette loi). Beaucoup de femmes et d'enfants ont alors quitté l'Algérie pour s'installer en France.

Traduisez !

1. In the 70s a law allowed the Algerian workers to have their families come.

2. Zouina is anxious because her mother-in-law keeps an eye on her, her husband hits her and she misses her mother.

3. She has two neighbors: one is divorced and works at the make-up factory, and the other is suspicious and presses charges against her.

4. Since she does not have the right to go out, she feels isolated and uprooted but she listens to the radio and she smiles at the bus driver.

2 Repères culturels

1. Les personnages du film viennent d'Algérie. Pour comprendre leurs origines, faites des recherches et répondez aux questions suivantes :

    a. Quel était le statut de l'Algérie de 1830 à 1962 ?

    b. Que s'est-il passé en 1954 ?

    c. L'Algérie a-t-elle obtenu son indépendance facilement ?

    d. Qui vivait en Algérie, en plus des 8 millions d'Algériens ?

2. Le film se passe à Saint-Quentin, en Picardie. Situez la ville et la région sur une carte de France.

Campagne près de Saint-Quentin

A savoir : L'histoire de l'immigration

En France : La France accueille des immigrés depuis le début du XIXe siècle mais la première grande vague d'immigration date du début du XXe siècle, avec l'arrivée des Belges et des Italiens. Pendant les années 30, ce sont les Polonais et les Espagnols qui s'installent en France. La deuxième guerre mondiale a un impact considérable sur l'économie du pays. Il faut reconstruire. La France encourage alors une très forte immigration, surtout des hommes d'Afrique du nord, d'Espagne et du Portugal. La crise économique des années 70 met un terme à cette immigration de masse. Depuis, les nouveaux arrivants viennent dans le cadre du regroupement familial ou sont des demandeurs d'asile. La France doit aussi faire face au problème de l'immigration clandestine.

En Picardie : La Picardie est une région qui attire les immigrés depuis longtemps, car ils y trouvaient du travail dans les mines, l'industrie textile et l'agriculture. Beaucoup d'Italiens et de Polonais sont arrivés dans les années 20 et 30, et ont été suivis par des Maghrébins et des Portugais après la guerre.

3. Observez les documents suivants sur l'immigration et répondez aux questions.

Part des immigrés dans la population totale

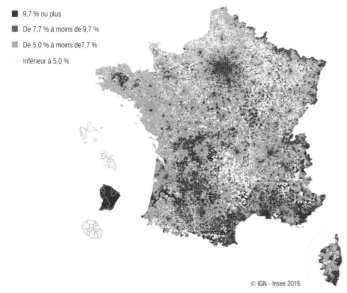

■ 9,7 % ou plus
■ De 7,7 % à moins de 9,7 %
■ De 5,0 % à moins de 7,7 %
  Inférieur à 5,0 %

© IGN - Insee 2016

Champ : France.
Source : Insee, recensement de la population de 2012, exploitation complémentaire.

Immigrés vivant en France en 2015 selon leur continent de naissance

Afrique : 44,6%	**Europe : 35,4%**
dont : Algérie : 12,8 Maroc : 12,0 Tunisie : 4,4 Sénégal : 1,6	dont : Portugal : 10,1 Italie : 4,6 Espagne : 4,0 Royaume-Uni : 2,4
Asie : 14,3%	**Amérique, Océanie : 5,6%**
dont : Turquie : 4,0 Chine : 1,7 Viet-Nam : 1,2 Cambodge : 0,8	dont : Haïti : 1,3 Brésil : 1,0 Etats-Unis : 0.6 Colombie : 0.4

Source : INSEE

a. Que remarquez-vous sur la carte de France ? Quelles sont les régions avec la plus forte concentration d'immigrés ?

b. De quelles régions du monde les immigrés viennent-ils ?

4. Un des personnages du film est une femme divorcée. Observez le graphique et répondez aux questions :

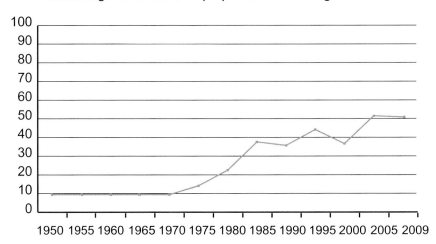

Pourcentage de divorces en proportion des mariages : 1950-2009

Sources : Statistiques de l'état civil et Ministère de la Justice.

a. Que s'est-il passé de 1950 à 1970 ?

b. Que remarquez-vous à partir de 1975 ? A votre avis, comment peut-on expliquer ce phénomène ?

L'Aïd

Les personnages vont célébrer l'Aïd, aussi appelé fête du sacrifice ou fête du mouton. C'est une des fêtes les plus importantes de l'année pour les musulmans. Il est traditionnel, pour les familles qui le peuvent, de sacrifier un mouton, et de partager des repas de fête en famille et avec des amis.

Le jeu des 1 000 francs

Dans le film les personnages écoutent à la radio (France-Inter) une émission qui s'appelle *Le jeu des 1 000 francs*. Créé en 1958, c'est le jeu le plus ancien à la radio française. Le but est de répondre à des questions sur des sujets variés. Ce jeu, aujourd'hui appelé *Le jeu des 1 000 euros*, a toujours du succès auprès des auditeurs.

3 Le contexte

Dans le film Zouina quitte l'Algérie pour aller s'installer dans une petite ville du nord de la France. Elle est accompagnée de ses trois enfants et de sa belle-mère autoritaire. Elle va rejoindre son mari qui est installé depuis 10 ans. Essayez de vous mettre à sa place.

1. Qu'est-ce qui va la frapper en arrivant ?

2. Comment va-t-elle être reçue par son mari ?

3. En quoi sa vie va-t-elle être différente ? Qu'est-ce qu'elle va regretter ? Qu'est-ce qui va lui manquer ? De quoi va-t-elle souffrir ?

4. Parlera-t-elle bien français ? Saura-t-elle lire et écrire ?
5. Pourra-t-elle sortir librement, aller faire ses courses et aller chercher ses enfants à l'école ?
6. Qu'est-ce qui pourra l'aider à s'adapter ?
7. Pensez maintenant aux conditions de vie des femmes françaises à l'époque. Etait-il facile d'être divorcée ou mère célibataire ? L'avortement a été légalisé cette année-là. Etait-ce pour autant bien accepté par la société ?

4   Bande-annonce

Allez sur le companion website (hackettpublishing.com/cinema-for-french-resources) pour regarder la bande-annonce et répondez aux questions suivantes :

1. Qu'apprend-on sur Zouina en lisant l'écran ?
2. Décrivez les activités de Zouina sur la bande-annonce.
3. Que voit-on de la ville et de la campagne ?
4. Qu'est-ce que la musique évoque ? Comment peut-on la décrire ?
5. Observez les autres personnages. Pouvez-vous deviner qui ils sont ?

5   A savoir avant de visionner le film

*   Durée : 1h38
*   Genre : Biographie / Tragi-comédie
*   Public : Adultes et adolescents.
*   Notes : *Inch'Allah Dimanche* est en partie autobiographique. Yamina Benguigui a basé son histoire sur les souvenirs de sa mère, sur les siens (pour le point de vue des enfants), et sur ceux des nombreuses femmes qu'elle a rencontrées pour son documentaire *Mémoires d'immigrés* en 1997.

    Le film contient quelques scènes de violence conjugale. C'est une chronique, parfois tendue, parfois drôle, souvent émouvante, de la vie quotidienne d'une famille immigrée en 1974.

    Le film est en arabe (puisque les personnages sont algériens) et en français.

![PREMIERE APPROCHE]

1 L'histoire

Le but de cette activité est double :
• Vérifier que vous avez bien compris l'histoire
• Vous préparer à la discussion en classe
Répondez à chaque question en une ou deux phrases. Utilisez le vocabulaire que vous avez appris.

Les personnages

Zouina
(Fejria Deliba)

Ahmed, son mari
(Zinedine Soualem)

Ali, Rachid et Amina

Aïcha, sa belle-mère
(Rabia Mokeddem)

M. et Mme Donze,
les voisins

Nicole Briat, la voisine
(Mathilde Seigner)

Mme Manant,
la veuve de colonel
(Marie-France Pisier)

Le chauffeur de bus
(Jalil Lespert)

Malika, l'autre Algérienne

Comment est-il possible qu'Ahmed soit en France depuis 10 ans, et que le couple ait de jeunes enfants?

Les hommes travaillaient beaucoup mais ils bénéficiaient des mêmes vacances que les employés français, qu'ils prenaient en général l'été. Certains en profitaient pour aller voir la famille en Algérie. Les enfants devaient avoir des anniversaires très proches...

1. **L'arrivée en France**
   - Observez les retrouvailles à la gare de Saint-Quentin. Qu'est-ce qui vous frappe ?
   - A quoi la camionnette fait-elle penser ?
   - Comment chaque personne réagit-elle en arrivant dans la maison ? Que font Ahmed, Zouina, la belle-mère et les enfants ?

2. **La belle-mère**
   - Comment Zouina est-elle traitée par sa belle-mère ? Qui commande ? Qui domine ?
   - Qu'est-ce que la conversation entre les enfants et leur grand-mère révèle et nous apprend ?
   - Comment voit-on que la belle-mère a une faille ? Son caractère épouvantable peut-il s'expliquer ?

3. **Voisins et amis**
   - Pourquoi a-t-on envie de rire quand on voit les Donze pour la première fois ?
   - Pourquoi Zouina se met-elle dans une telle furie contre Mme Donze ?
   - Qu'apprend-on sur la femme que Zouina rencontre au cimetière ?

4. **Différences culturelles**
   - Pour quelles raisons Mme Donze porte-t-elle plainte ? Qu'est-ce qui choque la belle-mère au contraire ? De quoi est-ce révélateur ?
   - Qu'est-ce que Nicole comprend en rendant visite à Zouina ? Qu'est-ce qu'elle va avoir envie de faire pour Zouina ?
   - Que ressentiez-vous pendant la scène où Ahmed déchire les pages du livre et détruit le maquillage ?

5. **Adaptation difficile**
   - Comment Zouina est-elle traitée à l'épicerie ? Etait-il prévu qu'elle achète de la viande ? Comprend-elle qu'elle achète à crédit ?
   - Qu'est-ce que l'incident impliquant l'aspirateur révèle sur Zouina ?

6. **Rencontre avec Malika**
   - Comment voit-on dès le début que Malika est très différente de Zouina ? Pourquoi la chasse-t-elle ?
   - Qu'est-ce qui rend la scène qui suit (quand Zouina crie et frappe à la porte) dramatique ?

7. **Recherche de liberté et émancipation**
   - Comment comprend-on rapidement que Zouina ne va pas se laisser faire ?
   - Pourquoi les enfants rentrent-ils seuls de l'école ? Pourquoi Zouina ne va-t-elle pas les chercher ?
   - Zouina est angoissée en rentrant chez elle, de peur que son mari ne découvre qu'elle est sortie. Comment les spectateurs ressentent-ils cette angoisse ? Que fait la caméra pour renforcer cette impression ?

- Qu'est-ce que le billet de 10 francs représente pour Zouina ?
- Qu'est-ce que Zouina découvre grâce à Nicole et la radio ?
- Pourquoi choisit-elle de prendre le bus alors que Mme Manant et le taxi l'attendent ?

8. **Ahmed**
   - Pourquoi Ahmed frappe-t-il sa femme après l'incident avec les Donze ? Quelle raison donne-t-il ?
   - A votre avis, que s'est-il passé entre les personnages avant l'arrivée du bus ? Pourquoi Ahmed change-t-il d'attitude ?

2 Analyse d'une photo

1. Où Zouina et Rachid sont-ils ?
2. Pourquoi Zouina sourit-elle ?
3. Que tient-elle, à part son fils et son sac à main ? De quoi est-ce révélateur ?
4. Comment peut-on décrire les couleurs dans cette scène ?

3 Analyse de citations

Analysez les citations suivantes en les replaçant dans leur contexte :

1. Madame Donze : « Mais qu'est-ce qu'elle fait avec son chaudron ? »
2. Nicole : « C'est quoi votre petit nom ? » « Zouina » « Hum, ça sent le sud, hein ! »
3. Ahmed : « On a les papiers en règle. »
4. Zouina : « Demain, c'est moi. Je vous emmène à l'école. »

APPROFONDISSEMENT

1 Vocabulaire

Enrichissez votre vocabulaire !

Le but de cette deuxième liste est d'élargir votre champ lexical. Ce vocabulaire ciblé sur des thèmes du film va vous permettre d'enrichir votre style.

L'immigration

émigrer : *to emigrate*
un(e) émigrant(e) : *an emigrant*

un(e) immigré(e) de la deuxième génération :
a second-generation immigrant

un(e) réfugié(e) (politique) : *a (political) refugee*
demander l'asile politique : *to seek political asylum*
s'expatrier : *to leave one's country*
un(e) expatrié(e) : *an expatriate*
s'exiler : *to go into exile*
immigrer : *to immigrate*
une vague d'immigrants : *a wave of immigrants*
l'immigration clandestine : *illegal immigration*
un passager clandestin : *a stowaway*
un(e) clandestin(e) : *an illegal immigrant*

une langue étrangère : *a foreign language*
un passeport : *a passport*
un visa : *a visa*
un permis de séjour / une carte de séjour :
    a residence permit
un(e) résident(e) permanent(e) :
    a permanent resident
une seconde patrie : *an adoptive country*
prendre la nationalité française : *to become a
    French citizen*

L'intégration

s'habituer à qqch : *to get used to sth*
s'adapter : *to adapt to*
être bien/mal accueilli(e) : *to be well/badly received*

une politique d'intégration des immigrés :
    a policy favoring the integration of immigrants
bien intégré(e) : *well-assimilated*

Mise en pratique du vocabulaire :

Ecrivez 5 phrases dans lesquelles vous utilisez au moins 10 mots de la liste ci-dessus.

2   Réflexion - Essais

Ces questions vont vous permettre d'approfondir l'étude du film. Ecrivez un paragraphe pour chacune, en utilisant le vocabulaire du chapitre et en soignant votre expression (vérifiez votre orthographe et votre grammaire). En faisant ce travail, vous vous préparez à la prochaine composition.

1. Que pensez-vous d'Ahmed ? Est-il foncièrement méchant ? Qu'est-ce qu'il essaie de faire ? La vie est-elle facile pour lui ? Pourquoi ne veut-il pas que Zouina ait des contacts avec l'extérieur ?

2. Le jardin est source de conflits. Que représente-t-il pour les Français ? Comment les Algériens l'utilisent-ils ?

3. Quel rôle la radio joue-t-elle ?

4. Analysez le rôle des personnages secondaires. Qu'est-ce que les Donze, Nicole, Mme Manant, le chauffeur de bus et Malika apportent à l'histoire et/ou à Zouina ?

5. Qu'est-ce qui et qui est-ce qui l'aide à surmonter les difficultés liées à l'immigration et à s'adapter ?

6. De quelle façon Zouina évolue-t-elle ? Qu'est-ce qu'elle a découvert, appris et compris à la fin ?

7. Pourquoi la réalisatrice a-t-elle choisi de faire mourir le mari de Mme Manant en Algérie ? Elle aurait pu être veuve pour une autre raison. Qu'est-ce que le lien avec la guerre d'Algérie apporte au film ?

8. Imaginez la famille dans 5, 10 ans.

9. La loi adoptée en 1974 semblait juste à l'époque : il était normal que les Algériens qui travaillaient en France depuis longtemps puissent faire venir leur famille. Qui n'avait pas été pris en considération ? Pour qui cette loi a-t-elle souvent été très dure ?

10. Est-ce un film féministe ? Qui est la pire personne ? Comment les femmes, les mères, la petite fille (Amina) et la jeune fille (la fille de Malika) sont-elles traitées ?

11. Finalement, qui rejette Zouina le plus : son nouveau pays ou sa propre culture ?

3 Analyse d'une scène : Le maquillage (1:13:10 à 1:16:40)

> ### Vocabulaire spécifique à cette scène
>
> un sac en plastique *(a plastic bag)* • la farine *(flour)* • risqué(e) *(risky)* • être conscient(e) de qqch *(to be aware of sth)* • être en tête-à-tête *(to be alone together)* • se maquiller *(to put make-up on)* • du rouge à lèvres *(lipstick)* • du parfum *(perfume)*

A. Ecoutez

1. Qu'est-ce qui montre que Nicole a compris certaines choses, mais pas tout, sur la situation dans laquelle Zouina se trouve ?

2. Qu'est-ce que Nicole essaie de faire en disant qu'elle ne veut plus avoir de mari ou de belle-mère ? Est-ce qu'elle est consciente que Zouina n'a pas les mêmes choix ?

3. Nicole veut prêter un livre à Zouina, mais elle en a oublié le titre. C'est sans doute *Le deuxième sexe* de Simone de Beauvoir. Faites quelques recherches : de quoi ce livre parle-t-il ?

4. Il nous semble évident que Zouina ne peut pas se joindre aux amies divorcées de Nicole. Pourquoi Nicole n'en est-elle pas consciente ?

B. Observez

1. Comment chaque femme est-elle habillée ?

2. Zouina ne parle pas beaucoup mais ses expressions sont faciles à lire sur son visage. Quelle est sa première réaction en découvrant le maquillage ? Que ressent-elle ensuite en « jouant » avec les produits ?

3. Qu'est-ce que Zouina a sur les mains quand elle ouvre le maquillage ? De quoi est-ce révélateur ?

4. Comment la caméra filme-t-elle le moment où Zouina cache le sac ?

C. Cette scène dans l'histoire

1. Qu'est-ce qui fait que cette scène est unique ?

2. Pourquoi est-elle importante pour Zouina ?

3. Qu'est-ce que Nicole découvre ?

4. Quelles vont être les conséquences de la scène ?

D. **Langue**

   1. **Tout**

      Complétez les phrases avec la forme correcte de « tout ».

      Ex : La belle-mère contrôle _____ ce que Zouina fait.
           La belle-mère contrôle <u>tout</u> ce que Zouina fait.

      a. Zouina est _____ contente de parler à Nicole car elle n'en
         a pas l'occasion _____ les jours.

      b. Zouina ne sait pas quelle couleur elle préfère. Elle les aime
         _____.

      c. Comme elle est divorcée, Nicole essaie de faire _____ ce
         qui l'amuse.

      d. Elle est _____ étonnée que Zouina ne puisse pas sortir
         avec ses amies.

      e. Zouina fait _____ ce qu'elle peut pour être une bonne
         mère.

      f. Comme elle ne pouvait pas garder les rouges à lèvres, elle les
         a _____ jetés.

   2. **Conjonction ou préposition ?**

      Reliez les deux phrases en choisissant la conjonction ou la
      préposition donnée entre parenthèses. Faites les changements
      nécessaires. Attention aux verbes !

      Ex : Le dimanche, Zouina peut sortir. Son mari ne le sait pas.
           (sans/sans que)
           Le dimanche, Zouina peut sortir <u>sans que</u> son mari le <u>sache</u>.

      a. Nicole a apporté le maquillage. Zouina est contente. (pour/pour
         que)

      b. Elle peut se reposer. Sa belle-mère n'est pas là. (à condition de/à
         condition que)

      c. Elle sent le parfum. Elle range la bouteille. (avant de/avant que)

      d. Elle cache le sac. Elle a peur d'être battue. (de peur de/de peur que)

      e. Les deux amies peuvent parler. La belle-mère ne les entend pas.
         (sans/sans que)

      f. Zouina ne pourra jamais mettre le maquillage. Elle est seule. (à
         moins de/à moins que)

   3. **Hypothèses**

      Formulez des hypothèses sur l'histoire en conjuguant les verbes
      suivants. Faites bien attention à la concordance des temps !

      Ex : Si la porte était fermée, le mouton ne _____
           (s'échapper) pas.
           Si la porte était fermée, le mouton ne <u>s'échapperait pas.</u>

      a. Si Zouina _____ (ne pas quitter) l'Algérie, elle aurait pu
         fêter l'Aïd avec sa famille.

      b. Si Ahmed avait l'esprit plus ouvert, il _____ (laisser) sa
         femme sortir.

      c. Si les Donze soignent bien leur jardin ils _____ (gagner)
         le premier prix.

d. Si la belle-mère _____ (traiter) mieux Zouina, elle serait plus gentille avec elle.

e. Si Zouina et Mme Donze étaient amies, elles _____ (pouvoir) écouter la radio ensemble.

f. Si les enfants _____ (aller) chez Mme Manant, ils pourront jouer dans le jardin.

g. Si Nicolas n'était pas venu, Zouina _____ (ne pas savoir) le nom de la famille algérienne.

h. Si elle revoit le chauffeur de bus, elle lui _____ (sourire).

E. **Comparaison avec une autre scène**

Comparez cette scène avec les deux autres visites chez Zouina : la première visite de Nicole (33:20) et la visite de Mme Manant (1:02:35).

Quelle est la différence frappante entre la scène du maquillage et les deux autres ? Quelle attitude Zouina a-t-elle ? Est-elle à l'aise ? Peut-elle dire la vérité ?

F. **Sketch**

Imaginez que la belle-mère soit entrée quand Zouina et Nicole regardaient le maquillage. Comment aurait-elle réagi ? Qu'aurait-elle dit ? Quelle attitude Nicole aurait-elle eue en comprenant que son cadeau allait causer des problèmes à Zouina ?

LE COIN DU CINEPHILE

1 Première / dernière scène

Vous allez comparer la première et la dernière scène. Comment Zouina et la belle-mère sont-elles présentées ? Qu'est-ce qui annonce le drame ? Dans quelle situation les deux femmes sont-elles à la fin ? Comment le comportement et le regard de Zouina ont-ils changé ?

2 La lumière

Comparez la lumière dans le port d'Alger, celle dans les rues de Saint-Quentin, et celle dans la maison de Zouina.

3 Le comique

Le film traite d'un sujet difficile, mais n'hésite pas à inclure des moments comiques qui dédramatisent et détendent l'atmosphère. Quels sont les personnages qui apportent un élément comique ? Pouvez-vous penser à certaines scènes qui sont drôles ?

4 Sous-titres

Les dialogues suivants sont extraits de la scène du cimetière. Zouina rencontre Mme Manant. Comparez le texte français et les sous-titres, et répondez aux questions.

1	Il ne faut plus verser de larmes. Cela fait de la peine aux défunts.	*No more tears. It hurts the dead.*
2	Bonjour ! Je vous présente Simca.	*Hello! This is Simca.*
3	Ecoutez Madame. Je suis perdue.	*Madame, please. I am lost.*
4	Avec les enfants je cherche la famille Bouira. La famille Bouira de l'Algérie.	*We are looking for the Bouiras. Bouira, from Algeria.*
5	Je vois, l'Algérie. Vous aussi, alors ?	*I see… Algeria. So, you too?*
6	Est-ce que je peux prendre le chien ?	*Can I play with the dog?*
7	Mais bien sûr !	*Yes, of course!*
8	[…] Il s'est fait écraser.	*[…] The dog was hit.*

a. 1ère réplique : Comment Mme Manant s'exprime-t-elle ? Les sous-titres sont-ils du même registre de langue ?

b. 4ème réplique : Comment « Avec les enfants » est-il traduit ? Cette différence est-elle gênante ?

c. 4ème réplique : Remarquez-vous une faute de grammaire dans la 2ème phrase ? Est-ce qu'on l'a toujours en anglais ?

d. 6ème réplique : Montrez que l'anglais interprète le français.

e. 8ème réplique : La phrase anglaise est au passif. Quelle structure a-t-on en français ?

AFFINEZ VOTRE ESPRIT CRITIQUE

1 Titre

Pourquoi le film s'appelle-t-il *Inch'Allah Dimanche* (« Dimanche, si Dieu le veut ») ? A quoi cela fait-il référence ?

2 La fin

La fin est-elle plausible ? Certains aspects sont-ils trop optimistes ? Qu'est-ce que la réalisatrice cherche à faire avec cette fin « conte de fée » ?

3 Modernité de l´histoire

Cette histoire vous semble-t-elle toujours d'actualité ?

4 Les critiques

1. Frédéric Strauss écrit dans *Télérama* (26 mars 2003) que « Face à cette ogresse [la belle-mère], face à son mari, Zouina est une femme-enfant privée de toute liberté. » Etes-vous d'accord ? Pensez-vous aussi que Zouina est une femme-enfant ?

2. « Yamina Benguigui passe à la fiction, avec toujours au cœur le souci de marier travail de mémoire et esprit de réconciliation. »

C'est ce que conclut Michel Guilloux dans un article de *l'Humanité* (5 décembre 2001). Pouvez-vous expliquer ce qu'il veut dire par le « travail de mémoire » accompli par la réalisatrice, et citer des exemples de son « esprit de réconciliation » ?

POUR ALLER PLUS LOIN

1 Parallèles avec d'autres films

1. **Autobiographie :** *Inch'Allah dimanche* et *Au revoir les enfants* sont des films en partie autobiographiques. Les réalisateurs ont écrit une histoire basée sur leurs souvenirs. Qu'est-ce que ces deux autobiographies ont en commun ? En quoi sont-elles différentes ?

2. **Femmes battantes :** Plusieurs films font le portrait de femmes qui se battent : Zouina (*Inch'Allah dimanche*), Mme La (*La veuve de Saint-Pierre*), Maria (*Les femmes du 6e étage*), Fatima (*Fatima*) et Juliette (*Ce qui nous lie*). Contre qui et quoi se battent-elles ? Qu'espèrent-elles ? Réussissent-elles à obtenir ce qu'elles veulent ?

3. **Intégration :** *Inch'Allah dimanche*, *Fatima* et *La cour de Babel* présentent des étrangers qui cherchent à s'intégrer en France. Qui, parmi les adultes (Fatima, ainsi que les parents et la grand-mère dans *Inch'Allah dimanche*), les adolescents de *la Cour de Babel*, et les enfants de *Inch'Allah dimanche* s'intègre le mieux ? Pourquoi ?

4. **Films multilingues :** *Inch'Allah dimanche*, *Joyeux Noël*, *Welcome*, *Les femmes du 6e étage* et *Fatima* sont en français mais aussi en arabe, anglais, allemand, kurde et espagnol. Quels problèmes particuliers cela pose-t-il au réalisateur ?

2 Les personnages secondaires

On ne sait pas grand-chose des personnages secondaires, de leur vie, de leur passé. Choisissez deux personnages dans la liste suivante et écrivez (en inventant) l'histoire de chacun. D'où viennent-ils ? Qu'ont-ils vécu avant qu'on ne les rencontre dans le film ?

Mme Donze	M. Donze	Nicole
Mme Manant	le chauffeur de bus	Malika

3   Lectures

Les articles qui suivent sont tirés de l'excellent site de la Cité nationale de l'histoire de l'immigration (www.histoire-immigration.fr).

1.   Dans quels secteurs économiques sont employés les travailleurs immigrés ?

Une population traditionnellement employée dans l'industrie et la construction

Depuis la deuxième moitié du XIXe siècle, les travailleurs immigrés ont généralement occupé des emplois peu qualifiés dans les secteurs économiques qui connaissaient des pénuries[1] de main-d'œuvre. Après les deux Grandes Guerres,[2] ils ont répondu massivement aux besoins de reconstruction du pays tout en alimentant les secteurs de la mine, du textile, du bâtiment et de l'industrie sidérurgique[3] et métallurgique. Employés majoritairement dans l'industrie et la construction, ils étaient également présents dans une moindre mesure dans le secteur agricole comme travailleurs saisonniers.

À partir des années 1970, le déclin de ces industries a entraîné des nombreux licenciements[4] et/ou mises en préretraite[5] qui ont particulièrement touché les travailleurs immigrés.

… et qui est aujourd'hui de plus en plus présente dans le secteur tertiaire

De nos jours, les travailleurs immigrés restent toujours présents dans les secteurs industriels comme celui de la construction (près de 14 % des actifs en 2002), qui constitue selon l'Insee une "spécialisation sectorielle" des hommes immigrés, mais aussi dans le bâtiment et travaux publics, l'industrie automobile ou des biens intermédiaires. Néanmoins ces secteurs sont peu attractifs en raison de la dureté des conditions de travail et de la faiblesse des rémunérations.[6] Un peu plus de 3 % des actifs immigrés travaillent en 2002 dans le secteur agricole.

Par ailleurs, la croissance[7] du secteur tertiaire[8] dans l'économie française a eu des effets plus marqués sur l'emploi des travailleurs immigrés qui y étaient moins représentés. Ainsi, comme le reste de la population active en France, ils travaillent désormais principalement dans le secteur tertiaire (plus de 66 % des actifs immigrés en 2002) : dans l'hôtellerie et la restauration, dans les services aux entreprises qui ont externalisé certaines tâches comme le secteur du gardiennage,[9] du nettoyage[10] et de la sécurité (plus de 16 % des actifs immigrés) ou dans les services aux particuliers (dont les services domestiques) où ils sont plus de 15 % des actifs contre 7,8 % des actifs non immigrés en 2002.

Leur présence augmente également dans les secteurs de l'éducation, de la santé et de l'action sociale (plus de 11 % des actifs immigrés en 2002), en raison de la progression constante du niveau de formation des immigrés depuis une vingtaine d'années.

Sources : INSEE, Les Immigrés en France, édition 2005, Paris, pp. 116-117

1   shortages
2   1914-18 and 1939-45
3   steel
4   layoffs
5   early retirement
6   pay
7   growth
8   service sector
9   caretaking (of a building)
10 cleaning

a.   De 1950 à 1970, dans quels domaines les immigrés travaillaient-ils ? Pourquoi ?

b.   Que s'est-il passé dans les années 70 ?

c.   Quelles sont les tendances actuelles ?

2. Les migrations de femmes sont-elles différentes de celles des hommes ?

Un phénomène peu connu

Si les femmes ont de tout temps émigré à l'étranger, parfois seules comme les Espagnoles dans les années 1950, plus souvent pour accompagner leur conjoint[1] dans l'exil, et plus massivement pour rejoindre leur conjoint, comme à partir de l'arrêt de l'immigration de travail salarié décidé par l'État en 1974, dans le cadre du regroupement familial, la question des migrations de femmes est restée une réalité peu connue en France, comme dans la plupart des pays occidentaux.

L'image de l'homme seul, migrant pour des raisons économiques ou politiques, est restée prégnante[2] dans les représentations de l'immigration et elle a fait de la migration féminine un phénomène marginal ou de second rang.

Mais de plus en plus important

Pourtant, la migration des femmes ne cesse de croître depuis plusieurs décennies et marque ainsi un changement conséquent[3] dans le profil de l'immigration dans le monde. De plus en plus de femmes, jeunes célibataires, ou ayant déjà une famille à charge,[4] partent seule à l'étranger pour trouver du travail et s'installer plus ou moins durablement. C'est une des nouvelles particularités des migrations d'aujourd'hui.

Cette réalité s'explique principalement par deux facteurs : l'aspiration des femmes à gagner plus d'indépendance à travers la migration, et le fait que les femmes sont parfois plus qualifiées que les hommes pour répondre à certains emplois dans des secteurs où les pénuries de main d'œuvre sont fortes, comme les services aux particuliers,[5] ou dans l'éducation, la santé et l'action sociale.

Les femmes sont aussi les premières victimes de guerres ou de conflits politiques, de déplacements liés à des catastrophes écologiques, des famines ou des épidémies. Elles sont aussi des victimes des violences, réelles ou symboliques, faites à leur encontre[6] dans certains contextes culturels. C'est pourquoi leur pourcentage augmente parmi les populations réfugiées ou déplacées.

Enfin, la part des femmes migrant à l'étranger pour y faire des études augmente sensiblement depuis la fin des années 1990. En France, elle atteint plus de la moitié des effectifs étudiants en 2005 selon les nationalités.

> **Services aux particuliers**
>
> En France, les services aux particuliers sont très développés. Ils incluent les gardes d'enfants, les aides aux personnes âgées, le ménage et le repassage, le soutien scolaire et les cours particuliers, le jardinage, le bricolage, la cuisine, la livraison de courses, les soins aux animaux, etc.

1 spouse
2 powerful
3 substantial
4 with a dependent family
5 domestic help
6 against them

a. Dans quelles circonstances les femmes ont-elles surtout émigré ?
b. Pourquoi est-ce que de plus en plus de femmes partent seules aujourd'hui ?

3. Les Français émigrent-ils à l'étranger ?

Les Français aussi émigrent et deviennent des immigrés dans les pays où ils s'installent. Au 31 décembre 2010, selon les registres des consulats et ambassades, les Français expatriés étaient 1 504 001 (+ 2,3 % par rapport à 2009). Depuis une dizaine d'années (2000), avec une hausse de 3 à 4 % en moyenne par an, leur nombre a augmenté de près de 50 %.

Les inscriptions sur les registres consulaires étant facultatives, pour le ministère des Affaires étrangères, « *la population totale française à l'étranger est estimée à plus de deux millions de ressortissants* ».

Les Français à l'étranger résident pour près de la moitié dans un pays européen, 20 % en Amérique du Nord, 15 % en Afrique et, en progression ces dernières années, 9 % au Proche et Moyen-Orient (Jérusalem, Emirats arabes unis, Arabie saoudite) et 7 % en Asie et Océanie (Chine, Singapour et Thaïlande).

Pourquoi les Français s'expatrient-ils ?

L'expatrié français est un homme ou une femme, jeune en général. Selon une étude TNS-Sofres d'avril 2005 : 33 % des Français travaillant à l'étranger ont entre 41 et 59 ans, 24 % entre 25 et 30 ans et 20 % entre 31 et 35 ans. Ainsi 44 % des Français à l'étranger auraient moins de 35 ans (*Le Figaro*, 24 février 2006). Ce sont des personnes qualifiées (diplômés de l'enseignement supérieur, niveau Bac + 2, Bac + 3 ou plus) : cadres[1] commerciaux, administratifs, financiers, ingénieurs, professionnels de la santé et de l'éducation, diplômés en informatique et autres chercheurs.

L'enquête[2] annuelle réalisée par la Maison des Français de l'Etranger (MFE) en 2010 indique que ces départs sont motivés par les difficultés à obtenir un emploi en France. Les jeunes diplômés expatriés se déclarent victime d'un manque de « *confiance aux juniors* » ou de « *discriminations* » en raison de leurs origines. Est dénoncée aussi une dégradation des relations humaines dans l'entreprise et plus largement dans la société française.

Parmi les autres raisons qui expliquent pourquoi de plus en plus de Français décident de s'expatrier ou d'émigrer : le coût de la vie, le goût du soleil, le goût des autres et la recherche de « *chaleur humaine* ». Les plus de 60 ans sont de plus en plus nombreux à s'installer à l'étranger. Ils étaient 203 128 inscrits en 2010 (208 730 en 2009). Selon la presse marocaine, ils seraient entre 40 000 et 50 000 au Maroc, une des principales destinations.

Pour le démographe Hervé Le Bras, la France qui s'inquiète d'être submergée par l'immigration est en train de devenir un pays d'émigration et ce sans se donner les moyens et les outils statistiques d'en saisir les causes et les conséquences sur sa démographie.

Mustapha Harzoune, 2012

Français résidant à l'étranger : les 5 premiers pays d'accueil en 2018

Suisse	189.000
Etats-Unis	165.000
Royaume-Uni	146.000
Belgique	124.000
Allemagne	113.000

Note : Français inscrits au registre des consulats
Source : https://www.diplomatie.gouv.fr

1 managers, executives
2 survey

a. Quelles sont les zones géographiques préférées des Français installés à l'étranger ?

b. Quel est le profil typique des expatriés français ?

c. Pourquoi certains Français s'expatrient-ils ?

Récapitulons !

Que savez-vous maintenant sur :
- l'histoire de l'Algérie ?
- l'immigration algérienne en France ?
- la situation des femmes dans les années 70 ?
- l'intégration des femmes et des enfants dans la société française ?

La cour de Babel

Présentation du film

Ils s'appellent Abir, Andromeda, Djenabou, Miguel et Oksana. Ils ont entre 11 et 16 ans et sont tous dans la même classe d'accueil d'un collège parisien. Ils viennent du monde entier, sont arrivés en France récemment et sont dans cette classe pour apprendre le français. Ils vont aussi se faire des amis, surmonter des conflits, s'inquiéter pour leurs parents, se rebeller, découvrir la culture française et celle de leurs camarades, en étant guidés et encouragés par leur professeur Brigitte Cervoni.

Carte d'identité de la réalisatrice

Julie Bertuccelli (née en 1968) a d'abord fait de solides études de lettres avant de s'orienter vers le cinéma. Elle a travaillé comme assistante pendant des années et avec de nombreux réalisateurs, notamment Kieślowski et Tavernier. Elle a réalisé une dizaine de documentaires avant de tourner son premier film de fiction, *Depuis qu'Otar est parti*, en 2003, et pour lequel elle a remporté le César de la meilleure première œuvre. Dans son deuxième film de fiction, *L'arbre*, elle s'est intéressée à une famille australienne en deuil. Elle est revenue au documentaire avec *La cour de Babel* (2013) et *Dernières nouvelles du cosmos* (2016) sur une jeune poète qui ne peut ni parler ni écrire mais qui communique en utilisant des lettres individuelles. Elle a changé de registre dans son dernier film, *La dernière folie de Claire Darling* (2019), dans lequel Catherine Deneuve joue une femme sûre d'être sur le point de mourir et qui se débarrasse donc de toutes ses affaires.

Carte d'identité des acteurs

Tous les personnages du film, l'enseignante et les élèves, sont filmés de façon spontanée. Ils sont eux-mêmes, ils ne jouent pas.

L'heure de gloire

Le film a été nommé pour le César du meilleur film documentaire.

1 Vocabulaire

Vocabulaire utile avant de voir le film :

> Conseil aux étudiants : Vous connaissez déjà certains des mots de la liste. Ils sont notés pour que vous les révisiez. Vous devez savoir ce vocabulaire par cœur, avec les genres pour les noms, les prépositions pour les verbes et les orthographes difficiles. Observez bien les exemples, ils vous aideront à vous exprimer correctement.

Noms

un documentaire : *a documentary*

un(e) élève : *a student*

un(e) adolescent(e) : *a teenager*

un(e) enseignant(e) = un(e) professeur(e) : *a teacher**

un collège : *a middle school*

une classe d'accueil : *a reception class*

une classe de rattachement : *a mainstream classroom*

un(e) camarade de classe : *a classmate*

la langue maternelle : *the mother tongue*

le niveau scolaire : *academic level*

le niveau de français : *level of French*

la cour de récréation : *school playground*

le bulletin : *the report card*

le français langue seconde : *French as a second language*

l'intrigue : *the plot*

une assistante sociale : *a social worker*

un tuteur / une tutrice : *a guardian*

un(e) avocat(e) : *a lawyer, an advocate*

le conservatoire : *music conservatory*

un violoncelle : *a cello*

un voile : *a headscarf*

une dispute : *a quarrel*

un préjugé : *a prejudice, bias*

un festival de courts métrages : *a short film festival*

* Traditionnellement, le mot « professeur » n'a pas de forme féminine, mais en mars 2019 l'Académie française a approuvé la féminisation de toutes les professions.

Verbes

venir du monde entier : *to come from all over the world*

échapper à qq'un/qqch : *to escape from s.o./sth*

être persécuté(e) par qq'un : *to be persecuted by s.o.*

être menacé(e) par qq'un : *to be under threat*

être scolarisé(e) : *to attend school*

poursuivre ses études : *to continue one's studies*

s'intégrer (dans la société) : *to be integrated (into society)*

se faire des ami(e)s : *to make friends*

s'entraider : *to help one another*

être soutenu(e) par qq'un : *to be supported by s.o.*

applaudir : *to cheer / to clap*

avoir le mal du pays : *to be homesick*

rejoindre qq'un : *to join s.o.*

faire des fautes : *to make mistakes*

s'accrocher : *to hang in there*

progresser : *to improve*

encourager qq'un : *to encourage s.o.*

protéger qq'un : *to protect s.o.*

se détendre : *to relax*

s'épanouir : *to blossom, to open up*

remporter un prix : *to win an award*

manquer à qu'un : *to be missed by s.o.* *

se sentir exclu(e) / inclus(e) : *to feel excluded / included* **

être méprisé(e) par qq'un : *to be despised by s.o.*

acquérir des connaissances : *to gain knowledge* ***

se taire : *to keep quiet*

être à l'aise : *to be comfortable* ****

faire confiance à qq'un : *to trust s.o.* *****

redoubler : *to repeat a year* ******

faire une demande d'asile : *to apply for asylum*

remplir des papiers : *to fill out papers*

être dans l'incertitude : *to face uncertainty*

être dans une situation précaire : *to be in a precarious situation*

obtenir ses papiers : *to get one's papers*

* Comparez : Ma grand-mère me manque. (*I miss my grandmother.*)
Je manque à ma grand-mère. (*My grandmother misses me.*)
** Attention aux participes passés différents !
*** La conjugaison de ce verbe est difficile : Elle acquiert, ils acquièrent, elles ont acquis des connaissances.
**** « à l'aise » est invariable. Ne le mettez pas au pluriel ! Ex : Les élèves sont à l'aise.
***** Ex : Les élèves font confiance à Brigitte Cervoni. Ils lui font confiance.
****** Ex : Elle n'a pas le niveau pour passer en 3e. Elle va redoubler sa 4e.

Adjectifs

étranger (-ère) : *foreign*

allophone : *allophone* *

courageux (-euse) : *brave*

seul(e) : *alone, lonely*

fier (-ère) : *proud*

ambitieux (-euse) : *ambitious*

drôle : *funny*

spontané(e) : *spontaneous, natural*

(in)tolérant(e) : *(in)tolerant*

déraciné(e) : *uprooted*

perturbé(e) : *troubled*

rebelle : *rebellious*

puni(e) : *punished*

déçu(e) : *disappointed*

renfermé(e) : *withdrawn*

mûr(e) : *mature*

touchant(e) : *touching*

émouvant(e) : *moving*

bienveillant(e) : *benevolent*

compatissant(e) : *empathetic*

enrichissant(e) : *rewarding, enriching*

soudé(e) : *tight-knit*

* Une personne allophone est une personne qui ne parle pas la langue du pays où elle vit. Le terme est utilisé en anglais aussi.

Traduisez !

1. In the middle school's reception class, the students come from all over the world.

2. The students are uprooted and troubled, but they help one another, and they improve.

3. They are in France for different reasons: the family was under threat, they could not continue their studies, or they came to join a family member.

4. Their benevolent teacher encourages them. They trust her.

Les classes au college

6e (Sixième) : 6th grade
5e (Cinquième) : 7th grade
4e (Quatrième) : 8th grade
3e (Troisième) : 9th grade
Le collège dure 4 ans et le
lycée 3 ans (Seconde, Première,
Terminale)

2 Repères culturels

1. Les classes d'accueil : Le film a été tourné dans une classe d'accueil, aujourd'hui appelée UPE2A (Unité pédagogique pour élèves allophones arrivants). Pour qui sont-elles organisées ? Quel est leur objectif ? Qu'est-ce que les élèves étudient principalement ?

2. La Tour de Babel : Le titre du film, *La cour de Babel*, fait référence à la Tour de Babel, un épisode de la Bible. Que se passe-t-il dans cette histoire ?

3 Le contexte

Dans le film, les élèves arrivent de pays très différents et parlent plus ou moins français. Quelles difficultés vont-ils avoir pour vivre en groupe ? Qui, et qu'est-ce qui, peut les aider à se comprendre ? Qu'est-ce qui va les rassembler ?

Population du 10e arrondissement

Le film se passe dans le 10e arrondissement de Paris, où la population est très mélangée. Parmi les habitants, 30% sont immigrés.

4 Bande-annonce

Allez sur le companion website (hackettpublishing.com/cinema-for-french-resources) pour regarder la bande-annonce et répondez aux questions suivantes :

1. Que font les élèves au début ?

2. Quelles activités les élèves ont-ils dans la classe ?

3. Qu'apprend-on sur certains élèves en regardant cette bande-annonce ?

4. Qu'est-ce qui les frustre ?

DELF

Le Diplôme d'Etudes en Langue Française est basé sur un examen organisé par le Ministère de l'Education nationale. Les élèves sont évalués dans 4 domaines : compréhension orale, compréhension écrite, expression orale, expression écrite. C'est un examen important pour les élèves en classe d'accueil.

5 A savoir avant de visionner le film

- Durée : 1h29
- Genre : Documentaire
- Public : Tous publics
- Note : La réalisatrice et l'enseignante se sont rencontrées à un festival de films scolaires. Elles se sont mises d'accord pour que Julie Bertuccelli vienne dans la classe de Brigitte Cervoni toute l'année deux fois par semaine. Il a fallu obtenir la permission de la direction du collège, ainsi que de toutes les familles des élèves de la classe. Au début, les élèves étaient distraits par sa présence à côté de leur enseignante, mais ils se sont vite habitués.

PREMIÈRE APPROCHE

1   L'histoire

Le but de cette activité est double :
• Vérifier que vous avez bien compris l'histoire
• Vous préparer à la discussion en classe
Répondez à chaque question en une ou deux phrases. Utilisez le vocabulaire que vous avez appris.

Les personnages

Abir Tunisie	Agnieszka Pologne	Andromeda Roumanie	Daniil Biélorussie	Djenabou Guinée
Eduardo Brésil	Felipe Chili	Kessa Royaume-Uni	Luca Irlande du Nord	Maryam Libye
Miguel Venezuela	Mihajlo Serbie	Naminata USA/Côte d'Ivoire	Nethmal Sri Lanka	Oksana Ukraine
Rama Mauritanie	Xin Chine	Yong Chine	Youssef Maroc	Brigitte Cervoni L'enseignante

1. **Les élèves**
   - Pourquoi sont-ils venus en France ? Ont-ils des raisons similaires ? Ont-ils choisi de venir ?
   - Ont-ils tous le même niveau de français ?
   - Qu'est-ce qui les différencie ? Qu'ont-ils en commun ?
   - Quelles responsabilités ont-ils dans leur famille ?
   - Le cas spécifique de Maryam : pourquoi quitte-t-elle la classe au milieu de l'année ?

   > Verdun est une petite ville de Lorraine, dans l'est de la France, à 224 km de Paris. Elle est surtout connue pour la terrible Bataille de Verdun, qui a eu lieu pendant 10 mois pendant la Première Guerre mondiale.

2. **La classe d'accueil**
   - Les élèves sont-ils bien accueillis dans cette classe ?
   - Progressent-ils rapidement en français ?
   - Qu'est-ce que les élèves découvrent, en plus de la langue française ?
   - Semblent-ils intéressés ? bien intégrés ? heureux ?
   - Comment se comportent-ils le dernier jour ?

3. **L'enseignante, Brigitte Cervoni**
   - Décrivez son approche pédagogique. Qu'est-ce qui la caractérise ?
   - Que représente-t-elle pour les élèves ?
   - Comment gère-t-elle les conflits au sein de la classe ?
   - Quel projet professionnel a-t-elle pour la suite de sa carrière ?

4. **Les activités en classe**
   - Les élèves sont encouragés à apporter et présenter un objet de la maison. Pourquoi cette activité est-elle importante pour eux ?
   - Pourquoi la prof a-t-elle choisi de faire un court-métrage avec ses élèves ?

5. **Les relations avec les familles**
   - Comment Brigitte Cervoni communique-t-elle avec les familles ?
   - Est-elle toujours d'accord avec les familles ?

6. **L'année scolaire**
   - Comment voit-on que le temps passe ?

2 Analyse d'une photo

1. Que font les élèves pendant cette scène ?
2. Que montre Eduardo ?
3. Pourquoi est-ce important pour lui ?

3 Analyse de citations

Analysez les citations suivantes en les replaçant dans leur contexte :

1. Andromeda : « Je suis venue en France pour faire un futur. »
2. Kessa : « Ils ont toujours dit, si tu apprends le français et l'anglais, ça c'est la clé de partout. »
3. Rama : « Je suis venue en France pour devenir une femme libre. »
4. Brigitte Cervoni à Mihajlo : « C'est toi l'interprète de la famille. Tout repose sur toi. »

APPROFONDISSEMENT

1 Vocabulaire

Enrichissez votre vocabulaire !

> Le but de cette deuxième liste est d'élargir votre champ lexical. Ce vocabulaire ciblé sur des thèmes du film va vous permettre d'enrichir votre style.

Apprendre une langue :

l'alphabet : *the alphabet*
la prononciation : *pronunciation*
mémoriser : *to memorize*
faire des fiches : *to make flash cards*
conjuguer : *to conjugate*
imiter : *to imitate, to mimic*
faire des gestes : *to make gestures*
le contexte : *the context*
s'exprimer : *to express oneself*
communiquer : *to communicate*

se faire comprendre : *to make oneself understood*
avoir un accent : *to have an accent*
un malentendu : *a misunderstanding*
pratiquer régulièrement : *to practice regularly*
se lancer : *to go for it*
prendre des risques : *to take risks*
être patient(e) : *to be patient*
s'immerger dans la langue : *to immerse oneself*
s'améliorer : *to improve oneself*
un séjour linguistique : *a language trip*

S'intégrer dans un nouveau pays :

déménager : *to move (out)*
aménager : *to move (in)*
explorer la ville, le quartier : *to explore the city, the neighborhood*
trouver du travail : *to find a job*
s'abonner à un forfait téléphonique : *to sign up for a phone plan*

rencontrer ses voisins : *to meet one's neighbors*
apprendre à utiliser les transports en commun : *to learn how to use public transportation*
obtenir un permis de séjour : *to get a residence permit*
obtenir la citoyenneté : *to get citizenship*

Mise en pratique du vocabulaire :

Ecrivez 5 phrases dans lesquelles vous utilisez au moins 10 mots de la liste ci-dessus.

2 Réflexion - Essais

1. Quels sont les facteurs qui aident certains des élèves à très bien réussir ? Quels blocages d'autres rencontrent-ils ?
2. Comment le groupe évolue-t-il ? La dynamique entre les élèves change-t-elle ?
3. Qu'est-ce qui contribue à la cohésion progressive du groupe ?
4. Peut-on dire que Brigitte Cervoni est l'avocate de ses élèves ?
5. L'apprentissage de la langue française est une source de frustration pour ces adolescents qui font des erreurs et ont un accent. Qu'est-ce qui les frustre en particulier ?
6. Quel rôle l'école en général, et cette classe d'accueil en particulier, a-t-elle ? Quelles sont ses responsabilités ? Et ses limites ?
7. Certaines personnes dénoncent les classes d'accueil et recommandent l'immersion totale, en disant que les élèves progressent plus vite. Qu'en pensez-vous ?
8. Aujourd'hui beaucoup de pays d'Europe, et la France en particulier, ont des politiques restrictives en matière d'immigration. Les immigrés sont parfois associés aux problèmes d'insécurité et de chômage. Quelle vision de l'immigration ce film donne-t-il ?

3 Analyse d'une scène : Les adieux (de 1:21:00 à 1:26:08 après le début)

> ## Vocabulaire spécifique à cette scène
>
> les adieux *(good-byes)* – un bouquet de fleurs *(a bunch of flowers)* – ressentir *(to feel)* – ému(e) *(moved)* – pleurer *(to cry)* – serrer qq'un dans ses bras *(to hug s.o.)*

A. Ecoutez

1. Qu'est-ce que Brigitte Cervoni a pensé de cette année scolaire et de ses élèves ?
2. Qu'est-ce qu'Andromeda promet ?
3. « La première fois que je suis rentrée dans la classe d'accueil, c'est comme si je venais de naître, et maintenant, le départ, c'est comme si on est tous des frères et des sœurs, et qu'on se sépare pour de bon. » C'est ce que déclare Djenabou. Que pensez-vous de son impression de « naître » dans la classe d'accueil ?
4. Que propose l'enseignante à ses élèves ?

B. Observez

1. Qu'est-ce que les élèves offrent à leur professeur ?
2. Observez les visages de Brigitte Cervoni et des élèves. Que ressentent-ils ?
3. Comparez maintenant avec les expressions sur les visages des élèves quand elle imagine ce qu'ils feront dans 5 ou 10 ans.

C. Langue

1. Hypothèses

Formulez des hypothèses sur l'histoire en conjuguant les verbes suivants. Faites bien attention à la concordance des temps !

Ex : Si Mihajlo remplissait moins de papiers pour ses parents, il _____ (avoir) plus de temps pour faire ses devoirs.

Si Mihajlo remplissait moins de papiers pour ses parents, il aurait plus de temps pour faire ses devoirs.

a. Si Xin passait plus de temps avec sa mère, elle _____ (être) plus heureuse.

b. Si les élèves n'étaient pas dans la classe d'accueil, ils _____ (ne pas se connaître).

c. Si Naminata n'avait pas peur de l'eau, elle _____ (pouvoir) sauter dans la piscine.

d. Si Maryam et sa famille avaient eu un grand appartement à Paris, elles _____ (ne pas déménager).

e. Si les élèves _____ (moins travailler) sur le film, ils n'auraient pas remporté de prix.

f. Si Rama travaille bien ses maths pendant l'été, elle _____ (passer) peut-être en 3e.

g. Si Brigitte Cervoni _____ (ne pas être) une bonne prof, elle n'aurait pas reçu de fleurs.

h. Si les élèves se retrouvent dans quelques années, ils _____ (avoir) beaucoup de choses à se raconter.

2. Prépositions

Les verbes suivants sont suivis de la préposition *à*, *de*, ou *par*. Laquelle ? Attention ! Certains verbes ne prennent pas de préposition !

Ex : Les élèves font confiance _____ Brigitte Cervoni.

Les élèves font confiance à Brigitte Cervoni.

a. Marko explique que sa famille était persécutée _____ des groupes néo-nazis.

b. Rama est venue en France pour rejoindre _____ sa mère.

c. Les élèves sont soutenus _____ leur professeur.

d. Malheureusement, ils se sentent méprisés _____ les autres classes.

e. Ils ont applaudi _____ Oksana quand elle a chanté.

f. Andromeda promet _____ revenir pour rendre visite à ses camarades.

g. Les élèves offrent des fleurs _____ leur professeur.

h. L'enseignante propose aux élèves _____ se retrouver dans quelques années.

3. Argumentation

Vous pouvez faire des phrases plus complexes en utilisant des prépositions ou des conjonctions de cause (parce que, car, comme, puisque), de conséquence (donc, alors, par conséquent), de but (pour) et de concession (pourtant, cependant, même si).

Ex :   La prof recommande à Abir de participer au voyage. _____, ses parents refusent.

La prof recommande à Abir de participer au voyage. Pourtant, ses parents refusent.

a.   Miguel est venu du Venezuela _____ étudier le violoncelle au conservatoire.

b.   _____ il y avait une crise économique en Irlande, la mère de Luca a décidé de venir en France pour trouver du travail.

c.   Andromeda est volontaire et sérieuse, _____ son père est fier d'elle.

d.   Maryam part à Verdun _____ l'assistante sociale leur a trouvé un appartement.

e.   Les élèves se sentent méprisés par les autres classes _____ ils font de gros efforts pour s'intégrer.

f.   La prof organise le projet film _____ donner une voix aux élèves.

g.   Rama travaille beaucoup pour rattraper son retard. _____, la prof recommande le redoublement.

h.   A la fin, les élèves sont tristes _____ ils vont se quitter.

D. Comparaison avec une autre scène

Comparez cette scène avec la première du film, dans laquelle les élèves apprennent aux autres à dire « bonjour » dans leur langue. Qu'est-ce qui a changé dans les relations entre les élèves ? Quelle place Brigitte Cervoni a-t-elle dans les deux scènes ?

E. Sketch

Choisissez quelques élèves de la classe et imaginez le premier jour de la rentrée suivante. Ils discutent entre eux, se demandent ce qu'ils ont fait pendant l'été. On peut supposer qu'ils n'ont pas eu des vacances idylliques. Ils racontent, leurs camarades leur posent des questions et compatissent.

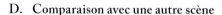

LE COIN DU CINEPHILE

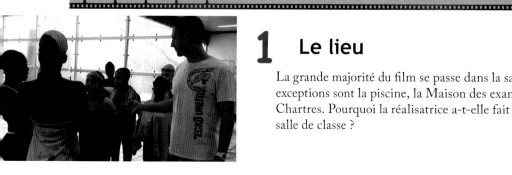

1 Le lieu

La grande majorité du film se passe dans la salle de classe. Les seules exceptions sont la piscine, la Maison des examens et le voyage à Chartres. Pourquoi la réalisatrice a-t-elle fait le choix de se limiter à la salle de classe ?

2 Personnage principal

Peut-on dire qu'il y a un personnage principal ? Est-ce qu'une personne prend plus de place que les autres ?

3 L'enseignante, Brigitte Cervoni

Voit-on l'enseignante autant que les élèves ? Pourquoi ?

4 Présence de la caméra

La réalisatrice s'est installée dans la classe avec sa caméra. Les élèves et l'enseignante semblent-ils distraits ? Ont-ils l'air de jouer un rôle ou sont-ils naturels ?

AFFINEZ VOTRE ESPRIT CRITIQUE

1 Titre

Souvenez-vous des recherches que vous avez faites sur la tour de Babel. Comprenez-vous le titre du film ?

2 Affiches

Allez sur le companion website pour avoir accès aux affiches, et comparez-les. Qu'ont-elles en commun ? De quelles façons se différencient-elles ?

3 Les critiques

a. Dans sa critique du film, Anne Diatkine (*Libération*, 14 mars 2014) parle de Brigitte Cervoni et affirme que « C'est elle la matrice du groupe, celle qui permet que les élèves ne soient pas des éléments épars murés dans leur solitude et leur histoire parfois dramatique, mais des personnes qui acceptent de s'intéresser aux autres et de compter sur eux. » Si leur enseignante n'avait pas été aussi attentive et chaleureuse, pensez-vous qu'en effet les élèves auraient été « épars[1] » et que certains auraient été « murés dans leur solitude et leur histoire parfois dramatique » ?

b. « On dira que cette cour de Babel est un brin utopiste. Que cette classe, animée de main de maître par Mme Cervoni, est une classe de rêve dans laquelle se développe une pédagogie d'exception. Que ce collège est un cocon, loin de la réalité sociale des enfants d'immigrés des quartiers difficiles. » Franck Nouchi se pose ces questions dans sa critique du film parue le 11 mars 2014 dans *le Monde*. Pensez-vous que ce film est une utopie, qu'il est trop optimiste ?

---

1   scattered, dispersed

POUR ALLER PLUS LOIN

1 Parallèles avec d'autres films

1. **L'école :** L'école est très présente et a un rôle précis dans *La cour de Babel*, *La famille Bélier*, *Ressources humaines* et *Fatima*. Quel rôle joue-t-elle exactement ?

2. **Accueil des étrangers :** Dans *Les femmes du 6e étage*, *Inch'Allah dimanche* et *Welcome*, des étrangers arrivent en France d'Espagne, d'Algérie et d'Iraq. Dans *La cour de Babel*, les adolescents viennent du monde entier. Comment sont-ils accueillis ? Quelle attitude la population française a-t-elle ?

3. **Intégration :** *Inch'Allah dimanche*, *Fatima* et *La cour de Babel* présentent des étrangers qui cherchent à s'intégrer en France. Qui, parmi les adultes (Fatima, ainsi que les parents et la grand-mère dans *Inch'Allah dimanche*), les adolescents de *La cour de Babel*, et les enfants de *Inch'Allah dimanche* s'intègre le mieux ? Pourquoi ?

2 Imaginez !

- Vous êtes un élève de cette classe d'accueil. Avec qui êtes-vous ami(e) ? De qui vous sentez-vous le plus proche ?

- Maryam est maintenant à Verdun, et commence une correspondance avec son ancienne classe. Ecrivez 5 lettres : Maryam raconte ses premières impressions en arrivant, la classe répond et pose des questions, Maryam répond aux questions et parle de son adaptation, de l'ambiance, des différences avec la classe d'accueil, la classe lui raconte le projet film, Maryam parle de ce qu'elle prévoit pour l'été et l'année scolaire suivante.

- Choisissez un ou deux élèves de la classe et imaginez leur vie avant leur arrivée à Paris. Basez-vous sur ce que vous savez des jeunes et imaginez le reste, en étant réaliste.

3   Lectures

1.   Interview de la réalisatrice par Marie-Elisabeth Rouchy, publiée dans *L'Obs* du 23 octobre 2014.

La Cour de Babel : l'enseignante sans laquelle le documentaire n'aurait pas été possible (Pyramide Distribution)

Enseignante détachée auprès des élèves étrangers arrivant en France, Brigitte Cervoni a permis à la réalisatrice de *la Cour de Babel* de suivre le quotidien des collégiens réunis autour d'elle.

Les classes d'accueil sont peu connues du grand public. Depuis quand existent-elles ?
Brigitte Cervoni. Elles ont été mises en place au début des années 1970 dans toutes les grandes villes où l'immigration est importante. Il en existe une trentaine à Paris.

Comment l'enseignement fonctionne-t-il dans ces structures particulières ?
Parallèlement aux trente heures de cours spécifiques à la classe d'accueil, dont dix-huit consacrées au français, les autres aux maths, à l'anglais, à l'histoire-géo et au sport, chaque élève est partiellement intégré dans une classe de rattachement correspondant à son niveau scolaire. Au fur et à mesure de ses progrès en français, il y passe davantage de temps, de sorte que chacun a un emploi du temps individualisé.

Dans *la Cour de Babel*, le documentaire de Julie Bertuccelli, on suit le parcours de vos élèves, durant une année ; 24 adolescents de 22 nationalités différentes, âgés de 11 à 15 ans, et qui ne parlent pratiquement pas un mot de français...

L'extrême hétérogénéité de ces classes est l'une des plus grosses difficultés auxquelles on se heurte.[1] Dans le film, Djenabou, la plus jeune, n'a que 11 ans, tandis que le plus âgé [...] en a 16. Daniil, le jeune Biélorusse, a un très bon niveau dans un grand nombre de matières. Mais Rama, qui vient d'Afrique, a un niveau de CM1[2] en mathématiques. Certains s'expriment avec davantage de facilité à l'oral mais ont des difficultés à l'écrit. Il faut faire en sorte de donner à chacun ce dont il a besoin tout en créant un esprit de solidarité dans le groupe.

Concrètement, comment cela se passe-t-il ?
Beaucoup de ces adolescents se sentent dans la situation d'un bébé qui doit apprendre à parler. C'est difficile pour eux. Tout l'enjeu[3] est de leur permettre d'acquérir suffisamment d'aisance en français pour pouvoir s'exprimer : sinon, ils risquent de le faire par la violence. Il faut commencer par des choses simples : des gestes, des images, des mimes. L'important est de rassurer ces adolescents, de les encourager, de leur donner confiance en eux. Il est fondamental qu'ils aient du plaisir à parler, qu'ils se sentent à l'aise.

1   that we face
2   4th grade
3   challenge

Vous faites énormément travailler les élèves sur leur langue et leur culture d'origine.

Pour qu'ils se construisent une identité, il est capital qu'ils soient fiers de leur culture et de leur langue, même si celle-ci est peu parlée dans le monde. Toutes ces langues ont leur place dans la classe et toutes ont le même statut. Les comparer les unes avec les autres permet souvent aux élèves d'éclaircir[4] plus facilement certaines difficultés syntaxiques ou de construction de phrases, tout en[5] valorisant les élèves qui se retrouvent alors dans la situation d'experts : ils adorent faire répéter à leurs camarades des mots de leur pays de naissance.

En voyant les progrès, spectaculaires, accomplis par certains d'entre eux, on reprend foi[6] en l'école publique.

Beaucoup ont quitté leur pays dans des conditions difficiles et sont vraiment animés par la volonté de réussir ; ils croient en ce que l'école peut leur apporter. Pour eux, l'ascenseur social n'est pas un vain mot.[7] C'est très motivant pour un professeur. On retrouve l'esprit des enseignants d'autrefois, ces hussards de la République[8] qui avaient […] le désir de faire progresser leurs élèves le plus haut possible.

Certains d'entre eux sont obligés de quitter le collège en cours d'année – Maryam, la jeune Libyenne, part ainsi emménager à Verdun avec ses parents –, tandis que d'autres arrivent. Comment parvenez-vous à conserver son équilibre à la classe ?

Chaque départ, chaque arrivée, déstabilise : il faut sans cesse recréer le groupe, lui construire une nouvelle homogénéité. Les nouveaux venus sont souvent considérés comme des intrus. Il est indispensable de reprendre en permanence les choses à la base, ce qu'on est, de toute façon, obligé de faire tant les niveaux scolaires sont disparates.

Au fur et à mesure de leurs progrès en français, les élèves, vous le disiez plus haut, passent de plus en plus de temps dans leur classe de rattachement.

Et cela nécessite à nouveau un accompagnement particulier lorsqu'ils reviennent dans la classe d'accueil : il s'agit de les aider à suivre au mieux toutes les disciplines.[9] C'est vraiment un enseignement spécialisé ; à la limite du tutorat.

Dans *La Cour de Babel*, les rencontres avec les parents à chaque fin de trimestre constituent des moments très forts.

C'est très important d'être à leur écoute parce qu'ils permettent de mieux connaître l'histoire de ces adolescents.

Parlez-nous de ces instants de tension : cette dispute qui éclate entre Djenabou et Kessa en cours d'année…

Beaucoup de ces adolescents sont en souffrance : en dehors de Miguel, venu en France pour jouer du violon, et d'Andromeda, la petite Roumaine qui a préféré rejoindre son père en France, la plupart n'ont pas choisi leur exil ; ils vivent dans des conditions difficiles et cela exacerbe[10] les tensions. Il est essentiel de les écouter. Ce n'est qu'après leur avoir donné la parole qu'il devient possible de discuter.

4 clarify
5 while
6 regain faith
7 not an empty word
8 *surnom des instituteurs dévoués à la fin du XIXe siècle, quand l'école est devenue obligatoire pour tous les enfants*
9 subjects
10 worsens

Vous êtes aujourd'hui inspectrice d'académie après avoir enseigné douze ans en classe d'accueil. Vous est-il arrivé d'éprouver un sentiment d'échec avec certains de vos élèves ?

Il m'est parfois arrivé d'avoir l'impression de me heurter à un mur.[11] Je me souviens d'une jeune Chinoise qui refusait que je m'approche d'elle. Elle ne parlait pas français, sa mère non plus, repoussait[12] ses camarades et se montrait très agressive envers eux. J'ai compris bien plus tard qu'elle avait été confiée, enfant, à une tante qui la maltraitait. Elle était restée dix ans sans voir sa mère. Et, lorsqu'elle l'avait retrouvée, celle-ci avait un petit garçon qui se trouvait être l'objet de toutes les attentions : elle avait le sentiment d'être une étrangère dans sa famille et la violence était pour elle un mode de protection.

Que s'est-il passé ?

J'ai progressivement réussi à l'apprivoiser[13] et elle est restée deux ans en classe d'accueil. C'est une situation qui arrive parfois : lorsque certains élèves peinent,[14] on les reprend quelques mois au début de l'année suivante. Cela permet de créer un sas de sécurité.

Il est frappant de voir à quel point ces collégiens défendent leur religion et comment ils parviennent, grâce à l'esprit que vous faites régner en classe, à respecter celle de leurs camarades.

Chez eux, l'enseignement n'est pas nécessairement laïc.[15] Il y a donc tout un travail à faire sur les réponses que l'école laïque française peut apporter à leurs interrogations et celles qu'elle ne peut pas leur donner, leur expliquer que certaines questions sont personnelles et relèvent des croyances de chacun et leur apprendre, en effet, à respecter ces croyances. Lorsque Julie Bertuccelli est venue nous filmer, nous avions classé ces questions par discipline. La physique pour comprendre la couleur du ciel, l'Histoire pour comprendre l'origine de Mahomet… C'était formidable d'entendre Djenabou conclure le cours en disant : « *Finalement, le monde est un point d'interrogation et on n'a pas de réponse.* » […]

11 to hit a wall
12 pushed away
13 to "tame," to approach
14 are having difficulties
15 secular

    a.   Quelles difficultés les enseignants des classes d'accueil rencontrent-ils ?

    b.   Pourquoi est-il important de faire des liens avec la langue et la culture des élèves ?

    c.   Comment les professeurs des classes d'accueil doivent-ils gérer le départ d'une camarade ou l'arrivée d'un nouveau ?

2. Article de Nathalie Birchem publié dans *La Croix* du 16 novembre 2017.

Une scolarisation des enfants allophones en France très inégale

Sujet peu étudié, la scolarisation des enfants dont le français n'est pas la première langue est au centre d'un colloque[16] organisé le 16 novembre à Paris par l'association Paroles d'Hommes et de Femmes. Une étude, que *La Croix* s'est procurée, met en lumière la grande hétérogénéité des pratiques selon les académies.[17]

16 conference
17 *La France est découpée en académies (= régions) par l'Education nationale.*

À la rentrée, pendant un mois, Marie (1), enseignante en classe d'accueil pour enfants allophones (enfants vivant en France, ayant pour première langue une autre langue que le français) comme dans un collège de banlieue parisienne, n'a pas eu d'élèves du tout à qui faire cours. Plus de deux mois plus tard, elle devrait en avoir six mais, cette semaine, seuls quatre étaient là, alors que l'effectif maximum pour ce type de dispositif,[18] qui accueille des enfants pas ou peu scolarisés, est de 15.

S'il est habituel que ce type de classes, qui nécessite que les élèves passent au préalable[19] des tests de niveaux, se remplissent au fur et à mesure du premier trimestre, « *cette année, un certain nombre de collègues de Seine-Saint-Denis[20] ont été comme moi quasiment sans élèves à la rentrée* », explique la professeur de français. « *C'est d'autant plus incompréhensible que nous sommes un département où il y a énormément d'enfants migrants, et que l'on sait que beaucoup ont déjà passé le test. On a du mal à comprendre pourquoi les affectations[21] tardent[22] puisque les classes existent !* » Jointe par *La Croix*, la direction académique n'avait pas été en mesure d'expliquer ce dysfonctionnement à l'heure où nous bouclions cette édition.

Des classes créées dans les années 1970
L'anecdote en dit long. Alors qu'elles ont été créées dans les années 1970 pour les boat people, les classes d'accueil pour enfants allophones, baptisées « UPE2A » pour « Unités pédagogiques pour élèves allophones arrivants » « *restent mal connues et leur fonctionnement très peu étudié, y compris au sein de l'éducation nationale* », résume Frédéric Praud, directeur général de l'association Paroles d'Hommes et de Femmes, association qui organise aujourd'hui 16 novembre un colloque sur ce sujet au Palais de Luxembourg à Paris.

En France, où la scolarité est un devoir de 6 à 16 ans, quelle que soit la situation administrative des enfants, et un droit de 16 à 18 ans « *autant que faire se peut* », précise une circulaire de 2012, quelque 52 500 élèves venus d'autres pays sont scolarisés en école primaire, en collège ou en lycée, général ou professionnel. Mais « *il existe une très grande hétérogénéité des pratiques* », résume Florence Brethes, auteur pour Paroles d'hommes et de Femmes d'un rapport qui scrute les pratiques concernant le second degré[23] dans dix académies (Amiens, Bordeaux, Clermont-Ferrand, Lyon, Nantes, Nice, Paris, Rouen, Strasbourg, Versailles). Globalement, même s'il peut se passer de longs mois entre le test de niveau et l'affectation, « *l'obligation scolaire est à peu près respectée jusqu'à 16 ans* », estime Florence Brethes. Les Casnav, des centres académiques dédiés, reçoivent les jeunes, dont le niveau est évalué. Si leur niveau de français est bon, ils vont en classe ordinaire, sinon ils intègrent une UPE2A. Pour ce qui est du second degré, « *il existe des UPE2A collège dans toutes les académies* », ajoute-t-elle. En revanche, « *il n'existe pas d'UPE2A lycée partout, par exemple à Bordeaux, à Amiens et à Rouen jusqu'à récemment* ».

Un manque criant pour les plus de 16 ans peu scolarisés
Du coup, analyse Florence Brethes, « *pour les plus de 16 ans, on peut dire que le système dysfonctionne dans la mesure où il n'y a pas de dispositif suffisant pour accueillir tout le monde* ». « *Dans l'Essonne,[24] par exemple, on peut dire que seulement un cinquième des enfants de plus de 16 ans sont scolarisés, les autres restant sans solution* », précise Frédéric Praud. Le manque est particulièrement prégnant[25] concernant les « élèves non scolarisés antérieurement » (ENSA), qui n'ont pas le niveau pour rejoindre une

18 set-up
19 beforehand
20 *département (= région administrative) juste au nord-est de Paris, avec une forte population immigrée*
21 assignments, placements
22 take so long
23 secondary education
24 *département juste au sud de Paris*
25 significant

UPE2A. Faute de[26] moyens suffisants dans l'Éducation nationale, certains Casnav parviennent à trouver d'autres solutions. […] Parfois aussi les Casnav s'allient à d'autres acteurs, *« comme à Evry où le Clar[27] accueille dans le lycée professionnel Charles Baudelaire une quinzaine de jeunes de plus de 16 ans qui n'ont pu être scolarisés ailleurs »*, détaille Frédéric Praud. […]

Mais ces initiatives sont loin d'exister partout. Du coup, dans certaines académies, *« les plus de 16 ans ne sont pas scolarisés alors que cela devrait être un droit »*, confirme Lauriane Clément, auteur d'un livre sur les classes d'accueil (2). *« Il y a aussi, »* ajoute-t-elle, *« un gros dysfonctionnement concernant les mineurs isolés[28] qui doivent prouver qu'ils sont mineurs avant d'être scolarisés, ce qui représente souvent un gros obstacle. » « Les mineurs isolés sont de plus en plus nombreux, »* renchérit Frédéric Praud, *« et c'est un vrai défi car pour ce type d'élèves, la scolarité n'est pas le seul problème. Il faudrait pouvoir travailler avec d'autres interlocuteurs sur les questions de logement, de santé, et souvent les enseignants se retrouvent seuls face à ces situations. »*

(1) Prénom changé à la demande de l'intéressée.

(2) *Écrire liberté, à l'école des enfants migrants*, Lemieux éditeur (août 2017)

26 for lack of
27 *CLAR = classe d'accueil et de remédiation*
28 *Les mineurs isolés sont des jeunes qui sont venus en France seuls. Ils n'ont aucune famille en France.*

a. Quel dysfonctionnement la situation de Marie, l'enseignante, met-elle en lumière ?

b. Quels élèves sont les plus à risque de ne pas être scolarisés ?

c. Dans quel cas particulier les mineurs isolés sont-ils ?

d. Comparez cet article au film. Présentent-ils les classes d'accueil de la même façon ?

2 ans plus tard...

Le DVD offre un bonus qui donne la parole aux élèves. Voici ce qu'ils sont devenus :

- Rama a finalement redoublé sa 4e, mais elle réussit très bien en 3e et va aller au lycée. Elle veut devenir infirmière.
- Abir est restée dans le système scolaire français. Elle est dans un lycée professionnel où elle a aussi bénéficié d'une classe d'accueil.
- Djenabou est partie en Arabie Saoudite pour rejoindre ses parents. Elle est dans une école francophone et est restée en contact avec ses camarades.
- Oksana est en 2nde générale mais voudrait aller dans un lycée technologique pour se spécialiser en hôtellerie. Elle continue à chanter.
- Mihajlo est en 2nde et veut devenir avocat pour se battre contre l'injustice.
- Daniil est dans une école d'art où il étudie le design et le dessin technique.
- Kessa vit maintenant à Edimbourg et veut devenir mannequin.
- Miguel va partir à New York pour étudier à la Manhattan School of Music.
- Luca veut faire des études d'histoire et d'anglais.
- Maryam veut devenir médecin, ou peut-être actrice !
- Nethmal prévoit des études d'ingénieur.
- Eduardo est dans un lycée spécialisé en sciences.
- Andromeda est dans le même lycée et elle étudie la biotechnologie.
- Yong s'intéresse à l'informatique.
- Youssef veut devenir architecte. Il est en train de faire un stage.
- Xin veut toujours devenir prof de chinois. Son père vient de rejoindre la famille en France, donc maintenant elle est heureuse.

Récapitulons !

- Quel est l'objectif des classes d'accueil ?
- Qu'est-ce que les élèves ont appris pendant cette année scolaire, en plus du français ?
- Quel rôle les enseignants peuvent-ils avoir dans l'intégration des élèves étrangers ?

Ressources humaines

Présentation du film

Franck, 22 ans, étudiant dans une grande école de commerce, rentre chez ses parents pour faire un stage au service des ressources humaines dans l'usine où son père travaille comme ouvrier depuis 30 ans. Sa mission est de mettre en place les difficiles négociations pour les 35 heures. Il va affronter les syndicats, les ouvriers, le patron et même son père, pourtant très fier de ce fils qui est sorti de sa condition d'ouvrier.

Carte d'identité du réalisateur

Laurent Cantet (né en 1961) : Après des études de cinéma à l'IDHEC, Cantet débute sa carrière en réalisant un documentaire pour la télévision et deux très bons courts métrages. Le grand public le découvre en 1999 grâce à *Ressources humaines*, son premier long métrage. Il a ensuite réalisé *L'emploi du temps* (2001) et *Vers le sud* (2006), deux films marquants et appréciés. Depuis, il a connu la consécration à Cannes en décrochant la Palme d'or pour *Entre les murs* (2008). En 2017 il a réalisé *L'Atelier*, sur une romancière qui anime un atelier d'écriture avec un groupe de jeunes.

Carte d'identité des acteurs

Jalil Lespert (né en 1976) a abandonné ses études de droit quand il a obtenu son premier rôle dans un long métrage (*Nos vies heureuses*) en 1999. Il a ensuite retrouvé Laurent Cantet, avec qui il avait tourné un court métrage en 1995, pour *Ressources humaines*, qui a lancé sa carrière. Depuis, on a pu admirer son jeu subtil et nuancé dans *Sade* (2000), *Inch'Allah dimanche* (2001), *Pas sur la bouche* (2003), *Le promeneur du champ de Mars* (2005), *Le petit lieutenant* (2005), *Lignes de front* (2009) et *Premiers crus* (2015). En privilégiant les rôles de composition Jalil Lespert est devenu l'un des acteurs les plus en vue de sa génération avant de passer derrière la caméra en 2007 pour tourner *24 mesures*, son premier long métrage en tant que réalisateur, suivi du drame familial *Des vents contraires* (2011) et du biopic *Yves Saint-Laurent* (2014). Il travaille actuellement sur une nouvelle version d'Arsène Lupin, personnage de fiction et gentleman cambrioleur.

Tous les autres acteurs sont des amateurs. Ils étaient presque tous chômeurs et ont été recrutés à l'ANPE (Agence nationale pour l'emploi). Chacun a été choisi en fonction de l'activité professionnelle qu'il occupait avant d'être au chômage pour que les gestes et les attitudes soient authentiques. L'acteur qui joue le patron est en réalité le patron d'une petite entreprise. Il a entendu parler du tournage et est venu voir.

L'heure de gloire

Ressources humaines a obtenu le César du meilleur espoir masculin (pour Jalil Lespert) et celui de la meilleure première œuvre de fiction. Il a aussi remporté le prix de la meilleure première œuvre à la Mostra de Venise.

PREPARATION

1 Vocabulaire

Vocabulaire utile avant de voir le film :

> Vous connaissez déjà certains des mots de la liste. Ils sont notés pour que vous les révisiez. Vous devez savoir ce vocabulaire par cœur, avec les genres pour les noms, les prépositions pour les verbes et les orthographes difficiles. Observez bien les exemples, ils vous aideront à vous exprimer correctement.

Noms

une école de commerce : *a business school*
un stage : *an internship**

la semaine des 35 heures : *the 35-hour week*
un(e) stagiaire : *an intern**

un prêt : *a loan*
une usine : *a factory*
une entreprise : *a company*
le PDG : *the CEO***
le patron : *the boss*
le DRH : *the HR director****
un cadre : *a manager*****
un col blanc : *a white-collar worker*
un(e) ouvrier (-ère) : *a worker*
un col bleu : *a blue-collar worker*
la classe ouvrière : *the working class*
un contremaître : *a foreman*
un syndicat : *a (trade) union*
un(e) délégué(e) syndical(e) : *a union representative*
une loi : *a law*
le chômage : *unemployment*
une grève : *a strike*
un conflit : *a conflict*
un ordinateur : *a computer*

la cantine : *the cafeteria*
une vitre : *a pane (of glass)*
une cloison : *a partition*
la relation père-fils : *father-son relationship*
une classe sociale : *a social class*
l'ascension sociale : *upward mobility*
un film engagé : *a (politically) committed film*
un fossé : *a gap*

*Ex : Il est stagiaire. Il fait un stage dans une entreprise.
**PDG = Président Directeur Général
***DRH = Directeur des Ressources Humaines
****Ex : Il est cadre. C'est un cadre.

Le saviez-vous ?

Stage : Ce mot était utilisé au Moyen Age. Il signifiait l'obligation qu'avait le vassal d'habiter dans le château de son seigneur pour l'aider à le défendre.
Grève : Ce terme vient de la Place de Grève à Paris où les ouvriers sans travail se réunissaient pour se faire embaucher.

Verbes

faire des sacrifices : *to make sacrifices*
réussir à faire qqch : *to succeed in doing sth**
apprécier qqch : *to value sth*
revenir : *to come back*
faire un stage : *to do an internship*
s'insérer dans : *to fit into*
conseiller à qq'un de faire qqch : *to advise s.o.
    to do sth***
se méfier de qqch/qq'un : *to be suspicious of sth/s.o.*
craindre qqch/qq'un : *to fear sth/s.o.*
avoir honte de qqch/qq'un : *to be ashamed of sth/s.o.****
licencier qq'un : *to lay s.o. off*
perdre son travail : *to lose one's job*
faire grève : *to go on strike*
engager des négociations : *to enter into negotiations*
débattre de qqch : *to discuss sth, to debate sth*

être opposé(e) à qqch : *to be opposed to sth*****
s'opposer à qq'un : *to clash with s.o.******
prendre parti pour : *to side with*
se battre pour : *to fight for*
se révolter contre : *to rise up against*
manipuler qq'un : *to manipulate s.o.*
appartenir quelque part : *to belong somewhere*
exploser : *to explode*

*Ex : Il a réussi à intégrer une très bonne école de commerce.
**Ex : Le père conseille à son fils d'être discret. Il le lui conseille.
***Comparez : Franck a honte de son père. Il a honte de lui.
          Franck a honte de ses origines. Il en a honte.
****Ex : Il est opposé à la réforme. Il y est opposé.
*****Ex : Franck s'oppose à son père à propos des licenciements. Il s'oppose à lui.

Adjectifs

fier (-ère) : *proud**
arrogant(e) : *arrogant*
respectueux (-euse) : *respectful*
modeste : *self-effacing*
effacé(e) : *unassuming*
digne : *dignified*
méfiant(e) : *distrustful, suspicious*
tendu(e) : *tense*

paternaliste : *paternalistic*
manipulé(e) : *manipulated*
stupéfait(e) = sidéré(e) : *stunned*
trahi(e) : *betrayed*
amer (-ère) : *bitter**
poignant(e) : *deeply moving*
exclu(e) : *excluded*
réaliste : *realistic*

*Fier (-ère) et amer (-ère) : Même prononciation au masc. et au fém.

Vous n'avez pas besoin du dictionnaire. Tous les mots sont dans la liste ci-dessus !
La 1ère phrase est difficile. Quel temps allez-vous utiliser pour « has been working » ? Ce n'est pas du passé ! Attention aussi à « for », ne le traduisez pas par « pour ».

Traduisez !

1. Franck comes from the working class but he is in a very good business school, and he comes back to be an intern in the company where his father has been working for 30 years.

2. Franck's parents made sacrifices but they are proud to see their son succeed.

3. The unions are suspicious of the law regarding the 35-hour week. Some are opposed to it.

4. The workers fight for their jobs. They go on strike because they are afraid of unemployment.

2 Repères culturels

1. Depuis quand les Français travaillent-ils 35 heures par semaine ? Combien d'heures travaillaient-ils avant ? Qui a fait passer cette loi ? Les salariés, les patrons et les syndicats étaient-ils d'accord sur cette loi ? Est-ce que tout le monde voulait travailler moins ?

2. A quoi servent les syndicats ? Qu'est-ce qu'ils défendent ? Quel est leur but ? Depuis quand sont-ils autorisés en France ?

Grève
10 septembre 2013

A savoir

Il existe 5 grandes organisations syndicales en France :
- FO (Force Ouvrière)
- La CFDT (Confédération Française Démocratique du Travail)
- La CFTC (Confédération Française des Travailleurs Chrétiens)
- La CGT (Confédération Générale du Travail) – proche du Parti Communiste
- La CGC (Confédération Générale des Cadres)

Les syndicats sont actifs mais représentent très peu de Français. En fait, seuls 7,9 % des salariés français sont syndiqués. Comparez ce chiffre avec 10,1 % aux Etats-Unis, 16,7 % en Allemagne, 17,1 % au Japon, 23,2 % au Royaume-Uni, 25,9 % au Canada, 34,3 % en Italie et 66,1 % en Suède.

Source : https://fr.statista.com/infographie/9797/part-des-salaries-adherant-a-un-syndicat-dans-pays-ocde/

3. Depuis quand les Français ont-ils le droit de grève ?

4. Observez bien les deux tableaux suivants, puis répondez aux questions.

Taux de chômage selon le sexe et l'âge en 2018 (en %)

Tranche d'âge	Femmes	Hommes	Ensemble
15-24 ans	20,0	21,4	20,8
25-49 ans	8,9	8,1	8,5
50 ans ou plus	6,3	6,5	6,4
Ensemble	9,1	9,0	9,1

Lecture : en 2018, 20,0 % des femmes actives de 15 à 24 ans sont au chômage.
Champ : France hors Mayotte, population des ménages, personnes actives.
Source : Insee, enquête Emploi.

Taux de chômage selon le niveau de diplôme et la durée depuis la sortie de formation initiale en 2018 (en %)

Niveau de diplôme	Sortis depuis 1 à 4 ans de formation initiale	Sortis depuis 5 à 10 ans de formation initiale	Sortis depuis 11 ans ou plus de formation initiale	Ensemble
Sans diplôme, CEP, brevet	43,4	36,5	13,0	16,2
Bac, CAP, BEP	22,6	14,7	7,4	9,7
Bac + 2 ou plus	9,4	5,5	4,3	5,4
Ensemble	**17,0**	**11,8**	**7,3**	**9,1**

Lecture : en 2018, 9,4 % des personnes actives âgées de 15 ans ou plus, ayant un diplôme de niveau bac +2 ou plus et ayant achevé leur formation initiale depuis 1 à 4 ans sont au chômage.
Champ : France hors Mayotte, population des ménages, personnes actives
Source : Insee, enquête Emploi

    a.   Quelle tranche d'âge est la plus à risque pour le chômage ?

    b.   Les diplômes font-ils une différence ?

    c.   Y a-t-il une différence entre les femmes et les hommes ?

A savoir

En France il existe plusieurs types de formations après le baccalauréat, entre autres les universités et les grandes écoles. Il y a toutes sortes de grandes écoles, et certaines sont beaucoup plus prestigieuses que d'autres. Alors que les universités acceptent les étudiants juste après le baccalauréat, les grandes écoles exigent souvent une préparation intensive et difficile de deux ans. Les étudiants sont ensuite sélectionnés sur concours et entretien. Parmi les grandes écoles on distingue, entre autres :
- des écoles d'ingénieurs (ex : Polytechnique, Centrale Supélec, les Mines, Supaéro)
- des écoles de commerce et de gestion (ex : HEC, ESSEC, ESCP, EM Lyon, EDHEC). Dans le film, Franck fait une grande école de commerce.
- des écoles militaires (ex : Polytechnique, Saint-Cyr)
- des écoles normales supérieures (« Normale Sup »)
- des instituts d'études politiques (« Sciences Po »).

3   Le contexte

Franck vient d'une famille ouvrière : son père et sa sœur travaillent à l'usine. Il a fait de grandes études de commerce et est donc promis à un avenir différent. Il sera cadre dans une entreprise, aura des responsabilités, prendra des décisions, gagnera de l'argent, et sera respecté. Pensez-vous qu'il soit facile pour un jeune comme Franck de changer radicalement de milieu social ? A quelles difficultés va-t-il être confronté ?

4   Bande-annonce

Regardez la bande-annonce sur le companion website (hackettpublishing. com/cinema-for-french-resources) et répondez aux questions suivantes :

	De quoi parle-t-il/elle ? Que fait-il/elle quand on le/la voit ?	Quelle est votre impression de ce personnage ?
Le jeune homme, Franck		
Le père		
Le patron		
La syndicaliste		

5 A savoir avant de visionner le film

- Durée : 1h40
- Genre : Drame psychologique
- Scénario : Le scénario avait été écrit dans les grandes lignes mais les dialogues ont été confiés aux acteurs du film. Ils se sont réunis dans des ateliers d'écriture et ont fait le travail eux-mêmes. Le réalisateur et le scénariste ont retravaillé les textes et les acteurs les ont appris. Laurent Cantet tenait à impliquer les acteurs pour que la langue, le vocabulaire, les expressions, soient justes.
- Tournage : Le film a été tourné à Gaillon, en Normandie dans une véritable usine qui est restée en activité pendant les 6 semaines de tournage.
- Note : Arte, la chaîne de télévision franco-allemande, a coproduit le film et l'a diffusé à la télévision la veille de sa sortie en salle.

PREMIÈRE APPROCHE

1 L'histoire

Le but de cette activité est double :
- Vérifier que vous avez bien compris l'histoire
- Vous préparer à la discussion en classe

Répondez à chaque question en une ou deux phrases. Utilisez le vocabulaire que vous avez appris.

Les personnages

Franck

Son père

Sa mère

M. Rouet

Chambon, le DRH

Mme Arnoux

Alain

1. **Les parents**
   - Comparez l'attitude du père et de la mère envers Franck. Quel rôle chacun a-t-il ?
   - La chambre de Franck a été réaménagée pour que les enfants de sa sœur puissent y dormir. De quoi est-ce révélateur ?
   - La soirée au restaurant est-elle réussie ? Pourquoi ?

2. **Les patrons**
   - Comment Franck est-il traité par Chambon et Rouet le premier jour ? Est-il à l'aise ?
   - Montrez comment le patron paterne Franck.
   - Qu'est-ce que Franck découvre sur l'ordinateur de Chambon ?

3. **Le père**
   - Quel est le premier échange père-fils ? Que conseille le père ?
   - Comment le contremaître traite-t-il Jean-Claude ? Pourquoi fait-il cela ? Comparez la réaction de Jean-Claude à celle d'Alain.
   - De quoi la discussion à propos de la cantine est-elle révélatrice ?
   - Quelle attitude le père a-t-il face au questionnaire ? Pourquoi ?

4. **Les syndicats**
   - Comment se passe la première réunion à laquelle Franck assiste ?
   - Que disent les syndicats ? Sont-ils tous pareils ?

5. **Les lieux**
   - Pourquoi le responsable de l'atelier en refuse-t-il l'accès à Franck ?
   - Qu'est-ce que Franck voit et entend quand il entre dans l'usine ? Qu'est-ce qui le frappe ? Est-il à l'aise ?

6. **La révolte**
   - Décrivez la confrontation entre Franck et le patron. Dans quel état d'esprit sont-ils ?
   - Comprenez-vous la réaction de Jean-Claude quand il chasse ses enfants et son gendre de chez lui ? Pourquoi fait-il cela ?
   - Que font Franck et Alain ensuite ?
   - Que se passe-t-il le lendemain ?
   - Qu'est-ce que Franck reproche à son père pendant la grande scène où il explose ?

7. **La grève**
   - Quels sont les arguments pour et contre la grève ?

> ### A savoir
> Les ouvriers de l'usine dans laquelle le film a été tourné étaient tellement intéressés qu'ils ont pris des jours de vacances pour pouvoir être figurants dans la scène de la grève.

2 Analyse d'une photo

1. A quel moment cette scène se passe-t-elle ?
2. Où sont Franck et son père ? Que font-ils ?
3. Pourquoi ce moment est-il important pour les deux hommes ?

3 Analyse de citations

1. Le père : « Un gars bien entraîné sur cette machine, il fait 700 pièces à l'heure. »

2. La mère : « Faut pas être fier, comme ça. »
   Franck : « Mais si, faut être fier ! »

3. Un gréviste : « Tes enfants, là, ils prennent des risques et toi tu fais rien ! »

4. Franck : « Elle est où ta place ? »

APPROFONDISSEMENT

1 Vocabulaire

Enrichissez votre vocabulaire !

Le but de cette deuxième liste est d'élargir votre champ lexical. Ce vocabulaire ciblé sur des thèmes du film va vous permettre d'enrichir votre style.

Le travail

un CV = curriculum vitae : *a résumé*
une offre d'emploi : *a job offer*
passer un entretien : *to have an interview*
engager = embaucher : *to hire*
un contrat de travail : *an employment contract*
travailler à plein temps : *to work full time*
travailler à temps partiel : *to work part time*
gagner sa vie : *to earn a living*

un salaire : *a salary*
faire des heures supplémentaires : *to work overtime*
être au chômage : *to be unemployed*
le trajet : *the commute*
les congés payés : *paid vacation*
prendre sa retraite : *to retire*

L'entreprise

une équipe : *a team*
la formation : *training*
gérer : *to manage*
un objectif : *a goal / an objective*
une date limite : *a deadline*
un horaire : *a schedule*
le marché : *the market*
un déjeuner d'affaires : *a business lunch*

un produit : *a product*
un service : *a service*
la publicité : *advertising*
une campagne de publicité : *an advertising campaign*
vendre : *to sell*
passer une commande : *to place an order*
être en réunion : *to be in a meeting*

Mise en pratique du vocabulaire :

Ecrivez 5 phrases dans lesquelles vous utilisez au moins 10 mots de la liste ci-dessus.

2 Réflexion - Essais

Ces questions vont vous permettre d'approfondir l'étude du film. Ecrivez un paragraphe pour chacune, en utilisant le vocabulaire du chapitre et en soignant votre expression (vérifiez votre orthographe et votre grammaire). En faisant ce travail, vous vous préparez à la prochaine composition.

1. Le film peut être divisé en deux parties. Comment ? Qu'est-ce qui est à la charnière ?
2. Le film a été tourné en février et mars. Pourquoi avoir choisi cette période de l'année ? Quel temps fait-il ?
3. Le père de Franck a un travail difficile, répétitif et ennuyeux, et pourtant il y tient et ne cherche pas à en changer ou à demander quoi que ce soit. Pourquoi ?

4. Jean-Claude s'est construit un atelier de menuiserie dans le garage. Il y travaille le bois et fait des meubles. Qu'est-ce que cet atelier représente pour lui ?

5. Où est-ce que Franck se sent bien ? Où est sa place ? Est-ce clair pour lui et pour nous ?

6. Pensez aux portes, aux cloisons, aux vitres et aux stores que l'on voit dans le film. A quoi servent-ils ?

7. Qu'est-ce qui est au centre du film : le stage de Franck ou la relation père-fils ?

8. Franck et son père s'aiment et vont pourtant s'affronter violemment. Qu'est-ce que chacun veut pour l'autre ?

9. Pourquoi Franck explose-t-il à la fin ? Pourquoi son père est-il sidéré ?

10. Qu'est-ce qui rend le film si poignant ?

11. Etiez-vous mal-à-l'aise à certains moments du film ? Aviez-vous l'impression d'être voyeur ?

12. Certains aspects du film, comme le débat sur les 35 heures, sont très français, et pourtant le film a intéressé de nombreux spectateurs à l'étranger. Comment peut-on expliquer cela ?

13. Imaginez Franck dans 25 ans. Il a 47 ans, est chef d'entreprise, est marié, a des enfants lycéens ou étudiants, et ses parents sont toujours en vie. Quel genre de chef est-il ? Qu'est-ce qu'il espère pour ses enfants ? Qu'est-ce qu'il leur explique ? Quelle relation a-t-il avec ses parents ?

A savoir

Le tournage de la scène de l'explosion a été très difficile et a duré toute une journée. Les acteurs et les figurants étaient tellement impliqués dans le film qu'ils étaient bouleversés. Quand le père craque, c'est en réalité l'acteur qui craque, il ne joue pas. La femme qui joue Mme Arnoux s'en est rendu compte et s'est approchée de Jean-Claude pour le réconforter, alors que ce n'était pas écrit dans le scénario.

3   Analyse d'une scène : Première journée à l'usine (14:05 à 18:55)

> ### Vocabulaire spécifique à cette scène
>
> une grue *(a crane)* • des bruits de fond *(background noises)* • assourdissant(e) *(deafening)* • serrer la main à/de qq'un *(to shake s.o.'s hand)* • vouvoyer *(to address s.o. as "vous")* • tutoyer *(to address s.o. as "tu")* • plaisanter *(to joke)* • une bedaine *(a paunch)*

Préparation : Cette scène peut être découpée en trois parties. Comment ?

A. **Ecoutez**

1. Le patron ne connaît pas Franck, il le voit pour la première fois. A votre avis, quelle impression a-t-il de lui dans le bureau ?

2. Comparez les bruits de fond dans le bureau, dans l'usine et à la maison.

3. Le patron vouvoie-t-il ou tutoie-t-il le père de Franck ? Pourquoi ?

4. Comment le père réagit-il quand Franck plaisante à propos de la bedaine du patron ?

B. **Observez**

1. Comment le patron est-il assis ? Comment se tient-il ? Qu'est-ce que son comportement révèle ?

2. Où Franck est-il placé par rapport aux deux hommes ?

3. Une partie de la visite de l'usine est filmée avec une grue (la caméra est au-dessus des personnages et est tournée vers le bas). Pourquoi ce choix ?

4. Comparez l'attitude d'Alain et du père face au patron.

5. Observez Franck quand le patron félicite son père. Est-il content de sa réaction ? Qu'est-ce que son visage indique ?

C. **Cette scène dans l'histoire**

Ces trois séquences nous présentent la première journée de Franck à l'usine. Qu'est-ce que Franck découvre et apprend sur l'usine et les gens qui y travaillent ?

D. **Langue**

1. **Adjectifs**

Accordez les adjectifs entre parenthèses et mettez-les à la place qui convient.

Ex : Alain est (un ouvrier/jeune/désabusé).
     Alain est un jeune ouvrier désabusé.

a. C'était (la fois/deuxième) qu'Arte diffusait un film à la télévision avant sa sortie en salle.

b. L'acteur qui joue le père est (un ouvrier/ancien) de la Comédie-Française.

c. Franck porte (un costume/élégant/bien coupé).

d. Les ouvriers ont (des opinions/différent) sur les 35 heures.

e. Les ouvriers travaillent dans (un bruit/assourdissant).

f. Mme Arnoux n'est pas (la personne/seul/méfiant) de l'usine.

g. A la fin du film Franck est (un homme/seul).

h. *Ressources humaines* est un (des films/meilleur/réaliste) sur le travail.

2. **Devoir**

Conjuguez le verbe « devoir » au temps qui convient. Souvenez-vous que ce verbe a des sens différents en fonction des temps !

Ex : Mme Arnoux et le patron _____ être capables de se parler avec courtoisie.
     Mme Arnoux et le patron <u>devraient</u> être capables de se parler avec courtoisie.

a. Franck _____ être un très bon élève au lycée.

b. Ses parents _____ être fiers le jour où il a été accepté dans son école de commerce.

c. Ils _____ faire des sacrifices pour payer ses études.

d. Franck _____ faire son travail sérieusement pendant son stage.

e. Les syndicats et la direction _____ faire un effort pour se parler plus calmement.

f. Franck _____ réfléchir avant de parler si méchamment à son père.

g. Maintenant Franck _____ trouver un autre stage.

h. Peut-être qu'il (ne pas) _____ choisir l'entreprise de son père pour son stage.

3. Le passif

Mettez les phrases suivantes au passif en employant « de » ou « par » devant l'agent.

Ex : Jean-Claude accompagne Franck pour aller à l'usine.
    Franck est accompagné de Jean-Claude pour aller à l'usine.

a. Des machines bruyantes remplissent l'usine.

b. Ses collègues apprécient Jean-Claude.

c. M. Rouet félicite Jean-Claude.

d. Chambon corrige le questionnaire de Franck.

e. Alain a soudé la porte.

f. Mme Arnoux soutient Franck.

g. Les grévistes entourent Franck.

h. Cette expérience mûrit Franck.

E. Comparaison avec une autre scène

Comparez cette scène avec celle de l'explosion à la fin. Quel chemin Franck a-t-il parcouru entre les deux ? Y a-t-il des signes dans la première scène qui laissent présager la fin ? Quand on observe bien la première scène, est-on surpris par la façon dont Franck et son père se comportent ?

F. Sketch

Imaginez que M. Rouet rencontre Jean-Claude plus tard et qu'il lui pose des questions sur le parcours de Franck. Il voudrait savoir comment le jeune est arrivé jusque-là et surtout ce que M. et Mme Verdeau ont fait pour que leur fils réussisse. Qu'est-ce qui a été difficile ? Quels sacrifices ont-ils fait pour Franck ? Pourquoi leur fille n'a-t-elle pas fait les mêmes études ? Imaginez les questions du patron et les réponses de Jean-Claude, en insistant sur le point de vue du père.

LE COIN DU CINEPHILE

1 Première / dernière scène

Comparez la première et la dernière scène. Où est Franck ? Dans quel état d'esprit est-il ? Qu'est-ce qu'il est sur le point de faire ?

2 Jeu des acteurs

Souvenez-vous qu'à part Jalil Lespert tous les acteurs sont non-professionnels. Que pensez-vous d'eux ? Jouent-ils de façon naturelle ou forcée ? Les trouvez-vous authentiques et crédibles ?

3 L'affiche

Allez sur le companion website (hackettpublishing.com/cinema-for-french-resources) pour voir l'affiche du film. Que nous montre-t-elle ? Qu'est-ce que le visage de Franck exprime ? A quel genre de film s'attend-on ?

4 Documentaire / film de fiction

De nombreux aspects du film sont documentaires et pourtant il s'agit bien d'un film de fiction. Relevez ce qui est documentaire, et expliquez pourquoi ce film est une fiction.

5 Sous-titres

Le dialogue suivant a lieu entre M. Rouet, le patron, et Madame Arnoux pendant la première réunion à laquelle assiste Franck. Comparez les dialogues français et leurs sous-titres en anglais, puis répondez aux questions :

1	Avant que le comité d'établissement ne débute, je voudrais tout d'abord vous présenter Franck.	*Before we begin, let me introduce Franck.*
2	Pour ceux qui ne le connaîtraient pas, Franck Verdeau, un brillant étudiant, qui nous honore de sa présence le temps d'un stage.	*For those who don't know, he's a brilliant student here as a summer trainee.*
3	Il est également le fils de Jean-Claude, que tout le monde connaît bien.	*He's also Jean-Claude's son.*
4	Et je suis particulièrement fier aujourd'hui qu'il soit à cette place.	*I'm proud he's here in this position.*
5	Ah ben il n'y a vraiment pas de quoi, vous n'y êtes pour rien !	*It wasn't your doing!*
6	Vous non plus chère Madame !	*Or yours.*
7	Oui ben ça, ça reste à prouver.	*I'm not so sure.*

a. 1ère réplique : Qu'est-ce qui n'est pas traduit ? Pourquoi ?

b. 2ème réplique : Est-ce que le verbe « honorer » est rendu en anglais ?

c. 2ème réplique : Est-ce que Franck est un « summer trainee » ? Est-ce l'été ?

d. 3ème réplique : Qu'est-ce qui est différent entre l'original français et le sous-titre ? Pourquoi ?

e. 5ème et 6ème répliques : Qu'est-ce que vous remarquez dans cet échange entre le patron et Mme Arnoux ?

AFFINEZ VOTRE ESPRIT CRITIQUE

1   Titre

Laurent Cantet a choisi d'appeler son film *Ressources humaines*. Comment expliquez-vous ce choix ?

2   France / Etats Unis

Franck a du mal à changer de classe sociale et à s'intégrer. Qu'en est-il aux Etats-Unis ? Est-ce aussi difficile pour un enfant d'ouvriers de monter dans la société et de s'y sentir bien ?

3   Titres d'articles

« Les manigances des Ressources humaines révélées »
Journal Français, novembre 2000

Vous voyez ici les titres de trois articles de journaux. Comparez-les. Sur quel aspect du film chacun insiste-t-il ?

« Lutte des classes, an 2000 »
Le Figaro, 12 janvier 2000

« Un mélodrame de la filiation sociale »
Cahiers du Cinéma, n° 542

4   Les critiques

1. Françoise Maupin du *Figaro* termine sa critique du film en écrivant : « Voilà un film qui a la force du documentaire, même si le tout est vraiment très austère » (12 janvier 2000). Qu'en pensez-vous ? Trouvez-vous le film austère ?

2. Pour Robert Migliorini, « l'ouvrier s'est libéré de la machine mais les solidarités traditionnelles, famille, syndicats, sont sacrifiées » (*La Croix*, 14 janvier 2000). Etes-vous d'accord avec lui ? Pensez-vous que les solidarités ont disparu ?

POUR ALLER PLUS LOIN

1   Parallèle avec d'autres films

1. **L'école :** L'école est très présente et a un rôle précis dans *La cour de Babel*, *La famille Bélier*, *Ressources humaines* et *Fatima*. Quel rôle joue-t-elle exactement ?

2. **La transmission :** *Ressources humaines* et *Ce qui nous lie* abordent le thème de la transmission. Qu'est-ce que le père de chaque film transmet à ses enfants ? Est-ce que les enfants veulent et respectent ce que leur père leur a transmis ?

3. **Les rapports de classe :** Réfléchissez au rôle joué par les différences de classes sociales dans *8 femmes*, *Les femmes du 6e étage*, *Ressources humaines*, *Fatima* et *Intouchables*. Quel impact les différences de classes ont-elles sur les rapports entre les personnages ? Les personnages respectent-ils les différences ? Les films se passent dans les années 50, 60, 90 et très récemment. Voyez-vous une évolution ?

2 Lectures

1. **Article de *L'Express* paru dans l'édition du 8 novembre 2004 – propos recueillis par Anne Vidalie.**

Faut-il se méfier des diplômes ?

Les Français vouent un véritable culte[1] aux parchemins.[2] Estampillés par une grande école, de préférence. Sans eux, pas de travail, pas de carrière, dit-on. Sain réalisme ou myopie[3] dangereuse ?

POUR
Catherine Euvrard, chasseuse de têtes[4]*
« L'expérience sur le terrain vaut bien tous les parchemins »

*Auteur d'En avoir ou non... Secrets d'un chasseur de têtes (Lattès).

Ce n'est pas la peau d'âne[5] qui fait l'homme - ou la femme. C'est, bien sûr, un gage d'intelligence, de rapidité, de puissance de travail. Autant d'aptitudes nécessaires, mais non suffisantes. Car tout ne s'apprend pas dans les livres. Un diplôme n'est pas synonyme de courage, de créativité, d'esprit d'ouverture, de capacité à diriger une équipe et à communiquer. Encore moins de ces qualités humaines qui font la différence entre deux êtres, diplômés ou pas. Or ces caractéristiques ne sont pas les plus répandues[6] parmi les 15 000 jeunes cadres dits « à haut potentiel » et cadres de niveau supérieur que j'ai rencontrés en dix-neuf ans de chasse de têtes ! Pis,[7] ils manquent souvent de souplesse d'esprit,[8] voire tout simplement de bon sens. Peut-être parce que je suis autodidacte,[9] je suis convaincue qu'une longue et riche expérience sur le terrain vaut bien tous les parchemins. A cet égard, je me sens en phase avec la culture américaine. Là-bas, un jeune cadre brillant ne sera pas pénalisé pour n'être pas passé par une grande université. Ce qui compte, c'est ce qu'il a fait de sa vie, les risques qu'il a pris. J'ai un faible pour les écoles moins connues. Leurs diplômés sont souvent plus courageux que leurs pairs sortis d'HEC ou de Polytechnique. Et ils pensent avoir encore tout à prouver.

Bien sûr, les patrons ont besoin de repères, et les diplômes en sont un. Leur penchant naturel est de piocher[10] dans l'annuaire[11] des anciens de leur école. C'est l'« effet moule, » qui consiste à vouloir recruter un clone doté du même schéma de pensée, le réflexe qui fait préférer celui qui est formaté comme nous. Les chefs d'entreprise autodidactes n'échappent pas au culte très français du diplôme. Recruter des hommes et des femmes issus des meilleures écoles les rassure. C'est bon pour leur image et pour celle de l'entreprise, pensent-ils.

J'aimerais que les dirigeants aient moins de réticences à sortir des sentiers battus[12] en embauchant un homme ou une femme qui a fait ses preuves, avec ou sans diplôme. Lorsque je présente trois candidats pour un poste, deux d'entre eux collent parfaitement au profil requis. Le troisième est mon outsider, autodidacte ou diplômé d'une école moins prestigieuse. Dans 15 à 20% des cas, mes clients en recrutent deux. Dont l'outsider.

Entrée de Polytechnique

1 worship
2 *here:* diplomas
3 short-sightedness
4 head hunter
5 diploma
6 widespread
7 worse
8 flexibility
9 self-taught
10 pick
11 yearbook
12 get off the beaten track

CONTRE
Christian Margaria, Président de la Conférence des grandes écoles
« Ils valident plus que la seule acquisition de connaissances »

Arrêtons de raisonner comme si la formation des étudiants n'avait pas profondément évolué depuis quinze ou vingt ans ! Désormais, les méthodes pédagogiques ne sont plus exclusivement axées sur l'acquisition de connaissances scientifiques et techniques. Elles sont conçues pour permettre aux futurs cadres et ingénieurs de développer les compétences recherchées par les entreprises. Ainsi, toutes les écoles d'ingénieurs offrent des formations à la gestion[13] d'entreprise. C'est obligatoire, au même titre que l'économie, la finance, le droit et deux langues étrangères. Par ailleurs, les programmes sont calibrés pour offrir le maximum d'opportunités aux élèves. Jamais les possibilités de personnaliser un cursus n'ont été si nombreuses ! Dans la plupart des établissements, les garçons et les filles ont le choix entre un séjour long à l'étranger - six mois aux Etats-Unis, par exemple - et l'approfondissement d'une matière - comme une spécialisation en gestion des ressources humaines. Ils peuvent aussi, s'ils le souhaitent, travailler pendant un an entre la deuxième et la troisième année. Autre évolution : la valorisation de la vie associative, excellente façon de commencer à exercer des responsabilités opérationnelles. A Télécom INT, l'école d'ingénieurs que je dirige, des étudiants vont creuser des puits[14] au Sahel, construire des maisons communes au Nicaragua ou faire de la formation en milieu carcéral.[15] Voilà qui ouvre d'autres perspectives que de rester entre soi sur le campus ! Résultat : les profils, à la sortie, se sont énormément diversifiés. Quoi de commun entre un étudiant qui a suivi le parcours classique de trois ans dans son école et celui qui est parti, avant sa dernière année, passer un an dans un groupe bancaire singapourien ? Parallèlement à ces évolutions, les différentes filières ont varié leurs recrutements. A présent, les écoles de gestion vont chercher leurs étudiants dans les classes préparatoires[16] économiques et commerciales, littéraires, scientifiques et techniques ainsi qu'à l'université. L'« effet moule » a vécu. Les entreprises ont besoin de formations et de profils multiples. Et elles le savent.

Certes, le bon sens ne s'enseigne pas, mais la formation, dans les écoles, fait une large place à la pratique à travers les stages en entreprise, les études de cas, les projets industriels et les travaux pratiques. Au bout du compte, c'est le candidat qui est jugé, sa carrure,[17] sa personnalité. Le diplôme est un sésame[18] qui sert à obtenir l'entretien.

13 management
14 wells
15 prison
16 intensive one- or two-year classes preparing for the competitive entrance exam to a "grande école"
17 stature, caliber
18 key

a. Qu'est-ce que Catherine Euvrard privilégie ? Qu'est-ce qu'elle recherche dans un candidat ?

b. Qu'est-ce qu'elle reproche aux diplômés des grandes écoles ?

c. Que penserait-elle de Franck à votre avis ?

d. Pourquoi Christian Margaria n'est-il pas d'accord avec l'analyse de Catherine Euvrard ? De quelle façon les grandes écoles ont-elles évolué ? Qu'est-ce qu'elles proposent pour préparer au mieux leurs étudiants à la vie en entreprise ?

e. Pourquoi la vie associative est-elle encouragée ?

f. Que pensez-vous des formations décrites par Christian Margaria ? Vous semblent-elles adaptées à la vie en entreprise ? Ressemblent-elles à ce que vous faites dans votre université ?

2.   Interviews parues dans le *Figaro Magazine* du 24 mai 2008

Simon Thompson* :
« Les 35 heures ont été une aubaine[1] ! »

Vous êtes arrivés dans l'Hexagone[2] en 1999, un an après la loi sur les 35 heures…

Simon Thompson – C'est une pure coïncidence. Mais depuis, la France est devenue notre deuxième marché en Europe. Nous y enregistrons une croissance[3] à deux chiffres tous les ans.

C'est le temps libre des Français qui dope[4] ainsi la vente de voyages en ligne ?

Les 35 heures ont été une aubaine. Mais il y a aussi l'intérêt puissant des Français pour Internet. Outre les classiques – Rome, Venise, Prague, Barcelone –, les week-ends allongés se portent maintenant sur des destinations long-courrier comme New York. Nos clients repartent au bureau dès le matin de l'atterrissage.[5]

Et les séjours en France ?

Ils sont en pleine explosion, notamment pour ce qui concerne la remise en forme ou la thalasso[6] dans le cadre des RTT.

Vice-président Europe de Lastminute.com

Patrick Légeron* :
« Le stress a augmenté considérablement »

Nous sommes champions du temps de travail le plus court, et en même temps un des pays où le taux d'insatisfaction est un des plus élevés…

Patrick Légeron – Parce que, pour maintenir notre compétitivité, nous avons dû atteindre une des productivités horaires les plus élevées au monde. D'où[7] une augmentation considérable du stress malgré les 35 heures et notre record planétaire de 37 jours de congés annuels.

Alléger[8] le temps de travail aurait donc eu tendance à accroître sa pénibilité[9] ?

Les Finlandais, qui sont les champions de bien-être au travail, n'en reviennent[10] toujours pas. Comment la France a-t-elle pu se lancer dans ce chantier sans considérer le travail en termes d'épanouissement[11] personnel ?

La frontière entre vie professionnelle et privée est devenue poreuse ?

C'est l'autre paradoxe des 35 heures. On exige une disponibilité[12] maximale des salariés avec des horaires éprouvants,[13] tandis que l'utilisation des e-mails, portables, Blackberry et autres empiète[14] sur la vie personnelle.

Psychiatre et sociologue, directeur du cabinet Stimulus, co-auteur du rapport sur le stress au travail

---

RTT

La réduction du temps de travail (RTT) est un dispositif qui prévoit d'attribuer des journées ou des demi-journées de repos à un salarié dont la durée de travail est supérieure à 35 heures par semaine.

Source : www.service-public.fr

---

1 godsend
2 France (this nickname comes from the country's shape)
3 growth
4 boosts
5 landing
6 seawater therapy (common in France)

7 hence
8 reducing
9 hardship
10 can't get over it
11 fulfillment
12 availability
13 exhausting
14 encroach

---

a. Pourquoi Simon Thompson est-il ravi de la mise en place des 35 heures ? Qu'est-ce que la réduction du temps de travail permet aux Français de faire ?

b. Quelles sont les destinations choisies par les Français pour leurs week-ends ?

c. Comment Patrick Légeron explique-t-il le stress au travail ?

d. Qu'est-ce qui manque pour que les Français se sentent mieux au travail ?

3. Article d'Adrien Naselli publié dans *Le Monde*, du 15 avril 2019

« J'ai longtemps eu honte de mon manque de culture »

Face à des jeunes issus[1] de milieux bien plus favorisés que le sien, Abdelilah Laloui, étudiant à Sciences Po, s'est senti complexé par son « manque de bagage culturel ». Il a créé une association pour donner des clés aux jeunes qui ressentent ce « malaise ».

Quand j'étais en classe de seconde[2] au lycée Gutenberg de Créteil (Val-de-Marne), je n'avais qu'un projet : devenir frigoriste,[3] comme mon père. Ma mère, elle, était à la maison, dans notre petit pavillon. J'avais des résultats scolaires plutôt bons, et mes profs m'ont poussé dès la seconde à intégrer une grande école. Mais j'étais persuadé[4] que les grandes écoles, c'était pour les gens cultivés, pas pour moi.

En classe de première, je suis tombé sur une interview d'Amélie Nothomb à la télévision. Elle parlait des *Lettres à un jeune poète* de Rainer Maria Rilke comme d'un livre qui avait « changé sa vie ». Je me suis demandé : *« C'est quoi ce concept ? Comment un truc entassé sur une étagère peut-il changer une vie ? Est-ce qu'il y a un truc[5] magique dans ce bouquin ? »* Alors, j'ai eu la curiosité d'aller chercher le livre au CDI.[6] Je l'ouvre et là, grosse claque[7] : je ne comprends rien du tout. J'ai demandé conseil à mon prof de français qui m'a dit de chercher les mots que je ne comprenais pas dans le dictionnaire. Je sentais, en tout cas, qu'il y avait là un discours que je n'avais jamais entendu. Rilke dit au « jeune poète » : on s'en fiche de mon avis, ce qui compte, c'est ce que tu as au fond de toi.

« Vous n'avez pas de bagage culturel »

Quand j'ai intégré le programme d'aide aux concours de Sciences Po avec une dizaine de lycéens, ça a été un nouveau choc. Je me suis dit que je n'étais pas cultivé, comme mec. Je me sentais totalement illégitime, incapable, bête. Nos profs nous ont dit : « vous n'avez pas de bagage culturel, on va remédier à cela. » C'était étrange comme programme. Mais je m'y suis attelé. Pour acquérir cette « culture », j'ai lu énormément de bouquins, à l'école mais aussi pour moi, dans ma chambre. J'étais fasciné par tout ce que je lisais : Flaubert, Camus, Yasmina Khadra, Philippe Sollers… J'ai aussi énormément écouté de musique. Tous les styles, mais surtout la musique classique. Elle me touche énormément. Pendant la période du bac, j'allais très mal et le classique a toujours été une délivrance pour moi.

Ces nouvelles expériences culturelles m'ont donné envie d'agir pour tous ces mecs et ces filles de banlieue qui me ressemblaient, et qui se moquaient totalement de tout ça. Avec ma meilleure amie, Alia Ismail, nous avons créé une association en 2017. L'idée était simple : désacraliser le rapport des jeunes à la culture et se l'approprier sans avoir honte de quoi que ce soit. Lors des séances,[8] un élève partage son coup de cœur et nous, les bénévoles,[9] on est là pour les faire réfléchir et les décomplexer.[10]

En intégrant Sciences Po, j'ai reçu une nouvelle claque en m'inscrivant à un cours d'opéra. J'étais complètement largué,[11] contrairement à beaucoup de mes camarades. Moi qui pensais m'y connaître un peu, la réalité m'a rattrapé. Forcément, je n'avais jamais joué d'un instrument, jamais vu de concert. A Sciences Po, j'ai parfois mal vécu la confrontation avec les élèves issus de milieux plus favorisés. En première année, j'ai eu souvent honte de

1 from
2 10th grade
3 refrigeration specialist
4 convinced
5 thing
6 media center
7 *here:* shock
8 during the meetings
9 volunteers
10 remove their feelings of inferiority
11 lost

mon manque de bagage culturel, à cause de certains qui l'étalaient. Quand tu arrives à Saint-Germain-des-Prés, tu te rends compte que des tas de gens vont au cinéma, voyagent et lisent depuis tout petits… Je suis passé d'un quasi-désert culturel à une montagne de culture. C'est une sensation qui m'a presque conduit à arrêter.

Imposer la « culture légitime » ?

Un jour, j'ai eu une dispute assez sévère avec des camarades : on me reprochait *« d'imposer la culture légitime »* aux jeunes des quartiers[12] avec mon association. J'étais furieux. Eux sont dans leur bulle depuis toujours, ils peuvent se permettre de jongler d'une forme de culture à une autre avec détachement, s'en moquer, mélanger les références. Et ensuite, ils viennent dire à un mec de banlieue qui veut aider des gens comme lui d'imposer une culture. J'ai trouvé ce discours très dangereux. Ils n'ont pas conscience de l'autocensure sociale, de la honte que peuvent ressentir les gens. Me taxer[13] de paternalisme, ça m'a blessé.

Les rapports avec ma famille sont complexes. Par gêne,[14] on va se moquer de moi gentiment. On prend, par exemple, un air pompeux en disant que j'écoute France Culture, que je regarde Arte. Avant d'aller à Sciences Po, j'avais exactement cette attitude : je me moquais de la culture légitime. Cela traduisait un malaise social, qu'on peut facilement comprendre. Lorsque quelque chose nous dépasse, on ironise, on prend le dessus comme ça.

Aujourd'hui, je suis en deuxième année à Sciences Po. Je n'ai toujours pas l'impression d'être « cultivé ». Je déteste ce mot, qui renvoie à une accumulation de savoirs. J'utilise les termes « curieux », « passionné ». Mais aujourd'hui, quand je me retrouve face à une œuvre que je ne connais pas, je ne rougis plus.[15] Le fantasme du gars supercultivé qui sait tout sur tout, je ne l'ai plus.

L'association, rebaptisée « Tous Curieux », fonctionne très bien. Nous avons une centaine de bénévoles et cinq antennes (l'école du Louvre, la Sorbonne, Sciences Po, L'UPEC et l'Institut de mode français). Nous avons même des parrains et marraines, que je suis allé solliciter, comme Jack Lang ou Sandrine Treiner, la directrice de France Culture. Nous intervenons dans des collèges en zone d'éducation prioritaire sur le théâtre, la littérature, le cinéma, la musique… Pour l'instant, nous sommes en contact avec 400 élèves. En référence à mon déclic, un atelier s'appelle : « Un livre peut-il changer une vie ? »

Campus de Sciences Po

12 *here:* underprivileged neighborhoods
13 labeling me
14 out of embarrassment
15 I no longer turn red.

Vous pouvez découvrir et suivre les activités de l'association Tous curieux sur leur page Facebook !
https://www.facebook.com/association.touscurieux/

a. A quoi Abdelilah Laloui fait-il référence quand il parle de « bagage culturel » ?

b. Qu'est-ce qui lui a donné l'envie et la possibilité d'aller à Sciences Po ?

c. Qu'a-t-il fait pour acquérir la culture qu'il n'avait pas ?

d. Se sent-il comme les autres étudiants de Sciences Po ?

e. Comparez ses rapports avec sa famille et ceux de Franck avec la sienne.

f. Qu'a-t-il créé avec une amie ? Pourquoi ? Comment cela fonctionne-t-il ? Est-ce une réussite ?

Récapitulons !

- Qu'est-ce que le film vous a appris sur les 35h ?
- De quelle façon le film vous a-t-il fait réfléchir sur :
    - Le travail des ouvriers dans une usine ?
    - La relation jeunes-parents quand les jeunes font des études auxquelles les parents n'ont pas eu accès ?
    - Le fossé culturel qui peut être un problème quand on change de classe sociale ?

Joyeux Noël

Présentation du film

Décembre 1914. Dans les tranchées du Nord de la France, des soldats français, allemands et écossais se font la guerre depuis quatre mois. La veille de Noël, plusieurs régiments du front ouest organisent une trêve et fraternisent sans l'autorisation de leurs supérieurs. Ils passent quelques heures ensemble dans le no man's land avant de faire face aux conséquences.

Carte d'identité du réalisateur

Christian Carion et Dany Boon

Christian Carion est né en 1963 dans le nord de la France et a grandi au milieu des vestiges et des souvenirs de la Première guerre mondiale. Lors d'un entretien il a expliqué : « Je suis fils d'agriculteur, et je me souviens qu'à l'époque des labours, au mois de septembre, on trouvait des fusils rouillés, des bottes, des papiers, ou des obus dans le sol. Moi-même, lorsque j'étais gosse, j'ai transporté des obus sur le bord de la route. On les entassait avant d'appeler la préfecture pour la collecte[1] ! » Il a ensuite fait des études d'ingénieur pour plaire à ses parents mais était très intéressé par le cinéma. C'est sa rencontre avec le jeune producteur Christophe Rossignon qui lui a permis de démarrer. Son premier film, *Une hirondelle a fait le printemps* (2001) a été un gros succès public, ce qui l'a encouragé à poursuivre un projet européen plus coûteux et compliqué avec *Joyeux Noël*, sorti en 2005. Il a retrouvé son interprète Guillaume Canet pour 2 thrillers, *L'Affaire Farewell* en 2009 et *Mon garçon* en 2017. Il s'est aussi penché sur le drame de l'exode de 1940 dans *En mai, fais ce qu'il te plaît*, en 2015.

Carte d'identité des acteurs

Guillaume Canet a dû interrompre à 18 ans (en 1991) un début de carrière prometteur en équitation après une mauvaise chute. Il s'est alors tourné vers le cinéma et a commencé à être connu et apprécié en 1998 après *En plein cœur* et *Je règle mon pas sur le pas de mon père*. Il a rencontré Leonardo Di Caprio dans *La plage* (2000), joué avec Gérard Depardieu dans *Vidocq* (2001) et Marion Cotillard dans *Jeux d'enfants* (2003). On l'a ensuite vu dans des rôles variés allant de la comédie romantique avec Audrey Tautou (*Ensemble, c'est tout*, 2007), au policier (*Les liens du sang*, 2008), au thriller (*L'affaire Farewell*, 2009, *Mon garçon*, 2017), au biopic (*Jappeloup*, 2013), au drame (*L'homme qu'on aimait trop*, 2014) et enfin à la comédie (*Le grand bain*, 2018).

Parallèlement à sa carrière de comédien, Guillaume Canet est aussi réalisateur. Il s'est lancé en 2002 avec *Mon idole* puis a connu un grand succès en 2006 avec *Ne le dis à personne*. Le film a remporté 4 César dont celui du meilleur réalisateur. Canet n'avait que 33 ans. Il a remporté un autre beau succès public avec *Les petits mouchoirs* en 2010 et *Nous finirons ensemble* en 2019.

Diane Krüger (née en 1976) a commencé par des études de danse et une carrière de mannequin avant de se lancer au cinéma dans des films français (*Ni pour ni contre (bien au contraire)* en 2002 et *Mon idole* en 2003). Elle alterne ensuite des films en anglais (*Troie*, 2004, *Benjamin Gates*, 2004, *Inglorious Basterds*, 2009, *Bienvenue à Marwen*, 2019) et en français (*Les brigades du tigre*, 2006, *Pour elle*, 2008, *Les adieux à la reine*, 2012, *Tout nous sépare*, 2017).

Benno Fürmann et Diane Krüger

Gary Lewis est un acteur écossais né en 1958. Il a commencé à se faire connaître avec deux films de Ken Loach (*Carla's Song*, 1996 et *My name is Joe*, 1998) mais c'est surtout *Billy Elliot* qui l'a révélé au grand public en 2000. Il a ensuite été choisi pour *Gangs of New York* (2003) puis beaucoup de seconds rôles, dont celui du prêtre Palmer dans *Joyeux Noël*.

Benno Fürmann (né en 1972) a perdu ses parents à l'âge de 15 ans. Il a eu de nombreux petits boulots avant de suivre des études de théâtre à New York. Il a eu beaucoup de seconds rôles et a travaillé pour la télévision, puis a tourné

---

1   *Studio*, mars 2005

Joyeux Noël qui lui a permis d'élargir sa palette. On lui a ensuite confié de beaux rôles dans *Jerichow* en 2009, *Sous la ville* (2011) et *Volt* (2017).

Daniel Brühl : Né en 1978 d'un père allemand et d'une mère espagnole, Daniel Brühl commence par de petits rôles avant d'accéder à la notoriété en 2003 avec *Good Bye, Lenin !* Il enchaîne ensuite des rôles en allemand (*The Edukators*, 2005), en français (*Joyeux Noël*, 2005) et en anglais (*Inglorious Basterds*, 2009). Il alterne entre des films en allemand (*L'incroyable équipe*, 2011) et des productions internationales (*Rush*, 2013, *Colonia*, 2016).

L'heure de gloire

Joyeux Noël a été nommé dans de nombreuses catégories en France et à l'étranger : meilleur film, meilleur scénario, meilleure musique, meilleurs décors, meilleurs costumes aux César et meilleur film étranger aux Golden Globes et aux Oscars.

PREPARATION

1   Vocabulaire

Vocabulaire utile avant de voir le film :

> Vous connaissez déjà certains des mots de la liste. Ils sont notés pour que vous les révisiez. Vous devez savoir ce vocabulaire par cœur, avec les genres pour les noms, les prépositions pour les verbes et les orthographes difficiles. Observez bien les exemples, ils vous aideront à vous exprimer correctement.

Noms

la guerre : *the war*
la Première Guerre mondiale : *World War I**
un ténor : *a tenor*
une cantatrice : *a singer*
un soldat : *a soldier*
un uniforme : *a uniform*
un casque : *a helmet*
un militaire : *a career soldier*
un gradé : *an officer*
une tranchée : *a trench*
une attaque/une offensive : *an attack/an offensive*
un combat : *fighting*
un fusil : *a rifle***
un bombardement : *bombing, shelling*
un mort : *a dead (person)*
la ligne de front : *the front line*
le no man's land : *the no man's land*
la veille de Noël : *Christmas Eve****
une trêve : *truce*
un cessez-le-feu : *a cease-fire*

un prêtre : *a priest*
un brancardier : *a stretcher-bearer*
un civil : *a civilian*
une cornemuse : *a bagpipe*
un sapin de Noël : *a Christmas tree*
une messe : *a mass*
un chant de Noël : *a Christmas carol*
des denrées : *goods*
une tombe : *a grave*
une croix : *a cross*
la haine : *hatred*
un chat : *a cat*
un aide de camp : *an aide-de-camp*
le devoir : *duty*
un évêque : *a bishop*
un supérieur : *a superior (in rank)*
l'état major : *the staff*
les représailles : *reprisals, retaliation*****

*Remarquez l'utilisation des majuscules.
**Le « l » ne se prononce pas : un [fusi]
***Ne confondez pas « la veille » et « la vieille » !
****Ex : En représailles, les soldats ont été envoyés à Verdun.

A savoir

SOLDAT : A l'origine, un soldat est quelqu'un qui reçoit une solde, c'est-à-dire un salaire pour faire la guerre. Il vient de l'italien « soldato » et s'écrivait « soldier » au XIIe siècle. Il est facile de voir d'où vient le mot anglais !

Verbes

se battre contre : *to fight against*

obéir/désobéir à : *to obey/disobey**

avoir peur de qq'un/qqch : *to be afraid of s.o./sth*

suspendre les hostilités : *to suspend hostilities***

fraterniser : *to fraternize*

fêter : *to celebrate*

chanter : *to sing*

prier : *to pray*

échanger : *to exchange*

soutenir qq'un : *to support s.o.****

se mettre à l'abri : *to take cover*

enterrer : *to bury*

sauver qq'un : *to save s.o.*

tirer sur qq'un : *to shoot s.o.*

tuer qq'un : *to kill s.o.*

venger qq'un : *to avenge s.o.*

se constituer prisonnier : *to give oneself up*

renoncer : *to give up*

reprendre le combat : *to resume hostilities*

bombarder : *to bomb*

*Prononcez bien les 2 voyelles séparément : obé/ir : Ils ont obéi à l'officier. Ils ont obéi aux ordres de l'officier.
**Ex : Ils ont suspendu les hostilités pour Noël.
***Ne confondez pas « soutenir » et « supporter », qui veut dire « to put up with, to endure ».

A savoir

FRATERNISER : Ce verbe vient bien évidemment du mot « frère », lui-même du latin « frater ». Le mot « fraternisation » n'est pas récent (il existait au XVIIIe siècle) mais il est peu utilisé et généralement associé à la Première Guerre mondiale.

Adjectifs

français(e) : *French**

écossais(e) : *Scottish*

allemand(e) : *German*

danois(e) : *Danish*

européen(ne) : *European*

neutre : *neutral*

allié(e) : *allied*

ennemi(e) : *enemy***

détruit(e) : *destroyed*

angoissé(e) : *anguished*

terrifié(e) : *terrified*

méfiant(e) : *suspicious, mistrustful*

impensable : *unthinkable****

pacifiste : *pacifist*****

compatissant(e) : *compassionate*

*Souvenez-vous de la règle pour les nationalités : une majuscule pour un nom, une minuscule pour un adjectif - Ex : un Français/un soldat français
**Remarquez l'orthographe de ce mot !
***Ex : Pour les officiers il était impensable que les fraternisations se reproduisent.
****Ne confondez pas « pacifiste » et « pacifique » !

Traduisez !

1. The soldiers were anguished and terrified by the fighting but they had to obey their superiors and shoot their enemies.

2. During WWI, some French, Scottish and German soldiers suspended hostilities on the front line and fraternized.

3. They came out of their trenches during the truce and exchanged goods, celebrated Christmas with a mass, sang Christmas carols and buried their dead.

4. The compassionate Scottish priest played the bagpipe and supported the soldiers, but he ended up giving up.

2 Repères culturels

La Première Guerre mondiale

Vous avez étudié la Première Guerre mondiale dans vos cours d'histoire. Voici quelques faits et quelques dates pour vous rafraîchir la mémoire !

C'est le premier grand conflit mondial durant lequel se sont affrontés la Triple Entente (la France, la Grande-Bretagne et la Russie, rejointes plus tard par la Belgique, le Japon, l'Italie, le Portugal et les Etats-Unis) et les Empires centraux (l'Allemagne, l'Autriche-Hongrie et plus tard l'Empire ottoman et la Bulgarie). Il ne faut pas oublier les colonies de ces différents pays, dont les hommes ont été appelés à se battre.

La guerre a été provoquée par l'expansion économique de l'Allemagne, par la militarisation de l'Europe depuis une dizaine d'années, et par des disputes et des rivalités territoriales entre les grands pays européens. L'assassinat de l'archiduc François Ferdinand le 18 juin 1914 est un déclencheur.

Une des caractéristiques de cette guerre, comme vous le verrez dans le film, est que les soldats vivaient dans des tranchées, souvent très proches les unes des autres. Le *no man's land* qui les séparait était en général étroit, au point où les soldats pouvaient entendre leurs ennemis.

La Première Guerre mondiale a fait 31 millions de victimes en 4 ans (1914-1918), dont 9 millions de morts et 22 millions de blessés (estropiés, aveugles, infirmes, gazés, défigurés, amnésiques, etc.).

1. Les fronts : Allez sur le companion website (hackettpublishing.com/cinema-for-french-resources) pour regarder une vidéo sur les 7 fronts de la guerre. Concentrez-vous en particulier sur le front ouest, lieu de l'action du film.

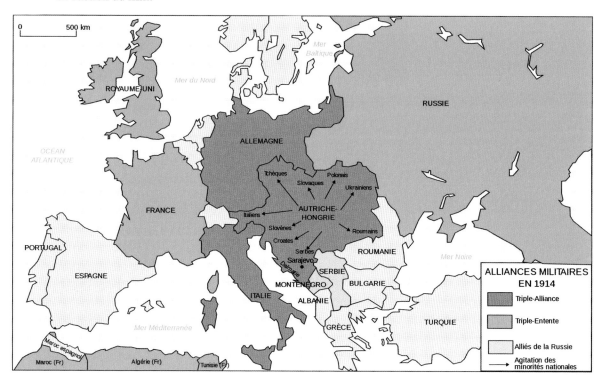

2. Les fraternisations : Qu'est-ce que c'est ? Qu'est-ce que cela veut dire dans un contexte de guerre ? Où ont-elles eu lieu ? Comment sait-on qu'elles ont eu lieu ? Comment les différentes armées ont-elles réagi ?

3. Le Kronprinz allemand fait plusieurs apparitions dans le film. Qui était cet homme ?

3 Le contexte

Cette activité est importante pour vous préparer au film. Vous pouvez faire des recherches ou juste réfléchir à l'époque et vous baser sur vos connaissances. Répondez à chaque question en quelques phrases.

Réfléchissez aux conditions de vie dans les tranchées en décembre 1914 :

1. Depuis combien de temps la guerre durait-elle ?
2. Les soldats étaient-ils bien entraînés ?
3. Comment occupaient-ils leurs journées ? Se battaient-ils constamment ?
4. Combien de temps passaient-ils dans la première tranchée, avant d'être relevés ?
5. De quoi souffraient-ils ?
6. Avaient-ils des contacts réguliers avec l'arrière, leur famille en particulier ?

4 Bande-annonce

Regardez la bande-annonce sur le companion website (hackettpublishing.com/cinema-for-french-resources) et répondez aux questions suivantes :

1. Par quoi la bande-annonce commence-t-elle ?
2. Qui est présenté ?
3. Comment la bande-son évolue-t-elle ?
4. Comment l'idée des fraternisations est-elle introduite ?

5 A savoir avant de visionner le film

- Durée : 1h56
- Genre : Film de guerre / film historique
- Public : Classé PG13 aux Etats-Unis, c'est un film qui se regarde facilement. Il se passe dans un contexte de guerre mais il y a très peu de violence.
- Tournage : L'armée a refusé que Carion tourne le film sur des terrains militaires. Le film a donc été tourné en partie dans le Nord de la France et en Ecosse, et surtout en Roumanie. Le budget a été incroyablement difficile à réunir. En effet, il semblait à l'époque que le sujet était trop classique et que la Première Guerre mondiale n'intéressait personne. Le fait que le film soit en trois langues a aussi posé problème pour réunir les fonds.
- Fraternisations : Les épisodes qu'on va voir n'ont pas tous eu lieu au même endroit. Le réalisateur en a rassemblé plusieurs, survenus à des endroits différents du front pour accentuer la tension dramatique du film. Ils ont tous eu lieu, même si cela est parfois difficile à croire.
- Note : Le film faisait partie de la Sélection officielle, hors compétition, à Cannes en 2005. Il est ensuite sorti le 9 novembre 2005, deux jours avant les commémorations du 11 novembre.

PREMIERE APPROCHE

1 L'histoire

> Le but de cette activité est double :
> - Vérifier que vous avez bien compris l'histoire
> - Vous préparer à la discussion en classe
>
> Répondez à chaque question en une ou deux phrases. Utilisez le vocabulaire que vous avez appris.

Les personnages

Les Allemands et la Danoise :

Nikolaus Sprink = le ténor
(Benno Fürmann)

Anna Sörensen
(Diane Kruger)

Horstmayer =
le lieutenant allemand
(Daniel Brühl)

Les Français :

Le lieutenant Audebert
(Guillaume Canet)

Ponchel = l'aide de camp
(Dany Boon)

Les Ecossais :

Palmer = le prêtre écossais
(Gary Lewis)

Le lieutenant Gordon
(Alex Ferns)

Jonathan
(Steven Robertson)

1. **Les enfants : l'Ecossais, le Français, l'Allemand**
   - Comment les enfants sont-ils élevés ? Que leur inculque-t-on sur les voisins européens ?
   - L'école a-t-elle un rôle de pacificateur ?

2. **Les Ecossais**
   - Comment Palmer réagit-il quand il apprend que la guerre est déclarée ?
   - Où se trouve Jonathan pendant la messe de Noël ? Que représente cette messe pour lui ?
   - Pourquoi tire-t-il sur Ponchel ? Quelle était son intention ?

3. **Les Français**
   - Qu'est-ce qui angoisse le lieutenant Audebert ?
   - Pourquoi les relations sont-elles tendues entre Audebert et son père ?
   - Pourquoi le réalisateur a-t-il choisi d'avoir un soldat (Ponchel, l'aide de camp) originaire du Nord de la France ? Qu'est-ce que cela apporte à l'histoire ?
   - Sprink et Anna chantent dans un château, dont les propriétaires se terrent au sous-sol, dans la cuisine. Quelle attitude ont-ils ? Comment leur expression change-t-elle au cours de la scène ?

4. **Les Allemands**
   - Le lieutenant Horstmayer : Quels aspects de sa personnalité voit-on au cours du film ? Comment traite-t-il ses soldats ? Quelle attitude a-t-il envers Sprink, Anna, les Français et les Ecossais ?

- Sprink, le ténor : Quel rôle a-t-il dans l'histoire ? Prend-il de grandes décisions ? A-t-il beaucoup de contacts avec les Français et les Ecossais ?
- Guillaume de Prusse (le Kronprinz) : Quelle impression cet homme vous donne-t-il ? Est-il attentionné ? S'inquiète-t-il du sort des soldats ? Apprécie-t-il la musique ? Vous met-il à l'aise ?

5. **Anna Sorensen**
   - Pourquoi le réalisateur a-t-il choisi de lui donner la nationalité danoise ?
   - Quelle place a-t-elle dans ce film d'hommes ?
   - Quel impact la guerre a-t-elle sur la relation Anna – Sprink ? Comment chacun réagit-il ?

6. **La fin, les représailles**
   Comparez les représailles des trois côtés. Les généraux écossais, français et allemands traitent-ils leurs soldats différemment ?

> Le personnage du ténor est basé sur Walter Kirchhoff, un ténor allemand qui a chanté dans une tranchée allemande le soir de Noël 14. Un Français, qui connaissait sa voix, l'a reconnue, et a applaudi. Kirchhoff a alors traversé le no man's land pour lui serrer la main. D'autres hommes sont sortis, c'était le début d'une fraternisation.

2 Analyse d'une photo

1. Que vient-il de se passer ?
2. Que voyez-vous sur cette photo ?
3. Dans quelle position Sprink est-il ?

3 Analyse de citations

Analysez les citations suivantes en les replaçant dans leur contexte :

1. Audebert : « Dans une semaine, on passera tous Noël à la maison. »
2. Sprink : « Sing für uns. Sing für sie. » (Chante pour nous. Chante pour eux.)
3. Audebert et son père :
   « Est-ce que tu te rends compte que c'est très grave ce qui s'est passé ? Ca s'appelle haute trahison ! Peine de mort. »

« Je me suis senti plus proche des Allemands que ceux qui crient « Mort aux Boches » chez eux bien au chaud devant leur dinde aux marrons. Vous ne vivez pas la même guerre que moi. Ceux d'en face, oui. »

APPROFONDISSEMENT

1 Vocabulaire

Enrichissez votre vocabulaire !

Le but de cette deuxième liste est d'élargir votre champ lexical. Ce vocabulaire ciblé sur des thèmes du film va vous permettre d'enrichir votre style.

L'armée

l'armée de terre : *the army*
la marine : *the navy*
l'armée de l'air : *the air force*
le quartier général : *the headquarters*
être militaire : *to be in the army*
un maréchal : *a marshall*
un général : *a general*
un colonel : *a colonel*
les troupes : *troops*
un parachutiste : *a paratrooper*

une caserne : *barracks*
un tank : *a tank*
les munitions : *ammunition*
une arme à feu : *a firearm*
un sous-marin : *a submarine*
un avion : *an aircraft*
un hélicoptère : *a helicopter*
la censure : *censorship*
un objecteur de conscience : *a conscientious objector*
déserter : *to desert*

Guerre et paix

déclarer la guerre à : *to declare war on*
envahir : *to invade*
s'engager : *to join*
partir à la guerre : *to go to war*
une guerre mondiale : *a world war*
une guerre atomique : *a nuclear war*
les alliés : *the Allied Powers*
rester neutre : *to remain neutral*
une bataille : *a battle*
un champ de bataille : *a battleground*
du fil de fer barbelé : *barbed wire*
un sac de sable : *a sandbag*
un blockhaus : *a bunker*

un masque à gaz : *a gas mask*
une attaque aérienne : *an air strike*
débarquer : *to land*
avancer : *to move forward*
reculer : *to draw back*
une mutinerie : *mutiny*
cesser le feu : *to cease fire*
une défaite : *a defeat*
capituler : *to capitulate*
battre en retraite : *to retreat*
un armistice : *a truce*
la victoire : *victory*
la paix : *peace*

Mise en pratique du vocabulaire :

Ecrivez 5 phrases dans lesquelles vous utilisez au moins 10 mots de la liste ci-dessus.

En 1916, un chat se promenait entre les tranchées allemandes et françaises, comme dans le film. Un jour, il portait un collier à son cou avec un petit mot écrit par des Allemands, demandant aux Français de quel régiment ils étaient. Un général l'a su et a ordonné de juger le chat. Il a été jugé et fusillé pour entente avec l'ennemi !

2 Réflexion - Essais

Ces questions vont vous permettre d'approfondir l'étude du film. Ecrivez un paragraphe pour chacune, en utilisant le vocabulaire du chapitre et en soignant votre expression (vérifiez votre orthographe et votre grammaire). En faisant ce travail, vous vous préparez à la prochaine composition.

1. Un chat français, adopté par un Allemand, a deux noms différents et se promène de tranchée en tranchée. Que symbolise-t-il ?

2.   Quelle facette de la religion Palmer, le prêtre écossais, présente-t-il ?

3.   Pensez maintenant à l'évêque. Quel message porte-t-il ?

> Un évêque anglican a réellement prononcé un discours d'incitation à la guerre en décembre 1914, à Westminster. En voici un extrait : « Ceux qui tuent des civils sont-ils des enfants de Dieu ? En vérité je vous le dis, il faut tuer les Allemands, bons ou mauvais, jeunes ou vieux... de peur que la civilisation ne finisse elle-même par être assassinée. »

4.   Peut-on dire que les fraternisations sont une rébellion contre l'état major ?

5.   Quel effet la musique et le chant ont-ils sur les troupes ?

> Diane Krüger et Benno Fürmann ont été doublés pour les chants par Natalie Dessay, une soprano française, et Rolando Villazon, un ténor franco-mexicain.

6.   Qu'est-ce qui nous montre que les soldats ont une culture européenne commune ?

3   Analyse d'une scène : L'enterrement des morts (1:10:28 à 1:16:40)

> ## Vocabulaire spécifique à cette scène
>
> une pioche (*a pick*) • miauler (*to meow*) • la sonnerie (*the ringing*) • creuser (*to dig*) • le brouillard (*fog*) • un drapeau blanc (*a white flag*) • une ceinture (*a belt*)

A.   **Ecoutez**

1.   Qu'est-ce que le soldat allemand entend ?

2.   Par quoi Ponchel est-il distrait ?

3.   Pourquoi la sonnerie du réveil est-elle importante ?

4.   Qu'est-ce qui accompagne le transport des morts ?

5.   Qu'entend-on quand Jonathan enterre son frère ?

B.   **Observez**

1.   Qu'est-ce que les soldats allemands voient ? Pourquoi ont-ils peur ?

2.   Il est fort possible que les Allemands ne comprennent pas ce que dit Gordon à Jonathan. Peuvent-ils, en observant la scène dans le brouillard, deviner ce qui se passe ?

3.   Qu'est-ce que le visage de Gordon révèle quand Horstmayer propose de parler des morts ?

4.   Où la scène du café se passe-t-elle ?

5.   Vu du ciel, à quoi ressemble le transport des morts ?

6.   Sur une ceinture allemande Palmer lit « Gott mit uns » (God is with us). Observez l'expression sur son visage. Que ressent-il ?

C. **Cette scène dans l'histoire**

Qu'est-ce que cette scène apporte à l'histoire ? Qu'est-ce qu'on apprend ? De quelle façon complète-t-elle la scène de la messe ?

D. **Langue**

1. Le passé

Conjuguez les verbes au temps du passé qui convient (passé composé, imparfait, plus-que-parfait).

Ex : Quand les soldats _____ (sortir) de leurs tranchées, ils _____ (savoir) que rien ne serait plus comme avant.
    Quand les soldats <u>sont sortis</u> de leurs tranchées, ils <u>savaient</u> que rien ne serait plus comme avant.

a. Est-ce que Jonathan _____ (piocher) depuis longtemps quand le soldat allemand _____ (entendre) du bruit ?

b. Gordon _____ (répéter) l'ordre qu'il _____ (déjà donner).

c. Il _____ (avoir) peur parce que la trêve _____ (cesser).

d. Jonathan _____ (partir) en courant et les officiers _____ (commencer) à discuter.

e. Avant cette trêve les soldats _____ (ne jamais aller) dans le no man's land.

f. Ils _____ (couper) du bois, ils _____ (faire) des croix, ils _____ (s'aider). Tout _____ (bien se passer).

2. La négation

Répondez aux questions en utilisant les négations de la liste suivante :

ne… jamais • ne… rien • ne… personne • ne… pas encore • ne… plus • ni… ni • ne… nulle part • ne… aucun(e)

Ex : Est-ce que les soldats avaient déjà vu leurs adversaires ?
    Non, ils <u>ne</u> les avaient <u>pas encore</u> vus.

a. Est-ce que les soldats se parlaient souvent avant la trêve ?

b. Est-ce que les Français connaissaient quelques soldats Allemands ?

c. Est-ce que Jonathan raconte tout à sa mère quand il parle de William ?

d. Est-ce que Palmer se fâche contre quelqu'un ?

e. Est-ce que les soldats savent déjà qu'ils vont quitter la région ?

f. Est-ce que Gordon reverra Audebert et Horstmayer ?

g. Est-ce que Ponchel reverra sa mère ?

h. Est-ce que Jonathan se sentira bien quelque part ?

3.   Prépositions

Remplacez chaque blanc par la préposition qui convient. Attention, certains verbes ne prennent pas de préposition !

Ex : L'Allemagne a déclaré la guerre _____ la France le 3 août 1914.

L'Allemagne a déclaré la guerre à la France le 3 août 1914.

a.   Au début du film, les soldats se battent _____ leurs ennemis. Ils tirent _____ ceux qu'ils voient.

b.   Palmer est brancardier. Son but est de sauver _____ les soldats de son régiment.

c.   Audebert a peur _____ combats, _____ guerre et _____ mourir mais il doit soutenir _____ ses hommes.

d.   Jonathan tue _____ Ponchel pour venger _____ son frère.

e.   Sprink et Anna n'obéissent pas _____ ordres _____ l'état-major et se constituent prisonniers.

E.   Comparaison avec d'autres scènes

Les trois officiers sont quatre fois ensemble :

- Après le chant de Sprink (ils se rencontrent, boivent du champagne et Audebert retrouve son portefeuille)

- Pour parler de l'enterrement des morts

- Pendant le match de football (Horstmayer propose de faire passer du courrier à la femme d'Audebert, ils parlent de prendre un verre rue Vavin)

- Dans la tranchée pendant l'attaque (Audebert donne la lettre pour sa femme à Horstmayer)

Comparez ces quatre scènes. Comment les relations évoluent-elles ? De quoi les hommes parlent-ils ? Comment se traitent-ils ?

F.   Sketch

Imaginez qu'au lieu de jouer au football, un Allemand, un Français et un Ecossais (qui parlent tous français !) discutent. Ils parlent de leur famille, de la guerre qu'ils ont vécue jusqu'à ce moment-là (quel point de vue ont-ils ?), des soldats de leur régiment (s'entendent-ils bien ?), de leur lieutenant (que pensent-ils de Horstmayer, Audebert et Gordon ?), des fraternisations, de leurs peurs et de leurs espoirs. Ecrivez et jouez la scène.

LE COIN DU CINEPHILE

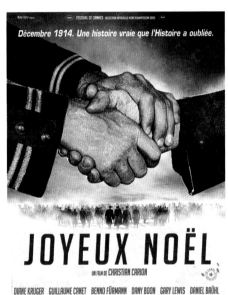

Décembre 1914. Une histoire vraie que l'Histoire a oubliée.

JOYEUX NOËL

UN FILM DE CHRISTIAN CARION

DIANE KRUGER   GUILLAUME CANET   BENNO FÜRMANN   DANY BOON   GARY LEWIS   DANIEL BRÜHL

1 Premières / dernières images

Par quoi le film s'ouvre-t-il ? Quelle est l'ambiance ? Pourquoi le réalisateur a-t-il fait ce choix ? Et à la fin du film, qu'est-ce qui apparaît en même temps que le générique ? Pourquoi ?

> Vous aurez peut-être besoin de revoir quelques scènes du film pour répondre en détail aux deux premières questions.

2 Les couleurs et la lumière

Quelles couleurs dominent dans ce film ? Et comment est-il éclairé ?

3 Affiche

Observez l'affiche du film.

    a. Qu'est-ce que l'affiche privilégie ?

    b. Qu'est-ce qu'elle ne montre pas ?

    c. Quelles informations donne-t-elle au public ?

    d. Aimez-vous cette affiche ? Vous donnerait-elle envie de voir le film ?

4 Sous-titres

Le dialogue suivant a lieu vers la fin du film, entre Horstmayer et Audebert. Comparez l'original en français et les sous-titres en anglais, puis répondez aux questions :

1	Cette fois-ci, je crois qu'on va en rester là.	*This time we leave it at that.*
2	J'ai été heureux de vous connaître.	*It was nice knowing you.*
3	Peut-être qu'en d'autres circonstances on aurait pu…	*Perhaps in other circumstances we could have…*
4	On aurait pu peut-être, ouais.	*Perhaps.*
5	Mais peut-être vous viendrez boire un verre rue Vavin, en touriste !	*Yet maybe a drink in Rue Vavin, as a tourist!*
6	Ouais. Ca serait chouette. C'est comme ça qu'on dit, non ?	*Yes. That would be "smashing". Is that how you say?*
7	Ouais. Vous connaissez mieux le français que moi l'allemand.	*Yes. Your French beats my German.*
8	Je n'ai pas de mérité. Votre femme n'est pas allemande.	*No merit in that. Your wife is not German.*
9	Alors, bonne chance.	*Well… Good luck.*
10	Toi aussi.	*You, too.*

    a. Dans l'ensemble, ce film était-il facile à sous-titrer ? A quelles difficultés particulières a-t-il fallu faire face ?

b.   5ᵉᵐᵉ réplique : Quelle faute remarquez-vous dans la phrase française ?

c.   8ᵉᵐᵉ réplique : Quelle erreur (de prononciation ou de vocabulaire) Horstmayer fait-il ?

d.   10ᵉᵐᵉ réplique : Ce sont les derniers mots qu'Audebert et Horstmayer échangent. Quel changement frappant remarquez-vous ? Qu'est-ce qui justifie ce changement ? Le retrouve-t-on dans le sous-titre anglais ?

AFFINEZ VOTRE ESPRIT CRITIQUE

1 Crédibilité

Plusieurs aspects du film semblent difficiles à croire, notamment :

a.   La vie dans les tranchées : Le sort des soldats n'est pas enviable, mais leurs conditions de vie sont moins difficiles que celles qui ont souvent été rapportées. Ils se plaignaient beaucoup du froid, de la boue, des rats et des maladies. Est-ce évident dans le film ?

b.   La présence d'Anna : Est-il probable qu'une femme ait pu accéder à la ligne de front ?

c.   La fuite des amoureux : Est-il possible que les Allemands acceptent de laisser partir Sprink et que les Français cachent le couple ?

2 Bons sentiments

Certains critiques ont trouvé que le film avait trop de bons sentiments. Qu'en pensez-vous ?

3 Refus de l'armée française de collaborer à la réalisation

Carion a demandé de tourner sur des terrains militaires et l'Armée a refusé. Comprenez-vous cette décision ?

4 Intentions du réalisateur

A votre avis, qu'est-ce que Christian Carion espérait accomplir ? Son objectif était-il de faire un film pacifiste, de raviver des souvenirs, d'éduquer, d'envoyer un message sur les guerres actuelles ?

5 Critiques

a.   Pensez-vous, comme Jean-Luc Douin du *Monde* (8 novembre 2005) que « ce film pâtit d'un certain angélisme » ?

b.   Pour Louis Guichard, « c'est assurément une chose saisissante que des ennemis improvisent une paix éphémère et clandestine, renvoyant le conflit à son absurdité » (*Télérama*, 9 novembre 2005). Pensez-vous, comme lui, que les fraternisations montrent que la guerre est absurde ?

POUR ALLER PLUS LOIN

1 Parallèles avec d'autres films

1. **Amitié inattendue :** Plusieurs films sont des histoires d'amitié inattendue : *Welcome* (Simon et Bilal), *Joyeux Noël* (les officiers des trois pays en guerre) et *Intouchables* (Philippe et Driss). Pourquoi ces amitiés étaient-elles inattendues ? En quoi les personnages sont-ils différents ? Pourquoi deviennent-ils amis ?

2. **Armée :** Dans *La veuve de Saint-Pierre*, *Joyeux Noël* et *Diplomatie*, des militaires s'opposent à leurs supérieurs hiérarchiques. Le Capitaine refuse de coopérer avec les autorités pour assurer l'exécution de Neel. Les lieutenants français, écossais et allemand observent une trêve qui n'est pas du tout du goût de l'état major. Von Choltitz désobéit aux ordres d'Hitler. Quelles en sont les conséquences ?

3. **Religion :** *Joyeux Noël* et *Au revoir les enfants* mettent en scène des religieux (des prêtres et un évêque). Comment ces hommes se comportent-ils ? Sont-ils généreux et compatissants ?

4. **Films multilingues :** *Inch'Allah dimanche*, *Joyeux Noël*, *Welcome*, *Les femmes du 6e étage* et *Fatima* sont en français mais aussi en arabe, anglais, allemand, kurde et espagnol. Quels problèmes particuliers cela pose-t-il au réalisateur ?

2 La région aujourd'hui

Allez sur le companion website (hackettpublishing.com/cinema-for-french-resources) et regardez comment les régions du nord-est de la France se sont organisées pour ce qu'on appelle le « tourisme de mémoire ».

3 Imaginez !

Imaginez ce que le film ne dit pas. Choisissez un des sujets ci-dessous et écrivez une composition.

- Journal intime de Jonathan, le jeune Ecossais : Jonathan tient un journal dans lequel il raconte le départ pour la France, la mort de William, la veille de Noël et le jour de Noël. Insistez bien sur ses sentiments et son opinion.

- Lettre du prêtre écossais : Palmer écrit à sa sœur juste après son altercation avec l'évêque. Il lui raconte ce qui s'est passé, et surtout il lui confie ce qu'il a décidé de faire. Va-t-il rentrer chez lui ? Avec quel objectif ? A-t-il défroqué ? Va-t-il s'engager comme soldat ? A-t-il une autre idée ? Ecrivez une lettre qui reflète le caractère et les opinions de Palmer.

- Interview des chanteurs après la guerre : Un grand journal (vous en choisissez la nationalité en étant conscient de son influence sur le contenu de l'entretien) veut savoir ce que les chanteurs ont fait après le 25 décembre 1914. Imaginez le dialogue. Vous pouvez

inventer ce que vous voulez pourvu que cela ait du sens avec l'époque et le contexte de guerre.

- Souvenirs de la femme française du lieutenant allemand : Dans les années 60, les petits-enfants Horstmayer demandent à leur grand-mère de leur raconter la guerre de son point de vue. Comment l'a-t-elle vécue ? Comment était-elle traitée ? A-t-elle pu rester à Paris ? Qu'est-ce qui était particulièrement difficile ?

- Livre d'un soldat : Un des soldats (français, écossais ou allemand) est devenu écrivain après la guerre. Il a écrit un livre sur son expérience et consacré tout un chapitre aux fraternisations de Noël 14. Il raconte ce qui s'est passé et insiste sur l'importance que ces moments d'amitié ont eu à moyen et long terme sur lui. Ecrivez son chapitre.

4   Composition

Paul Valéry, poète français (1871-1945) a déclaré que « La guerre, c'est le massacre de gens qui ne se connaissent pas au profit de gens qui se connaissent mais qui ne se massacrent pas. » Est-ce que cette citation illustre bien la Première Guerre mondiale ?

5   Chanson

Allez sur le companion website (hackettpublishing.com/cinema-for-french-resources) pour écouter et regarder le clip de « Pipes of Peace » de Paul McCartney. Qu'est-ce que la chanson et les images nous racontent ?

6   Lectures

1. **Lettre de soldat : La trêve de Noël 1914 vue par un caporal français**

   Marcel Decobert est né en 1893 à Paris. Il raconte à ses parents son expérience de la trêve de Noël 1914.

« Le 26.12.14
Mes chers Parents,

Encore 36 heures de tranchées de faites, mais celles-ci se sont passées dans des conditions particulières que je vais vous raconter.

Nous étions cette fois à 25 m des tranchées allemandes, que nous distinguions très nettement. Ceux que nous relevions[1] nous dirent : depuis 36 heures que nous sommes là ils n'ont pas tiré un seul coup de fusil pour ne pas être ennuyés par une fusillade inutile. C'était sensément un accord entre nous et eux.

Dans la journée, j'avais entendu dire qu'ils nous avaient causé,[2] échangé des journaux, des cigarettes même. Je ne voulais le croire tant que je n'en aurais pas eu la preuve par moi-même.

Au jour, je risque vivement un œil par dessus la tranchée, enhardi[3] par le calme qui régnait des 2 côtés. Je recommence à regarder plus attentivement. A mon grand étonnement, j'aperçois un Bavarois[4] (car ce sont eux qui étaient en face de nous) sortir de sa tranchée, aller au devant d'un des nôtres qui lui aussi avait quitté la sienne et échanger des journaux et une solide poignée de main. Le fait se renouvela plusieurs fois dans le courant du jour. Un Alsacien[5] qui se trouvait près de nous échangea avec eux une courte conversation par laquelle les Bavarois lui apprirent qu'ils ne voulaient plus tirer un coup de fusil, qu'ils étaient toujours en première ligne et qu'ils en avaient assez. Ils nous ont

Souvenez-vous qu'il était difficile de rendre compte des fraternisations par lettre, car les soldats avaient peur d'être censurés. Ils cherchaient surtout à communiquer avec leur famille et ne tenaient pas à prendre des risques. On a donc peu de documents écrits.

1 were replacing
2 chatted
3 emboldened
4 a soldier from Bavaria
5 a soldier from Alsace (region in Eastern France, close to Germany)

prévenus qu'ils seraient bientôt relevés par les Prussiens et qu'alors il faudrait faire bien attention, mais qu'avec eux il n'y avait rien à craindre. En effet, ça fait 4 jours qu'à 25 m l'un de l'autre il ne s'est pas échangé un seul coup de fusil.

Nous étions amis des 2 côtés, bien sincères, et quand notre artillerie tirait sur leur ligne nous étions ennuyés pour eux et s'il avait fallu aller à l'assaut[6] de leurs tranchées, je ne sais pas ce qui se serait passé.

Dans la dernière attaque que nous avions faite, une vingtaine de nos morts sont restés, à quelques pas de leurs tranchées. Très poliment, un officier nous invita à aller les chercher, et que nous pouvions être certains. Nous avons refusé . . . Ils ont soigné nos blessés sans les faire prisonniers, l'un d'eux fut soigné pendant 5 jours. Vers le soir, c'était le 24, un Bavarois remit une lettre que notre Capitaine conserve précieusement, elle était conçue ainsi, autant que je m'en rappelle : « Chers Camarades, c'est demain Noël, nous voulons la paix. Vous n'êtes pas nos ennemis. Ils sont de l'autre côté (probablement les Anglais). Nous admirons la grande Nation Française. Vive la France, bien des salutations. Signé : les Bavarois dits les « Barbares »

Juges . . .

La nuit vient interrompre nos échanges amicaux et minuit approche.

Tout à coup, tout près de nous on entend chanter au son de flûtes et d'un harmonium. C'étaient les Bavarois qui fêtaient Noël. Quelle impression ! D'un côté des chants religieux, de l'autre la fusillade, et tout ça sous un beau clair de lune en pleins champs, tout recouverts de neige. Quand ils eurent fini nous poussâmes des hourrah, hourrah . . .

A notre tour, le Capitaine le 1er, nous entonnâmes[7] d'une seule voix : Minuit Chrétien, puis il est né le Divin Enfant. Ils nous écoutèrent, puis eux poussèrent des applaudissements et des bravos. Enfin, trois qui savaient très bien l'Allemand chantèrent deux cantiques en chœur avec les Bavarois.

On m'aurait raconté cela je ne l'aurais pas cru, mais les faits sont là et ils se produisent un peu partout, mais malheureusement, ne serviront à rien. [. . .]

. . . Cette lettre vous parviendra peut être l'année prochaine, dans cette circonstance je m'empresse de vous offrir mes meilleurs vœux pour 1915. J'espère que cette année reconstituera tout ce que 1914 a détruit, bonheur, foyers[8] et espérances, et qu'elle apporte la paix, le travail et la récompense tant méritée par les sacrifices que cette guerre nous a forcés à faire.

J'aurais voulu vous écrire hier, mais nous avons été obligés d'aller nous réfugier dans la cave, à cause des percutants qui tombaient dans Villers aux Bois, petit pays où nous nous reposons, avant d'aller aux tranchées. [. . .]

Merci encore de toutes vos bontés. Recevez, mes chers Parents, mes meilleurs vœux de bonheur et de santé pour la nouvelle année et mes plus sincères baisers [. . .].

Votre fils qui vous aime. »

Marcel Decobert, lettre à ses parents, Document multigraphié intitulé « F.M. Franchise Militaire » confectionné par AXO Service PAU au 2e trimestre 1986 sur commande de la famille. Il contient, après une courte introduction par les fils de l'auteur (André et Jacques), un extrait des lettres conservées par sa jeune sœur (Madeleine), courant sur la période août 1914-août 1915 période de la deuxième hospitalisation de ce caporal après blessure.

6 to attack
7 started to sing
8 homes

1. Quel est le ton général de la lettre ?

2. Comment ses parents vont-ils réagir en la lisant ?

3. En quoi les scènes décrites dans la lettre sont-elles différentes de celles du film ?

2. Interview du réalisateur

Le mensuel *Historia* a consacré un long dossier au film et s'est entretenu avec Christian Carion en novembre 2005.

Le temps d'une nuit, les soldats de 1914 ont fait l'Europe

Historia - *L'idée du film* **Joyeux Noël** *remonte à votre enfance...*
Christian Carion - Je suis né près de Bapaume où mon père exploitait une trentaine d'hectares. Dans cette région, on compte de très nombreux cimetières militaires britanniques. Quand vous êtes enfant, ce sont des lieux qui vous marquent. Ils sont dans un état impeccable : le fameux gazon anglais. C'aurait[1] pu être des aires de jeu, mais l'on nous expliquait pourquoi ils se trouvaient au milieu des champs : les Anglais étaient enterrés là où ils tombaient. Mon père cultivait un champ avec soixante tombes au milieu, ce qui obligeait à quelques manœuvres au moment des labours et des récoltes.

Christian Carion et ses acteurs

H. - *Comment avez-vous eu connaissance de l'épisode de fraternisation ?*
Ch. C. - Il y a dix ans, je suis tombé par hasard sur un livre d'Yves Buffetaut, *Batailles de Flandres et d'Artois, 1914-1918* (Guides Historia/Tallandier), qui racontait les combats dans le secteur de mon enfance. Dans cet ouvrage, il y avait une page sur l'incroyable Noël de 1914. J'ai été fasciné de lire qu'un match de foot avait été organisé entre adversaires (les Britanniques avaient toujours un ballon dans leur sac) et qu'un ténor allemand avait chanté dans la nuit de Noël, puis était sorti de la tranchée et s'était avancé vers les soldats ennemis qui avaient applaudi.

Je suis entré en contact avec Yves Buffetaut et nous avons mené une enquête au War Museum de Londres, aux archives de l'armée française à Vincennes, et à Nanterre où est encore conservée une partie des archives allemandes.

H. - *Quelles étaient les archives les plus importantes ?*
Ch. C. - Les archives anglaises. Les Britanniques ont un rapport à cette guerre complètement différent du nôtre. A l'époque, les Français étaient dans la revanche ; c'était presque passionnel. Les Anglais, eux, n'étaient pas vraiment concernés par l'Alsace et la Lorraine. Mais, à partir du moment où les armées allemandes ont envahi la Belgique, les Britanniques ont décidé de franchir la Manche[2], non pas pour libérer les Belges, mais pour empêcher les Allemands d'accéder à la mer du Nord, aussi vitale pour eux que la Méditerranée l'était pour Rome dans l'Antiquité.

H. - *Quels enseignements avez-vous tiré de ces archives ?*
Ch. C. - A travers les lettres, les documents militaires, les journaux de l'époque, les photos, je voulais rassembler les anecdotes et comprendre l'état d'esprit des soldats. En plusieurs endroits, indépendants les uns des autres, des soldats ont fraternisé. Mais j'étais persuadé qu'on n'arriverait pas à faire un film uniquement sur des faits, si incroyables soient-ils. D'où un deuxième travail, plus difficile, de création. J'ai donc imaginé des personnages, français, britanniques et allemands pour les placer dans une situation de fraternisation qui avait réellement existé. D'autres personnages m'ont été inspirés par des lectures, comme le lieutenant Audebert (interprété par Guillaume Canet) trouvé dans le superbe livre de Maurice Genevoix, *Ceux de 14*.

H. - *Vous avez tout rassemblé en un seul lieu et en une seule date, 1914, pourquoi ?*
Ch. C. - D'autres tentatives[3] de fraternisations ont effectivement eu lieu en 1915. Mais les états-majors avaient retenu la leçon. En 1914, ils avaient

1 = *cela aurait*
2 the English Channel
3 attempts

été pris de cours.[4] Alors, en 1915, ils ont fait bombarder les secteurs où ils jugeaient les hommes susceptibles de fraterniser, ou bien ils y ont envoyé des types très durs. Il faut comprendre que Noël 1914 est vraiment un moment particulier : la guerre n'a commencé que depuis cinq mois et le paysage ressemble encore à ce qu'il était avant le conflit. Ce n'est pas le décor lunaire qui apparaît à partir de 1916-1917 après les vagues de bombardements. Ca m'intéressait de montrer quelque chose qui ne soit pas de l'imagerie classique, si l'on peut dire, de Verdun. J'ai vu beaucoup de films sur 14-18 : je savais que décembre 1914 n'était en rien comparable à ces reconstitutions.

H. - *Vous voulez construire un monument à la mémoire de ces soldats, pourquoi ?*

Ch. C. - L'association Noël 14, présidée par Bertrand Tavernier, a acheté un terrain à Neuville-Saint-Vaast, à quelques kilomètres d'Arras. Parce que c'est là qu'un soldat français, Louis Barthas, a écrit : « Qui sait ! Peut-être un jour sur ce coin de l'Artois on élèvera un monument pour commémorer cet élan de fraternité [. . .]. » Je suis fasciné par cet homme capable d'imaginer ces mots au début de la guerre. Ca m'émeut aux larmes que des gens qui se tuent, suspendent le conflit, à la faveur de deux ou trois bougies, quelques sapins et un peu de neige. Je trouve ça magique. J'ai donc voulu porter à l'écran mon émotion en espérant la faire partager. J'ai voulu également comprendre, en lisant les documents et les lettres, l'état d'esprit des soldats. Ils ne fraternisent pas par rébellion. Ce ne sont pas des lâches.[5] Les soldats français et allemands qui sont sur le terrain comprennent, contrairement à leurs états-majors, qu'ils vivent la même chose. Ils se sentent solidaires. Ce sont des personnes ordinaires, un boulanger, un coiffeur, qui ont décidé cette fraternisation, sans leur hiérarchie. Le temps d'une nuit, ils ont fait l'Europe des peuples. Ensuite, après deux guerres et d'immenses massacres, les politiques ont entrepris de construire l'Europe.

En m'intéressant aux fraternisations, j'ai compris aussi pourquoi et comment cette guerre avait été entièrement décidée par le pouvoir politique en Allemagne, en France et en Grande-Bretagne. Le commun des mortels[6] ne la voulait pas. Nombre d'historiens affirment désormais qu'à Noël 1914, on pouvait trouver la paix. Benoît XV, le pape de l'époque, appelait de tous ses vœux un accord à la faveur de Noël. C'était alors réalisable. Il ne fut pas entendu. Parce que les trois puissances politiques ne le voulaient pas.

Propos recueillis par François Quenin pour Historia

4   taken by surprise
5   cowards
6   the average person

1.   Comment Christian Carion a-t-il travaillé pour préparer son film ?
2.   Pourquoi les Anglais et les Français voyaient-ils la guerre différemment ?
3.   En quoi Noël 14 est-il différent de ceux qui ont suivi ?

Récapitulons !

Que savez-vous maintenant sur la Première Guerre mondiale ?
- Quand et pourquoi a-t-elle eu lieu ?
- Qui se battait contre qui ?
- Où le front ouest se situait-il ?
- Comment était la vie dans les tranchées ?
- Pourquoi, dans certains cas, les hommes ont-ils fraternisé ?

Fatima

Présentation du film

Fatima travaille comme femme de ménage pour élever, seule, ses deux filles. Nesrine, sérieuse et déterminée, commence des études de médecine. Souad est une adolescente révoltée qui cherche sa place. Fatima ne parle pas bien français et a du mal à communiquer. Victime d'un accident du travail, elle est obligée de prendre un congé et commence à écrire en arabe ce qu'elle ressent.

Carte d'identité du réalisateur

Philippe Faucon est né au Maroc en 1958. Ses grands-parents maternels, des gens modestes, avaient quitté l'Espagne pour l'Algérie, avant que la famille ne s'installe en France en 1962. Ils ne parlaient pas français et se sentaient exclus de la société. Philippe a commencé sa carrière avec *L'amour* (1990), une comédie dramatique remarquée, avant de décrire les ravages du SIDA dans *Sabine* (1992). Il a enchaîné avec deux films sur des jeunes homosexuels, *Muriel fait le désespoir de ses parents* (1997) et *Les étrangers* (1999). Il a ensuite étudié différentes facettes du Maghreb et des Maghrébins : une adolescente d'origine algérienne partagée entre la France et sa culture familiale dans *Samia* (2001), la guerre d'Algérie dans *La trahison* (2006), l'amitié entre une femme musulmane et une femme juive avec *Dans la vie* (2008) et le quotidien d'une femme et de ses filles dans *Fatima* (2015). Il s'est aussi penché sur l'islamisme dans *La désintégration* (2011) et sur la vie d'un immigré sénégalais dans *Amin* (2016).

Carte d'identité des acteurs

Soria Zeroual est née en Algérie en 1970 et y a vécu jusqu'en 2002, année de son arrivée en France. Elle n'avait jamais fait de cinéma, elle est femme de ménage comme *Fatima* dans le film. Elle ne s'exprime pas bien en français et a parfois des difficultés à communiquer avec ses enfants francophones. Son rôle lui a valu une nomination pour le César de la meilleure actrice.

Zita Hanrot, née en 1990, a fait des études de théâtre et d'histoire de l'art et avait eu de petits rôles avant *Fatima*, son premier rôle marquant. Elle a ensuite évolué dans des univers tendus, troubles ou éprouvants : visiteuse de prison dans *De sas en sas* (2017), en concurrence avec sa sœur dans le thriller *Carnivores* (2018), dans un centre de désintoxication dans *La fête est finie* (2018), à l'hôpital dans *L'ordre des médecins* (2019). La comédie dramatique *La vie scolaire* (2019) l'a fait changer de registre puisqu'elle joue une conseillère d'éducation dans un collège sensible.

Kenza Noah Aïche avait 15 ans pendant le tournage de *Fatima* en 2014. Depuis elle a joué dans le court-métrage *Yasmina* en 2019.

L'heure de gloire

Le film a remporté 3 César : meilleur film, meilleur jeune espoir féminin pour Zita Hanrot et meilleure adaptation. Il a aussi reçu le prix Delluc (meilleur film de l'année).

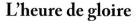

PREPARATION

1 Vocabulaire

Vocabulaire utile avant de voir le film :

> Vous connaissez déjà certains des mots de la liste. Ils sont notés pour que vous les révisiez. Vous devez savoir ce vocabulaire par cœur, avec les genres pour les noms, les prépositions pour les verbes et les orthographes difficiles. Observez bien les exemples, ils vous aideront à vous exprimer correctement.

Noms

un(e) immigré(e) : *an immigrant*
un employeur : *an employer*

un travail ingrat : *a thankless job*
une fille : *a daughter*

un(e) Français(e) d'origine étrangère : *a French national of immigrant background*

un(e) ado / un(e) adolescent(e) : *a teen(ager)**

un(e) colocataire : *a roommate***

le collège : *middle school*

la fac(ulté) de médecine : *medical school****

un(e) voisin(e) : *a neighbor*

le quartier : *the neighborhood*

un logement social : *low-income housing*

des cours d'alphabétisation : *literacy classes*

la promotion sociale : *social climbing*

une barrière : *a barrier*

un fossé : *a gap, a wedge*

un poids : *a weight*

une jupe courte : *a short skirt*

un débardeur : *a tank top*

un foulard : *a scarf / headscarf*

des bijoux en or : *gold jewelry*

* La forme « ado » s'utilise beaucoup : un ado, une ado, les ados
** On dit aussi « coloc » : ma coloc, mon coloc
*** Ex : Nesrine est en fac de médecine.

Verbes

être issu(e) de l'immigration : *to come from an immigrant background*

gagner sa vie : *to earn a living*

maîtriser une langue : *to master a language*

faire la lessive : *to do the laundry*

soutenir qq'un : *to support s.o.*

pousser qq'un : *to push s.o.*

se confier à qq'un : *to confide in s.o.**

être en colocation : *to share an apartment*

se rebeller contre : *to rebel against*

être en colère : *to be angry*

sécher l'école / les cours : *to skip school / classes*

s'habiller à l'occidentale : *to wear Western clothing*

se laisser humilier : *to allow oneself to be humiliated*

se faire exploiter par qq'un : *to be exploited by s.o.*

mépriser qq'un : *to despise s.o.*

avoir honte de qq'un : *to be ashamed of s.o.***

faire honte à qq'un : *to embarrass s.o.****

tomber dans l'escalier : *to fall on the stairs*

avoir des horaires décalés : *to have offset working hours*

prendre les transports publics : *to use public transportation*

être victime de discrimination / souffrir de discrimination : *to face discrimination, to be discriminated against*

avoir des ambitions pour qq'un : *to have ambitions for s.o.*

se laisser exploiter par qq'un : *to allow to be exploited by s.o.*

être privé(e) de qqch : *to be deprived of sth, to be denied sth*

jalouser qq'un : *to be jealous of s.o.****

médire de qq'un : *to speak ill of s.o.*

être en arrêt maladie : *to be on sick leave*

faire un cauchemar : *to have a nightmare*

faire le point sur : *to take stock of*

avoir des racines : *to have roots*

être coupé(e) de ses enfants : *to be cut off from one's children*

* Ex : Fatima se confie <u>à son médecin</u>. Elle se confie <u>à lui</u>.
** Ex : Souad a honte <u>de sa mère</u>. Elle a honte <u>d'elle</u>.
*** Ex : Fatima fait honte <u>à Souad</u>. Fatima <u>lui</u> fait honte.
**** Ex : Les voisines jalousent <u>Nesrine</u>. Elles <u>la</u> jalousent.

Adjectifs

algérien(ne) : *Algerian*

musulman(e) : *Muslim*

voilé(e) : *veiled*

divorcé(e) : *divorced*

courageux(-se) : *brave*

motivé(e) : *motivated*

épuisant(e) : *exhausting*

épuisé(e) : *exhausted*

lucide : *lucid*

humble : *humble**

dévoué(e) : *devoted*

digne : *dignified*

mûr(e) : *mature*

condescendant(e) : *condescending*

marginalisé(e) : *marginalized*

humilié(e) : *humiliated*

injuste : *unfair*

* Prononciation : Le « h » ne se pronounce pas, et « um » se pronounce comme l'article « un ».

Traduisez !

1. Nesrine is mature and motivated and she is pushed by Fatima. She is in medical school.
2. Souad is a teenager who is ashamed of her cleaning-lady mother and who skips school.

3. The girls wear Western clothing. Souad wants to wear a short skirt and a tank top while her mother wears the scarf.

4. Fatima is exploited at work and allows herself to be humiliated but she has ambitions for her daughters.

2 Repères culturels

1. **Les études de médecine**

    En France les études de médecine commencent directement après le baccalauréat. Allez sur le site de l'ONISEP (les liens sont disponibles dans le companion website) et répondez aux questions suivantes :

    a. Que se passe-t-il à la fin de la 1ère année ? Quel est le pourcentage d'étudiants acceptés à passer en 2e année ?

    b. Qu'est-ce que les étudiants font de plus en plus entre la 2e et la 6e année ?

    c. Comment choisissent-ils leur spécialité ? Est-ce libre ?

2. **Aspects de l'immigration en France**

A savoir : une immigration désormais majoritairement féminine

À rebours de l'immigration masculine des années 70 et des regroupements familiaux des années 80, l'immigration actuelle se caractérise par une féminisation constante. Les femmes sont désormais majoritaires dans la population immigrée. Leur part s'élève à 54 % du total et ce fait est partagé par tous les continents. 51 % des immigrés européens, 54 % des immigrés africains, 59 % des immigrés asiatiques et 56 % des immigrés américains et océaniens sont des femmes. Il s'agit d'une révolution silencieuse bien loin de l'image caricaturale des immigrés.

Source : Les clés du social, 25 février 2015

A savoir : qui sont les descendants d'immigrés ?

Nés en France, les descendants d'immigrés n'ont pas connu eux-mêmes la migration. En 2017, 7,5 millions de descendants d'immigrés vivent en France hors Mayotte, soit 11,2 % de la population. La moitié des descendants d'immigrés sont nés en France de deux parents immigrés. Dans 8 cas sur 10, les deux parents immigrés ont le même pays d'origine. En 2017, 54 % des descendants d'immigrés ont moins de trente ans. L'origine des descendants d'immigrés, ainsi que leur âge, est liée à l'ancienneté des différentes vagues de migration en France. 43 % des descendants d'immigrés ont une origine européenne. Les descendants d'un parent venu d'Espagne ou d'Italie représentent 19 % de l'ensemble des descendants et sont nettement plus âgés compte tenu de l'ancienneté de l'immigration en provenance de ces deux pays. 31 % des descendants d'immigrés ont au moins un parent originaire du Maghreb ; parmi ceux-ci, deux sur trois ont moins de trente ans. 10 % des descendants d'immigrés ont au moins un parent originaire d'Asie ; ce sont les plus jeunes.

Source : INSEE

3 Le contexte

1. Fatima est algérienne, divorcée, mère de deux enfants et femme de ménage. A quelles difficultés va-t-elle faire face ?

2. Les filles, Nesrine et Souad, ont grandi en France. Comment leur vie est-elle différente de celle de leur mère ?

4 Bande-annonce

Allez sur le companion website pour regarder la bande-annonce et répondez aux questions suivantes :

1. Que voit-on du travail de Fatima ?

2. Quelles interactions a-t-elle avec Nesrine, sa fille aînée ?

3. Comment Souad, la fille cadette, parle-t-elle à ses parents ? Que dit-elle à chacun ?

5 A savoir avant de visionner le film

- Durée : 1h19
- Genre : Comédie dramatique
- Public : Tous publics
- Scénario : Le scénario est inspiré de *Prière à la Lune* de Fatima Elayoubi. Elle quitte le Maroc à 32 ans pour s'installer en France. Elle a deux filles qu'elle élève seule en faisant des ménages. Elle a été scolarisée trois ans seulement mais a écrit deux beaux livres sur son expérience. Aujourd'hui elle suit des cours pour lui permettre d'accéder aux études supérieures.
- Langues : Le film est en français et en arabe.

PREMIERE APPROCHE

1 L'histoire

Le but de cette activité est double :
- Vérifier que vous avez bien compris l'histoire
- Vous préparer à la discussion en classe

Répondez à chaque question en une ou deux phrases. Utilisez le vocabulaire que vous avez appris.

Les personnages

Fatima
(Soria Zeroual)

Nesrine
(Zita Hanrot)

Souad
(Kenza Noah Aïche)

1. **Temps**
   - Sur quelle période le film se déroule-t-il ? Comment le sait-on ?
2. **Fatima**
   - Où et chez qui Fatima travaille-t-elle ?
   - Quelles responsabilités et obligations Fatima a-t-elle vis-à-vis de sa famille ?
   - Quelles difficultés a-t-elle ?
   - Quelles sont les différences fondamentales entre Fatima et ses filles ?
   - Comment la société voit-elle les femmes comme Fatima ?
3. **Nesrine**
   - Quelle relation Nesrine a-t-elle avec ses parents et sa sœur ?
   - Avec qui Nesrine est-elle amie ? Que font ses amis ?
   - Quel type d'étudiante Nesrine est-elle ?
   - Comment son année scolaire se passe-t-elle ? Est-ce facile ?

Réalisateur

« Ce sont des enfants blessés par le fait que leurs parents sont des gens humiliés, déconsidérés, mis à l'écart. »

4. **Souad**
   - Qu'est-ce que sa conduite révèle ?
   - Pourquoi en veut-elle tellement à sa mère ?
   - Ses amis sont-ils une bonne influence ?

5. **Les seconds rôles**
   - Le père a-t-il la même relation avec ses deux filles ?
   - Quel rôle la camarade de Nesrine a-t-elle ?
   - La femme qui emploie Fatima chez elle : comment traite-elle Fatima ? Comment réagit-elle quand Fatima lui dit que sa fille fait des études de médecine ?
   - Nous faisons la connaissance de deux médecins : le médecin traitant consulté par Fatima et Nesrine et le médecin du travail bilingue à qui Fatima se confie. Qu'est-ce que chacun apporte à l'histoire ?

6. **Conditions de vie**
   - Décrivez l'appartement dans lequel vivent Fatima et ses filles.
   - Habitent-elles dans un quartier bien situé ?
   - Que fait Fatima pour avoir plus d'argent pour les études de Nesrine ?

7. **La discrimination**
   - Identifiez deux scènes qui montrent que Fatima souffre de discrimination.

8. **Les études**
   - Quel est l'objectif de Fatima ?
   - Que comprend-elle aux études de Nesrine et de Souad ?
   - Comment Fatima aide-t-elle ses filles dans leurs études ?
   - Pourquoi, et pour qui, Nesrine fait-elle des études de médecine ? Quel poids ressent-elle ?
   - Quelle relation Souad entretient-elle avec l'école ?

9. **L'intégration**
   - Comparez la façon dont Fatima, le père et les filles sont intégrés dans la société française.
   - Imaginez ces 4 personnes dans 20 ans. Comment seront-elles intégrées dans la société française ?

2 Analyse d'une photo

1. Que fait Nesrine ?
2. Quel rôles Leila et Fatima ont-elles ?
3. Que voit-on sur la table ?

3 Analyse de citations

Analysez les citations suivantes en les replaçant dans leur contexte :

1. Souad : « Et qu'est-ce qu'ils ont à dire les gens ? J'ai rien fait, j'ai pas volé. C'est pas un crime si on voit mes épaules. »

2. Fatima : « Moi aussi je l'aide, ma fille. Je suis pas médecin, mais je lave son linge, je lui prépare à manger, je fais beaucoup de choses pour elle. »

3. Le père : « Et toi, tu vas faire quoi de mieux dans ta vie ? »
   Souad : « N'importe quoi mais pas ça. Je préfère voler et aller en prison que faire ce qu'elle fait. »

APPROFONDISSEMENT

1 Vocabulaire

Enrichissez votre vocabulaire !

> Le but de cette deuxième liste est d'élargir votre champ lexical. Ce vocabulaire ciblé sur des thèmes du film va vous permettre d'enrichir votre style.

Immigration et intégration

immigrer : *to immigrate*

passer la frontière : *to cross the border*

un(e) étranger (-ère) : *a foreigner*

le pays d'origine : *the home country*

déraciné(e) : *uprooted*

un permis/titre de séjour : *a residence permit*

un permis de travail : *a work permit*

un visa : *a visa*

obtenir un visa : *to get a visa*

être régularisé(e) : *to be regularized, to have one's papers*

une demande de naturalisation : *naturalization application*

acquérir la nationalité (française) : *to become a (French) citizen*

un(e) Français(e) issu(e) de l'immigration : *a 2nd- or 3rd-generation French person*

être entre deux cultures : *to be between two cultures*

s'intégrer : *to fit in*

Mise en pratique du vocabulaire :

Ecrivez 5 phrases dans lesquelles vous utilisez au moins 10 mots de la liste ci-dessus.

2 Réflexion - Essais

1. Comparez les 2 sœurs : leur relation avec leur mère, leur attitude envers l'école, leurs amis, leurs ambitions.

2. Peut-on dire qu'il y a deux fossés autour de Fatima, un fossé public et un fossé privé ?

3. Fatima a-t-elle les mêmes difficultés que les femmes de son quartier ou ses collègues ?

4. Les trois femmes doivent gérer le fait qu'elles sont entre deux cultures. Comment chacune le fait-elle ?

5. Comment les voisines algériennes et la femme chez qui travaille Fatima la voient-elles ?

6. Comment les langues sont-elles utilisées dans le film ? Qui parle quelle langue ?

7. Fatima, Nesrine et Souad ne parlent pas le même français. Pouvez-vous les comparer ?

8. Quel personnage a le plus changé à la fin ?

9. Est-ce un film optimiste ?

3 Analyse d'une scène : Nesrine et son père dans la cuisine (de 44:33 à 46:55 après le début)

> ## Vocabulaire spécifique à cette scène
>
> une bonbonne de gaz *(a gas tank)* • un briquet *(a lighter)* • donner un conseil *(to give a piece of advice)* • franc(he) *(frank)* • être tiraillé(e) entre *(to be torn between)* • la rentrée scolaire *(back to school time)*

A. Ecoutez

1. Quel conseil le père donne-t-il à propos des femmes qui médisent et jalousent Nesrine ?
2. A quoi le père associe-t-il la réussite ?
3. Qu'est-ce qui inquiète le père à propos de la cigarette ? Est-il inquiet pour la santé de sa fille ?
4. Pourquoi demande-t-il à Nesrine de lui dire si elle rencontre quelqu'un ? Pourquoi ne réagit-elle pas bien ?
5. Qu'est-ce que cette conversation franche indique sur la relation entre le père et la fille ?

B. Observez

1. Qu'est-ce que le père fait au tout début de la scène ?
2. Comment est la cuisine de Nesrine ?

C. Cette scène dans l'histoire

1. Qu'est-ce qui fait que cette scène est unique ?
2. Peut-on dire que cette scène expose non seulement la différence de générations, mais aussi la façon dont le père est tiraillé entre la culture algérienne et la culture française ?

D. Langue

1. L'impératif

Que dit le père à Nesrine ?

Ex : (ne pas fumer) dehors !
    Ne fume pas dehors !

a. (ne pas s'occuper) de ces femmes !
b. (réussir) vite !
c. (faire) ce que tu veux de ta vie !
d. (ne pas se mettre) à fumer !
e. (ne pas faire) comme moi !
f. (me le dire) si tu rencontres un garçon !
g. (me le promettre) !

2. La négation

Mettez les phrases suivantes à la forme négative :

Ex : Souad est presque toujours de bonne humeur.
      Souad n'est presque jamais de bonne humeur.

a. Fatima est respectée partout.

b. Parmi les voisines, tout le monde soutient Nesrine et ses études.

c. Souad veut tout raconter sur sa rentrée scolaire.

d. Nesrine est déjà en 2e année.

e. La patronne avait toujours imaginé que Fatima pouvait avoir une fille en médecine.

f. Après son accident, Fatima est encore capable d'aller travailler.

g. Nesrine a besoin de tous les conseils de son père.

3. Les conjonctions

Utilisez les conjonctions suivantes pour remplir les blancs :

car • parce que • pourtant • pour • par conséquent • comme • donc • bien que

a. La propriétaire ne veut pas louer son appartement _____ Fatima est voilée.

b. Nesrine vit en colocation _____ économiser et avoir une amie.

c. _____ Fatima a été privée d'études, elle a des ambitions pour ses filles.

d. _____ Nesrine n'ait aucune aide, elle réussit.

e. Souad est humiliée et a honte de sa mère, _____ elle se rebelle.

f. Fatima se laisse exploiter _____ elle a surtout besoin de travailler.

g. Souad a des problèmes à l'école, _____ elle a des capacités.

h. Fatima ne maîtrise pas bien la langue _____ elle est en partie coupée de ses enfants.

> Lisez d'abord toutes les phrases. Cela va vous aider à faire l'exercice !

E. Comparaison avec d'autre scènes

Comparez cette scène avec celles dans lesquelles Souad et son père se voient au café (de 9:18 à 11:02) et dans la voiture (de 50:41 à 51:24).

De quoi le père et la fille parlent-ils ? La conversation est-elle facile ? Pourquoi ? Le père a-t-il les mêmes difficultés avec ses deux filles ? Qu'essaye-t-il de faire avec chacune ?

F. Sketch

Imaginez que Leila, la camarade de Nesrine, arrive quand le père demande si le briquet est à Nesrine. Elle participe à la conversation. Elle a les mêmes idées que Nesrine, elle la soutient, mais elle respecte le père et essaye de comprendre son point de vue. Réécrivez et jouez la nouvelle scène.

LE COIN DU CINEPHILE

1 Première / dernière scène

Vous allez comparer la première et la dernière scène. Que fait Fatima dans chaque scène ? Peut-on dire que la dernière répond à la première ?

2 Film court

Le film ne dure qu'1h19. Est-ce assez long pour développer l'histoire et les personnages ?

3 Jeu des actrices

Soria Zeroual, qui joue Fatima, est femme de ménage et n'avait jamais fait de cinéma. Kenza Noah Aïche (Souad) était très jeune et n'avait pas d'expérience non plus. Que pensez-vous de la qualité de leur jeu ? Sont-elles crédibles dans leur rôle ? Soria Zeroual méritait-elle sa nomination pour le César de la meilleure actrice ?

AFFINEZ VOTRE ESPRIT CRITIQUE

1 Affiches

Allez sur le companion website (hackettpublishing.com/cinema-for-french-resources) pour voir les affiches de 4 pays différents. Laquelle préférez-vous ? Pourquoi ? Laquelle est la plus frappante ? La plus touchante ? Laquelle raconte le mieux l'histoire ?

2 Intentions du réalisateur

Qu'est-ce que le réalisateur a cherché à faire avec Fatima ? Est-ce un film sur l'immigration, l'intégration, sur le dur travail des immigrés, sur les mères, sur les relations compliquées entre les immigrés et leurs enfants mieux intégrés ?

3 Histoire universelle

Imaginez d'autres femmes comme Fatima, qui vivent dans un pays dont elles parlent mal la langue, qui ont des enfants et qui travaillent comme femme de ménage. Elles ont émigré d'un autre pays que l'Algérie pour aller dans un autre pays que la France. Leur histoire sera-t-elle différente de celle de Fatima ?

4 Les critiques

1. « Fatima commence à écrire dans un cahier les mots qu'elle n'a jamais su dire et retrouve, par ce geste intime, la dignité que la société lui refuse. » C'est ce qu'écrit Jean-Claude Raspiengeas dans *La Croix* du 7 octobre 2015. Etes-vous d'accord avec cette analyse ? Qu'est-ce que l'écriture apporte aussi à Fatima ?

2. Dans *Le Nouvel Observateur* du 8 octobre 2015, Pascal Mérigeau affirme que « Philippe Faucon a filmé celles qui se sont intégrées, mais dont la réussite, celle de Nesrine surtout, […] a laissé la mère au bord de la route ». Partagez-vous cette opinion ?

POUR ALLER PLUS LOIN

1 Parallèles avec d'autres films

1. **Point de vue de la femme immigrée :** Maria *(Les femmes du 6e étage)* a émigré d'Espagne en 1962, Zouina *(Inch'Allah dimanche)* a quitté l'Algérie en 1974 et Fatima *(Fatima)* à la fin des années 90. Comparez leur expérience. Pourquoi ont-elles quitté leur pays ? Qui a pris la décision ? Avec qui vivent-elles en France ? Ont-elles l'objectif de s'intégrer ou de retourner au pays ?

2. **Femmes battantes :** Plusieurs films font le portrait de femmes qui se battent : Zouina *(Inch'Allah Dimanche)*, Mme La *(La veuve de Saint-Pierre)*, Maria *(Les femmes du 6e étage)*, Fatima *(Fatima)* et Juliette *(Ce qui nous lie)*. Contre qui et quoi se battent-elles? Qu'espèrent-elles? Réussissent-elles à obtenir ce qu'elles veulent ?

3. **L'école :** L'école est très présente et a un rôle précis dans *La cour de Babel*, *La famille Bélier*, *Ressources humaines* et *Fatima*. Quel rôle joue-t-elle exactement ?

4. **Les rapports de classe :** Réfléchissez au rôle joué par les différences de classes sociales dans *8 femmes*, *Les femmes du 6e étage*, *Ressources humaines*, *Fatima* et *Intouchables*. Quel impact les différences de classes ont-elles sur les rapports entre les personnages ? Les personnages respectent-ils les différences ? Les films se passent dans les années 50, 60, 90 et très récemment. Voyez-vous une évolution ?

5. **Films multilingues :** *Inch'Allah dimanche*, *Joyeux Noël*, *Welcome*, *Les femmes du 6e étage* et *Fatima* sont en français mais aussi en arabe, anglais, allemand, kurde et espagnol. Quels problèmes particuliers cela pose-t-il au réalisateur ?

2   Imaginez !

Fatima écrit un livre, qui est traduit en français et publié. Il attire l'attention d'une personne qui voit le potentiel de Fatima. Cette personne généreuse lui propose de faire des études tout en lui versant le salaire qu'elle touche comme femme de ménage. Fatima va d'abord améliorer son français, passer des examens et choisir un domaine d'étude. Racontez son expérience, ses difficultés et ses succès. Pensez aussi à l'impact de ses études sur ses filles et sur ses voisines.

3   Lectures

1.   Article du Centre d'observation de la société, publié le 24 septembre 2012

Mobilité sociale : les enfants d'immigrés font aussi bien que les autres

A niveau social équivalent, les enfants d'immigrés ont une mobilité sociale équivalente à celle des autres enfants, indique une étude réalisée par le ministère du travail. En moyenne les fils d'immigrés occupent plus souvent des positions sociales défavorisées[1] : 42 % deviennent ouvriers, contre 30 % pour la population dite « majoritaire* », 13,8 % deviennent cadres[2], contre 20 % pour le reste de la population. Mais cette situation n'est pas liée au fait qu'ils soient *immigrés*, mais que leurs parents occupent une *position sociale* bien moins favorable : les deux tiers[3] des descendants d'immigrés avaient un père ouvrier, contre 40 % de la population majoritaire.

« *A origine sociale ouvrière équivalente, les fils et filles d'immigrés ont une « destinée sociale »* proche de la population majoritaire », indique le ministère. Les fils d'immigrés dont le père est ouvrier deviennent ouvriers eux-mêmes dans 49 % des cas, contre 45 % pour la population majoritaire. Ils sont 9 % à devenir cadres, contre 13 % pour les autres descendants. Si l'on tient compte de l'ensemble des caractéristiques sociodémographiques (âge, sexe, et niveau de diplôme notamment), « *le fait d'avoir un père immigré n'a pas d'effet significatif sur les chances de devenir cadre* », poursuit le ministère.

Les descendants d'immigrés sont moins souvent employés dans la fonction publique[4] pour deux raisons : ils sont moins souvent fils de fonctionnaires[5] et certains sont étrangers, ce qui leur ferme un grand nombre de postes. Les fils d'immigrés maghrébins sont moins nombreux à déclarer avoir obtenu une promotion (30 % contre 45 % pour la population majoritaire), et dans ce cas, à caractéristiques équivalentes, un écart persiste[6].

Cette étude du ministère du travail complète un autre travail du ministère de l'éducation, qui montrait qu'à niveau social équivalent, les descendants d'immigrés réussissaient aussi bien, voire mieux, que les autres enfants. Elle devrait amener à revoir la place accordée aux discriminations par rapport aux inégalités sociales, et les priorités des politiques sociales.

La lutte[7] contre les discriminations comme la mise en avant de la « diversité » – sur laquelle tous les regards sont focalisés – sont nécessaires, mais de faible portée si on ne s'attaque pas au cœur du problème, les inégalités sociales.

* Population sans ascendance directe immigrée ou ultramarine[8]

7 the fight
8 from overseas French territories

a. Les enfants d'immigrés ont-ils moins de chances de réussir parce que leurs parents ont immigré ?

b. Qu'est-ce qui est le plus déterminant dans les chances de promotion sociale ?

c. Qu'est-ce que la fin de l'article recommande ?

2. Article de l'Observatoire des inégalités, du 19 juin 2019

Les milieux populaires[1] largement sous-représentés dans l'enseignement supérieur[2]

Plus du tiers[3] des étudiants sont enfants de cadres supérieurs[4], seulement 12 % ont des parents ouvriers. Les jeunes de milieu populaire sont très rarement présents dans les filières sélectives[5], en master ou en doctorat.

Les enfants d'ouvriers représentent 12 % des étudiants, selon les données 2017-2018 du ministère de l'Éducation nationale*, alors que les ouvriers représentent près d'un quart de la population active. À l'opposé, les enfants de cadres supérieurs représentent 35 % des étudiants, alors que leurs parents forment seulement 18 % de la population. Les écarts[6] sont encore plus grands dans certaines filières.

1 the working class
2 the college level
3 a third
4 senior executives
5 selective schools
6 the gaps
7 *Institut Universitaire de Technologie*
8 *Brevet de Technicien Supérieur*

Origine sociale des étudiants selon les filières

En %

	Agriculteurs, artisans, commerçants, chefs d'entreprise	Cadres supérieurs	Professions intermédiaires	Employés	Ouvriers	Retraités et inactifs	Ensemble	Part d'enfants de cadres/ part d'enfants d'ouvriers
Écoles de commerce	19,5	51,3	9,6	8,3	4,1	7,1	100	12,5
Écoles d'ingénieurs	12,8	54,1	11,8	8,2	5,6	7,6	100	9,7
Classes préparatoires	11,4	51,8	12,5	10,8	7,2	6,4	100	7,2
Université	9,7	34,1	14,4	15,6	11,7	14,6	100	2,9
Dont IUT[7]	11,2	31,1	17,4	17,6	14,1	8,6	100	2,2
BTS[8]	12,9	16,0	14,4	19,0	24,1	13,6	100	0,7
Ensemble	**11,3**	**34,9**	**13,6**	**15,6**	**12,2**	**12,4**	**100**	**2,9**

Source : ministère de l'Éducation nationale - Données 2017-2018 - © Observatoire des inégalités

Pour comprendre l'écart de représentation entre milieux sociaux, nous avons calculé le rapport entre la part d'enfants de cadres et celle d'enfants d'ouvriers selon le type d'études suivies. En moyenne, dans la population totale, on compte 0,6 enfant de cadres pour un enfant d'ouvriers. Plus on s'élève dans les études supérieures, moins on compte de jeunes des milieux populaires et donc plus ce rapport est élevé. Dans les classes préparatoires aux grandes écoles[8] et dans les écoles d'ingénieurs, les enfants de cadres sont respectivement sept et près de dix fois plus nombreux que ceux d'ouvriers. Dans les écoles de commerce[9], la part d'enfants de cadres est 12,5 fois plus grande. À eux seuls, les enfants de cadres occupent plus de la moitié des places de ces filières sélectives. En revanche, dans les BTS[10], avec 0,7 enfant de cadres pour un enfant d'ouvriers, on est très proche de la moyenne de la population. Ces filières constituent bien une voie de promotion sociale pour une partie des enfants de milieux populaires.

Sélection sociale au fil des études

L'enseignement supérieur universitaire est tout autant sélectif socialement que les grandes écoles, mais le tri[11] s'effectue plus tard dans le cursus[12]. 18 % des étudiants de licence[13] sont enfants d'employés, 13 % enfants d'ouvriers. En master, ces données tombent respectivement à 12 % et 9 % et, en doctorat à 8 % et 7 %, à peine plus qu'en école d'ingénieurs. À l'inverse, la proportion de jeunes dont les parents sont cadres, déjà la plus élevée en licence (31 %), augmente tout au long du cursus, de 40 % en master à 41 % en doctorat.

Origine sociale des étudiants à l'université par cursus

En %

	Licence	Master	Doctorat
Agriculteurs	1,7	1,8	1,6
Artisans, commerçants et chefs d'entreprise	8,2	7,7	6,3
Cadres	31,1	39,6	41,0
Professions intermédiaires	15,1	13,3	10,8
Employés	17,6	12,1	8,4
Ouvriers	13,1	9,2	6,5
Retraités, inactifs	13,3	16,3	25,4
Ensemble	**100**	**100**	**100**

Source : ministère de l'Éducation nationale - Données 2017-2018 - © Observatoire des inégalités

En somme, l'enseignement supérieur français présente trois visages. D'abord, un enseignement court, technique et doté de moyens[14] (les BTS et les IUT), qui est pour partie accessible aux milieux populaires et qui constitue une voie de promotion sociale. Ensuite, un enseignement universitaire généraliste, faiblement doté, où les enfants de milieux modestes sont présents, mais au premier cycle et dans certaines filières souvent dévalorisées[15]. Les enfants d'ouvriers et d'employés sont en effet beaucoup moins représentés dans les filières sélectives, comme la médecine,

8 2-year prep courses to get admitted to selective schools (mostly engineering and business schools)
9 business schools
10 2-year professional training after the baccalauréat
11 the selection
12 course of study
13 bachelor's degree
14 well funded
15 undervalued

en master ou en doctorat. Enfin, un système de classes préparatoires et de grandes écoles très richement doté mais qui n'intègre les jeunes de milieux modestes qu'au compte-gouttes[16].

> * « Repères et références statistiques sur les enseignements, la formation et la recherche – édition 2018 », ministère de l'Éducation nationale, 2018.

16   in very limited numbers

a. Les enfants d'ouvriers et les enfants de cadres sont-ils représentés équitablement ?

b. De quelle classe sociale les étudiants en écoles de commerce et d'ingénieurs viennent-ils ?

c. Expliquez pourquoi les BTS, formations courtes, gratuites et professionnalisantes, sont « une voie de promotion sociale pour une partie des enfants de milieux populaires ».

d. Qu'est-ce qui est spécifique à l'université ? En quoi diffère-t-elle des grandes écoles ?

3. Article publié dans *L'Express* du 7 février 2019

Deux agents immobiliers[1] d'Evry condamnés pour racisme

Les deux hommes refusaient de louer[2] des appartements à des personnes au nom étranger.

« Pas de Noirs, pas d'Arabes » : deux agents immobiliers, un père et son fils, ont été condamnés mercredi à Evry à quatre et deux mois de prison avec sursis[3] pour avoir refusé de louer des biens[4] à des personnes à cause de leur couleur de peau.

C'est une employée de leur agence de Palaiseau (Essonne) qui avait la première rapporté les faits, en 2006. Lors de son premier jour de travail, son patron lui avait expliqué comment choisir les dossiers : « Je vous préviens tout de suite, je ne veux pas de locataires[5] « blacks », pas d'Arabes, pas de « japs »[6], tout ce qui n'est pas blanc, je n'en veux pas. »

Caméra cachée
Elle l'avait ensuite filmé en caméra cachée - les images ont été diffusées sur France 2 - alors qu'elle le poussait à confirmer ses consignes[7] « au niveau de la ségrégation ». « Oui... oui », répondait l'homme, aujourd'hui à la retraite.

A la barre du tribunal correctionnel mercredi, il a refusé de s'exprimer sur cette vidéo, dont la procureure[8] a lu la retranscription pendant ses réquisitions. Selon elle, dans ce dossier « essentiel » - jugé treize ans après les faits, après deux non-lieux[9] et des magistrats « qui ont peut-être manqué de courage », des locations ont été refusées à des « candidats sérieux » qui gagnaient bien leurs vies et avaient de bonnes garanties.

Le tribunal a condamné les deux hommes pour quatre cas de discrimination uniquement. Plusieurs clients éconduits[10], qui s'étaient portés parties civiles[11] aux côtés de plusieurs associations -dont SOS racisme qui avait déposé la première plainte- étaient venus témoigner[12] de ce que la procureure a qualifié de « racisme ordinaire ».

Consigne de ne pas donner suite aux personnes aux accents étrangers
Un couple mixte a raconté s'être fait soudainement refuser un appartement au motif qu'il était « réservé ». Ils effectuent alors un « testing » : dès que

1   real estate agents
2   rent
3   conditional
4   places
5   tenants
6   = *Japonais (et Asiatiques par extension), terme péjoratif*
7   instructions
8   prosecutor
9   two times when charges were dropped
10 rejected
11 plaintiffs
12 to testify

des amis aux noms sans consonance étrangère appellent, l'appartement redevient disponible[13].

Un autre salarié de l'agence avait déclaré que son patron lui avait demandé de refuser de louer des appartements aux Asiatiques « car ils s'y mettent à 15 », et de ne pas donner suite à ceux qui avaient des accents étrangers au téléphone.

Tout au long de l'audience, le père et le fils, qui ont nié en bloc[14], ont secoué la tête, l'air incrédule et énervé. « Ils ne sont pas racistes » mais « boucs émissaires »[15] dans un dossier qui ne repose sur « aucune preuve concrète », a soutenu leur avocat, qui avait plaidé la relaxe[16].

13 available
14 flatly denied
15 scapegoats
16 acquittal

    a.   Quelles consignes les employés de l'agence immobilière recevaient-ils ?

    b.   Qu'est-ce qu'une employée a fait pour exposer leurs pratiques ?

    c.   A quelle peine ont-ils été condamnés ?

4. Entretien avec Ouleye

Ouleye est une femme de 40 et quelques années, qui a quitté le Sénégal en 2015 pour s'installer en France. Elle vit à Paris.

Comment avez-vous trouvé votre premier travail ?
Je me suis d'abord inscrite à Pôle Emploi[1]. Je parlais déjà français mais j'ai suivi des formations en langue et en éducation civique pour mieux connaître la France. J'ai comblé des lacunes[2], comme en informatique, j'ai fait mon CV et j'ai trouvé un emploi à O2. Je faisais du ménage le matin et des gardes d'enfants l'après-midi. Je faisais aussi des remplacements quand des collègues étaient malades. Je passais beaucoup de temps dans les transports.

Comment étaient vos relations professionnelles à O2 et plus tard à la crèche[3] ?
A O2 je travaillais généralement seule. Quand je gardais des enfants, je n'avais pas de patronne, c'était la maman des enfants qui jugeait. En fait je suis restée 5 ans avec la même famille et je suis toujours en contact avec eux. Ça se passait très bien. A la crèche c'était complètement différent. J'avais des collègues et avec une personne la relation était mauvaise. Elle était jalouse de moi, c'était vraiment difficile.

Remarquez-vous des différences culturelles en ce qui concerne le travail au Sénégal et en France ?
Oui, en France les choses sont très structurées. Il y a beaucoup d'étapes pour tout ce qu'on fait alors ça prend du temps. Et aussi avoir des compétences n'est pas suffisant. Il faut avoir un diplôme ou un certificat.

Avez-vous toujours ces activités ?
Non, j'ai arrêté le ménage pour reprendre des études. Je prépare un CAP[4] Petite Enfance, qui me permettra de travailler dans une crèche ou d'être assistante maternelle[5].

1 *organisme public qui aide à trouver un travail*
2 gaps
3 daycare center
4 *Certificat d'Aptitude Professionnelle*
5 licensed nanny / daycare teacher

Comment se passent vos études ?

J'ai bien étudié, j'ai fait un stage[6] dans une crèche, j'ai réussi la partie écrite de l'examen, mais la partie orale est très difficile pour moi. Je panique quand j'entre dans la salle d'examen. J'ai parlé de ce problème à Pôle Emploi. Ils sont en train de m'aider pour que je sois mieux préparée à repasser cette épreuve en novembre. Je m'accroche, je veux absolument réussir !

Aviez-vous eu la possibilité de faire des études au Sénégal ?

J'aimais beaucoup l'école mais j'ai dû arrêter à 15 ans. Mes parents étaient décédés et il fallait que je gagne ma vie. Par contre, je voulais que mes enfants fassent des études.

Que font vos enfants maintenant ?

Ils ont tous les deux vécu au Sénégal jusqu'à 18 ans. Ensuite, ils ont été en France pour leurs études supérieures. Maintenant, mon fils est contrôleur de gestion[7] et ma fille fait un Master de marketing et management.

Merci Ouleye !

6   internship
7   auditor

Comparons Ouleye et Fatima :

    a.   Quel travail font-elles ?

    b.   Quelles difficultés chaque femme a-t-elle ?

    c.   Qu'est-ce que chacune espère pour ses enfants ?

Récapitulons !

- Beaucoup de femmes immigrées et peu diplômées sont dans la même situation que Fatima. A quelles difficultés font-elles face ?
- Quel impact une connaissance limitée de la langue du pays d'accueil a-t-il ?
- Qu'est-ce qui aide les enfants d'immigrés à monter socialement ?

L e fabuleux destin d'Amélie Poulain

Présentation du film

Amélie est serveuse dans un bar de Montmartre. Elle mène une vie simple et tranquille jusqu'au jour où le hasard l'amène à rendre un inconnu heureux. Elle décide alors de réparer incognito la vie des autres, sans se soucier de son propre bonheur. Jusqu'à ce qu'elle rencontre Nino, un garçon séduisant et mystérieux . . .

Carte d'identité du réalisateur

Jean-Pierre Jeunet : Né en 1955, il s'est d'abord illustré dans la publicité et les courts métrages (César en 1981 et 1991 pour deux courts métrages). Avec Marc Caro, il a réalisé *Delicatessen* (1991), une comédie macabre qui a remporté un grand succès, puis *La cité des enfants perdus* (1995), un conte fantastique très original. Il est ensuite parti pour Hollywood et y a réalisé *Alien, la résurrection* en 1997, puis est rentré en France pour *Le fabuleux destin d'Amélie Poulain* (2001). Il a changé de registre en 2004 avec *Un long dimanche de fiançailles*, une grande fresque historique dans laquelle il a retrouvé Audrey Tautou. Il a renoué avec la comédie et l'humour dans *Micmacs à tire-larigot* (2009) avant de réaliser *L'extravagant voyage du jeune et prodigieux T.S. Spivet*, un film d'aventures en 2013.

> Jean-Pierre Jeunet a noté des fragments d'histoires, des anecdotes, des idées pendant 25 ans avant de tourner *Le fabuleux destin d'Amélie Poulain* !

Carte d'identité des acteurs

Audrey Tautou : Née en 1978, elle a reçu le César du meilleur espoir féminin en 1998 pour son rôle dans *Vénus Beauté (Institut)*. Elle a ensuite joué dans plusieurs films mais c'est le rôle d'Amélie qui l'a rendue célèbre. Depuis, parmi les propositions qui affluent, elle a choisi *L'auberge espagnole* (2002), *Dirty Pretty Things* (2002), *Pas sur la bouche* (2003), *Un long dimanche de fiançailles* (2004), *Les poupées russes* (2005) et *The Da Vinci Code* (2006). Après cette expérience américaine, elle a choisi, entre autres, un film intimiste (*Ensemble, c'est tout*, 2007), le biopic *Coco avant Chanel* (2009), le drame *Thérèse Desqueyroux* (2012), la comédie fantastique *L'écume des jours* (2013) et le biopic *L'odyssée* (2016) dans lequel elle jouait la femme de Cousteau.

Mathieu Kassovitz : Né en 1967, il s'est passionné très tôt pour le cinéma. Il est à la fois acteur et réalisateur et doué pour les deux. Comme acteur, il a été remarqué dans *Un héros très discret* (1995), *Amen* (2002), *Munich* (2005), *Vie sauvage* (2014) et dans la série *Le bureau des légendes* (2015-18). Les films qu'il signe sont contemporains, engagés et violents : *Métisse* (1993), *La haine* (1995), *Assassin(s)* (1997), *Les rivières pourpres* (2000), *Gothika* (2003), *Babylon A.D.* (2008) et *L'ordre et la morale* (2011). Il joue dans presque tous ses films.

L'heure de gloire

Le fabuleux destin d'Amélie Poulain a connu un immense succès public et critique. Il a été remarqué aux César (meilleur film, meilleur réalisateur, meilleure musique, meilleur décor), aux Golden Globes (Nomination pour le Golden Globe du meilleur film étranger), aux Oscars (cinq nominations aux Oscars, dont celle du meilleur film en langue étrangère). C'est le film français ayant obtenu le plus de nominations de toute l'histoire des Oscars. Il a aussi reçu d'innombrables prix dans le monde entier.

PREPARATION

1 Vocabulaire

Vocabulaire utile avant de voir le film :

> Vous connaissez déjà certains des mots de la liste. Ils sont notés pour que vous les révisiez. Vous devez savoir ce vocabulaire par cœur, avec les genres pour les noms, les prépositions pour les verbes et les orthographes difficiles. Observez bien les exemples, ils vous aideront à vous exprimer correctement.

Noms

un(e) serveur (-euse) : *a waitress**
un bar-tabac : *a café with a cigarette counter***
un poisson rouge : *a goldfish*
une boîte : *a box*
un(e) locataire : *a tenant*
un(e) voisin(e) : *a neighbor*
un(e) épicier (-ère) : *a grocer*
un photomaton : *a photo booth / a (photo booth) photo*
une lampe de chevet : *a bedside lamp*
un album photos : *a photo album*
un nain de jardin : *a gnome*
un jeu de piste : *a treasure hunt*
une cabine téléphonique : *a phone booth*
un stratagème : *a stratagem*
un vélomoteur : *a moped*

une sacoche : *a saddlebag*
une scène truquée : *a scene involving special effects*
un but : *a goal*
une vocation : *a calling****
un ange gardien : *a guardian angel*
une fée : *a fairy*
un conte de fée : *a fairy tale*
le bonheur : *happiness*
le destin : *destiny*
les effets spéciaux : *special effects*

*Ex : Amélie est serveuse dans un bar (pas d'article devant « serveuse » !)
**On ne prononce pas le « c » de tabac.
***Ex : La vocation d'Amélie, c'est d'aider les autres.

Verbes

être cardiaque : *to have a heart condition*
tenir qq'un à l'écart : *to hold s.o. back**
cacher : *to hide*
faire des ricochets : *to skip stones*
découvrir : *to discover*
appartenir à qq'un : *to belong to s.o.***
collectionner : *to collect*
jouer à cache-cache avec qq'un : *to play hide-and-seek with s.o.*

manipuler : *to manipulate*
améliorer : *to improve*
faire qqch à l'insu de qq'un : *to do sth without s.o.'s knowing****
tomber amoureux(-euse) de : *to fall in love with*

*Ex : Il a tenu sa fille à l'écart du monde.
**Ex : L'album appartient à Nino. Il lui appartient.
***Ex : Elle glisse un papier dans la poche de Nino à son insu.

Adjectifs

solitaire : *solitary*
veuf (-ve) : *widowed*
naïf (-ve) : *naïve*
idéaliste : *idealistic*
idéalisé(e) : *idealized*
(in)fidèle : *(un)faithful*
jaloux (-ouse) : *jealous*
généreux (-se) : *generous*
ludique : *playful*

déterminé(e) : *resolute*
lâche : *cowardly*
romantique : *romantic*
touchant(e) : *touching*
attachant(e) : *endearing*
émouvant(e) : *moving*
fantaisiste : *fanciful, whimsical*
décalé(e) : *quirky*

Traduisez !

1. Amélie is a waitress at a café in Montmartre. One day she discovers a box that is going to change her life.

2. Her goal is to improve her neighbors' lives without them knowing.

3. She falls in love with Nino, a romantic and endearing young man, who collects photo booth photos.

4. She organizes a treasure hunt in which she plays hide-and-seek with him.

2 Repères culturels

1. Le film se passe à Montmartre, un quartier de Paris. Situez-le sur une carte. Pour quoi ce quartier est-il connu ? Qu'est-ce qui le différencie des autres quartiers de Paris ?

2. Dans le film, M. Dufayel peint une reproduction du *Déjeuner des canotiers* de Renoir. Que savez-vous sur ce peintre ? Observez bien le tableau sur le companion website (et en particulier la jeune fille au verre d'eau) avant de voir le film.

3. Cherchez dans un dictionnaire français unilingue le sens exact du mot « fabuleux ». Ce mot n'a-t-il qu'un sens ou en a-t-il plusieurs ?

Renoir, *Le déjeuner des canotiers*

Enghien

Le père d'Amélie habite à Enghien, une petite ville à 8,5 km au nord de Paris. On y trouve un lac, des sources thermales, un hippodrome et un casino.

Foire du Trône

Nino travaille à la Foire du Trône, la plus grande fête foraine française. Elle dure deux mois au printemps. C'est une foire millénaire et elle est dans sa forme actuelle depuis 1805. Elle attire 5.000.000 de visiteurs par an.

3 Bande-annonce

Allez sur le companion website (hackettpublishing.com/cinema-for-french-resources) pour accéder à la bande-annonce. Regardez-la plusieurs fois et répondez aux questions suivantes :

1. Quelle impression avez-vous des personnages ?

2. Que savez-vous sur Amélie et Nino ?

Rue de Montmartre

3. Ecoutez la musique qui accompagne les images. Comment peut-on la décrire ?

4. Ces scènes, extraites du film, se passent dans beaucoup de lieux différents. Pouvez-vous en repérer quelques-uns ?

5. Remarquez-vous quelques effets spéciaux ? Lesquels ?

6. A votre avis, de quoi ce film va-t-il parler ?

4 A savoir avant de visionner le film

- Durée : 2h02
- Genre : Comédie féérique et romantique
- Public : Adultes et adolescents (« R » aux Etats-Unis, « Tous publics » en France)
- Tournage : Le film a été tourné presque intégralement à Montmartre. Jean-Pierre Jeunet et son équipe ont méticuleusement nettoyé tous les lieux de tournage (en enlevant les ordures et en effaçant les graffiti) pour rendre les lieux plus magiques.
- Note : Ce film a été un véritable phénomène de société en France et dans le monde. Réfléchissez-y en le regardant. Comment peut-on expliquer un tel engouement ?

PREMIÈRE APPROCHE

1 L'histoire

Le but de cette activité est double :
• Vérifier que vous avez bien compris l'histoire
• Vous préparer à la discussion en classe
Répondez à chaque question en une ou deux phrases. Utilisez le vocabulaire que vous avez appris.

Les personnages

Amélie Poulain
(Audrey Tautou)

Nino Quincampoix
(Mathieu Kassovitz)

Raphaël Poulain
(le père d'Amélie)

M. Dufayel
(le peintre)

Collignon
(l'épicier)

Lucien
(l'apprenti épicier)

Georgette
(la buraliste)

Joseph
(le jaloux)

Madeleine Wallace
(la concierge)

1. **Les parents et l'enfance d'Amélie**
   • Décrivez les parents d'Amélie.
   • Pourquoi Amélie ne va-t-elle pas à l'école ?
   • Quelles conséquences cette vie étrange a-t-elle pour la fillette ?
   • Qu'arrive-t-il à la mère d'Amélie ?

2. **L'impact d'Amélie sur les autres**
   • Que se passe-t-il dans la nuit du 30 août 1997 ? Que décide alors Amélie ?
   • Comment Amélie se débrouille-t-elle pour que Dominique Bretodeau retrouve sa boîte ? Comment réagit-il ?
   • Quel stratagème utilise-t-elle pour que Georgette et Joseph s'intéressent l'un à l'autre ?
   • Pourquoi Amélie fait-elle refaire la clé de l'appartement de Collignon ? Quelle est sa réaction quand il rentre chez lui ?
   • Décrivez les réactions de M. Poulain quand il reçoit les photos du nain de jardin en voyage. Pourquoi et comment Amélie envoie-t-elle ces photos ?

3. **Nino**
   • Que trouve Amélie dans la sacoche du vélomoteur de Nino ?
   • Qu'est-ce qu'Amélie apprend sur Nino quand elle va au sex-shop ?

4. **La relation Amélie-Nino**
   • Comment Amélie rencontre-t-elle Nino Quincampoix ?
   • Décrivez le jeu de piste préparé par Amélie pour rendre l'album à Nino. Pourquoi ne le lui rend-elle pas plus simplement ?
   • Comment Nino et Amélie communiquent-ils sans se parler ?
   • Pourquoi Amélie ne se montre-t-elle pas au rendez-vous Gare de l'Est, le mardi à 17h ?
   • Pourquoi Amélie n'ouvre-t-elle pas la porte à Nino ?
   • Que trouve Amélie dans sa chambre ? Qui a préparé cela ? Que dit M. Dufayel ?
   • Pourquoi Nino est-il derrière sa porte ? Est-ce clair ?

5. **Le temps**
   • Combien de temps cette histoire a-t-elle pris ?

2 Analyse d'une photo

1. Où et à quel moment cette scène se passe-t-elle ?
2. Que fait Amélie ?
3. De quoi rêve-t-elle ?
4. Cette image est-elle réelle ? Quel procédé le réalisateur a-t-il utilisé ?

3 Analyse de citations

Analysez les citations suivantes en les replaçant dans leur contexte :

1. Voix off : « Si ça le touche, elle décide de se mêler de la vie des autres ».
2. La collègue de Nino : « Les temps sont durs pour les rêveurs ».
3. M. Dufayel : « Vous savez la chance, c'est comme le Tour de France. On l'attend longtemps et puis ça passe vite. Alors, quand le moment vient, il faut sauter la barrière sans hésiter ».

APPROFONDISSEMENT

1 Vocabulaire

Enrichissez votre vocabulaire !

> Le but de cette deuxième liste est d'élargir votre champ lexical. Ce vocabulaire ciblé sur des thèmes du film va vous permettre d'enrichir votre style.

Le bonheur

la joie : *joy*
la gaieté : *cheerfulness*
le plaisir : *pleasure*
(mal)heureux (-se) : *(un)happy*
heureux comme un poisson dans l'eau : *happy as a clam*
joyeux (-se) : *cheerful*
gai(e) : *cheerful, happy*

gai(e) comme un pinson : *happy as a lark*
porter bonheur : *to bring luck*
un porte-bonheur : *a lucky charm*
par bonheur = heureusement : *fortunately*
faire le bonheur de qq'un : *to make s.o. happy*
nager dans le bonheur : *to be overjoyed*
proverbe : l'argent ne fait pas le bonheur : *money can't buy happiness*

> **Question :** Puisque l'adjectif de « malheur » est « malheureux », pourquoi l'adjectif de « bonheur » n'est-il pas « bonheureux » ?
> **Réponse :** Ces mots viennent du bas latin « augurium » (présage, augure) dont on a fait « heur » (destin). Ce mot, « heur », n'étant ni positif ni négatif, on a formé deux mots : bonheur et malheur. Petit à petit, le mot « heur » a pris un sens positif.
> **Résultat :** malheur → malheureux
> heur → heureux (« bon » n'était pas nécessaire).

Paris

la capitale : *the capital city*
un quartier : *a neighborhood*
un arrondissement : *a district (Paris est divisé en 20 arrondissements)*

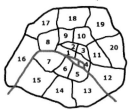

la banlieue : *the suburbs*
un(e) Parisien(ne) : *a Parisian*
un(e) habitant(e) : *an inhabitant*
un(e) citadin(e) : *a city person*
une maison individuelle : *a single-family house*
un appartement : *an apartment*

un immeuble : *a building*
une rue piétonne : *a pedestrian street*
une place : *a square*
une église : *a church*
un musée : *a museum*
un pont : *a bridge*
une île : *an island*
une station de métro : *a subway station*
un arrêt de bus : *a bus stop*
une gare : *a train station*
une carte : *a map*
la périphérie : *the outskirts*
le (boulevard) périphérique : *the beltway*

Métro Abbesses

Le saviez-vous ?

A l'époque romaine Paris s'appelait Lutèce. Ses habitants étaient les Parisii.

Mise en pratique du vocabulaire :

Ecrivez 5 phrases dans lesquelles vous utilisez au moins 10 mots de la liste ci-dessus.

2 Réflexion - Essais

Ces questions vont vous permettre d'approfondir l'étude du film. Ecrivez un paragraphe pour chacune, en utilisant le vocabulaire du chapitre et en soignant votre expression (vérifiez votre orthographe et votre grammaire). En faisant ce travail, vous vous préparez à la prochaine composition.

1. Faites le portrait d'Amélie et de Nino, en les comparant. Qu'ont-ils en commun ? Qu'est-ce qui les rapproche ?

2. Comment Amélie change-t-elle la vie de son père, ainsi que celle de Georgette, Joseph, Madeleine Wallace et Collignon ? Réussit-elle à résoudre leurs problèmes ?

3. Trouvez-vous que les interventions d'Amélie sont morales ? Elle ment à Georgette, Joseph et Mme Wallace, son père s'angoisse et Collignon croit devenir fou. Ces « inconvénients » se justifient-ils, puisque c'est pour la bonne cause ? Amélie va-t-elle trop loin ?

4. Suzanne (la patronne du café), Gina (la serveuse), Philomène (l'hôtesse de l'air), Eva (l'employée du sex-shop, collègue de Nino) aident Amélie à faire le bonheur des autres. Quel rôle ont-elles exactement ? Amélie pourrait-elle se débrouiller sans elles ?

5. Quel rôle M. Dufayel a-t-il dans la vie d'Amélie ? Pourquoi l'observation du tableau est-elle si importante ?

6. Quel personnage a le plus changé entre le début et la fin ?

7. Quelle importance peut-on accorder aux lieux (Paris – Montmartre) ? L'histoire serait-elle la même ailleurs, dans une autre ville, un autre quartier, où est-ce que le lieu joue un rôle ?

8. Qu'est-ce que les personnages cachent ou se cachent, cherchent et découvrent au fur et à mesure du film ? Remplissez le tableau suivant en séparant les choses concrètes (ex : la boîte de M. Bretodeau) de celles qui sont plus abstraites (ex : l'amour):

	Concret	Abstrait
ils (se) cachent		
ils cherchent		
ils découvrent		

9. Cette histoire est-elle possible ? Qu'est-ce qui est impossible ?

A savoir

L'idée du nain de jardin qui voyage n'a pas été inventée par Jeunet. En 1996, un groupe appelé le Front de Libération des Nains de Jardins a commencé à opérer et de nombreux nains ont été déplacés. Le but n'était pas de les voler, juste de leur rendre leur liberté ! Ils étaient alors déposés dans la nature et un mot était laissé dans la boîte aux lettres des propriétaires pour qu'ils puissent aller les chercher.

3 Analyse d'une scène : les flèches bleues (1:12:52 à 1:17:15)

> ## Vocabulaire spécifique à cette scène
>
> un manège (*a merry-go-round*) • une flèche (*an arrow*) • monter / descendre l'escalier (*to go up / down the stairs*) • en haut (*at the top*) • en bas (*at the bottom*) • des jumelles (*binoculars*)

A. Ecoutez

1. Quels bruits entend-on au début de la scène ? Quelle impression cela donne-t-il ?

2. Comparez ce qu'on entend quand Nino monte l'escalier et quand il descend. Pourquoi est-ce si différent ?

3. Quel effet les paroles d'Amélie doivent-elles avoir sur Nino, déjà perplexe ? A quelle scène fait-elle référence quand elle dit « Quand les jeunes filles se font faire le portrait, il se penche à leur oreille et fait « ouh . . . » en leur caressant tout doucement la nuque » ? Est-ce que Nino comprend la référence ?

B. Observez

1. Faites une pause sur le tout premier plan. Que voit-on ?

2. Quels sont les éléments qui rendent la scène ludique ?

3. Quels sont les différents sentiments que le visage de Nino exprime tout au long de la scène ?

4. Quel rôle ont la jeune femme qui répond au téléphone, le petit garçon, et l'homme-statue ?

5. Qu'est-ce que la caméra fait pour que la scène soit dynamique ?

6. Qu'est-ce que le visage d'Amélie révèle à la fin de la scène quand elle enlève ses lunettes de soleil ?

C. Cette scène dans l'histoire

Qu'est-ce que cette scène apporte à l'histoire ? Qu'est-ce qu'elle change pour Nino et Amélie ?

D. Langue

1. Etre en train de + infinitif / venir de + infinitif / aller + infinitif

Complétez les phrases suivantes en utilisant les verbes ci-dessus.

Ex : Quand Nino descend les escaliers, Amélie est <u>en train de</u> mettre l'album dans sa sacoche.

a. Etre en train de + infinitif (attention aux temps !)
   • Quand le téléphone a sonné, le manège. . .
   • Quand Nino montait les escaliers, les oiseaux . . .
   • Quand Nino est en haut, les cloches du Sacré-Cœur . . .

b. Venir de + infinitif
   • Quand Nino arrive au rendez-vous, Amélie . . .
   • A la fin, Nino est perplexe car il . . .
   • Quant à Amélie, elle . . .

c. Aller + infinitif
  • Une dame répond au téléphone mais elle . . .
  • Nino ne sait pas quoi faire en arrivant en haut mais le petit garçon . . .
  • Quand Nino regarde dans les jumelles Amélie . . .

2. Les déterminants

Remplacez les tirets par le déterminant qui convient :
• adjectifs démonstratifs (ce, cet, cette, ces)
• pronoms démonstratifs (celui, celle, ceux, celles)
• pronoms neutres (ce, cela/ça, ceci)

_____ scène se passe à Montmartre. _____ est le moment où Nino suit les flèches pour retrouver son album. _____ semble difficile à croire, mais Amélie a organisé _____ jeu de piste, elle a peint _____ flèches bleues (_____ qui sont par terre), elle a donné rendez-vous à _____ qu'elle aime, tout _____ au lieu de lui rendre simplement _____ album. Amélie, c'est _____ qui se cache car elle a trop peur de parler à Nino. Evidemment, Nino est confus mais _____ est un rêveur. Il n'est pas comme _____ de son âge qui sont proches de la réalité. _____ fille l'intéresse et il lui demande _____ : « Vous êtes qui ? » Amélie répond partiellement à _____ question en indiquant une page de l'album, _____ où elle a collé sa photo. Nino ne connaît toujours pas son identité, mais _____ est _____ qui est amusant !

3. Le passé

Amélie raconte la scène à son amie Gina. Conjuguez les verbes au passé composé, à l'imparfait ou au plus-que-parfait.

Hier, je/j'_____ (donner) rendez-vous à Nino en scotchant un mot sur son vélomoteur. Tout _____ (bien se passer). Il _____ (être) 5h quand il _____ (arriver). Je/_____ (appeler) le numéro de la cabine et une dame _____ (répondre). Je _____ (ne pas prévoir) que quelqu'un d'autre répondrait mais elle _____ (apercevoir) Nino et _____ (lui passer) le téléphone. Je _____ (voir) bien qu'il _____ (être) surpris mais il _____ (commencer) à suivre les flèches. Je _____ (rester) en bas car je _____ (vouloir) être près du vélomoteur. Quand il _____ (arriver) en haut, il _____ (hésiter) mais il _____ (comprendre) qu'il _____ (devoir) regarder dans les jumelles. Comme je _____ (lui dire) d'avoir une pièce de 5 francs avec lui, il _____ (la sortir) de sa poche et _____ (la mettre) dans la machine. Quand il _____ (me voir) avec l'album, il _____ (se mettre) à courir à toute vitesse mais je _____ (se cacher) avant qu'il n'arrive en bas. Il _____ (être) ravi d'avoir retrouvé son album mais il _____ (se demander) bien qui _____ (le mettre) dans le sac. J'espère que mes photos _____ (l'étonner) !

E. Comparaison avec une autre scène

Comparez cette scène avec celle où Nino vient au Café des Deux Moulins (1:36:02 après le début). Dans les deux scènes, Amélie a donné rendez-vous à Nino. Elle l'attend, il vient, le plan fonctionne. Pourtant, elle n'a pas du tout la même attitude dans la 2ᵉ scène. Pourquoi ? Comment chaque scène se termine-t-elle ?

F. Sketch

Imaginez que la scène se soit passée différemment : Nino retrouve
Amélie et l'aborde. Imaginez leur conversation. Quelles questions
Nino lui pose-t-il ? Est-ce qu'Amélie nie tout, avoue tout ? A-t-elle une
idée pour envoyer Nino sur une fausse piste ? Ecrivez leur dialogue et
jouez-le avec un(e) camarade.

LE COIN DU CINEPHILE

1 Première / dernière scène

Comparez la première et la dernière scène. Qu'ont-elles en commun ?
Quels sont les personnages présentés au début du film ? Qui est présent
à la fin ? Qu'est-ce qui a changé pour eux ?

2 Images et musique

Jean-Pierre Jeunet a embelli le film en travaillant les images (lumière,
couleurs, effets spéciaux) et en demandant à Yann Tiersen de composer
une musique originale. Donnez des exemples de lumière, de couleurs
et d'effets spéciaux qui servent l'intrigue et réfléchissez à la musique.
Accompagne-t-elle bien l'histoire et le personnage d'Amélie ?
Pourquoi ?

3 Sous-titres

Comparez ce dialogue entre M. Dufayel et Amélie et les sous-titres en
anglais, puis répondez aux questions :

1	Vous savez la fille au verre d'eau ?	*The girl with the glass . . .*
2	Si elle a l'air un peu à côté, c'est peut-être parce qu'elle est en train de penser à quelqu'un.	*Maybe her thoughts are with somebody else.*
3	A quelqu'un du tableau ?	*Somebody in the picture?*
4	Non, plutôt à un garçon qu'elle a croisé ailleurs. Elle a l'impression qu'ils sont un peu pareils elle et lui.	*More likely a boy she saw somewhere and felt an affinity with.*
5	Autrement dit, elle préfère s'imaginer une relation avec quelqu'un d'absent, plutôt que de créer des liens avec ceux qui sont présents.	*You mean she'd rather imagine herself relating to an absent person than build relationships with those around her?*

  a. 1ère réplique : Qu'est-ce qui n'est pas traduit ? Pourquoi ces mots-
      là ne sont-ils pas traduits ?

  b. 2ème réplique : Le sous-titre est très concis. Rend-il bien les idées
      de l'original en français ?

  c. 4ème réplique : comparez « Elle a l'impression qu'ils sont un
      peu pareils elle et lui » et « and felt an affinity with ». Est-ce le
      même registre de langue ? Est-ce un bon sous-titre ? Pourquoi ?

  d. 5ème réplique : Pourquoi « autrement dit » n'est-il pas traduit par
      « in other words » ? Pourquoi avoir choisi « you mean » ?

AFFINEZ VOTRE ESPRIT CRITIQUE

1 Titre

Que pensez-vous du titre : *Le fabuleux destin d'Amélie Poulain* ? Le trouvez-vous bien choisi ? Pensez aux différents sens du mot « fabuleux ». Ce mot est-il adapté pour décrire le destin et la vie d'Amélie ?

2 La carrière américaine du film

1. Aux Etats-Unis, le film s'appelle *Amélie* (ou *Amelie*, sans accent). A votre avis, pourquoi le titre original n'a-t-il pas été traduit ? Comment aurait-on pu le traduire ? Il avait été question, avant la sortie du film, de l'intituler *Amélie from Montmartre*. Qu'en pensez-vous ? Cela aurait-il été un bon titre ?

2. Vincent Ostria, dans *L'Humanité* du 25 avril 2001, écrit que « Jean-Pierre Jeunet a composé une bluette au style publicitaire, truffée d'effets spéciaux, située dans un Montmartre de carte postale, et sans aucun doute destinée à séduire le public américain friand de pittoresque ». Avez-vous l'impression que le réalisateur a voulu vous séduire ?

3 Les critiques

1. « L'intention [de Jean-Pierre Jeunet] était d'écrire un film sur la victoire de l'imagination. Qu'il soit léger, qu'il fasse rêver, qu'il fasse plaisir ». C'est ce qu'écrit Sophie Delassein dans le *Nouvel-Observateur* du 7 juin 2001. Ce film vous a-t-il fait rêver, vous a-t-il fait plaisir ?

2. Isabelle Boucq, quant à elle, commence sa critique dans le *Journal Français* de novembre 2001 ainsi : « Véritable bulle de bonheur cinématographique, *Le fabuleux destin d'Amélie Poulain* reflète le désir actuel de voir la vie en rose ». Cela peut-il expliquer le succès phénoménal de ce film, tant en France qu'à l'étranger ?

POUR ALLER PLUS LOIN

1 Parallèles avec d'autres films

Paris : Plusieurs films se passent à Paris : *Le fabuleux destin d'Amélie Poulain*, *Les femmes du 6e étage*, *Diplomatie*, *Intouchables* et *La cour de Babel*. La ville est-elle montrée de façon réaliste ou idéalisée ? Et quels genres de quartier voit-on ? Des quartiers résidentiels ou touristiques ? Huppés ou en difficulté ?

2 Art

Allez sur le companion website pour accéder aux œuvres suivantes :
- Villeneuve : *Vue de Montmartre* (1834)
- Lepine : *Montmartre, rue Saint-Vincent* (19e siècle)
- Renoir : *Bal du Moulin de la Galette, Montmartre* (1876)
- Van Gogh : *Guinguette à Montmartre : « le Billard en bois » devenu « la Bonne franquette »* (1886)
- Utrillo : *Une vue à Montmartre* (1956)

Que nous montrent-elles de Montmartre ? Comment le quartier a-t-il évolué ? Comment était Montmartre au 19e siècle ? Qu'est-ce que les tableaux de Renoir et de Van Gogh indiquent sur l'ambiance de Montmartre ? Est-ce que le dessin d'Utrillo nous donne l'impression d'être dans une grande ville ?

Renoir, *Bal du Moulin de la Galette*

3 Lectures

1. **Poèmes**

Vous allez comparer deux poèmes qui traitent du bonheur. François Coppée (1842-1908) était un poète populaire qui a décrit Paris et ses faubourgs. D'abord associé au mouvement poétique du Parnasse, il s'est ensuite appliqué à décrire le petit peuple de Paris. Bien qu'élu à l'Académie française en 1884, il est tombé dans l'oubli à la fin de sa vie. Paul Fort (1872-1960) a d'abord écrit pour le théâtre avant de se consacrer à la poésie. Ses poèmes, très nombreux, sont souvent écrits avec des mots simples et certains sont devenus très célèbres. « Le bonheur » a été mis en musique et chanté par Georges Brassens.

> Ces poèmes vont peut-être vous sembler difficiles. Lisez-les plusieurs fois pour en comprendre le sens et pour les apprécier.

Un rêve de bonheur qui souvent m'accompagne

Un rêve de bonheur qui souvent m'accompagne,
C'est d'avoir un logis[1] donnant sur la campagne,
Près des toits, tout au bout du faubourg prolongé,
    Où je vivrais ainsi qu'un ouvrier rangé.[2]
C'est là, me semble-t-il, qu'on ferait un bon livre.
En hiver, l'horizon des coteaux[3] blancs de givre[4] ;
    En été, le grand ciel et l'air qui sent les bois ;
    Et les rares amis, qui viendraient quelquefois
Pour me voir, de très loin, pourraient me reconnaître,
    Jouant du flageolet, assis à ma fenêtre.

François Coppée
Promenades et Intérieurs, 1872

1 a dwelling
2 *here:* quiet
3 hillsides
4 frost
5 meadow
6 to run away
7 a type of plant
8 wild thyme
9 horns
10 ram
11 rivulet

Le bonheur

Le bonheur est dans le pré.[5] Cours-y vite, cours-y vite.
Le bonheur est dans le pré, cours-y vite. Il va filer.[6]

Si tu veux le rattraper, cours-y vite, cours-y vite. Si tu veux le rattraper, cours-y vite. Il va filer.

Dans l'ache[7] et le serpolet,[8] cours-y vite, cours-y vite, dans l'ache et le serpolet, cours-y vite. Il va filer.

Sur les cornes[9] du bélier,[10] cours-y vite, cours-y vite, sur les cornes du bélier, cours-y vite. Il va filer.

Sur le flot du sourcelet,[11] cours-y vite, cours-y vite, sur le flot du sourcelet, cours-y vite. Il va filer.

De pommier en cerisier, cours-y vite, cours-y vite, de pommier en cerisier, cours-y vite. Il va filer.

Saute par-dessus la haie, cours-y vite, cours-y vite, saute par-dessus la haie, cours-y vite ! Il a filé !

Paul Fort
Ballades françaises, 1917

1er poème :
- De quoi le narrateur rêve-t-il ?
- Qui cette personne peut-elle bien être pour faire ce rêve ? Imaginez-la et faites une brève description de sa vie.

2e poème :
- Où le bonheur se trouve-t-il ?
- A quel animal ressemble-t-il ?
- A quel temps est « Il va filer » ? Pourquoi ?
- Que remarquez-vous à la fin de la dernière strophe ?

Comparaison :
- Ces poèmes sont-ils optimistes ?
- Quel poème est le plus léger ? Justifiez votre point de vue.

2. **L'impact d'Amélie sur Montmartre**

L'article suivant, de Danielle Plusquellec, est tiré du *Journal Français* de janvier 2002.

Le Montmartre d'Amélie

Le monde entier connaît Montmartre, ses pavés[1] qui résonnent, l'éclairage de ses célèbres réverbères[2] le soir, ses escaliers abrupts et ses vues à couper le souffle[3] sur les toits de Paris. Malgré le flot de touristes qui s'y déverse tous les jours, il existe encore quelques rues tortueuses[4] entre le Moulin-Rouge et celui de la Galette qui constituent un véritable petit village avec ses habitudes et ses habitués, un savoir-vivre et des recoins[5] au charme intact. Mais voilà, depuis l'immense succès international du film de Jean-Pierre Jeunet *Le Fabuleux Destin d'Amélie Poulain*, il s'est passé un phénomène que personne n'avait prévu : les commerçants et les habitants de la rue Lepic et de celle des Abbesses dont beaucoup étaient partie prenante[6] dans le film sont devenus la coqueluche[7] des touristes étrangers, des provinciaux[8] et des parisiens.

Dépassé par les événements, le syndicat d'initiative[9] du 18e arrondissement a dû ajouter sur la carte de Montmartre, entre le Sacré-Cœur et le Moulin Rouge, un lieu désormais mythique : le café-tabac des Deux Moulins. Avec ses appliques de néons, ses mosaïques jaune citron sur les murs, son zinc[10] en cuivre rouge, [. . .] le lieu a conservé tout son charme des années 50. Le patron, Claude Labbé, n'est pas encore blasé et raconte volontiers cette folle aventure cinématographique qui l'a précipité dans la célébrité.

Ali Mdoughi a connu lui aussi ce que tout le monde appelle sur la Butte[11] « l'effet Poulain ». Patron d'une épicerie pimpante[12] rue des Trois Frères, il est entré fièrement dans la petite histoire du septième art.[13] Sous l'enseigne[14] *Maison Collignon fondée en 1957*, Ali est le maître des lieux depuis trente ans et se considère désormais comme « le gardien du bonheur des gens ». Les visiteurs dont l'imagination n'a pas de limite guetteraient[15] presque l'instant où l'héroïne Amélie Poulain viendrait là choisir ses brugnons[16] et ses salades vertes. [. . .]

Cette nouvelle notoriété du quartier Lepic-Abbesses en agace[17] quelques-uns qui avouent avoir une « overdose » d'Amélie Poulain, dont la frimousse[18] rieuse et malicieuse[19] vous fixe à tous les coins de rue. Amélie ? Du bonheur pour les uns mais une « menace » pour certains qui ne voudraient pas que leurs rues mythiques deviennent à la longue[20] comme la place du Tertre, à deux pas de là, trop envahie à leur goût. Mais on peut difficilement

Le café des 2 Moulins

Maison Collignon

1 cobblestones
2 street lights
3 breathtaking
4 winding
5 hidden corners
6 took part in
7 have become the idol of
8 French people who live outside of Paris
9 tourist office
10 counter
11 Montmartre
12 attractive
13 = *cinéma*
14 sign
15 would watch for
16 nectarines
17 irritates
18 face
19 mischievous
20 in the end

résister aux charmes des lieux qui tient à une atmosphère entre la poésie de Prévert et la mélancolie de Trénet. [. . .]

La rue Lepic évoque un Montmartre du début du siècle. Au n° 12, le café Lux Bar possède toujours son décor Belle Epoque. [. . .] Au n° 54, Van Gogh partageait un petit appartement avec son frère Théo. [. . .] Les plus anciens[21] de ce quartier se souviennent encore qu'ils allaient à l'école communale située au n° 62 et qu'à la sortie ils voyaient souvent un nabot,[22] toujours très élégant, remonter la rue : c'était Toulouse-Lautrec. Il venait au Moulin-Rouge [. . .] pour peindre la troupe de French cancan de l'époque.

La rue des Abbesses a conservé tout son cachet[23] parisien avec ses cafés et sa station de métro, dont l'entrée à marquise[24] Art nouveau d'Hector Guimard est l'une des deux dernières qui subsistent à Paris [. . .]. Allez jusqu'au numéro 13 de la place Emile-Goudeau où se situe le Bateau-Lavoir. Picasso y peignit en 1907 le tableau qui fonda le cubisme : *Les Demoiselles d'Avignon*. Ici habitèrent aussi des maîtres de l'art pictural du 20e siècle comme Modigliani ou Van Dongen. Tous y vécurent dans le dénuement[25] le plus total. Ravagé par un incendie,[26] le Bateau-Lavoir a été reconstruit à l'identique. Ses jardins [. . .] abritent[27] aujourd'hui une cité d'artistes.

21 the oldest people
22 dwarf
23 character
24 awning
25 destitution
26 fire
27 shelter

   a.   Quel impact le film a-t-il eu sur le quartier ?

   b.   Qu'est-ce que certains habitants craignent ?

   c.   L'article mentionne que « le café Lux bar possède toujours son décor Belle Epoque ». Que savez-vous sur la Belle Epoque ?

   d.   Quel genre de lieu le Moulin-Rouge est-il ?

   e.   Qu'est-ce que c'est que le French cancan ?

   f.   A quoi servait le Bateau-Lavoir ?

   g.   Plusieurs artistes sont évoqués : Van Gogh, Toulouse-Lautrec, Guimard, Modigliani et Van Dongen. Faites quelques recherches et écrivez une ou deux phrases sur chacun.

3.   **Dossier *Studio Magazine***

   Face au succès du *Fabuleux destin d'Amélie Poulain*, *Studio Magazine* a consacré un grand dossier au film en juin 2001 (le film est sorti le 25 avril 2001). Deux journalistes, Jean-Pierre Lavoignat et Michel Rebichon, ont posé 100 questions sur le film. Lisez les extraits suivants et répondez aux questions à la fin de l'article.

Toulouse-Lautrec, *Bal au Moulin Rouge* (1890)

   « **Un phénomène.** Il y avait longtemps qu'on n'avait pas vu ça. Ce n'est pas une question de nombre d'entrées (même si, trois semaines après sa sortie, le film en est à 3 millions de spectateurs). C'est une question de qualité de réaction. Il y avait longtemps, en effet, qu'on n'avait pas vu un film français susciter[1] une telle passion, un tel engouement.[2] Comme si, avec *Le fabuleux destin d'Amélie Poulain*, Jeunet avait inventé le consensus tonique. La France toute entière est tombée amoureuse de la jolie Amélie. [...] Tout le monde se retrouve dans le film, quels que soient son âge, son origine sociale, son mode de vie. Tout le monde se l'approprie. [...] Jusqu'au *Monde*, qui fait sa une[3] avec un papier sur les prochaines présidentielles,[4] intitulé « Le Président, les Français et Amélie Poulain » ! Les spectateurs, eux, y retournent deux, trois fois. Le réalisateur et les acteurs reçoivent un courrier de folie, fourmillant[5] d'inventivité et débordant[6] d'admiration. [...] Le message est clair. *Amélie* est un film qui donne envie d'être heureux. C'est un film qui stimule l'imagination. C'est un film qui fait aimer l'amour.

1 arouse
2 craze
3 front page
4 presidential elections
5 teeming with
6 overflowing

Le réalisateur, lui, est sur un nuage. […] Et si vous insistez en lui demandant comment il explique le succès d'*Amélie*, il vous dira qu'il s'explique simplement. Simplement parce que son film est consacré à ces « petits riens » qui remplissent la vie de tout le monde tous les jours. Parce qu'il renvoie[7] à l'enfance, dont personne ne guérit[8] jamais tout à fait. Parce qu'il fait l'éloge[9] de l'acte de générosité gratuit, et que chacun, dans le monde d'aujourd'hui, a la nostalgie de cette générosité-là. Parce qu'il raconte une histoire d'amour plus exaltante[10] que douloureuse,[11] plus romantique que crue,[12] et que chacun attend cette évidence-là de l'amour.[13] Et enfin, parce que c'est un film qui pousse aux grandes décisions, qui incite à sauter la barrière,[14] et que nous avons tous cette belle espérance de ne pas passer à côté de notre vie et de ses rencontres. Ce qu'il ne dit pas, c'est qu'au-delà de ces bons sentiments qu'il a su (et ce n'est pas aussi simple qu'on pourrait l'imaginer) faire sonner juste,[15] dont il a su paver le chemin qui mène au paradis, il y a un vrai regard de cinéaste, un vrai talent d'artiste. L'ambition et l'exigence d'un artiste.

4. Pourquoi avoir choisi de faire se dérouler l'action d'Amélie essentiellement à Montmartre ?

Parce que JPJ voue une passion absolue à ce quartier, qu'il habite. […] Quand il tournait *Alien, la résurrection* à Los Angeles, il avait une telle nostalgie de son quartier qu'il s'était juré[16] d'y situer l'action de son prochain film.

22. En quoi[17] le tournage d'Amélie était-il une première pour Jeunet ?

C'est la première fois que JPJ tourne en extérieurs, et pas seulement en studio (mais il voulait que « Paris soit au cœur du film »). Maniaque et perfectionniste, il déteste ça. Parce que son film dépend alors de la météo, du bruit, « d'une voiture garée où il ne faut pas, d'un mec[18] qui déboule[19] dans le champ et d'un tas d'autres impondérables ». Non seulement, lui qui prépare beaucoup n'aime pas perdre de temps, mais surtout, il a horreur de ne pas tout contrôler, ne pas tout maîtriser. L'expérience d'*Amélie* ne l'a pas fait changer d'avis – au contraire même ! – sur les tournages en extérieurs. Même s'il y a une chose qui l'a ravi : les repérages.[20]

29. Quelle est la scène qu'Audrey Tautou et Mathieu Kassovitz ont tournée en premier ?

Celle du train fantôme. […] Et le lendemain, on a tourné la scène des baisers dans le couloir.

31. Pourquoi Jeunet a-t-il choisi le 31 août 1997, jour de la mort de Lady Di, pour faire basculer[21] le destin d'Amélie ?

Pour… entraîner[22] le spectateur sur une fausse piste,[23] puisque très vite, Amélie ne s'en occupe plus ! « Ce n'est pas la mort de Lady Di, dit JPJ, qui change la vie d'Amélie, mais la chute[24] du bouchon d'une bouteille de parfum ! » C'était aussi pour se moquer de l'exploitation médiatique de l'événement. « Avec le recul,[25] dit-il, je m'aperçois qu'en fait, Lady Di voulait aussi faire le bien autour d'elle. Mais ce qu'Amélie accomplit anonymement, elle le faisait de manière totalement médiatisée. Ce n'est pas un hasard[26] non plus si, dans le film, on évoque Mère Teresa, dont la mort a été éclipsée[27] par celle de Diana… »

33. Quel est le dialogue préféré d'Audrey Tautou ?

Les conseils que prodigue Dufayel à Amélie : « Vous, vous n'avez pas les os en verre. Vous pouvez vous cogner à la vie.[28] Si vous laissez passer cette chance, alors, avec le temps, c'est votre cœur qui va devenir

La basilique du Sacré-Coeur et l'esplanade

7   brings back
8   gets over
9   it praises
10 exhilarating
11 painful
12 crude
13 everyone hopes for love to be that easy
14 that pushes us to overcome our fears
15 sound right
16 he had sworn to himself
17 in what way
18 a guy
19 who runs onto the scene
20 researching locations
21 to change the course of
22 to lead
23 wrong track
24 her dropping
25 in hindsight
26 it's not an accident
27 was overshadowed
28 you can take the knocks of life

aussi sec et cassant que mon squelette. Alors, allez-y, nom d'un chien ! »
« Si ce sont les phrases que je préfère, dit-elle, c'est parce que, justement, il
y a là toute la leçon du film… »

35. Quelle est leur scène préférée ?

Lorsqu'on leur demande à tous les deux, ensemble, quelle est leur
scène préférée, ils hésitent, sourient, se regardent et, finalement, Mathieu
Kassovitz dit : « La scène de la mobylette à la fin. » Et Audrey Tautou
acquiesce[29] dans un sourire…

36. Quelle est la dernière phrase prononcée par Amélie ?

« Pas aujourd'hui, non. » C'est ce qu'elle répond à la concierge qui lui
demande si elle croit aux miracles, alors qu'elle rentre chez elle dépitée,[30]
croyant que Nino lui préfère Gina. Et elle prononce ces mots près de dix
minutes avant la fin. Presque un record.

40. Quelle est la gare parisienne que l'on voit dans le film ?

Elle n'existe pas ! Il s'agit d'un mélange entre la gare de l'Est et la
gare du Nord. Avec aussi – juste le temps d'un plan – une horloge de la
gare de Lyon.

44. Pourquoi Jeunet a-t-il choisi *Le déjeuner des canotiers* de Renoir pour être le tableau que reproduit sans cesse l'Homme de verre ?

Parce qu'il adore les peintres impressionnistes, et Renoir
particulièrement, qui a souvent peint Montmartre. Et aussi parce qu'il
cherchait un tableau avec plusieurs personnages, qui lui permettrait de
jouer avec l'interprétation de leurs regards.

53. Le nain de jardin a-t-il vraiment voyagé ?

Non, il n'est allé ni devant le Kremlin à Moscou, ni devant l'Empire
State Building à New York, ni au pied du Kilimandjaro, ni à l'hôtel Luxor
de Las Vegas, ni au temple d'Angkor. Il s'agit d'un photo-montage réalisé
par Jean-Marie Vives, qui a d'abord photographié le nain sur son toit avant
d'incruster les monuments.

74. Quelle a été la spécificité de la post-production d'*Amélie* ?

La post-production du film s'est faite intégralement en numérique, ce
qui a permis à JPJ d'apporter à ses images toutes les corrections qu'il désirait
(couleur des ciels, reliefs, détails…). Du coup, il est aussi l'un des premiers à
avoir essuyé les plâtres[31] de cette nouvelle technologie (délais, coûts…).

76. Y a-t-il eu des critiques qui n'ont pas aimé *Amélie* ?

Etrangement, oui. Par exemple, Michel Boujut dans *Charlie
Hebdo* : « On pourrait appeler ça un film ramasse-miettes,[32] décoratif et
sans émotion. » Remo Forlani sur RTL : « Ils sont tous plus laids les uns
que les autres ! » François Gorin dans la critique « contre » de *Télérama* :
« Oh, cet écœurement[33] qui vous gagne après griserie[34] passagère, cette
candeur confite,[35] cette hypersophistication du bricolage,[36] ce confinement
de maison de poupée… »

100. D'où est extraite la phrase du roman d'Hipolito qu'il retrouve taguée sur un mur à la fin du film ?

Elle vient d'un roman qu'a écrit le scénariste Guillaume Laurant, *Le
jardin public*, mais qu'il n'a jamais publié, parce qu'il n'en était pas content
et qu'il n'aimait que cette phrase : « Sans toi, les émotions d'aujourd'hui ne
seraient que la peau morte des émotions d'autrefois. » « Si j'ai repris cette
phrase pour *Amélie*, dit-il, c'est parce qu'il me semble qu'elle exprime tout
le film, tout le « message » du film : l'amour rend le quotidien[38] magique. »

Gare du Nord

29 agrees
30 piqued
31 to bear the brunt of all the initial problems
32 full of scattered ideas
33 nausea
34 intoxication
35 sickly sweet
36 the manufactured scenes
37 everyday life

Répondez aux questions suivantes :

a. Pourquoi *Le fabuleux destin d'Amélie Poulain* est-il un phénomène ?

b. Expliquez ce que veut-dire « consensus tonique ».

c. Vous retrouvez-vous aussi dans le film ?

d. Pourquoi est-ce révélateur que *Le Monde* ait associé *Amélie* aux élections ?

e. Comment le réalisateur explique-t-il le succès d'*Amélie* ? (Répondez en utilisant vos propres mots !)

f. Qu'est-ce qui est difficile quand on tourne un film en extérieurs ?

g. Quelle différence peut-on faire entre le travail accompli par Lady Di et celui d'Amélie ?

h. A votre avis, pourquoi la scène de la mobylette est celle qu'Audrey Tautou et Mathieu Kassovitz préfèrent ?

i. Pourquoi le tableau de Renoir (*Le déjeuner des canotiers*) est-il bien choisi pour ce film ?

j. Quelle nouvelle technique Jean-Pierre Jeunet a-t-il utilisée pour *Amélie* ? Que peut-on faire avec ?

k. Que pensez-vous des critiques ? Se justifient-elles ?

l. Etes-vous d'accord que la phrase d'Hipolito exprime tout le film ? Si vous deviez exprimer le film en une seule phrase, que diriez-vous ?

Récapitulons !

Les spectateurs regardent certains films pour apprendre quelque chose, et d'autres juste pour se distraire et se détendre. *Le fabuleux destin d'Amélie Poulain* est clairement dans la 2e catégorie. Son succès monumental et planétaire s'explique-t-il en raison de son fort coefficient de distraction, de plaisir, d'amusement ?

Ce qui nous lie

Présentation du film

Après 10 ans d'absence, Jean revient dans sa maison d'enfance dans un vignoble de Bourgogne juste avant la mort de son père. Il renoue avec sa sœur, Juliette, et son frère, Jérémie, mais des souvenirs douloureux ressurgissent et les trois jeunes doivent faire face aux difficultés du présent : les vendanges, la gestion de l'héritage, des voisins cupides, de la famille envahissante, et de nombreuses décisions à prendre. Au fil de l'année qui passe, ils vont se retrouver et resserrer les liens entre eux.

Carte d'identité du réalisateur

Né en 1961 dans un milieu favorisé, **Cédric Klapisch** fait des études de philosophie avant de s'orienter vers le cinéma. Il réalise des courts métrages puis s'illustre dans la comédie sociale, notamment *Riens du tout* en 1992 (sur la vie dans un grand magasin), *Le péril jeune* en 1994 (sur les années lycée) et *Un air de famille* en 1996, qui lui vaut le César du meilleur scénario. Le gros succès de *L'auberge espagnole* (2002), sur des étudiants européens en Espagne, encourage Klapisch à tourner deux suites, *Les poupées russes* en 2005 et *Casse-tête chinois* en 2013, dans lesquels il retrouve ses acteurs. Très à l'aise dans le film choral, Klapisch tourne *Paris* en 2008 avec des acteurs qu'il connaît très bien (Fabrice Luchini, Romain Duris) et très peu (Juliette Binoche). Dans la comédie dramatique *Ma part du gâteau* (2011), la détresse économique côtoie le monde de la finance. Il se focalise sur la famille dans *Ce qui nous lie* (2017) et retravaille avec deux des acteurs principaux, Ana Girardot et François Civil, dans *Deux moi* (2018).

Carte d'identité des acteurs

Pio Marmai, né en 1984, a grandi dans le monde du théâtre dans lequel il a commencé sa carrière. Son passage au cinéma a été remarqué par deux nominations au César du meilleur jeune acteur masculin, d'abord pour *Le premier jour du reste de ta vie* (2008) puis pour *D'amour et d'eau fraîche* (2010). Il a ensuite joué un dealer dans *Alyah* (2012) avant de passer ses nuits en compagnie d'Anna dans un parc parisien dans *Les nuits avec Théodore* (2013). C'était un homosexuel troublé par une femme dans *Toute première fois* (2015), puis le grand frère dans *Ce qui nous lie* (2017). Tout récemment il a été nommé pour le César du meilleur acteur pour la comédie *En liberté !* et a changé de registre avec *Mais vous êtes fous* (2019), un drame sur l'addiction.

Fille d'acteurs, **Ana Girardot** est née en 1988. Elle a commencé par de petits rôles et des séries télévisées et a côtoyé de grands acteurs dans *Cloclo* (2012) et *Amitiés sincères* (2012). Elle a obtenu son premier rôle principal dans *Le beau monde* en 2014, dans lequel elle joue Alice, une jeune femme qui monte à Paris pour faire des études et qui tombe amoureuse d'un garçon très différent socialement. Elle a enchaîné avec le thriller *Un homme idéal* (2015), où elle est la femme d'un faux écrivain, puis avec *Soleil battant* (2017), un drame familial. Depuis *Ce qui nous lie*, elle a incarné la femme d'un homme accidenté dans *Bonhomme* (2018) et elle a retrouvé Cédric Klapisch et François Civil dans *Deux moi* (2019), un film très contemporain sur la solitude urbaine.

François Civil, né en 1990, a toujours alterné films de cinéma et séries pour la télévision. Son premier rôle marquant était celui d'un adolescent en difficulté dans *Soit je meurs, soit je vais mieux* en 2008. On l'a vu ensuite jouer un jeune résistant pendant la Deuxième Guerre mondiale dans *Nos résistances* (2011), puis un écrivain dans la comédie *Macadam Baby* (2014). Il a complètement changé de registre dans *Made in France* (2016), où il incarne un djihadiste qui planifie un attentat. Il alterne les sujets et les genres avec aisance : comédie sur l'amitié dans *Five* (2016), comédie dramatique sur la famille dans *Ce qui nous lie* (2017), film d'action sur un pilote de moto casse-cou dans *Burn-out* (2018), drame contemporain dans *Deux moi* (2019), et drame sur les mensonges des rencontres sur les réseaux sociaux dans *Celle que vous croyez* (2019). Très récemment il a ébloui par l'étendue de son talent dans la comédie romantique *Mon inconnue* (2019) et dans le thriller *Le chant du loup* (2019).

PREPARATION

1   Vocabulaire

Vocabulaire utile avant de voir le film :

Conseil aux étudiants : Vous connaissez déjà certains des mots de la liste. Ils sont notés pour que vous les révisiez. Vous devez savoir ce vocabulaire par cœur, avec les genres pour les noms, les prépositions pour les verbes et les orthographes difficiles. Observez bien les exemples, ils vous aideront à vous exprimer correctement.

Noms

une région viticole : *a wine region*
la terre : *the soil**
un domaine viticole : *a winery*
une propriété : *a property, an estate*
une exploitation : *a holding, a homestead*
un vignoble : *a vineyard*
une parcelle : *a plot*
la vigne : *a vine (plant)*
une grappe de raisin : *a bunch of grapes***
un grain de raisin : *a grape*
le vin blanc/rouge : *white/red wine*
un(e) vigneron(ne) : *a wine maker/producer*
un(e) viticulteur (-trice) : *a wine maker/producer*
les vendanges : *the grape harvest/picking*
les vendangeurs : *the grape pickers*
un grand cru : *a vintage wine*
le stock : *the stock*
un tracteur : *a tractor*

la fratrie : *the siblings*
le frère aîné / cadet : *the older/younger brother*
le beau-père : *the father-in-law*
la belle-mère : *the mother-in-law*
un ouvrier agricole : *a farm worker*
l'héritage : *the inheritance*
le notaire : *the lawyer****
les frais/droits de succession : *inheritance tax*
un poids : *a weight*
les racines : *the roots*
les traditions familiales : *family traditions*
la dynamique familiale : *family dynamics*

* « La terre » veut aussi dire *the earth* et *the land*.
** Attention ! le raisin (grapes) ≠ les raisins secs (raisins)
*** Un notaire est un conseiller juridique impartial qui établit des actes authentiques. On a recours à un notaire pour un contrat de marriage, l'achat d'une maison ou pour des questions d'héritage, par exemple.

Verbes

fuir : *to flee*
faire le tour du monde : *to travel around the world*
revenir : *to come back*
rentrer : *to come home*
arriver à l'improviste : *to arrive unannounced*
en vouloir à qq'un : *to hold sth against s.o.**
reprocher qqch à qq'un : *to reproach s.o. for sth***
se disputer = se quereller : *to argue, to quarrel*
être en deuil : *to be in mourning*
hériter qqch de qq'un : *to inherit sth from s.o.*
succéder à qq'un : *to succeed s.o.****
vendanger : *to harvest grapes*
goûter : *to taste*
pleurer : *to cry*
intimider qq'un : *to intimidate s.o.*
malmener qq'un : *to bully s.o.*
profiter de qq'un : *to take advantage of s.o.*
provoquer qq'un : *to provoke s.o.*

reprendre l'exploitation : *to take over the homestead again*
avoir des hauts et des bas : *to have ups and downs*
s'imposer : *to establish oneself*
s'affirmer : *to become more assertive*
se libérer de qq'un/qqch : *to break free from s.o./sth*
s'affranchir de qqch : *to free oneself from sth*
être fait(e) pour qqch : *to be made for sth*
renouer avec qq'un : *to reconnect with s.o.*
se réconcilier avec qq'un : *to reconcile with s.o.****
soutenir qq'un : *to support s.o.*
se défendre : *to defend oneself*

* Ex : Jérémie en veut à Jean d'être parti si longtemps.
** Ex : Il lui reproche son absence. Il lui reproche d'avoir été longtemps absent.
*** Ex : La fille succède à son père. (N'oubliez pas le « à » !)
**** Ex : Il s'est réconcilié avec son frère. Ils se sont réconciliés.

Adjectifs

saisonnier (-ère) : *seasonal*
décédé(e) : *deceased*
attaché(e) à qq'un/qqch : *attached to s.o./sth**
sincère : *sincere*
volontaire : *determined, wilful*
influençable : *easily influenced*
ivre : *drunk*
distant(e) : *cool, aloof*
agressif (-ve) : *aggressive*

machiste : *macho***
pragmatique : *pragmatic, practical*
autoritaire : *bossy*
écrasant(e) : *overpowering*
envahissant(e) : *intrusive*
sentimental(e) : *sentimental*
sensible : *sensitive*
tendre : *tender*
mûr(e) : *mature****

* Ex : Ils sont attachés à leur domaine.
** Prononciation : maTchiste
*** Attention : mur (wall) ≠ mûr (mature)

Traduisez !

1. The film takes place in a wine region known for its vintage wines. The wine producers make red and white wines.

2. Juliette and Jérémie hold something against Jean who comes back after having traveled around the world.

3. The children inherit from their parents, but they have to pay the inheritance tax. Will they have to sell part of their plots and of their stock?

4. Juliette succeeds her father, but she needs time to mature, to establish herself and to break free from the weight of family traditions.

2 Repères culturels

1. Faites quelques recherches sur la Bourgogne et ses vins :
   a. Où la Bourgogne se situe-t-elle ?
   b. Produit-elle principalement du vin rouge, blanc ou rosé ?
   c. Depuis quand fait-on du vin en Bourgogne ?
   d. Pour avoir une idée, faites quelques recherches pour voir le prix d'une bouteille de Gevrey-Chambertin et de Vosne-Romanée.

2. Le titre : *Ce qui nous lie* est un jeu de mot. Le mot « lie » a deux sens :
   a. C'est la 3e personne du singulier du verbe « lier ».
   b. C'est un nom, la lie, qui est spécifique au vin. Que veut dire le mot dans ces deux cas ?

3 Le contexte

Dans le film il s'agit de trois jeunes vignerons qui doivent gérer le domaine familial après la mort du père. Réfléchissez aux points suivants pour vous mettre dans le contexte du film :

1. Que savez-vous sur le travail de la vigne ? Que fait-on à chaque saison ?

2. Que se passe-t-il quand les enfants héritent de biens (maisons, vignes, matériel agricole) mais n'ont pas les moyens de payer les frais de succession ? Quelles sont leurs options ?

3. Le monde du vin est traditionnellement masculin. Pensez-vous qu'une jeune vigneronne va trouver sa place facilement ?

4 Bande-annonce

Allez sur le companion website pour regarder la bande-annonce et répondez aux questions suivantes :

1. Qu'est-ce que la première image nous montre ? Pourquoi ?
2. Qui parle au début de la bande-annonce ? Qu'apprend-on ?
3. Comment Jean est-il accueilli ?
4. Comment les relations semblent-elles évoluer ?

5 A savoir avant de visionner le film

- Durée : 1h53
- Genre : Comédie dramatique
- Public : Tous publics
- Notes : Le film a été en partie tourné à Meursault chez Jean-Marc Roulot, qui joue Marcel dans le film. Il est acteur et vigneron et a mis son domaine et ses équipes à la disposition du réalisateur. Certaines scènes ont aussi été tournées à Chassagne-Montrachet, Puligny et Beaune.

PREMIERE APPROCHE

1 L'histoire

Les personnages

Jean
(Pio Marmaï)

Juliette
(Ana Girardot)

Jérémie
(François Civil)

Marcel
(Jean-Marc Roulot)

Océane
(Yamée Couture)

Alicia
(María Valverde)

Ben

Anselme
(Jean-Marie Winling)

1. **Relations entre Jean, Juliette et Jérémie**
   • Pourquoi Juliette et Jérémie en veulent-ils à Jean ?
   • Qu'est-ce qui montre qu'ils se rapprochent petit à petit ?
   • Qui a le plus changé à la fin ?

2. **Le père**
   • Traitait-il ses trois enfants de la même façon ?
   • De quoi est-il mort ? Est-ce clair ?
   • Qu'est-ce que Jean découvre ?
   • Quelle est l'importance du manteau du père porté par Jérémie ?

3. **L'héritage**
   • Les enfants héritent de la maison, des vignes, de l'équipement agricole et du stock de bouteilles. Quel est leur problème ?
   • Pourquoi est-il si difficile pour eux de se mettre d'accord ?
   • Comment finissent-ils par essayer de combiner le passé, le présent et l'avenir ?

4. **La maison**
   • Que représente-t-elle pour Jean, Juliette et Jérémie ?
   • Est-elle facile à vendre ?
   • Pourquoi font-ils des travaux ?

5. **Marcel**
   • Quel est son rôle dans le film ?

6. **La vigne**
   • Le travail change en fonction des saisons. Donnez quelques exemples de ce qu'ils font pour cultiver et entretenir la vigne.
   • Comment les vendanges sont-elles organisées ? Par quoi se terminent-elles ?

7. **Les pressions**
   • Quelles pressions Juliette ressent-elle au sein de la famille ?
   • Qui, à l'extérieur de la famille, exerce une pression sur eux aussi ?

8. **Les aides extérieures**
   • Océane est partagée entre ses parents, son mari, son bébé et son travail. Comment soutient-elle Jérémie ?
   • Quel rôle Alicia a-t-elle dans la solution à leurs problèmes d'héritage ?

2 Analyse d'une photo

1. A quel moment cette scène se passe-t-elle ?
2. De quoi parlent-ils ? Sont-ils d'accord ?
3. Est-ce que l'on voit souvent les cinq jeunes discuter ensemble ?

3 Analyse de citations

Analysez les citations suivantes en les replaçant dans leur contexte :

1. Jean : « On venait de se rendre compte qu'en plus de la mort de notre père, on avait encore beaucoup à perdre. »

2. Jean : « C'est en travaillant la terre, en s'occupant d'elle, qu'on commence à sentir qu'elle nous appartient. C'est pas une histoire de papiers, de famille, de titre de propriété. Mais étrangement, quand on commence à sentir qu'elle nous appartient, c'est aussi là qu'on s'aperçoit qu'on lui appartient. »

3. Jérémie : « J'espère que je serai pas un père comme le père d'Océane. »
   Jean : « J'espère que je serai pas un père comme ton père. »

APPROFONDISSEMENT

1 Vocabulaire

> Le but de cette deuxième liste est d'élargir votre champ lexical. Ce vocabulaire ciblé sur des thèmes du film va vous permettre d'enrichir votre style.

Enrichissez votre vocabulaire !

Le vin

un cépage : *a grape variety*

une cave : *a cellar*

un tonneau = un fût : *a barrel, a cask*

une appellation contrôlée : *an officially designated growing area*

un millésime : *a vintage*

une bouteille : *a bottle*

un bouchon : *a cork*

un tire-bouchon : *a corkscrew*

une carafe à vin : *a wine carafe, decanter*

servir du vin : *to serve wine*

verser : *to pour*

une dégustation : *a tasting*

un(e) sommelier (-ère) : *a wine waiter*

un(e) caviste : *a wine merchant*

l'oenotourisme : *wine tourism*

Mise en pratique du vocabulaire :

Ecrivez 5 phrases dans lesquelles vous utilisez au moins 10 mots de la liste ci-dessus.

2 Réflexion - Essais

1. Quel personnage est au centre du film ? Pourquoi ?

2. Le film se passe en Bourgogne. Quelle importance le lieu a-t-il ?

3. Le film est-il essentiellement un portrait de groupe, ou des portraits individuels ?

4. Peut-on dire que le monde du vin est machiste ? Est-il en évolution ? Donnez des exemples pour étayer vos propos.

5. C'est un film sur la transmission. Qu'est-ce que le père a transmis à chacun de ses enfants ?

6. La fabrication du vin est-elle la même en France et en Australie ?

7. A la fin, de quoi chaque personnage s'est-il libéré ?

8. Etes-vous optimiste pour l'avenir de la fratrie ? Les voyez-vous heureux et pensez-vous qu'ils vont réussir professionnellement ?

3 Analyse d'une scène : La lettre (de 1:05:07 à 1:10:26 après le début)

> **Vocabulaire spécifique à cette scène**
>
> une voix off (*a voice-over*) • un gros plan (*a close-up*) • aboyer (*to bark*) • une veste (*a jacket*) • donner son avis (*to give one's opinion*) • fier (-ère) (*proud*) • pleurer (*to cry*) • prendre la main de qq'un (*to take s.o.'s hand*)

A. **Ecoutez**

1. La scène commence par la voix off de Jean. Qu'est-ce qu'il explique ?

2. De quoi Jean, Juliette et Jérémie parlent-ils en marchant ?

3. Quelle question de Juliette fait exploser Jean ? Pourquoi ?

4. Quel ton utilise-t-il quand il explique pourquoi il en veut à son père ?

5. Quel est le message principal de la lettre du père ?

B. **Observez**

1. Quels sont les deux lieux qui alternent dans cette scène ?

2. Où la caméra se trouve-t-elle quand ils parlent de l'héritage ?

3. Comment Jean réagit-il quand Jérémie lui donne la lettre ?

4. Voit-on bien le père à l'hôpital ? Où la caméra est-elle placée ?

5. Par quels gros plans la scène de l'hôpital se termine-t-elle ?

C. **Cette scène dans l'histoire**

Pourquoi cette scène est-elle importante ? Peut-on dire qu'elle coupe le film en deux ?

D. **Langue**

1. **L'expression du temps**

Dans ce passage il y a beaucoup d'adverbes et d'expressions de temps :

à chaque fois • déjà • jamais • juste après • plus • pendant plusieurs années • toujours • toutes ces fois

Choisissez le bon terme pour compléter les phrases suivantes.

Ex : Le père n'a _____ répondu à la lettre de son fils.
    Le père n'a jamais répondu à la lettre de son fils.

a. _____ Juliette avait essayé de convaincre papa d'arracher la vigne.

b. On en a _____ parlé 15 fois !

c. Pourquoi tu aboies _____ qu'on parle de papa ?

d. Je lui ai écrit une lettre _____ être parti.

e. Alors tu ne peux _____ parler ?

f. Je repense à _____ où je t'ai emmené dans les vignes.

g. J'ai _____ été fier de toi mais je ne te l'ai _____ dit.

2. **Pronoms**

Remplacez les parties soulignées par les pronoms directs, indirects ou disjoints qui conviennent.

Ex : Juliette pense qu'il faut vendre <u>les stocks</u>.
    Juliette pense qu'il faut <u>les</u> vendre.

a. Juliette voulait qu'ils arrachent <u>la vigne</u>.

b. Ils doivent commencer à payer <u>les frais de succession</u>.

c. Ils ont déjà parlé <u>de tout cela</u> 15 fois.

d. Jean ne comprend pas pourquoi Juliette parle toujours <u>de son père</u>.

e. Jean a écrit <u>une lettre à son père</u>.

f. Il n'a jamais répondu <u>à la lettre</u>.

g. Jérémie hésitait à parler <u>de la lettre</u> <u>à Jean</u>.

h. Le père comprend mieux le départ de Jean après avoir lu <u>la lettre</u>.

i. Il emmenait souvent <u>son fils dans les vignes</u>.

j. Il aurait dû lui dire <u>qu'il était fier de lui</u>.

k. Profite <u>de ton voyage</u> !

l. Rencontre <u>plein de gens</u> !

3. **Subjonctif ou indicatif ?**

Conjuguez les verbes au subjonctif (présent ou passé) ou au temps de l'indicatif qui convient.

Ex : Jean regrette que son père n'_____ (avoir) plus la capacité de parler.
    Jean regrette que son père n'ait plus la capacité de parler.

a. Juliette propose de vendre les stocks pour qu'ils _____ (pouvoir) commencer à payer les taxes.

b. Jean doute que cette somme _____ (être) assez.

c. Pensez-vous que les enfants _____ (devoir) accepter la proposition du père d'Océane ?

d. Jérémie ne comprend pas que Jean en _____ (vouloir) tellement à son père.

e. Jean est sûr que son père ne l'_____ (aimer) pas.

f. Est-ce qu'il était normal que le père _____ (donner) tant de responsabilités à Jean ?

g. Bien que le père _____ (écrire) une lettre à son fils, il ne l'a jamais envoyée.

h. Juliette et Jérémie restent avec Jean jusqu'à ce qu'il _____ (finir) de lire la lettre.

i. Le père n'a jamais dit à son fils qu'il _____ (être) fier de lui.

j. Le père espère que Jean _____ (rentrer) et qu'ils _____ (pouvoir) parler.

E. Comparaison avec une autre scène

Comparez cette scène avec celle du petit déjeuner au début du film. Comment les deux frères se parlent-ils au début ? Qu'est-ce que Jérémie reproche à Jean ? Quel rôle Juliette a-t-elle ? Comment voit-on pendant la scène de la lettre que la dynamique entre eux a évolué ?

F. Sketch

Imaginez que Jean téléphone à Alicia après avoir lu la lettre. Il lui dit ce qu'il ressent, ce qu'il comprend et ne comprend toujours pas à propos de son père, et il lui explique quel genre de père il veut être pour Ben. Alicia n'a pas envie de lui parler mais elle finit par écouter et comprend que Jean avait besoin de cette preuve d'amour de son père pour avancer dans son rôle de compagnon et de père. Ecrivez et jouez la scène.

LE COIN DU CINEPHILE

1 Première / dernière scène

Avec quel personnage le film commence-t-il et finit-il ? Que fait-il dans les deux scènes ?

2 Les saisons

Comment le passage du temps est-il rendu dans le film ? A quoi chaque saison est-elle associée ? Sont-elles traitées de façon égale ?

3 Les lieux de tournage

Où le film se passe-t-il principalement ? Y a-t-il beaucoup de lieux de tournage différents ?

4 Point de vue

Tout le film est raconté par Jean. Pourquoi ?

AFFINEZ VOTRE ESPRIT CRITIQUE

1   Le titre

Pourquoi le film s'appelle-t-il *Ce qui nous lie* ?

2   La fin

Les trois enfants trouvent un arrangement à la fin du film. Celui-ci vous semble-t-il plausible ? N'est-ce pas un peu trop facile ?

3   Le lieu

Imaginez la même histoire dans un vignoble de Californie. Qu'est-ce qui serait similaire ? Différent ?

4   Comparaison d'affiches

Allez sur le companion website (hackettpublishing.com/cinema-for-french-resources) pour accéder aux affiches utilisées par quatre pays : la France, l'Espagne, la Corée et la Pologne. Quels choix chaque distributeur a-t-il fait ? Qu'a-t-il choisi de mettre en valeur ?

5   Les critiques

1. Pierre Charpilloz, journaliste de *Bande à part*, s'interroge sur le sujet du film dans son article du 13 juin 2017 : « S'agit-il d'une fiction sur l'œnologie et la viniculture […] ? Est-ce plutôt un film de relations humaines sur fond d'histoires familiales ? À moins qu'il ne s'agisse de quelque chose de plus profond encore, l'histoire d'un rapport au monde, à la terre. » Qu'en pensez-vous ?

2. Vincent Ostria, dans *L'Humanité* du 14 juin 2017, a une vision différente : « Cette chronique d'une fratrie tentant de préserver contre vents et marées son exploitation viticole après la mort du pater familias est toujours à la limite du reportage touristique sur le terroir bourguignon. Cela conviendrait à la rigueur à une grande saga pour le petit écran. Mais les trémolos nostalgiques sur les racines et la famille sentent le renfermé. » Etes-vous d'accord que le film ressemble à une publicité pour la Bourgogne ?

POUR ALLER PLUS LOIN

1 Parallèles avec d'autres films

1. **Le père :** De nombreux films ont une figure paternelle : *La famille Bélier*, *Inch'Allah dimanche*, *Ressources humaines*, *Les femmes du 6e étage*, *Ce qui nous lie*, *Molière*, *Intouchables* et *Fatima*. Ces hommes sont-ils très impliqués dans la vie de leurs enfants ? Sont-ils gentils et encourageants, ou distants, autoritaires et injustes ?

2. **Femmes battantes :** Plusieurs films font le portrait de femmes qui se battent : Zouina (*Inch'Allah Dimanche*), Mme La (*La veuve de Saint-Pierre*), Maria (*Les femmes du 6e étage*), Fatima (*Fatima*) et Juliette (*Ce qui nous lie*). Contre qui et quoi se battent-elles ? Qu'espèrent-elles ? Réussissent-elles à obtenir ce qu'elles veulent ?

2 Lettre du père

Le père a écrit une lettre à Jean mais l'a gardée dans son manteau au lieu de la lui envoyer. Jean finit par la lire. Ecrivez une lettre différente, dans laquelle le père essaye de prouver son amour pour son fils en donnant des exemples précis, en lui rappelant des choses qu'ils ont faites ensemble, des compliments qu'il lui a adressés, des bons moments qu'ils ont partagés.

3 Visite de Ben

Ben grandit en Australie et a des relations distantes avec la France. A 20 ans, il décide d'aller rendre visite à Juliette et Jérémie. Imaginez.

4 Lectures

1. Interview du réalisateur par Laure Gasparotto pendant le tournage de *Ce qui nous lie* (*Le Monde*, 14 avril 2016)

Cédric Klapisch : « La vigne en Bourgogne est le caviar de l'agriculture »

* Le film a changé de titre plus tard.

Le cinéaste tourne actuellement «Le Vin et le Vent*», une histoire de transmission entre un vigneron et ses trois enfants.

Pour raconter une histoire de famille et de transmission entre générations, le cinéaste Cédric Klapisch [...] a choisi les vignes de Bourgogne. Et plus précisément la côte de Beaune, notamment Meursault et Chassagne-Montrachet. C'est dans cette prestigieuse région viticole qu'il réalise[1] actuellement son treizième long-métrage[2], « Le Vin et le Vent ». Le tournage[3], qui a commencé pendant les vendanges, en septembre 2015, devrait s'achever avant l'été. Amateur de vin, le réalisateur évoque son film et revient sur ce qui a guidé ses choix.

1 is shooting
2 full-length feature film
3 shooting

Pourquoi vouliez-vous faire un film sur la transmission d'un domaine viticole au sein d'[4]une famille ?

Discutez avec des vignerons, vous verrez : très vite, la question de la transmission arrive sur la table. Le problème de la terre, sa valeur, le travail qu'elle demande, ce que l'on apprend et transmet de génération en génération, tout cela se pose plus que dans le reste de l'agriculture. Quand on élève des vaches ou qu'on cultive du blé[5], les enjeux[6] sont différents. Le vin est le seul produit qui vieillisse bien. Le seul où l'on se dit que, dans cinquante ans, il sera peut-être meilleur qu'aujourd'hui. Cette interrogation et cette promesse valent aussi pour la terre et la vigne. Et donc les histoires autour de la terre engendrent[7] celles de l'héritage.

Pourquoi la Bourgogne et pas une autre région viticole ?

La vigne en Bourgogne est le caviar de l'agriculture. Le prix de la terre a explosé ces dernières années, il a quadruplé en dix ans. […] Il n'y a pas qu'en Bourgogne que le prix de la terre est devenu exorbitant mais, dans cette région, l'histoire familiale ne ressemble à aucune autre et les transmissions y sont particulières. Le vignoble est morcelé[8], les propriétés sont bien plus petites qu'ailleurs. Le Bordelais est moins artisanal et familial. L'univers y est plus capitalistique. […]

C'est une culture du vin que vous voulez cerner[9] en Bourgogne ?

La culture dans tous les sens du terme. Dans « agriculture », il y a « culture », qui renferme un double sens, comme la phrase que j'aime bien de Voltaire, « *Cultivons notre jardin* » : c'est-à-dire la culture de la terre et la culture intellectuelle. […]

De quoi parle « Le Vin et le Vent » ?

C'est l'histoire de trois enfants de vignerons, qui sont interprétés par Pio Marmaï, Ana Girardot et François Civil. Ils ont 24, 27 et 30 ans. Au début du film, ils perdent leurs deux parents. On suppose que le père est mort d'une maladie liée aux traitements chimiques de la vigne. […]

Comment les frères et sœurs vont-ils reprendre le domaine ? Qui va faire quoi ? Les trois enfants travaillent dans le vin, et le film montre tout ce qu'ils ont appris de leurs parents à ce sujet. Ils vont partager leurs qualités, mais aussi parfois affirmer leurs différences. L'aîné, joué par Pio Marmaï, revient d'Australie, où il était viticulteur pendant dix ans. Le personnage d'Ana Girardot est celui qui goûte le mieux le vin. Quant au plus petit, c'est le plus scientifique et le plus théorique.

Ce que vous racontez, on le retrouve dans les domaines en France. Souhaitiez-vous être fidèle à une certaine réalité viticole ?

Le film oscille entre fiction et documentaire. Je suis très fidèle au monde du vin. Par exemple, pour les vendanges, il y a des jours où je filmais les vrais vendangeurs qui étaient figurants[10], et d'autres jours où je filmais des vrais figurants vendangeurs. Selon les scènes, c'était réel ou non.

Vous avez tourné avec Jean-Marc Roulot, qui est une figure en Bourgogne, puisqu'il est comédien mais aussi vigneron à Meursault. Quel rôle joue-t-il dans « Le Vin et le Vent » ?

Celui de l'ouvrier agricole des parents. Dans le film, il sert de relais entre les générations, il joue un rôle important dans la transmission. Disons que c'est une figure.

4 within
5 wheat
6 stakes
7 *here:* bring up
8 fragmented
9 *here:* show
10 extras

Les enfants auraient pu le licencier[11]...

Non, ils le gardent. Mais, c'est vrai, j'ai entendu beaucoup d'histoires de fractures dans le vignoble. Par exemple une fille reprend un domaine après la mort de son père, et, à ce moment-là, tous les gens qui travaillaient pour le père décident de partir. Parce qu'ils ne supportent[12] pas de travailler pour une femme... Ça existe. [...]

Quand sortira le film ?

Début 2017. Il faut laisser reposer les choses. Il y a beaucoup d'analogies entre la fabrique d'un film et celle du vin... Pour le vin en Bourgogne, il y a le terroir, la façon de le faire, mais aussi la personne qui le fait. Pour le cinéma, c'est pareil. Il y a le sujet qu'on traite et il y a le cinéaste. Un vigneron en Bourgogne signe son vin comme un réalisateur signe son film. Dans les deux cas, la notion d'auteur est centrale. Il y a enfin le fait que le vin, comme le film, devienne un produit collectif dès qu'on le met «sur la table». [...]

* le goût du vin

Est-il possible de traduire en images une telle sensation* ?

Ce qui est compliqué, c'est de filmer une scène où les acteurs dégustent[13] du vin sans le faire vraiment. On ne peut pas leur demander de boire pendant dix heures d'affilée ! On s'est dit qu'on allait mettre du jus de pomme. Mais visuellement, ça ne marche pas. Donc, dans les prises où je filme les verres, c'est toujours du vrai vin que l'on voit à l'écran, parce que la lumière et la matière sont uniques. Quand je demande un gros plan, on ne peut pas filmer de manière fausse. La façon dont le liquide colle à la paroi[14], l'épaisseur, tout ça se voit.

Personnellement avez-vous une cave riche de bouteilles ?

Oui, mais pas assez ! En faisant le film, en revanche, j'ai eu l'occasion de boire des vins extraordinaires. Mon équipe de tournage aussi. Je savais bien que le vin était un prétexte pour se rassembler, mais pas à ce point-là...

11 fire
12 they can't accept
13 taste, savor
14 side of the glass

a. Il y a beaucoup de régions viticoles en France. Pourquoi Klapisch a-t-il choisi la Bourgogne ?

b. Qui, parmi les acteurs, sont de vrais viticulteurs ?

c. Quels parallèles fait-il entre le vin et les films ?

2. Interview de Nathalie et Jean-Claude Theulot, propriétaires des Vignobles Nathalie Theulot à Mercurey en Bourgogne (22 janvier 2010)

1. Pouvez-vous me raconter l'histoire de votre domaine ?

Notre domaine a été créé dès les années 30 par mes grands-parents, Marguerite et Emile Juillot, alors scieurs[1] et marchand de bois. A cette époque, peu de gens vivaient décemment des revenus de la vigne. Mon grand-père a alors acheté quelques parcelles qui, aujourd'hui encore, constituent le socle fondateur[2] du Domaine. Dans les années 60, mes grands-parents ont été des pionniers dans la commercialisation du vin « mis en bouteilles à la propriété », alors que souvent à cette époque, les vins étaient vendus en vrac[3] aux négociants de Beaune (Côte d'Or).

1 wood sawyers
2 foundation
3 in bulk

Malheureusement, mon grand-père est décédé prématurément en 1969. Son fils, Maurice, s'est consacré uniquement à l'activité forestière et a développé la scierie qui est devenue une entreprise régionale de renom. Ma grand-mère est restée seule à la tête du Domaine qui est entré dans une phase de relatif sommeil jusqu'en 1985. A la demande de ma grand-mère, qui, à 85 ans, souhaitait prendre une retraite bien méritée, mon mari et moi-même avons rejoint le Domaine pour en assurer la gestion[4].

2. Comment vos vendanges sont-elles organisées ? Combien de personnes embauchez-vous ? Pendant combien de temps ? Quel est le profil des vendangeurs ?

Au Domaine, nous vendangeons uniquement à la main pendant 8/9 jours. Pour le faire, nous recrutons une trentaine de personnes pour nous assister. Il y a quelques années, cette main d'œuvre[5] était purement locale. Aujourd'hui une partie est originaire de l'Europe du Sud (Italie et Espagne), voire d'Europe de l'Est. Malheureusement, il s'agit très souvent de jeunes sans emploi qui viennent pour gagner un peu d'argent. Mais ils viennent aussi pour s'amuser et faire la fête.

3. Comment protégez-vous le raisin des maladies ?

Aujourd'hui, notre Domaine est en agriculture raisonnée avec un label environnemental (HVE3B) et 2 hectares sont cultivés en agriculture biologique.

4. En quoi votre métier est-il différent aujourd'hui d'il y a une ou deux générations ?

Beaucoup de choses ont changé, mais deux évènements majeurs ont marqué ces 20 dernières années :

- Le réchauffement climatique[6] qui oblige à repenser complètement la manière de produire le raisin et la manière de vinifier.

- Internet et la communication. Nous sommes beaucoup plus à l'heure de l'image qu'à l'heure du produit. Le savoir-faire est dépassé par le faire savoir. La capacité du viticulteur à se mettre en valeur[7] est devenue plus importante que sa capacité à produire de bons vins.

5. Dans un milieu traditionnellement masculin, avez-vous eu des difficultés à vous faire respecter ?

C'était plus difficile en 1987 lorsque nous nous sommes installés ; le métier se féminise de plus en plus.

6. Dans le film, les enfants n'ont pas les moyens de payer les droits de succession. Est-ce un problème fréquent ? Connaissez-vous des propriétaires qui ont eu ce problème ?

Nous n'avons pas encore rencontré le problème, ni personne dans notre entourage. Dans notre secteur de « Côte Chalonnaise », le prix des terres étant inférieur à celui de la « Côte d'Or », ceci explique sans doute cela.

7. Comment voyez-vous l'avenir des vins français et du Bourgogne en particulier ? Aux Etats-Unis les vins français sont très bien représentés mais en concurrence avec des vins de nombreux pays. Comment vous faites-vous connaître ?

Les Bourguignons auront les mêmes défis à relever[8] que les autres producteurs à travers le monde :

4   to manage it
5   workforce
6   global warming
6   to self-promote
8   the same challenges to take up

- Boira-t-on encore du vin demain, ou de la bière (de plus en plus consommée) ou bien une « nouvelle boisson » ?
- Pourra-t-on encore produire du vin avec le réchauffement climatique ? Si la réponse à ces deux questions est oui, la Bourgogne, terre d'excellence du Pinot et du Chardonnay, minuscule région viticole à l'échelle planétaire, aura un véritable avenir. Elle devra remettre en avant[9] ses fabuleux terroirs, avec leurs particularités et leur typicité[10]. Tout cela devra être fait dans le plus grand respect de l'environnement.

9   put itself forward
10 typicality (typical features)

a. A-t-il toujours été facile de gagner sa vie en faisant du vin de Bourgogne ?
b. Les vendangeurs des Theulot semblent-ils avoir un profil similaire à ceux du film ?
c. Quels sont les deux évènements majeurs qui affectent la profession aujourd'hui ?
d. Que veut dire Nathalie Theulot par « le savoir-faire est dépassé par le faire savoir » ?
e. Que dit-elle sur les femmes dans le milieu du vin ?
f. Que devront faire les viticulteurs bourguignons à l'avenir ?

3. Article de Michèle Longour, tiré du site *Réussir ma vie* (6 août 2019). Le site reussirmavie.net publie des articles sur les études, les loisirs, la santé et autres sujets d'intérêt pour les jeunes de 16 à 25 ans.

Faire les vendanges : où et quand ?

C'est le job idéal pour les étudiants qui veulent profiter de la fin de l'été pour renflouer[1] leur budget. Pour faire les vendanges, les régions viticoles recrutent en contrat saisonnier de 8 à 30 jours et les débutants sont acceptés ! Tout savoir sur les jobs de vendangeur(se).

Il vous reste quelques jours de vacances avant la rentrée[2] et vous aimeriez en profiter pour vous faire un peu d'argent. Si vous aimez le grand air et que les travaux agricoles ne vous rebutent[3] pas, alors les vendanges restent un bon plan, d'autant que l'expérience permet de faire de belles rencontres...

Vous avez aussi le choix de la région puisque tous les grands vignobles recrutent chaque année des saisonniers : la récolte du raisin se fait certes mécaniquement dans de nombreux vignobles, mais les grands crus pratiquent toujours la récolte manuelle, que ce soit dans le Bordelais, la Bourgogne, mais aussi le Languedoc, la Savoie, l'Alsace, la Provence ou le Sud-Ouest. Si cela vous intéresse, ne tardez pas à vous mettre sur les rangs[4], notamment dans le Midi (Languedoc, Provence) où les vendanges démarrent souvent dès la fin août. Chaque année, les recrutements débutent en juin pour se poursuivre tout l'été en fonction du volume des vendanges et des dates de la récolte qui dépendent bien sûr de la météo et du mûrissement du raisin.

1   replenish
2   back to school
3   repel
4   *here:* to apply

Comment se faire embaucher comme vendangeur ?
Où chercher ?

- Le plus simple est d'aller sur le site pole-emploi.fr et de cliquer sur les diverses régions viticoles : Aquitaine (ou Bordelais), Bourgogne, Languedoc-Roussillon, Champagne-Ardenne, Alsace... […]

- Si vous voulez une région particulière, par exemple la plus proche de votre domicile, allez directement sur le site de Pôle Emploi régional [...]

- Vous pouvez aussi rechercher sur le site « Maintenant » de Pôle-Emploi : maintenant.pole-emploi.fr, une nouvelle plateforme de recrutement sans CV basée uniquement sur les capacités. Il suffit d'indiquer « vendangeur » dans le métier cherché, puis d'indiquer vos qualités pour ce poste... Pour les vendanges, mieux vaut avoir une bonne résistance physique bien sûr.

Quand ?

Les vendanges commencent en général dès la fin août plutôt dans le Midi. Mieux vaut donc chercher son job vendanges au début de l'été qu'en septembre pour avoir plus de choix. En septembre, il ne vous reste normalement plus que la Champagne-Ardenne, l'Alsace, ou quelques places de dernière minute pour compléter des équipes en Bourgogne ou Bordelais (là où les vignobles sont très vastes et où les équipes doivent être nombreuses).

Mais les régions du Nord peuvent aussi recruter dès la fin août si l'année a été chaude et que les grappes sont mûres : ainsi, en Alsace, les vendanges 2018 ont débuté dès la fin août. En 2019, ce sera plutôt pour début septembre.

Les conditions à remplir pour être vendangeur

Il vaut mieux être majeur (on peut travailler à partir de 16 ans mais rares sont les régions qui acceptent les moins de 18 ans), avoir une bonne forme physique, et bien souvent, être véhiculé[5].

En effet les exploitations ne sont pas desservies par le tram ou le bus (!), et peu de viticulteurs proposent de vous loger comme cela se faisait systématiquement autrefois. C'est le gros problème si vous n'êtes pas de la région mais le covoiturage[6] peut être une bonne solution.

Il reste cependant quelques exploitations familiales où les vendangeurs sont logés et nourris dans une bonne ambiance familiale. Si vous tombez sur ce genre d'offres, sautez dessus. Dans ce cas, vous aurez un contrat « nourris logés » et une somme d'environ 18 euros sera déduite de votre salaire journalier[7].

Huit heures par jour, le sécateur[8] en main
Le contrat vendanges.

Les viticulteurs embauchent les vendangeurs pour une durée qui varie en général de 8 à 15 jours. Vous signez un « contrat vendanges », contrat saisonnier particulier qui ne peut dépasser un mois. Les étudiants, mais aussi les salariés en congés payés[9] (avec l'accord de leur employeur), y ont droit. Vous pouvez enchaîner[10] plusieurs contrats vendanges, mais leur durée totale ne peut excéder deux mois.

5 *here:* to have a car
6 carpooling
7 daily
8 shears
9 paid leave
10 put together in a row

La durée de travail varie selon les exploitations de 35 heures à 39 heures par semaine. Si c'est 39 heures, cela veut dire que vous devrez travailler presque huit heures par jour, en général de 7h30 à 17h30 à couper du raisin. Vous pouvez aussi être amené à travailler le dimanche car les grains mûrs n'attendent pas. Attention aux coups de fatigue !

Les postes proposés

- Les plus courants (et les plus nombreux) sont des postes de « coupeurs » : le travail consiste à couper les grappes[11] avec un sécateur et à les déverser dans une grande hotte[12]. Cela veut dire rester souvent plié en deux[13] toute la journée. Sur les côteaux[14] de Collioure dans le Languedoc, vous devez en plus travailler sur des vignobles en forte pente[15]. Avantage : les débutants sont acceptés.
- Il y a aussi quelques postes de « porteurs ». Ils sont encore plus physiques car vous portez sur votre dos la hotte où sont déversées les grappes et son poids peut aller jusqu'à 50 kilos ! Là aussi, les débutants sont acceptés. Dans l'ensemble, ceux qui sont passés par là parlent d'un travail sympa mais épuisant[16] ! […]

Une rentrée financière et une belle vendange de rencontres

Et pour tout ça combien gagnerez-vous ? Comptez la base du Smic[17], soit 10,03 euros de l'heure en rémunération brute (en 2019) pour un poste de coupeur (7,94 euros nets) ce qui vous fait dans les 60 euros nets à la journée. Les porteurs peuvent avoir une rémunération légèrement supérieure. Un bon pactole[18] quand même avant de reprendre la fac[19]. Certains viticulteurs rémunèrent « à la tâche », c'est-à-dire en fonction du nombre de kilos récoltés. Intéressant si vous êtes rapide et résistant.

Au-delà du gain, faire les vendanges peut être une belle expérience : c'est un travail physique, en pleine nature, que l'on réalise en équipe avec d'autres vendangeurs, jeunes, moins jeunes, ouvriers agricoles, travailleurs étrangers... L'ambiance est souvent conviviale même si l'on ne chôme pas[20]. L'occasion de faire une belle vendange de rencontres et de bons souvenirs.

Source : https://www.reussirmavie.net

11 bunches (of grapes)
12 hood (very large bag)
13 bent in half
14 hillsides
15 incline
16 exhausting
17 *salaire minimum*
18 *here:* a nice amount
19 = *l'université*
20 you work hard

a. Pourquoi est-ce que faire les vendanges est un bon job pour des étudiants ?
b. Comment faut-il procéder pour trouver une place ?
c. Quelles sont les difficultés liées à ce travail ?

Récapitulons !

Qu'avez-vous appris sur :
- la fabrication du vin ?
- les vendanges ?
- les difficultés liées à l'héritage ?

Diriez-vous que c'est un film sur le vin ou une histoire de famille ?

La famille Bélier

Présentation du film

Le père, la mère et le frère Bélier sont sourds. Mais Paula, 16 ans, est entendante. Elle aide ses parents pour le travail de la ferme et sert d'intermédiaire pour communiquer avec le reste du monde. Au lycée, Paula découvre qu'elle a un don pour le chant. Son prof de musique l'encourage à tenter le prestigieux concours de Radio France à Paris. Ce projet bouleverse l'équilibre familial.

Carte d'identité du réalisateur

Eric Lartigau (né en 1964) a commencé comme assistant de metteurs en scène avant de travailler pour la télévision. Sa carrière de réalisateur a été lancée en 2003 avec la comédie policière *Mais qui a tué Pamela Rose ?* Il a continué avec *Prête-moi ta main*, une comédie romantique en 2006, avant de changer complètement de registre en 2010 avec le thriller *L'homme qui voulait vivre sa vie*. Il a ensuite remporté un très beau succès en 2014 avec *La famille Bélier*. Eric Lartigau est aussi scénariste. Il a notamment écrit le scénario de *#Jesuislà*, sorti en 2010.

Carte d'identité des acteurs

Louane Emera, née en 1996, est principalement chanteuse. Elle s'est fait connaître en 2012, en arrivant en demi-finale de *The Voice*. Son rôle complexe dans *La famille Bélier* était sa première expérience au cinéma et lui a valu le César du meilleur espoir féminin. Depuis, elle mène de front musique et cinéma, avec *Nos patriotes* (2017) et *Les affamés* (2018).

Karin Viard (née en 1966) a joué dans plus de 80 films et remporté 3 César, mais elle est restée simple et naturelle. Elle a commencé par des petits rôles dans des films à succès, notamment *Tatie Danielle* en 1990, *Delicatessen* en 1991 et *La haine* en 1995. Elle a ensuite joué dans plusieurs comédies (*Les randonneurs*, 1997, *La nouvelle Eve*, 1999) avant de remporter son premier César pour *Haut les cœurs*, drame dans lequel elle joue une femme enceinte atteinte d'un cancer. Elle a ensuite alterné entre comédies (*France boutique*, 2003, *Les ambitieux*, 2007, *Potiche*, 2010) et drames (*L'emploi du temps*, 2001, *L'enfer*, 2005). En 2011 elle était en tête d'affiche de *Polisse*, un drame sur la brigade de protection des mineurs et en 2014 elle a participé à *La famille Bélier*. Plus récemment, elle s'est imposée dans *Les chatouilles*, un film sur le viol (2018) et *Chanson douce* (2019), un drame sur le meurtre de deux enfants par leur nourrice.

François Damiens est né en Belgique en 1973. Il a travaillé pour la télévision et a tenu de petits rôles jusqu'en 2010, où ses capacités d'acteur comique se sont révélées dans *L'Arnacoeur*, qui a obtenu un beau succès. En 2011, il a rencontré Karin Viard sur le tournage de *Rien à déclarer* et a joué l'amoureux gauche d'Audrey Tautou dans *La délicatesse*. Il a ensuite endossé des rôles de père de famille dans les drames *Suzanne* (2013) et *Les cowboys* (2015), ainsi que dans *La famille Bélier*. En 2017 il s'est essayé à la réalisation avec *Mon Ket*, puis a joué le père d'un jeune footballeur dans *Fourmi* en 2019.

L'heure de gloire

Le film a été bien représenté aux César et aux Prix Lumières de la presse internationale : César du meilleur jeune espoir féminin pour Louane Emera, ainsi que 5 nominations : meilleur film, meilleur scénario, meilleure actrice (Karin Viard), meilleur acteur (François Damiens), meilleur acteur dans un second rôle (Eric Elmosnino). Il a aussi remporté 2 Prix Lumières : meilleure actrice et meilleure révélation féminine pour Karin Viard et Louane Emera.

PREPARATION

1 Vocabulaire

Vocabulaire utile avant de voir le film :

Conseil aux étudiants : Vous connaissez déjà certains des mots de la liste. Ils sont notés pour que vous les révisiez. Vous devez savoir ce vocabulaire par cœur, avec les genres pour les noms, les prépositions pour les verbes et les orthographes difficiles. Observez bien les exemples, ils vous aideront à vous exprimer correctement.

Noms

une ferme : *a farm*
un(e) agriculteur (-trice) : *a farmer*
la campagne : *the countryside*
les démarches administratives : *administrative procedures*
un(e) intermédiaire : *a go-between*
la surdité : *deafness*
la langue des signes : *sign language*
un vélo : *a bike*
le maire : *the mayor*
un emploi du temps : *a schedule*
la chorale : *choir*
le prof de chant : *a singing/voice teacher*

une partition : *sheet music*
les paroles : *the lyrics*
la voix : *the voice*
un cours particulier : *a private lesson*
une répétition : *a rehearsal*
une répétition : *a rehearsal*
un duo : *a duet*
un concours : *an entrance exam*
une audition : *an audition*
le jury : *the jury*
une campagne électorale : *an election campaign*
une affiche électorale : *a candidate poster*
un ours en peluche : *a teddy bear*

Verbes

faire le marché : *to sell at the market*
faire/vendre du fromage : *to make/sell cheese*
passer un coup de téléphone : *to place a phone call*
signer : *to sign (with sign language)*
traduire : *to translate*
compter sur qq'un : *to rely on s.o.**
entendre qq'un : *to hear s.o.*
s'entendre bien/mal avec qq'un : *to get along well/badly with s.o.*
se soutenir : *to support one another***
avoir un don : *to have a gift, to have talent*
avoir un projet : *to have a project*
s'inscrire à qqch : *to sign up for sth*
répéter : *to rehearse*
se rapprocher de qq'un : *to get close to s.o.*
abandonner qq'un : *to abandon s.o.*
avoir honte de qq'un : *to be ashamed of s.o.*

avoir des problèmes familiaux : *to have family problems*
tomber amoureux (-euse) de qq'un : *to fall in love with s.o.*
avoir un impact sur qqch/qq'un : *to have an impact on sth/s.o.*
avoir ses règles : *to be on one's period*
se présenter aux élections : *to run in an election*
mépriser qq'un : *to despise s.o.*
assister à un concert : *to attend a concert*
embrasser qq'un : *to kiss s.o.*
convaincre qq'un : *to convince s.o.****
s'éloigner de qq'un/qqch : *to move away from s.o./ sth*****
être un pilier pour qq'un : *to be a pillar for s.o.*

*Prononciation : Le « p » n'est pas prononcé.
**N'utilisez pas « supporter », qui veut dire « to tolerate » !
***Comparez : Le prof a convaincu Paula de chanter. Le prof a convaincu Paula qu'elle a une belle voix.
****Ex : Elle s'éloigne de ses parents. Elle s'éloigne d'eux. Elle s'éloigne de son lycée. Elle s'en éloigne.

Adjectifs

sourd(e) : *deaf*
entendant(e) : *hearing*
proche de : *close to (s.o.)**
débordé(e) : *overwhelmed*
doué(e) : *gifted*
mal-à-l'aise : *uncomfortable*
gêné(e) : *embarrassed*

maladroit(e) : *awkward*
antipathique : *unpleasant*
critique : *critical*
désobligeant(e) : *disparaging***
prestigieux (-euse) : *prestigious*
émouvant(e) : *moving, emotional*

*Ex : Elle est proche de ses parents. Elle est proche d'eux.
**Ex : Le prof fait des remarques désobligeantes.

Traduisez !

1. The Béliers are farmers. They work on a farm and sell their cheeses at the market.
2. Paula is a pillar for her deaf parents who count on her. She is close to them but she is overwhelmed.
3. The singing teacher notices that Paula has a gift, a beautiful voice.
4. She takes private lessons to prepare for the audition of the prestigious Radio France entrance exam.

Attention !

Les noms de famille ne se mettent pas au pluriel en français. Ex : les Bélier.

2   Repères culturels

1. Les parents et le frère Bélier communiquent avec la langue des signes. Faites quelques recherches : La langue des signes est-elle universelle ou varie-elle en fonction des pays ? Qui s'est intéressé à la langue des signes au XVIIIe siècle ? Est-ce une langue riche ?
2. La chorale va travailler les chansons de Michel Sardou. Qui est-ce ?
3. Le professeur de Paula lui propose d'essayer le concours de Radio France, avec l'espoir d'intégrer la prestigieuse Maîtrise de Radio France. De quoi s'agit-il ?
4. Le film se passe dans le département de la Mayenne. Est-ce plutôt urbain ou rural ? Combien d'habitants a la plus grande ville ? A quelle distance la Mayenne est-elle de Paris ?

Le marché

La famille Bélier vend ses produits au marché. Les marchés en plein-air, où les agriculteurs et producteurs locaux vendent leurs fruits et légumes, viandes, volailles, oeufs, fromages, poissons et miel sont extrêmement répandus. Il y en a partout, même dans les grandes villes, et toute l'année. Les Français sont très attachés au marché, où ils trouvent des produits frais, régionaux et authentiques.

3   Le contexte

Les parents et le frère Bélier sont sourds. A quelles difficultés concrètes les sourds sont-ils confrontés dans la vie courante ? Qu'est-ce qui les aide ?

4   Bande-annonce

Allez sur le companion website pour regarder la bande-annonce et répondez aux questions suivantes :

1. On voit la famille Bélier à plusieurs reprises. Que font-ils ?
2. Comment le prof de chant parle-t-il à ses élèves ? Et à Paula en particulier ?
3. Quel conflit semble-t-il y avoir ?
4. Les membres de la famille sont-ils froids et distants les uns envers les autres ?

5   A savoir avant de visionner le film

- Durée : 1h46
- Genre : Comédie
- Public : Tous publics
- Notes : Le film est basé sur un livre de Véronique Poulain, *Les mots qu'on ne me dit pas*, dans lequel elle raconte son quotidien de fille entendante avec des parents sourds.
- Louane Emera, qui joue Paula, n'a pas été doublée pour le film. C'est bien sa voix qu'on entend.
- Lucas Gelberg (Quentin) est sourd. Les autres acteurs sont entendants et ont eu besoin de cours de langue des signes pendant 5 mois, 4 heures par jour, pour pouvoir signer dans le film.

PREMIÈRE APPROCHE

1   L'histoire

Le but de cette activité est double :
- Vérifier que vous avez bien compris l'histoire
- Vous préparer à la discussion en classe

Répondez à chaque question en une ou deux phrases. Utilisez le vocabulaire que vous avez appris.

Les personnages

Paula
(Louane Emera)

Gigi, la mère
(Karin Viard)

Rodolphe, le père
(François Damiens)

Quentin, le frère
(Luca Gelberg)

Mathilde
(Roxane Duran)

Gabriel
(Ilian Bergala)

M. Thomasson
(Eric Elmosnino)

1. **Paula**
   - Quelles sont les différentes obligations et activités de Paula ?
   - Comment se sent-elle quand elle ajoute les cours de chant quotidiens à son emploi du temps ?

2. **La dynamique familiale**
   - Comment les parents s'entendent-ils ?
   - Comment les membres de la famille montrent-ils leur affection ?
   - Qu'est-ce que les membres de la famille partagent ?
   - Paula est-elle à l'aise quand elle est avec sa famille en public ?

3. **La surdité**
   - La surdité crée-t-elle des problèmes de communication au sein de la famille ?
   - Comment les gens extérieurs à la famille considèrent-ils la surdité des parents et de Quentin ? Pensez au médecin, au maire, aux électeurs potentiels de Rodolphe, à Mathilde et à M. Thomasson.

4. **Les amis de Paula**
   - Gabriel est nouveau au lycée. Pourquoi est-il là ?
   - Qu'est-ce qui rapproche Gabriel et Paula ?
   - Mathilde est la meilleure amie de Paula. Les trouvez-vous similaires ou opposées ?

5. **La chorale**
   - Pourquoi Paula a-t-elle choisi de faire partie de la chorale ? Avait-elle envie de chanter ?
   - Quel impact la chorale a-t-elle sur les relations entre Paula et Gabriel, et entre Paula et ses parents ?
   - Comment le concert se passe-t-il ? De quelle façon les parents d'élèves participent-ils ?

6. **La campagne électorale**
   - Comment le maire traite-t-il les Bélier au début du film ?
   - Quel slogan Rodolphe a-t-il choisi ? Comment joue-t-il sur les mots ?
   - Pourquoi Paula ne veut-elle pas que son père se présente ?
   - Pourquoi Rodolphe est-il si maladroit à la réunion électorale ?

7. **Le concours de Radio-France**
   - De quelle façon les cours particuliers et la décision de Paula de présenter le concours affectent sa relation avec ses parents et leur équilibre familial ?
   - Qui ou qu'est-ce qui décide Paula à aller au concours ?
   - Quelles émotions les spectateurs ressentent-ils pendant l'audition ?

8. **La fin**
   - Le film se termine avec des vignettes qui nous montrent la suite du film. Que comprend-on ?

2 Analyse d'une photo

1. Où Paula et Gabriel se trouvent-ils ?
2. Que font-ils ?
3. Pourquoi sont-ils dos-à-dos ?
4. Pourquoi cette scène est-elle très spéciale ?

3 Analyse de citations

Analysez les citations suivantes en les replaçant dans leur contexte :

1. Rodolphe : « Etre sourd n'est pas un handicap, c'est une identité. »

2. Gabriel : « Enfin on peut dire que tes parents s'intéressent à toi. »
   Paula : « Ouais enfin, toi au moins ton père te laisse vivre. »
   Gabriel : « Ou il en a rien à foutre*. »

3. Paula : « J'arrête. Je passe pas le concours. Je vais pas à Paris. »

* Or he doesn't care whatsoever.

APPROFONDISSEMENT

1 Vocabulaire

Enrichissez votre vocabulaire !

> Le but de cette deuxième liste est d'élargir votre champ lexical. Ce vocabulaire ciblé sur des thèmes du film va vous permettre d'enrichir votre style.

Les relations familiales

s'aimer : *to love each other*

s'aider : *to help each other*

se soutenir : *to support each other**

s'écouter : *to listen to each other*

respecter qq'un : *to respect s.o.*

respecter la décision / les choix de qq'un : *to respect s.o.'s decision / choices*

se confier à qq'un : *to confide in s.o.***

refuser : *to refuse****

se disputer avec qq'un : *to argue / fight with s.o.*

gronder qq'un : *to scold s.o.*

punir qq'un : *to punish s.o.*

grandir : *to grow up*

mûrir : *to mature*

protéger qq'un : *to protect s.o.*

en avoir assez de qq'un/qqch : *to have had enough of s.o./sth*****

s'inquiéter pour qq'un/qqch = se faire du souci pour qq'un/qqch : *to worry about s.o./sth******

remercier : *to thank s.o.*

*Le verbe « supporter » existe mais veut dire « to bear s.o. »

**Ex : Ils se sont confiés à nous.

***Comparez :
   Verbe seul : Je refuse.
   Verbe + nom : Je refuse leur invitation.
   Verbe + de + infinitif : Je refuse de sortir.
   Verbe + que + sujet + verbe au subjonctif : Je refuse que tu sortes. (Remarquez que les 2 sujets sont différents).

****Elle en a assez de toutes ces responsabilités.

*****Je m'inquiète tellement pour elle = Je me fais tellement de souci pour elle.

Mise en pratique du vocabulaire :

Ecrivez 5 phrases dans lesquelles vous utilisez au moins 10 mots de la liste ci-dessus.

2 Réflexion - Essais

1. Peut-on dire que Paula est entre l'enfance et l'âge adulte ?

2. Comment Paula vit-elle la surdité de ses parents et de son frère ? Est-ce quelque chose qu'elle accepte facilement ?

3. Pour les Bélier, la surdité est-elle un handicap ? Peut-elle être considérée comme un atout ?

4. Que pensez-vous de la pédagogie du professeur de musique et de la façon dont il traite ses élèves ? Pourquoi se comporte-t-il ainsi ?

5. Pourquoi les scénaristes ont-ils choisi Michel Sardou comme chanteur ?

6. Le départ d'un enfant est souvent une période délicate pour les parents. Pourquoi la décision de Paula est-elle si difficile à accepter pour sa mère ?

7. Le départ de Paula est-il plus difficile pour elle que pour les autres jeunes qui rejoignent la maîtrise de Radio-France ?

3 Analyse d'une scène : l'audition (1:29:57 à 1:38:03)

> ## Vocabulaire spécifique à cette scène
>
> une plaque rouge (*a red blotch*) • attendre son tour (*to wait one's turn*) • la scène (*the stage*) • se comporter (*to behave*) • accompagner qq'un (*to accompany s.o.*) • faire une erreur (*to make a mistake*) • tendu(e) (*tense*) • soutenir qq'un (*to support s.o.*) • ressentir (*to feel*) • une charnière (*a turning point*) • les enjeux (*the stakes*)

La chanson originale de Michel Sardou a été légèrement modifiée pour les besoins du film. Vous pouvez comparer les 2 versions dans le companion website (hackettpublishing.com/cinema-for-french-resources).

A. **Ecoutez**

1. Quelle erreur Paula fait-elle quand elle commence à chanter ?

2. Quelles paroles de la chanson s'appliquent très bien à sa situation ?

B. **Observez**

1. Qu'est-ce qui rend le début de la scène très dynamique ?

2. Que remarque-t-on sur la mère ?

3. Comment le stress de Paula se manifeste-t-il quand elle attend son tour ? Que représente la porte ?

4. Quel point de vue a-t-on quand elle entre sur scène ? Pourquoi ?

5. Comment le jury réagit-il quand elle annonce la chanson qu'elle a choisie ? Pourquoi est-ce important ?

6. Décrivez l'entrée en scène de Thomasson. Comment se comporte-t-il ?

7. Comment voit-on que Paula est de plus en plus à l'aise ?

8. Comment l'attitude de ses parents évolue-t-elle ?

C. **Cette scène dans l'histoire**

1. Comment Paula a-t-elle changé entre le début du film et l'audition ?

2. De quelle façon cette scène est-elle une charnière dans la vie de Paula ? Qui est présent ?

3. Qu'est-ce que cette audition réussie va changer pour Paula, sa famille et son prof ?

D. **Langue**

1. **L'expression du temps**

   Complétez les phrases suivantes avec un marqueur de temps de la liste.

   quand • un jour • il y a • avant de • la veille • dès que
   • pendant que • depuis que

   Ex : Le père a compris _____ Paula a chanté pour lui.
       Le père a compris <u>après que</u> Paula a chanté pour lui.

   a. _____ Paula ne savait pas qu'elle allait passer l'audition.

   b. Elle a commencé la chorale _____ seulement 8 mois.

   c. Elle n'a plus la même vie _____'elle prend des cours
       particuliers.

   d. Paula est très tendue _____ commencer à chanter.

   e. Paula a souri _____ elle a vu M. Thomasson entrer dans
       l'auditorium.

   f. _____ Paula a commencé à signer, ses parents se sont mis à
       l'observer attentivement.

   g. Le jury prend des notes _____'elle chante.

   h. Paula sera peut-être _____ une chanteuse célèbre.

2. **L'interrogation**

   Remplacez chaque blanc par le mot interrogatif qui convient. Faites
   attention à l'ordre des mots dans la question !

   Ex : _____ (where) l'audition a-t-elle lieu ?
       Où l'audition a-t-elle lieu ?

   a. _____ (why) sont-ils en retard ?

   b. _____ (what) apparaît sur le visage et le cou de la mère ?

   c. _____ (where) les parents sont-ils assis ?

   d. _____ (how) Paula se sent-elle ?

   e. _____ (who) est venu pour la soutenir ?

   f. _____ (what) chanson a-t-elle choisie ?

   g. _____ (what) la chanson parle ?

   h. _____ (for whom) est-ce que Paula chante ?

   i. _____ (which one) des membres du jury semble le plus étonné ?

   j. _____ (what) les spectateurs ressentent pendant la chanson ?

3. **Les pronoms relatifs**

   Remplissez les blancs avec l'un des pronoms suivants :

   qui • que • dont • où • ce qui • ce que • ce dont • ce à quoi

   Ex : Paula ne savait pas _____ elle devait apporter la partition.
       Paula ne savait pas <u>qu'</u>elle devait apporter la partition.

   a. Paula passe l'audition, c'est _____ son prof espérait.

   b. Elle a failli ne pas y aller, _____ aurait été tellement dommage !

   c. Le jury est surpris par la chanson _____ elle a choisie.

   d. Paula a ses parents, son frère, Gabriel et son prof _____ la
       soutiennent.

e. L'audition est le moment _____ Paula commence à s'éloigner de ses parents.

f. Paula signe la chanson, _____ personne ne s'attendait.

g. C'est une expérience _____ Paula se souviendra toute sa vie.

h. Les parents veulent que leur fille soit heureuse. C'est aussi _____ elle a envie, mais différemment.

E. Comparaison avec une autre scène

Comparez cette scène avec celle du concert à l'école. Qui est sur scène ? Qui observe ? A qui les chansons s'adressent-elles ? Quels sont les enjeux pour Paula ?

F. Sketch

Paula vient de terminer son audition et a quitté la salle. Imaginez une conversation entre le jury et M. Thomasson. Les membres du jury sont surpris par Paula, douée mais peu préparée (elle n'a pas apporté les partitions) et fille de parents sourds. Ils posent des questions au professeur qui explique le parcours de son élève.

LE COIN DU CINEPHILE

1 Affiches

Vous allez comparer les affiches de *La famille Bélier* de quatre pays, disponibles sur le companion website (hackettpublishing.com/cinema-for-french-resources). Sur quoi chaque affiche insiste-t-elle ? Quelle impression se dégage de chacune ?

2 Feel good movie

Les critiques ont souvent qualifié le film de « feel good movie », terme utilisé en français. Pourquoi ? Comment vous sentiez-vous à la fin du film ?

3 César

Louane Emera a obtenu le César du meilleur espoir féminin. Ce prix était-il justifié ? Pourquoi ?

AFFINEZ VOTRE ESPRIT CRITIQUE

1 Excès

Le film vous semble-t-il trop naïf et trop prévisible ? Y a-t-il trop de bons sentiments ? Est-ce trop optimiste ?

2 Intentions du réalisateur

A votre avis, quel était l'objectif du réalisateur ? Voulait-il faire un film sur une famille sourde, ou sur une famille avec une adolescente qui a un projet différent ?

3 Crédibilité

Plusieurs aspects du film semblent difficiles à croire, notamment :

1. La dépendance des parents : La majorité des sourds vivent indépendamment et ne comptent pas sur leurs enfants pour servir d'intermédiaires. Pourquoi Paula fait-elle tellement pour ses parents ?
2. Les premières règles : Cet épisode vous semble-t-il réaliste ?
3. Les progrès de Paula : Paula n'avait jamais chanté de sa vie. Sa progression est-elle possible au cours d'une année scolaire ?

4 Les critiques

1. Christophe Narbonne conclut sa critique du film, dans le *Première* du 28 février 2019, ainsi : « Le cinéma muet s'invite lui aussi dans les scènes entre Karin Viard et François Damiens, qui se sortent avec brio de leurs numéros d'équilibristes. Leur expressivité, liée au handicap de leurs personnages, n'est jamais utilisée comme un artifice mais permet au comique, d'abord, puis à l'émotion, enfin, d'affleurer. » Que veut-il dire par « numéros d'équilibristes » ? Et êtes-vous d'accord que leur expressivité est à la fois source de comique et d'émotion ?

2. Alexandre Devecchio explique le succès du film en écrivant dans *Le Figaro* du 29 décembre 2014 que « *La famille Bélier*, au-delà du mélo attendu, raconte une France qui ne veut pas mourir. […] L'action se situe loin des grandes métropoles dans les verts pâturages du pays profond. Les héros ne sont pas cadres dans une start-up informatique, mais agriculteurs. Au risque de paraître ringards et franchouillards ils préfèrent la chanson française à la techno, le fromage au lait cru aux graines de soja et leur petit village aux halls d'aéroports. » D'après le journaliste, qu'est-ce que les spectateurs ont aimé dans ce film ?

mélo : *melodrama*
pâturages : *pastures*
cadres : *executives*
ringards : *old-fashioned*
franchouillards : *French-centered*
graines de soja : *soybeans*

POUR ALLER PLUS LOIN

1 Parallèles avec d'autres films

1. **L'école :** L'école est très présente et a un rôle précis dans *La cour de Babel*, *La famille Bélier*, *Ressources humaines* et *Fatima*. Quel rôle joue-t-elle exactement ?
2. **Le père :** De nombreux films ont une figure paternelle : *La famille Bélier*, *Inch'Allah dimanche*, *Ressources humaines*, *Les femmes du 6e étage*, *Ce qui nous lie*, *Molière*, *Intouchables* et *Fatima*. Ces hommes sont-ils très impliqués dans la vie de leurs enfants ? Sont-ils gentils et encourageants, ou distants, autoritaires et injustes ?

2 Les chansons

Allez sur le companion website (hackettpublishing.com/cinema-for-french-resources) pour trouver les liens et les paroles de « Je vais t'aimer » (la chanson du duo) et « Je vole » (celle de l'audition). Pourquoi ces deux chansons ont-elles été choisies ?

3 Imaginez !

On est en novembre de l'année suivante, Paula est à Radio France depuis début septembre. Elle réfléchit à son expérience, aux cours, aux amis qu'elle s'est faits, à la vie parisienne. Elle pense aussi aux gens et aux choses qui lui manquent. Qu'écrit-elle dans son journal ?

4 Lectures

1. **Entretien avec Louane Emera, interprète de Paula**

Comment êtes-vous arrivée sur le film ?

Avant de rencontrer Eric Lartigau, je ne m'étais jamais imaginée comédienne. Je viens de la musique, je suis chanteuse avant tout, et je n'avais jamais vraiment pensé à l'éventualité de jouer la comédie. Eric m'a repérée[1] dans l'émission *The Voice*, à laquelle j'ai participé. Il a contacté mon agent et nous nous sommes rencontrés. Les choses se sont ensuite faites très simplement, j'ai passé une audition seule puis avec d'autres comédiens, j'avais préparé quelques scènes pour l'occasion. J'étais très stressée car c'était quelque chose de complètement fou pour moi, passer une audition pour un film à seulement 16 ans ! Ce n'est pas tous les jours qu'on a cette opportunité quand on est une gamine[2] du Nord ! Mais le courant est tout de suite passé[3] avec Eric et je me suis rapidement prise au jeu[4]. J'ai reçu le scénario du film un peu plus tard et je l'ai tout de suite trouvé formidable.

Qu'est-ce qui vous a plu dans cette expérience ?

C'était avant tout une chance incroyable. C'était également un gros challenge car je n'avais jamais pris de cours de comédie, j'ai fait un an de théâtre au collège sans même jouer le spectacle de fin d'année ! Ça a été beaucoup de travail pour moi mais également un bel apprentissage[5]. L'ambiance d'un tournage[6] est très enrichissante. Et puis j'ai adoré apprendre la langue des signes. Je suis une littéraire[7], à la base, et ce qui me plaît le plus au lycée ce sont les langues étrangères, ce n'est donc pas étonnant ! Malgré tout avec la langue des signes c'était très différent, c'est une langue peu pratiquée puisqu'elle n'est utilisée que par les sourds et malentendants, mais c'est une langue magnifique qui véhicule beaucoup d'émotions. Elle m'a permis d'entrer en contact avec des gens formidables, je pense notamment à mon professeur de LSF[8], Alexeï, et à Jennifer, la traductrice. Ils m'ont appris énormément de choses.

1   spotted
2   a kid
3   we got along well right away
4   I got into it quickly
5   learning opportunity
6   shoot
7   I like the humanities
8   *langue des signes française*

Qu'est-ce qui vous a séduite dans le scénario de *La famille Bélier* et dans le personnage de Paula ?

L'histoire de la famille Bélier est une histoire exceptionnelle. C'est une famille très unie et aimante, qui travaille beaucoup et qui a des valeurs simples. Les membres de cette famille ont également un grand besoin les uns des autres. Mais Paula joue un rôle particulier chez les Bélier, celui de traductrice et de lien vers l'extérieur, puisqu'elle est la seule entendante de la famille. Je me suis rendue compte que le personnage de Paula me ressemblait beaucoup sur certains points. C'est une jeune fille sérieuse, pour qui la famille compte énormément, et qui, comme la plupart des adolescents, a un rêve. Elle a un côté rebelle, comme tous les ados[9], et comme moi d'ailleurs ! Mais le sien est plus délicat. Pour ses proches, son choix est vécu comme une trahison[10], un abandon. Le seul fait d'être entendante dans une famille de sourds est une différence très forte, c'est comme une petite trahison. Ses parents et son frère ont dû surmonter cela, mais ils ont du mal à accepter qu'elle veuille et puisse vivre sa propre vie, une vie différente de la leur. Elle est plus mature que moi parce qu'elle doit gérer des problématiques d'adulte, mais c'est aussi une fille qui se bat pour ses rêves, qui est très proche de sa famille, qui court partout, et je suis un peu comme ça. Elle est très volontaire et déterminée à mener ses projets à bien pour réussir sa vie, mais en même temps elle a un peu peur de ce que lui réserve l'avenir. Ce n'est pas tant qu'elle n'a pas confiance en elle, mais elle n'est pas consciente qu'elle a un vrai don pour la chanson. Et puis, elle se sent tiraillée[11] car elle se sent responsable de sa famille et ne veut pas l'abandonner, tout en voulant au fond d'elle-même vivre ce rêve de chanter. Si Paula Bélier existait, j'aimerais que ce soit ma meilleure pote[12] !

Les chansons de Michel Sardou sont très présentes dans le film, comment s'approprie-t-on un tel répertoire ?

Je connaissais déjà le répertoire de Michel Sardou. Je l'ai entendu à la maison. Mon père m'a initiée à la musique en me faisant écouter ces grands artistes de variété. C'était drôle à cette occasion de devoir l'interpréter et de se le réapproprier. D'autant qu'il est partie prenante du personnage de Monsieur Thomasson, qui est un personnage qui me touche beaucoup.

Karin Viard, François Damiens et Luca Gelberg jouent les autres membres de la famille Bélier. Comment s'est passé votre travail avec eux ?

Karin et François ont été formidables avec moi, ils m'ont donné beaucoup de conseils. Interpréter un personnage était un exercice difficile pour moi, car c'était une première. J'ai eu plusieurs professeurs qui m'ont aidée, mais quand je me retrouvais sur le plateau sans eux, Karin et François m'ont épaulée[13]. Avec Luca, qui joue le frère de Paula, le courant est très vite passé entre nous : au moment des auditions, on a répété tous les deux, et c'était génial ! Et puis, nous avons été très proches tout le long du tournage. On est réellement comme frère et sœur ! Il m'a appris beaucoup de choses, et on s'est amusés comme des fous. On passait pas mal de temps ensemble le soir à l'hôtel, quand il avait fini ses devoirs.

Parlez-nous de la direction d'acteurs d'Eric Lartigau et de votre travail sur ce rôle.

J'ai découvert la direction d'acteurs sur un plateau[14] de cinéma avec Eric… Il était très gentil et très compréhensif, tout en restant concentré. Il nous

9   the teens
10   betrayal
11   torn
12   buddy
13   supported me
14   film set

laissait assez libres, mais il savait où devait aller chaque personnage : j'ai par exemple pu faire des propositions sur certains dialogues. J'écoutais beaucoup Eric, et j'essayais de faire de mon mieux avec les conseils et consignes[15] qu'il me donnait. Essayer de comprendre et de restituer[16] la manière dont il me donnait ses indications pour rentrer dans le personnage de Paula. Dany, ma coach, me guidait également beaucoup et me faisait travailler le soir en me faisant faire du sport, travailler sur la respiration. C'était super, très ludique[17], ça m'a beaucoup aidée.

Le rôle de Paula Bélier était assez complexe à assimiler en termes de jeu.
Elle est la seule entendante de la famille, ce qui signifie qu'elle parle et qu'elle signe, mais Paula chante également. C'était assez compliqué de gérer les trois, d'apprendre la langue des signes, de parler tout en signant, etc… J'ai fait de mon mieux, avec l'aide d'Alexeï et Jennifer qui étaient présents en permanence sur le tournage, mais certaines scènes étaient vraiment difficiles.

15 directions
16 reproduce
17 fun

    a. Comment Louane a-t-elle été évaluée et choisie par Eric Lartigau ?

    b. Qu'est-ce qui a été vraiment difficile pour Louane ?

    c. Qui l'a beaucoup aidée, et comment ?

2. **Entretien publié dans le magazine de cinéma *Première* le 30 avril 2017**

L'avis d'un sourd sur *La Famille Bélier*

Le film aux 7,4 millions d'entrées[1], qui a valu à Louane le César du meilleur espoir féminin, revient ce soir sur France 2[2]. Rat[3] de la Cinémathèque et des salles du Quartier Latin, amoureux du Septième Art[4] sous toutes ses formes, Viguen Shirvanian […] est omniprésent sur les réseaux sociaux qu'il anime de ses commentaires acérés sur les films. Il a une autre particularité : il est sourd de naissance. A la sortie du film *La Famille Bélier*, fin 2014, il avait accepté de répondre à nos questions, plus spécifiquement sur le traitement de la surdité par Éric Lartigau dans cette comédie populaire réussie.

Qu'avez-vous pensé de *La Famille Bélier* ?
Le film a suscité une vive controverse dans la branche radicale de la communauté sourde parce qu'Eric Lartigau a choisi des stars entendantes (François Damiens et Karin Viard) plutôt que de faire appel à des comédiens sourds. Si je ne suis guère[5] convaincu par cet argument, alors qu'il ne s'agit que de pure fiction et que c'est justement le propre du métier d'acteur que de camper un personnage[6], je comprends toutefois la frustration des comédiens en question qui aspirent peut-être à plus de reconnaissance. Il est certain qu'avec eux, le film aurait gagné en crédibilité au niveau de l'interprétation en LSF - Langue des Signes Française - mais *La Famille Bélier* n'est pas un documentaire. Eric Lartigau a préféré l'humour et l'émotion au pur réalisme, et voulait travailler avec des acteurs qu'il connaissait bien, c'est tout à fait légitime. Ça reste avant tout l'histoire d'une jeune fille entendante de parents sourds qui se découvre une passion pour le chant. Il ne faut pas tout ramener à notre communauté. Notons

1 tickets sold
2 *chaîne de télévision*
3 film fanatic
4 *surnom du cinéma*
5 not very
6 play a role

tout de même que deux comédiens sourds jouent des petits rôles, dont celui qui campe le frère de Louane Emera et un autre - un caméo - qui est un sourd oraliste. À ce sujet, je me permets une petite remarque sur la critique de *Première* : l'utilisation de l'expression « sourd-muet » est à proscrire[7] absolument. Les sourds se définissent avant tout comme tels, et font le choix de s'exprimer oralement –c'est mon cas- ou en langue des signes. Ils sont tout à fait capables de parler et d'émettre des sons.

Comment jugez-vous objectivement les performances de François Damiens et de Karin Viard ?

Ils réussissent selon moi à rendre leurs personnages attachants[8] et généreux, ce qui est crucial pour la réussite d'un feel-good movie. Par contre, leur niveau[9] en LSF n'est pas exactement au point, surtout pour Karin Viard, dont les signes trop rapides et trop saccadés[10] sont assez incompréhensibles pour les sourds signants qui ont même dû lire les sous-titres. Louane Emera s'en sort beaucoup mieux. D'après les coachs formateurs en LSF qui se sont occupés d'eux sur le tournage, ils manquaient clairement de temps pour se perfectionner. Ce n'est pas une langue qu'on apprend en quelques jours. Mais malgré toutes ces maladresses[11], qui ne témoignent pas d'un manque de respect comme j'ai pu le lire, il faut encourager la démarche de vouloir s'intéresser à la communauté sourde dans le cadre d'une comédie populaire qui vise le grand public. Pendant les scènes en famille, Louane Emera parle en même temps qu'elle signe, ce qui permet au spectateur entendant de s'identifier à elle. Dans les scènes où les parents sourds communiquent seuls entre eux, il n'y a aucun son, juste la langue des signes, et nous n'avons pas d'autre choix que de lire les sous-titres. Si le succès de *La famille Bélier* peut donner envie à certains d'apprendre la LSF, tant mieux.

Qu'est-ce qui est le plus dur à faire passer à l'image ?

Tous les entendants ont du mal à imaginer ce que peut ressentir un sourd. Bien sûr, le procédé le plus évident reste de couper le son pour accentuer la frustration de ne pas entendre, mais ça me semble un peu facile. D'autant plus que chaque sourd vit sa surdité à sa manière, la considérant ou non comme un handicap. Certains d'entre eux refusent de porter des prothèses auditives[13] et s'épanouissent[14] dans le monde du silence. D'autres en ont besoin pour s'intégrer socialement et parviennent à apprécier l'univers sonore, même s'ils ne le perçoivent pas avec autant de précision que les entendants. Je reste convaincu qu'il existe des manières plus originales et plus stimulantes de retranscrire les émotions d'un sourd. Mais encore une fois, ce n'est pas le thème principal du film. Ce qui semble intéresser Lartigau, c'est l'émancipation familiale à travers le chant, et comment le personnage de Louane Emera va réussir à transmettre sa passion du chant à sa famille. [...]

La sortie conjuguée de ces trois films[15] amorcent-ils une vague de la représentation des handicapés au cinéma ? Y voyez-vous un « effet *Intouchables* » ?

Il est trop tôt pour savoir s'il s'agit d'une vraie évolution ou d'un effet de mode[16]. Selon moi, ce n'est qu'une coïncidence. Après, peut-être que le succès d'*Intouchables* a motivé les producteurs à être moins frileux[17] sur les films qui traitent du handicap. Personnellement, je pense qu'il reste

7   should not be used
8   endearing
9   level
10 jerky
11 clumsiness
12 aim at
13 hearing devices
14 thrive
15 *La question précédente portait sur 2 autres films qui mettent en scène des personnages avec un handicap.*
16 passing fad
17 hesitant

encore beaucoup de choses à raconter sur la communauté sourde. On a tendance à oublier les différences entre les sourds signants et les sourds qui s'expriment oralement, ainsi que leurs divergences sur l'intégration sociale et le choix dans le mode de communication. Dans l'inconscient collectif, un sourd est quelqu'un qui ne peut s'exprimer qu'en langue des signes, ce qui est une fausse idée préconçue... La représentation à l'écran du sourd oraliste est quasiment absente. Peut-être que les gens se disent qu'on pourrait parfois le confondre avec une personne qui entend alors que ce n'est pas vraiment le cas. La langue des signes est le repère[18] visuel le plus évident qui soit afin de comprendre qu'un personnage est sourd. Ca permet d'éviter toute ambiguïté car la surdité est un handicap invisible.

18 marker

Propos recueillis par Christophe Narbonne

a. Que pense Viguen Shirvanian de la controverse que le film a suscitée ?

b. D'après lui, le réalisateur avait-il comme objectif d'être complètement réaliste ?

c. Que pense-t-il de la façon dont les 3 acteurs principaux utilisent la langue des signes ?

d. Qu'est-ce qu'il espère, maintenant que le film a rencontré un grand succès ?

Récapitulons !

- Quel rôle Louane Emera, avec sa personnalité, sa voix et son physique, a-t-elle joué dans la réussite du film ?
- Pourquoi ce film a-t-il eu tellement de succès, aussi bien en France qu'à l'étranger ?

R idicule

Présentation du film

Grégoire Ponceludon de Malavoy, un jeune noble provincial, éclairé mais naïf, arrive à Versailles avec l'espoir d'obtenir l'aide du roi pour faire assécher les marais qui tuent ses paysans. Grégoire découvre alors le monde de la cour, le bel esprit, les intrigues politiques, l'amour et les compromissions.

Carte d'identité du réalisateur

Patrice Leconte (né en 1947) a commencé sa carrière en tournant des courts métrages et en travaillant dans la bande dessinée. Le succès est venu en 1978 avec *Les bronzés*. D'autres comédies ont suivi (notamment *Viens chez moi, j'habite chez une copine*, 1980 et *Tandem*, 1987), puis Patrice Leconte a alterné les genres : le thriller (*Monsieur Hire*, 1989), le film historique (*Ridicule*, 1996, *La veuve de Saint-Pierre*, 2000), le drame (*L'homme du train*, 2002), la romance (*Confidences trop intimes*, 2004), la comédie (*Mes stars et moi*, 2008, *Une heure de tranquillité*, 2014) et la comédie dramatique (*Le mari de la coiffeuse*, 1990, *La fille sur le pont*, 1999, *Voir la mer*, 2011). Il a innové en tournant un film en anglais (*Une promesse*, 2014) et en étant un des 8 réalisateurs de *Salauds de pauvres* (2019). Patrice Leconte a reçu deux César et de nombreuses nominations au cours de sa carrière.

Carte d'identité des acteurs

Charles Berling, Bernard Giraudeau et Fanny Ardant

Charles Berling (né en 1958) a été acteur de théâtre pendant des années avant de se tourner vers le cinéma. Après quelques petits rôles, c'est *Ridicule* qui l'a révélé. Discret, sincère, il a confirmé ensuite avec *Nettoyage à sec* (1997), *L'ennui* (1998), *Les destinées sentimentales* (2000), *Comment j'ai tué mon père* (2001) et *Père et fils* (2003). Il tourne plusieurs films par an, alternant drames (*Marie Curie*, 2018) et comédies (*Le cœur en braille*, 2016). Il se distingue souvent dans des rôles dramatiques et ambigus, comme dans *L'homme de sa vie* (2006), *L'heure d'été* (2008) et *Le prénom* (2012).

Fanny Ardant (née en 1949) a fait de solides études de sciences politiques et a beaucoup voyagé avant de devenir actrice. Intelligente, originale, sophistiquée, elle a d'abord joué pour François Truffaut (*La femme d'à côté*, 1981, *Vivement dimanche*, 1983) et Alain Resnais (*L'amour à mort*, 1984, *Mélo*, 1986), puis s'est imposée dans *Le Colonel Chabert* (1994), *Pédale douce* (1996), *Ridicule* (1996), *8 femmes* (2002), *Nathalie* (2003), *Roman de gare* (2007), *Les beaux jours* (2013) et *Lola Pater* (2017). Elle mène en parallèle une très belle carrière au théâtre et a réalisé plusieurs films, dont *Cendres et sang* (2009) et *Le divan de Staline* (2016).

Jean Rochefort (1930-2017) : Après des rôles sans grand relief dans les années 60, il a joué pour Tavernier dans les années 70, et s'est imposé dans *Le crabe-tambour* en 1977. Acteur fantaisiste, curieux, enthousiaste, il a fait des prestations remarquées dans *Tandem* (1987), *Je suis le seigneur du château* (1989), *Le mari de la coiffeuse* (1990), *Ridicule* (1996), *Le placard* (2000), *L'homme du train* (2002) et *Akoibon* (2005). Très aimé du public, il était aussi à l'aise dans la série TV (*Chez Maupassant*, 2007), que dans le policier (*J'ai toujours rêvé d'être un gangster*, 2008), le drame (*L'artiste et son modèle*, 2013), la comédie dramatique (*Floride*, 2015) et même le film d'animation (*Avril et le monde truqué*, 2015). En 2010 il avait réalisé un documentaire, *Cavaliers seuls*.

Judith Godrèche (née en 1972) est une actrice discrète et réservée qui a connu le succès très jeune : *La fille de 15 ans* en 1989 et surtout *La désenchantée* en 1990. Plus tard, elle a joué dans *Beaumarchais l'insolent* (1995), *Ridicule* (1996) et *L'homme au masque de fer* (1997), avant de faire une pause pour raisons familiales. Elle est revenue en 2002 avec *L'auberge espagnole* qui l'oriente vers des rôles légers et comiques. Elle poursuit dans cette voie avec *Tu vas rire mais je te quitte* (2005), *Fais-moi plaisir !* (2009), *Potiche* (2010) et *L'art d'aimer* (2011).

L'heure de gloire

Ridicule a été nommé pour la Palme d'Or au Festival de Cannes. Il a aussi été très remarqué aux César puisqu'il a remporté celui du meilleur film, du meilleur réalisateur, du meilleur décor et des meilleurs costumes. Les Golden Globes l'ont nommé dans la catégorie « meilleur film étranger ».

PREPARATION

1   Vocabulaire

Vocabulaire utile avant de voir le film :

> Vous connaissez déjà certains des mots de la liste. Ils sont notés pour que vous les révisiez. Vous devez savoir ce vocabulaire par cœur, avec les genres pour les noms, les prépositions pour les verbes et les orthographes difficiles. Observez bien les exemples, ils vous aideront à vous exprimer correctement.

Noms

le roi : *the king*
la reine : *the queen*
une comtesse : *a countess** *
un marais : *a marsh*** *
un(e) paysan(ne) : *a peasant*
un(e) sot(te) : *a fool*
un scaphandre : *a diving suit*
une veuve : *a widow*
la cour : *the court** *

un(e) courtisan(e) : *a courtier*
un(e) noble : *a noble person*
la noblesse : *nobility**** *
un arbre généalogique : *a family tree*

> ### Le saviez-vous ?
>
> Le français « roi » et l'anglais « right » ont la même origine : ils viennent de l'indo-européen « reg » : diriger en ligne droite.

*Attention à l'orthographe de comtesse (sans p) et de cour (sans t) !
**Même pluriel : des marais
***On ne dit pas ~~nobilité~~, mais noblesse.

Verbes

assécher (un marais) : *to drain (a marsh)*
être en deuil : *to be in mourning*
expérimenter : *to do experiments*
faire des recherches : *to do research*
élever (un enfant) : *to raise (a child)*
tricher : *to cheat*
remercier qq'un de qqch : *to thank s.o. for sth** *
se suicider : *to commit suicide*** *
se pendre : *to hang oneself*** *
ridiculiser qq'un : *to ridicule s.o.*
se moquer de qq'un : *to make fun of s.o.**** *

humilier qq'un : *to humiliate s.o.*
trahir qq'un : *to betray s.o.*
se venger de qqch : *to take one's revenge for sth*
faire un croc-en-jambe à qq'un : *to trip s.o.*
atteindre son but : *to reach one's goal*
se réfugier (quelque part) : *to take refuge (somewhere)*

*Ex : Il a remercié le marquis de son hospitalité (N'utilisez pas « pour » !)
**Ex : Il s'est suicidé / il s'est pendu.
***Ex : Elle s'est moquée de lui / d'eux

Adjectifs

éclairé(e) : *enlightened*
coûteux (-se) : *costly*
humilié(e) : *humiliated*
sourd(e) : *deaf*
muet(te) : *mute*
corrompu(e) : *corrupt*

égoïste : *selfish*
rusé(e) : *shrewd*
calculateur (-trice) : *calculating*
fat : *self-satisfied*
influent(e) : *influential*
impitoyable : *pitiless*

Vous n'avez pas besoin du dictionnaire. Tous les mots sont dans la liste ci-dessus ! La dernière phrase est difficile. Quel temps allez-vous utiliser pour « had seen » ? Qu'allez-vous faire de « cheat » ? Est-il conjugué ou à l'infinitif ? Quels pronoms allez-vous utiliser pour les deux « them » ?

Louis XVI

Chateau de Versailles

Traduisez !

1. The courtiers were corrupt and pitiless but they were influential.
2. If Grégoire talked about his marshes and his mosquitoes, the court would ridicule him.
3. Mathilde is enlightened and she likes to do experiments with her diving suit.
4. I had seen the countess and the abbot cheat, so I made fun of them and humiliated them.

2 Repères culturels

1. Le film se passe en 1783, à la cour de Louis XVI. Pouvez-vous répondre aux questions suivantes sur Louis XVI ?
   a. Combien de temps son règne a-t-il duré ?
   b. Qui était sa femme ? Comment était-elle ?
   c. Etait-il capable de diriger le pays ?
   d. Quels ont été les faits marquants de son règne ?

2. Le film se passe à Versailles. Que savez-vous sur Versailles ?
   a. Où Versailles se trouve-t-il ?
   b. Quand Versailles a-t-il été construit ? Qui a décidé de le faire construire ?
   c. Comment était la vie à Versailles ? Qu'est-ce qui était organisé dans le parc ?
   d. Les artistes étaient-ils les bienvenus au palais ?
   e. A quelle date les rois ont-ils quitté Versailles ?

3. La Révolution française est mentionnée à la fin du film. Pouvez-vous expliquer ce qui s'est passé pendant la Révolution ? Ne vous perdez pas dans les détails, expliquez en quelques phrases seulement.

Autres repères pour vous aider à comprendre et apprécier le film :

L'abbé de l'Epée

Il a créé une école pour accueillir les sourds-muets et inventé une méthode pour qu'ils puissent communiquer.

Les duels

Un duel est un combat (généralement à l'épée ou au pistolet) entre deux personnes. Il avait lieu quand l'une avait été offensée et qu'elle demandait réparation à l'autre pour laver son honneur. Les duels ont été interdits par Richelieu en 1626, mais ils étaient tolérés à l'époque du film.

Voltaire et Rousseau

Voltaire (1694-1778), un esprit vif et brillant, issu d'un milieu bourgeois, a employé sa vie à critiquer tous les abus de la société de son temps : abus politiques, fanatisme religieux et préjugés en tous genres. Voltaire était un champion de la tolérance, prônait une meilleure répartition des richesses et le pluralisme religieux.

Jean-Jacques Rousseau (1712-1778) se place à la charnière entre le XVIIIe et le XIXe siècle, car c'était un précurseur du romantisme. Il méprisait le progrès et basait ses principes éducatifs sur le fait que l'homme avait une bonne nature, mais que la société le corrompait. Ses idées ont inspiré les révolutionnaires et la Déclaration des droits de l'homme.

3 Le contexte

1. Le film se passe au XVIIIe siècle, une époque qu'on a appelée « le siècle des Lumières ». Qu'est-ce que cela veut dire ? Quelles étaient les grandes idées des « Lumières » ?

2. Avant la Révolution, la France était divisée en trois ordres. Comment s'appelaient-ils ? La population française était-elle répartie équitablement entre les trois ?

3. Pensez à la vie quotidienne des courtisans : Comment occupaient-ils leurs journées à Versailles ?

4. Pensez maintenant aux paysans : Comment vivaient-ils ?

5. L'Europe au XVIIIe siècle : Comment les autres pays européens voyaient-ils la France à l'époque ?

6. Que se passait-il aux Etats-Unis en 1783 ? Quels grands événements venaient juste d'avoir lieu ?

4 Bande-annonce

Allez sur le companion website (hackettpublishing.com/cinema-for-french-resources) pour trouver la bande-annonce du film. Regardez-la plusieurs fois et répondez aux questions suivantes :

1. Quels mots apparaissent sur l'écran ? Quelle impression ces mots vous donnent-ils ?

2. Que font les personnages dans les différentes scènes où on les voit ?

3. A quel rythme les images défilent-elles ?

4. Quel rôle la musique a-t-elle dans la bande-annonce ?

5. A votre avis, de quoi ce film va-t-il parler ?

5 A savoir avant de visionner le film

- Durée : 1h42
- Genre : Comédie dramatique
- Public : R
- Tournage : Versailles, Paris et château de Vaux-le-Vicomte.
- Région : Le film se passe en partie dans la région de la Dombes (au nord-est de Lyon, dans l'actuel département de l'Ain). Comme au XVIIIe siècle, c'est une région rurale avec de nombreux étangs. C'est important pour la pêche et les moustiques ! C'est à 440 km de Versailles, une longue distance à parcourir à cheval.
- Avertissement : Le film est drôle mais méchant, voire cruel. La comédie est basée sur l'humiliation des autres, ce qui peut parfois rendre mal à l'aise. La toute première scène est très graphique et va peut-être vous choquer. Elle est cependant importante car elle nous éclaire sur les mœurs des courtisans.

Plan de Versailles en 1789
Remarquez la quantité d'espaces verts !

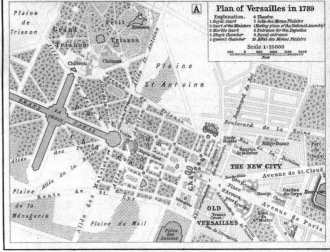

PREMIERE APPROCHE

1 L'histoire

Le but de cette activité est double :
- Vérifier que vous avez bien compris l'histoire
- Vous préparer à la discussion en classe

Répondez à chaque question en une ou deux phrases. Utilisez le vocabulaire que vous avez appris.

Les personnages

Grégoire Ponceludon
de Malavoy
(Charles Berling)

La comtesse
de Blayac
(Fanny Ardant)

Mathilde
de Bellegarde
(Judith Godrèche)

Bellegarde
(Jean Rochefort)

L'abbé de Vilecourt
(Bernard Giraudeau)

1. **Les paysans**
   - Que font-ils au début du film ? Où sont-ils ? Que comprend-on de leur vie ?

2. **Le marquis de Bellegarde**
   - Comment le marquis de Bellegarde élève-t-il sa fille ?

3. **Ponceludon**
   - Pourquoi part-il pour Versailles ?
   - Comment se passe son entrée dans le monde des courtisans ?

4. **Mathilde**
   - A quoi emploie-t-elle son temps ?
   - Quel est l'accord de mariage avec Montaliéri ?
   - Pourquoi Mathilde se montre-t-elle à la cour ?

5. **Versailles**
   - Comment Versailles est-il organisé ? Qui occupe l'aile gauche ? Qui occupe l'aile droite ?
   - Comment Grégoire est-il reçu par Maurepas (le ministre) ? Que pense celui-ci de son projet ?
   - Ponceludon est-il aidé par le généalogiste ?
   - Comment l'assemblée réagit-elle devant les sourds-muets présentés par l'abbé de l'Epée ?
   - Que se passe-t-il pendant le dernier bal ?

6. **L'abbé de Vilecourt**
   - Quelle méchante plaisanterie fait-il au baron de Guérêt ? Pourquoi ce dernier se suicide-t-il ?
   - Comment l'abbé de Vilecourt perd-il les faveurs de la comtesse de Blayac ?

> **Souvenez-vous !**
>
> Sous l'Ancien Régime il était tout à fait possible d'être noble sans être riche. Certains nobles étaient richissimes et possédaient des châteaux grandioses, mais d'autres, comme Grégoire, vivaient à la campagne et avaient des revenus modestes.

7. **La comtesse de Blayac**
   • Pourquoi obtient-elle les papiers généalogiques dont Ponceludon a besoin ?
   • Comment se passe l'entretien quand il vient pour la remercier ?
   • Comment la comtesse réagit-elle en apprenant que Ponceludon est parti avec Mathilde ?

8. **Le roi**
   • Pourquoi le roi s'intéresse-t-il à Ponceludon ? Que lui propose-t-il ?

9. **1794**
   • Que font le marquis de Bellegarde, Ponceludon et Mathilde en 1794 ?

2 Analyse d'une photo

1. Qui voit-on sur cette photo ?
2. Où sont-ils ?
3. A quel moment cette scène se passe-t-elle ?
4. Pourquoi Ponceludon et la comtesse sourient-ils ?
5. Où le groupe va-t-il ? Qui marche en tête ?

3 Analyse de citations

Analysez les citations suivantes en les replaçant dans leur contexte :

1. Ponceludon : « Les paysans, monsieur, ne nourrissent pas seulement les moustiques. Ils nourrissent aussi les aristocrates ».
2. Bellegarde : « Perdez cette habitude de rire de toutes vos dents. C'est infiniment rustique. »
3. La comtesse de Blayac : « Sachez mieux dissimuler votre dissimulation, afin que je puisse m'abandonner sans trop de déshonneur ».
4. Ponceludon : « Le roi n'est pas un sujet ».

APPROFONDISSEMENT

1 Vocabulaire

Enrichissez votre vocabulaire !

> Le but de cette deuxième liste est d'élargir votre champ lexical. Ce vocabulaire ciblé sur des thèmes du film va vous permettre d'enrichir votre style.

La monarchie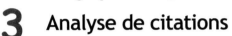

l'absolutisme : *absolutism*
le royaume : *the kingdom*
la royauté : *royalty*
un monarque : *a monarch*
un souverain : *a sovereign*
la couronne : *the crown*

le couronnement : *the coronation*
prétendre à la couronne : *to lay claim to the throne*
héréditaire : *hereditary*
succéder au trône : *to succeed to the throne*
placer qq'un sur le trône : *to put s.o. on the throne*

Les jeux de mots

un calembour : *a pun, a play on words*
une boutade : *a flash of wit*
une blague : *a joke*
une plaisanterie : *a jest*
une équivoque : *a double entendre*

un mot d'esprit = un trait d'esprit : *a witticism*
un paradoxe : *a paradox*
faire de l'esprit : *to be witty*
l'ironie : *irony*

Les sciences

la biologie : *biology*
la physique : *physics*
la chimie : *chemistry*
la médecine : *medicine*
la technologie : *technology*
la conquête de l'espace : *space exploration*
la recherche : *research*
un chercheur : *a researcher*

un laboratoire : *a laboratory*
faire une expérience : *to perform an experiment*
une découverte : *a discovery*
être expert(e) dans sa matière : *to be an expert in one's field*
un(e) spécialiste en qqch : *a specialist in sth*
faire autorité en qqch : *to be an authority on sth*

Mise en pratique du vocabulaire :

Ecrivez 5 phrases dans lesquelles vous utilisez au moins 10 mots de la liste ci-dessus.

2 Réflexion - Essais

Ces questions vont vous permettre d'approfondir l'étude du film. Ecrivez un paragraphe pour chacune, en utilisant le vocabulaire du chapitre et en soignant votre expression (vérifiez votre orthographe et votre grammaire). En faisant ce travail, vous vous préparez à la prochaine composition.

1. Faites le portrait de Grégoire.
2. Analysez l'évolution dans les sentiments de Grégoire vis-à-vis de la cour.
3. Faites le portrait, en les contrastant, de Madame de Blayac et de Mathilde.
4. Décrivez les mœurs et les occupations des courtisans.
5. Comment le bel esprit est-il utilisé ? A quoi sert-il ?
6. Quel rôle le marquis de Bellegarde joue-t-il tout au long du film ?
7. Décrivez la personnalité de l'abbé de Vilecourt et son rôle dans l'histoire. Pensez aussi à son nom. Que veut dire « Vilecourt » ?
8. Quelle impression avez-vous du roi ?
9. Le film est basé sur une série d'oppositions. Pouvez-vous en noter quelques-unes ?

3 Analyse d'une scène : l'entrée de Ponceludon à la cour (16:12 à 18:45)

> ## Vocabulaire spécifique à cette scène
> une voix (*a voice*) • briller (*to shine*) • la musique de fond (*background music*)
> • éclairé(e) (*lit*) • une bougie (*a candle*) • s'attendre à qqch (*to expect sth*) • la
> concurrence (*competition*) • un gros plan (*a close-up*) • un plan d'ensemble
> (*a long shot*) • le visage (*the face*)

A. Ecoutez

1. Remarquez la voix de l'abbé quand il interpelle Ponceludon (« Tout frais de votre belle province, vous devez avoir un regard aiguisé sur les ridiculités de la cour ! »). Qu'est-ce que ce ton indique ?

2. Grégoire se montre bien plus spirituel que prévu. Notez trois répliques qui montrent sa finesse et sa volonté de briller.

3. Que pensait l'abbé de Grégoire au début de la scène ? Qu'a-t-il compris à la fin ?

4. A quel moment la comtesse de Blayac et le marquis de Bellegarde prennent-ils la parole ?

5. Ecoutez la musique de fond. A quoi sert-elle ?

B. Observez

1. Comment la scène est-elle éclairée ? La lumière est-elle douce ou vive ?

2. Pourquoi le réalisateur a-t-il choisi une alternance de gros plans et de plans d'ensemble ? Quel est son but avec chacun ?

3. Le visage de l'abbé de Vilecourt révèle bien ce qu'il ressent. Notez plusieurs de ses expressions.

4. Que se passe-t-il à l'arrivée de la reine ? Comment l'assemblée réagit-elle ?

5. Remarquez les vêtements portés par les personnages. Comment la robe de la reine se distingue-t-elle ?

C. Cette scène dans l'histoire

Pourquoi est-elle importante ? Qu'est-ce que l'on apprend sur les personnages, et surtout sur leurs relations ? Qu'est-ce qui change entre le début et la fin ?

D. Langue

1. Synonymes

Ecoutez attentivement les dialogues de l'extrait et trouvez les synonymes des expressions suivantes (entre parenthèses) :

a. « Joignez-vous à notre partie, _____ (si vous en avez envie). »

b. « Vous pouvez les estimer de plus près en vous _____ (penchant) bien. »

c. « Il est moins _____ (bête) qu'il en a l'air ! »

d. « _____ (est-ce que je peux) vous _____ (prendre) l'abbé ? »

e. « Un esprit _____ (vif) ne sera pas de trop ! »

f. « _____ (capacité) de conversation certaine. »

g. « Quand vous m'y _____ (invitez), madame. »

2. L'interrogation

Remplacez chaque blanc par le mot interrogatif qui convient. Faites attention à l'ordre des mots dans la question !

Ex : _____ (whom) Grégoire observe ?
   <u>Qui est-ce que</u> Grégoire observe ?

a. _____ (what) Grégoire assèche ?

b. _____ (what) se passe quand il arrive à Versailles ?

c. _____ (how long) la comtesse habite-t-elle à Versailles ?

d. _____ (why) est-elle en deuil ?

e. _____ (whom) Mathilde a l'intention d'épouser ?

f. _____ (with what) elle expérimente ?

g. _____ (how) le marquis élève-t-il sa fille ?

h. _____ (what) aspect de la cour Mathilde déteste-t-elle ?

i. _____ (with which) ministre Grégoire parle-t-il ?

j. _____ (what) a-t-il besoin pour prouver qu'il est noble ?

k. _____ (whom) Grégoire devrait remercier ?

l. _____ (where) le baron de Guérêt s'est-il pendu ?

m. _____ (whom) la comtesse et l'abbé se moquent-ils ?

n. _____ (why) le marquis de Bellegarde a-t-il dû se réfugier en Angleterre ?

3. Devoir

Conjuguez le verbe « devoir » au temps qui convient. Souvenez-vous que ce verbe a des sens différents en fonction des temps !

Ex : Quand il est arrivé à Versailles, Grégoire _____ s'adapter.
   Quand il est arrivé à Versailles, Grégoire <u>a dû</u> s'adapter.

a. Au XVIIIe siècle, les courtisans _____ faire de l'esprit pour être admirés.

b. Grégoire sait que pour assécher les marais il _____ convaincre le roi.

c. Mathilde _____ faire plus attention car ses expériences sont dangereuses.

d. Elle _____ se marier avec Montaliéri si elle veut avoir de l'argent pour ses recherches.

e. Comme il a été humilié, Grégoire _____ quitter la cour.

f. L'abbé de Vilecourt (ne pas) _____ blasphémer devant le roi.

E. **Comparaison avec une autre scène**

Comparez cette scène avec celle du dîner chez le Duc de Guines (33:49 à 35:34). Qui est présent ? Qu'est-ce que les personnages cherchent à faire ? Qui brille ? Qu'est-ce qui est amorcé dans la première scène, et qui se développe pendant le dîner ?

F. **Sketch**

Imaginez que la comtesse de Blayac et l'abbé de Vilecourt reparlent de cette scène plus tard dans la journée. Quel point de vue ont-ils sur Grégoire ? Le voient-ils de la même façon ? Ecrivez leur dialogue et jouez-le avec un(e) camarade.

LE COIN DU CINEPHILE

1 Première / dernière scène

Comparez la première et la dernière scène (le chevalier de Milletail et le comte de Blayac / la chute de Ponceludon au bal). Qu'est-ce que ces deux scènes ont en commun ? Pourquoi sont-elles importantes ? Qu'est-ce qui est ironique ?

2 Les costumes

Analysez les vêtements portés par Mathilde, Ponceludon, Bellegarde, Vilecourt et la comtesse. De quelles couleurs sont-ils ? Sont-ils simples ou luxueux ? En quoi représentent-ils ceux qui les portent ?

Vous ne vous souvenez sans doute plus exactement des costumes. Re-regardez quelques extraits du film pour pouvoir répondre à la question.

3 Le genre

A quel genre ce film appartient-il ? Est-ce un film historique ? Une comédie ? Un mélange des genres ?

4 Les sous-titres

La scène suivante est extraite de la partie de bouts-rimés. Ponceludon vient d'avoir la preuve que la Comtesse et Vilecourt ont triché. Comparez l'original en français et les sous-titres en anglais, puis répondez aux questions :

1 Annoncez !   *Verse form?*

2 Octosyllabe.   *Octosyllables.*

3 Toujours fidèle à sa « conduite »,   *The abbot's quick wit has such "skill"*
   L'abbé, sans nuire à sa « santé »,   *It inspires in every "newcomer"*
   Peut faire deux mots d'esprit de « suite » …   *He can entertain at "will"*
   L'un en hiver, l'autre en « été ».   *Once in winter and once in the "summer"*

4 […] Le prix, monsieur, de votre discrétion ?   *[…] What price is your silence?*

5 Madame, soyez sans crainte. Votre procédé ne sera   *Fear not. I will not fan the winds of gossip.*
   pas… éventé !

a. 1ᵉʳᵉ réplique : « Verse form? » n'est pas une traduction d'« Annoncez ». Pourquoi cette différence ?

b. 3ᵉᵐᵉ réplique : Sur les quatre mots à utiliser (« conduite », « santé », « suite » et « été »), combien sont traduits ? Etait-il facile de traduire ce bout-rimé ? Qu'a donc décidé de faire le sous-titreur ? L'idée générale est-elle bien rendue en anglais ?

c. 4ᵉᵐᵉ réplique : Comparez le sens des mots « discrétion » et « silence ». Lequel est le plus fort ?

d. 5ᵉᵐᵉ réplique : Comment le sens du mot « éventé » est-il rendu en anglais ? Le sous-titre est-il réussi ?

AFFINEZ VOTRE ESPRIT CRITIQUE

1 Les affiches

Vous allez comparer l'affiche française de *Ridicule* et l'affiche américaine, disponibles sur le companion website (hackettpublishing.com/cinema-for-french-resources).

1. Quelle est la première chose qui vous frappe en regardant les deux affiches ?

2. Que voit-on sur l'affiche française ? Connaît-on les personnages ?

3. Qui domine l'affiche américaine ? Est-ce surprenant ? A votre avis, pourquoi le distributeur américain a-t-il pris cette décision ?

4. Quelles sont les couleurs principales sur chaque affiche ? Pourquoi ?

5. Comparez le sous-titre français (« Il n'épargne personne ») et les trois mots qui accompagnent le titre sur l'affiche américaine (« Danger. Deception. Desire »).

6. A votre avis, quelle affiche est la plus fidèle au film ?

2 L'époque

1. Pourquoi les idées de Ponceludon sont-elles typiques du XVIIIᵉ siècle ?

2. Mathilde est-elle typique de son époque ?

Emilie du Châtelet

Emilie du Châtelet est une grande scientifique du XVIIIe siècle. Née en 1706 dans un milieu cultivé et éclairé, elle a reçu une éducation soignée et inhabituelle pour les filles de l'époque. Elle s'intéressait aux mathématiques et à la physique et a passé sa vie à l'étude des sciences. Elle était souvent moquée et ridiculisée pour ses goûts peu conventionnels mais elle connaissait tous les grands penseurs de son temps et était soutenue par Voltaire, son amant pendant 15 ans. Elle a traduit (du latin au français) les *Principes mathématiques de la philosophie naturelle* de Newton. Son intelligence et sa détermination ont ouvert la voie à d'autres femmes scientifiques.

3 Le lieu

Cette histoire aurait-elle été possible ailleurs qu'à Versailles ? Peut-on l'envisager dans une autre cour européenne par exemple ?

4 Les critiques

Versailles, fontaine et parc

1. Christian Gasc, qui a créé les costumes du film, affirme que « Ponceludon, c'est un peu Bellegarde quand il était jeune » (*Première*, novembre 1995). Qu'en pensez-vous ? Etes-vous d'accord ?

2. Dans le *Télérama* du 2 décembre 1998, Cécile Mury écrit que « Dans les ors et les soies de la re-constitution historique, Patrice Leconte glisse des personnages d'une dérangeante modernité ». Que veut-elle dire ? Pouvez-vous donner des exemples pour illustrer son propos ?

POUR ALLER PLUS LOIN

1 Parallèles avec d'autres films

1. **Les femmes et le mariage :** Comparez la condition des femmes dans *Molière* et *Ridicule*. Pourquoi se marient-elles ? Comment sont leurs maris ? Quelle importance l'argent a-t-il ? Sont-elles libres ?

2. **La moquerie :** La moquerie joue un rôle-clé dans *Ridicule* et *Molière*. Est-elle traitée de la même façon ? Réfléchissez à ceux qui sont moqués :
   • Pourquoi le sont-ils ?
   • En sont-ils conscients ?
   • Quelle(s) conséquence(s) les moqueries ont-elles sur eux ?
   • Qui remporte la bataille : les moqueurs ou les moqués ?

3. **La fuite vers les Anglais :** Dans *Ridicule* les aristocrates fuient vers l'Angleterre pour échapper à la Révolution française. Dans *La veuve de Saint-Pierre* Neel a la possibilité de s'enfuir en allant « chez les Anglais » (c'est-à-dire à Terre-Neuve, aujourd'hui province canadienne mais qui appartenait à l'Angleterre en 1850). Pourquoi, dans les deux films, les personnages pensent-ils aux Anglais quand ils doivent fuir ? Que représentait l'Angleterre à l'époque ?

2 Art

Utilisez votre esprit critique et souvenez-vous que dans certains cas les peintres peignaient sur commande et cherchaient à plaire au pouvoir.

Allez sur le site de la Réunion des Musées Nationaux (www.photo.rmn.fr) ou sur Google Images et cherchez les peintures suivantes :

Louis XVI et Marie-Antoinette :
- Hersent : *Louis XVI distribuant des aumônes aux pauvres de Versailles pendant l'hiver de 1788*
- Benazech : *Les adieux de Louis XVI à sa famille au Temple le 20 janvier 1793*
- Gautier d'Agoty : *Marie-Antoinette jouant de la harpe dans sa chambre à Versailles*
- Vigée-Le Brun : *Marie-Antoinette, reine de France et ses enfants*
- Kucharski : *La Reine Marie-Antoinette en habit de veuve à la prison de la Conciergerie*

La cour et la haute société :
- Aubert : *La leçon de lecture*
- Ollivier : *Le Thé à L'Anglaise servi dans le salon des Quatre-Glaces au palais du Temple à Paris en 1764*
- Couder : *Un après-dîner au XVIIIe*

La campagne :
- Michau : *Scène champêtre*
- Lépicié : *Les apprêts d'un déjeuner*
- Duval : *La nourrice*
- Watteau : *La joueuse de vielle*

Marie-Antoinette, reine de France, et ses enfants

Choisissez-en deux dans chaque catégorie et analysez-les. Louis XVI et Marie-Antoinette apparaissent ils de la même façon que dans *Ridicule* ? Que nous apprennent les tableaux sur la cour et la haute société ? Est-ce conforme au film ? Comment les gens vivent-ils à la campagne ? Que font-ils sur les tableaux ?

3 Lectures

1. **Extrait du roman.**

   Lisez l'extrait suivant (les premiers pas de Ponceludon à Versailles) et répondez aux questions.

   En entrant dans le grand salon qui ne s'était pas dépeuplé[1] depuis les premières heures, Ponceludon prit son tour parmi les diseurs[2] de condoléances. Devant lui se tenait un homme vêtu de noir, au visage douloureux[3] et couvert de scrofules que la poudre cachait mal. Il était le seul qui paraissait avoir une peine profonde. Le jeune provincial ne tarda[4] pas à se reculer[5] d'un pas, tant les odeurs mêlées de parfum et de pourriture[6] qu'exhalait cet homme étaient fortes. Ponceludon reconnut la gangrène, à lui si familière, puisqu'il l'avait tenue dans ses bras et même embrassée lorsque sa petite Jeanne avait agonisé.[7] Après de rapides condoléances, le malade laissa la place à Ponceludon, qui nota les sourires narquois[8] de la comtesse de Blayac et de l'abbé, dont les regards[9] suivaient le malheureux.[10] Le jeune homme s'inclina[11] un peu plus profondément qu'il était d'usage, trahissant[12] malgré lui ses manières campagnardes.

1 had not emptied
2 people offering their condolences
3 sorrowful
4 was not long
5 to step back
6 putrid smell
7 was dying
8 mocking
9 whose eyes
10 the unfortunate man
11 bowed
12 betraying

—Mes condoléances, madame, dit Ponceludon du ton le plus révérencieux.[13] M. de Blayac était un ami de mon père.

La comtesse leva sur lui les yeux d'un chat qui foudroie[14] un insecte en vol d'un coup de patte.[15]

—Du mien aussi.

Mais son sourire était presque tendre. Elle possédait cet art des courtisanes, des « filles »[16] et des actrices, incompréhensible pour les femmes du commun, de dissocier son sourire de son regard, et de semer ainsi le trouble[17] chez un homme peu familier des mœurs de la cour, des petits pavillons ou des coulisses.[18] Ponceludon était à ce point innocent dans le monde que la passe d'arme[19] lui échappa, sans qu'il en pût admirer les finesses. Il eut pourtant le sentiment d'être moqué. Il allait prendre congé[20] quand il surprit[21] le regard de l'abbé Vilecourt. Un regard de dégoût appuyé[22] dirigé vers ses bottes, tachées de boue.[23] Le jeune ingénieur, piqué[24] au vif, fut assez maladroit[25] pour se justifier.

—J'ai voyagé depuis le pays de Dombes, dit-il.

—C'est votre premier séjour à Versailles ? demanda Vilecourt avec une onction suave.

—J'y suis né pendant une ambassade de mon père.

L'abbé, comme un chien d'arrêt,[26] avait cru flairer[27] un sot,[28] et son instinct lui commandait de lui couper la retraite.[29]

—Ah, courtisan de naissance ! minauda[30]-t-il, en regardant la comtesse avec un air gourmand.

—On peut naître dans une écurie[31] sans se croire cheval, lâcha[32] Ponceludon.

Cette repartie[33] sans appel[34] fut la cause d'un brusque changement de physionomie chez la veuve et son confesseur, mais Ponceludon avait déjà tiré sa révérence,[35] remis son chapeau et tourné les talons.[36]

13 reverent
14 swatting
15 with its paw
16 *here*: prostitutes
17 to sow confusion
18 in the back rooms
19 *here*: clever smile
20 to take his leave
21 intercepted
22 a fixed look of disgust
23 spotted with mud
24 vexed
25 clumsy
26 a pointer
27 thinking he had sniffed out
28 a fool
29 to cut off his line of retreat
30 he simpered
31 a stable
32 came out with
33 retort
34 final
35 had already bowed out
36 walked away

    a. Quelle est la première impression qu'a Grégoire des gens qui fréquentaient M. de Blayac ?

    b. Quels détails montrent que Grégoire est étranger à Versailles ?

    c. Qu'est-ce que la réponse de la Comtesse aux condoléances de Grégoire révèle sur elle ?

    d. A quelles « finesses » l'auteur fait-il référence au sujet de la Comtesse ?

    e. Quelle attitude Vilecourt a-t-il vis-à-vis de la Comtesse et de Grégoire ? Cette scène est-elle révélatrice de la suite de l'histoire ?

    f. Pourquoi la Comtesse et Vilecourt ont-il « un brusque changement de physionomie » après la repartie de Grégoire ? Qu'ont-ils compris ?

2. La Déclaration des Droits de l'Homme et du Citoyen (extraits)

Rappel historique : L'Assemblée Constituante a voté la Déclaration des Droits de l'Homme et du Citoyen le 26 août 1789. La Déclaration s'inspire des idées des humanistes et des philosophes des Lumières (Locke, Voltaire, Montesquieu, Rousseau) et de la Déclaration américaine. Contrairement à celle-ci, cependant, la Déclaration française a une dimension philosophique, éternelle et universelle, qui s'applique à tous les pays et pas exclusivement à la France. C'est la raison pour laquelle elle rencontrera un immense écho dans le monde occidental.

Article premier.

Les hommes naissent et demeurent libres, et égaux en droits. Les distinctions sociales ne peuvent être fondées que sur l'utilité commune.[1]

Article 2.

Le but de toute association politique est la conservation des droits naturels et imprescriptibles de l'homme. Ces droits sont la liberté, la propriété, la sûreté[2] et la résistance à l'oppression.

Article 4.

La liberté consiste à pouvoir faire tout ce qui ne nuit[3] pas à autrui.[4] Ainsi,[5] l'exercice des droits naturels de chaque homme n'a de bornes[6] que celles qui assurent aux autres membres de la société la jouissance[7] de ces mêmes droits. Ces bornes ne peuvent être déterminées que par la loi.

Article 6.

La loi est l'expression de la volonté générale.[8] Tous les citoyens ont droit de concourir[9] personnellement, ou par leurs représentants, à sa formation. Elle doit être la même pour tous, soit qu'elle protège, soit qu'elle punisse. Tous les citoyens étant égaux à ses yeux, sont également admissibles à toutes dignités,[10] places et emplois publics, selon leur capacité, et sans autre distinction que celle de leurs vertus[11] et de leurs talents.

Article 9.

Tout homme étant présumé innocent jusqu'à ce qu'il ait été déclaré coupable, s'il est jugé indispensable de l'arrêter, toute rigueur[12] qui ne serait pas nécessaire pour s'assurer de sa personne[13], doit être sévèrement réprimée[14] par la loi.

Article 10.

Nul[15] ne doit être inquiété[16] pour ses opinions, même religieuses, pourvu que[17] leur manifestation ne trouble pas l'ordre public établi par la loi.

Article 11.

La libre communication des pensées et des opinions est un des droits les plus précieux de l'homme. Tout citoyen peut donc parler, écrire, imprimer librement ; sauf à répondre de l'abus de cette liberté,[18] dans les cas déterminés par la loi.

Article 12.

La garantie des droits de l'Homme et du Citoyen nécessite une force publique.[19] Cette force est donc instituée[20] pour l'avantage de tous, et non pour l'utilité particulière de ceux auxquels elle est confiée.[21]

1   general utility
2   safety
3   harm
4   others
5   therefore
6   limits
7   the ability to enjoy
8   popular will
9   to contribute
10   positions of high rank
11   their merits
12   force
13   to arrest him
14   punished
15   no one
16   troubled
17   provided that
18   for abusing this right
19   a police force
20   established
21   entrusted

Article premier :

    a.   Quelles sont les grandes nouveautés apportées par la Déclaration ?

    b.   Qu'est-ce qui distinguera les hommes désormais : leur naissance ou leur formation ?

Article 2 :

    a. Quels droits ont les hommes ?

    b. Que veulent-ils dire par propriété (être propriétaire de quoi ?), sûreté (être en sécurité où, quand ?) et résistance à l'oppression (de qui ? de quoi ?)

Article 4 :

    a. Les hommes ont-ils une liberté absolue ? Quelles sont les limites ?

    b. Qui fixe ces limites ?

Article 6 :

    a. Que peuvent faire les citoyens s'ils le souhaitent ?

    b. Que doit faire la justice ?

    c. Quelle est la seule condition pour accéder aux postes les plus élevés ?

Article 9 :

    a. Quels sont les deux changements quand une personne est arrêtée ?

    b. A votre avis, comment les arrestations et les détentions se passaient-elles auparavant ?

Article 10 :

    a. Quel grand changement cet article apporte-t-il ?

    b. De quelle religion les rois de France étaient-ils ?

    c. Les Protestants étaient-ils bien considérés par la monarchie ?

Article 11 :

    a. De quelle manière cet article complète-t-il le précédent ?

    b. Sous l'Ancien Régime, était-il possible de publier tout ce que l'on souhaitait ?

    c. L'article approuve-t-il une liberté d'expression totale ?

Article 12 :

    a. Pour quelle raison est-il nécessaire d'avoir une police ?

    b. Qui protègera-t-elle ?

3. Déclarations de Louis XVI

Rappel historique : Louis XVI était un roi faible et incapable de diriger le pays. Les déclarations suivantes le montrent sous un jour différent :

    a. Louis XVI aux députations[1] de toutes les gardes nationales du royaume, 13 juillet 1790 :

« Redites à vos concitoyens[2] que j'aurais voulu leur parler à tous comme je vous parle ici. Redites-leur que leur Roi est leur père, leur frère, leur ami, qu'il ne peut être heureux que de leur bonheur, grand que de leur gloire, puissant que de leur liberté, riche que de leur prospérité, souffrant que de leurs maux.[3] Faites surtout entendre les paroles, ou plutôt les sentiments de mon cœur dans les humbles chaumières[4] et dans les réduits[5] des infortunés. Dites-leur que, si je ne puis me transporter avec vous dans leurs asiles,[6] je veux y être par mon affection et par les lois protectrices du faible, veiller[7] pour eux, vivre pour eux, mourir, s'il le faut, pour eux. »

1 delegations
2 fellow citizens
3 pains
4 cottages
5 *here*: very poor lodgings
6 shelters
7 be on watch

b. Les spectateurs les plus proches de l'échafaud[8] ont entendu Louis XVI dire, juste avant de mourir :

« Je meurs innocent de tous les crimes qu'on m'impute[9] ; je pardonne aux auteurs de ma mort ; je prie Dieu que le sang que vous allez répandre[10] ne retombe pas sur la France. »

8 scaffold
9 that I am accused of
10 to shed

Louis XVI à la guillotine

1. Dans la première déclaration, Louis XVI semble très inquiet du bonheur et de la santé de ses sujets. Donnait-il cette impression dans le film ?
2. Semble-t-il sincère ?
3. Que pensez-vous de ses dernières paroles ? Pouvait-on en attendre autant en le voyant dans le film ?
4. Quelle est sa crainte ? Pense-t-il que sa mort va servir à quelque chose ? Est-il clairvoyant ?

4. **Dernière lettre de Marie-Antoinette**

Rappel historique : Marie-Antoinette a passé toute l'année 1793 en prison. Après la mort de Louis XVI en janvier, elle a perdu son fils de 8 ans en juillet, puis sa fille de 16 ans en août. Les deux enfants étaient eux aussi emprisonnés, chacun dans une cellule différente. Le 16 octobre au matin, Marie-Antoinette a écrit une dernière lettre, adressée à Elizabeth, sœur de Louis XVI. Elle a été guillotinée le même jour à midi.

Marie-Antoinette à son procès

Ce 16 octobre, 4 heures et demie du matin

C'est à vous, ma sœur, que j'écris pour la dernière fois. Je viens d'être condamnée, non pas à une mort honteuse[1] —elle ne l'est que pour les criminels— mais à aller rejoindre votre frère ; comme lui innocente, j'espère montrer la même fermeté[2] que lui dans ces derniers moments.

Je suis calme comme on l'est quand la conscience ne reproche rien ; j'ai un profond regret d'abandonner mes pauvres enfants ; vous savez que je n'existais que pour eux, et vous, ma bonne et tendre sœur, vous qui avez par votre amitié tout sacrifié pour être avec nous ; dans quelle position je vous laisse ! J'ai appris par le plaidoyer[3] même du procès[4] que ma fille était séparée de vous. Hélas ! la pauvre enfant, je n'ose pas lui écrire; elle ne recevrait pas ma lettre. Je ne sais même pas si celle-ci vous parviendra[5] ; recevez pour eux deux ici ma bénédiction. J'espère qu'un jour, lorsqu'ils seront plus grands, ils pourront se réunir avec vous, et jouir[6] en entier de vos tendres soins.[7] Qu'ils pensent tous deux à ce que je n'ai cessé de leur inspirer : que les principes et l'exécution exacte de ses devoirs sont la première base de la vie; que leur amitié et leur confiance[8] mutuelle en feront le bonheur. Que ma fille sente que, à l'âge qu'elle a, elle doit toujours aider son frère par les conseils que l'expérience qu'elle aura de plus que lui et son amitié pourront lui inspirer. Que mon fils, à son tour, rende à sa sœur tous les soins, les services, que l'amitié peut inspirer. Qu'ils sentent enfin tous deux que, dans quelque[9] position où ils pourront se trouver, ils ne seront vraiment heureux que par leur union. Qu'ils prennent exemple de nous. Combien dans nos malheurs[10] notre amitié nous a donné de consolations, et dans le bonheur on jouit doublement quand on peut le partager avec un ami ; et où en trouver de plus tendre, de plus cher que dans sa propre famille ? Que mon fils n'oublie jamais les derniers mots de son père, que je lui répète expressément : qu'il ne cherche jamais à venger notre mort.

1 shameful
2 firmness
3 speech for the defense
4 trial
5 will reach you
6 enjoy
7 care
8 trust
9 whatever
10 ordeals

[…] Je demande sincèrement pardon à Dieu de toutes les fautes que j'ai pu commettre depuis que j'existe. J'espère que dans sa bonté il voudra bien recevoir mes derniers vœux,[11] ainsi que ceux que je fais depuis longtemps pour qu'il veuille bien recevoir mon âme[12] dans sa miséricorde[13] et sa bonté.

Je demande pardon à tous ceux que je connais, et à vous, ma sœur, en particulier, de toutes les peines[14] que, sans le vouloir, j'aurais pu vous causer. Je pardonne à tous mes ennemis le mal qu'ils m'ont fait. Je dis ici adieu à mes tantes et à tous mes frères et sœurs. J'avais des amis ; l'idée d'en être séparée pour jamais et leurs peines sont un des plus grands regrets que j'emporte en mourant. Qu'ils sachent, du moins, que jusqu'à mon dernier moment, j'ai pensé à eux.

Adieu, ma bonne et tendre sœur; puisse cette lettre vous arriver ! Pensez toujours à moi ; je vous embrasse de tout mon cœur, ainsi que ces pauvres et chers enfants. Mon dieu ! qu'il est déchirant[15] de les quitter pour toujours. Dieu, adieu ! Je ne vais plus m'occuper que de mes devoirs spirituels. Comme je ne suis pas libre dans mes actions, on m'amènera peut-être un prêtre, mais je proteste ici que je ne lui dirai pas un mot et que je le traiterai comme un être[16] absolument étranger.

Marie-Antoinette à la prison du temple

11 wishes
12 my soul
13 mercy
14 sorrows
15 heartbreaking
16 a being

a.   Pourquoi Marie-Antoinette n'a-t-elle pas honte de mourir ? Pourquoi a-t-elle la conscience tranquille ?

b.   A propos de ses enfants elle écrit : « Je n'existais que pour eux ». A-t-on cette impression dans le film ? Pour quoi vivait-elle aussi ?

c.   Elle écrit que « les principes et l'exécution exacte de ses devoirs sont la première base de la vie ». Marie-Antoinette faisait-elle son devoir dans le film ? Quels étaient les devoirs d'une reine au XVIIIème siècle ?

d.   Elle mentionne qu'elle était proche de Louis XVI. Aviez-vous l'impression, en regardant le film, que les époux royaux étaient amis ? Souvenez-vous que les mariages royaux étaient arrangés et que les époux n'avaient pas l'obligation de s'aimer !

e.   Est-il surprenant qu'elle pardonne à ses ennemis ? Pourquoi le fait-elle à votre avis ?

f.   Cette lettre vous surprend-elle ? Eclaire-t-elle un aspect de sa personnalité que l'on ne soupçonne pas dans le film ?

g.   Après avoir vu le film, comprenez-vous pourquoi elle a été guillotinée ? Pensez-vous que sa mort était justifiée ?

Récapitulons !

1. Qu'est-ce que l'étude de *Ridicule* vous a appris sur :
    * Versailles au XVIIIe siècle ?
    * La vie et les aspirations des courtisans ?
    * Louis XVI et Marie-Antoinette ?

2. Comprenez-vous pourquoi la Révolution française a eu lieu ?

3. Les intrigues politiques ont-elles disparu ?

La veuve de Saint-Pierre

Présentation du film

Saint-Pierre-et-Miquelon, 1849. Un homme est assassiné. Le coupable, Neel Auguste, est condamné à mort mais il n'y a ni guillotine ni bourreau sur l'île. Commence alors une longue attente, pendant laquelle il va gagner l'estime et l'amitié du Capitaine et de sa femme, chargés de le surveiller.

Carte d'identité du réalisateur

Patrice Leconte (né en 1947) a commencé sa carrière en tournant des courts métrages et en travaillant dans la bande dessinée. Le succès est venu en 1978 avec *Les bronzés*. D'autres comédies ont suivi (notamment *Viens chez moi, j'habite chez une copine*, 1980 et *Tandem*, 1987), puis Patrice Leconte a alterné les genres : le thriller (*Monsieur Hire*, 1989), le film historique (*Ridicule*, 1996, *La veuve de Saint-Pierre*, 2000), le drame (*L'homme du train*, 2002), la romance (*Confidences trop intimes*, 2004), la comédie (*Mes stars et moi*, 2008, *Une heure de tranquillité*, 2014) et la comédie dramatique (*Le mari de la coiffeuse*, 1990, *La fille sur le pont*, 1999, *Voir la mer*, 2011). Il a innové en tournant un film en anglais (*Une promesse*, 2014) et en étant un des 8 réalisateurs de *Salauds de pauvres* (2019). Patrice Leconte a reçu deux César et de nombreuses nominations au cours de sa carrière.

Carte d'identité des acteurs

Juliette Binoche et Daniel Auteuil

Juliette Binoche (née en 1964) a débuté très jeune au théâtre, avant de se consacrer au cinéma. *Rendez-vous* l'a fait connaître en 1985. Ouverte, agréable, simple, elle a de la personnalité et son franc-parler. Parmi ses films les plus marquants on trouve principalement des drames : *Mauvais sang* (1986), *Le hussard sur le toit* (1995), *Alice et Martin* (1998), *La veuve de Saint-Pierre* (2000), *Sils Maria* (2014), *Polina* (2016) et *Celle que vous croyez* (2019). Elle s'est aussi imposée dans des comédies dramatiques comme *Les amants du Pont-Neuf* (1991) et *Paris* (2008). D'autre part elle est très demandée par des réalisateurs étrangers : américain (*L'insoutenable légèreté de l'être*, 1988, *Le patient anglais*, 1997), polonais (*Bleu*, 1993), suédois (*Chocolat*, 2000), autrichien (*Caché*, 2005), taïwanais (*Le voyage du ballon rouge*, 2008), iranien (*Copie conforme*, 2010) ou japonais (*Voyage à Yoshino*, 2018). Juliette Binoche poursuit une carrière riche de rencontres, de personnages forts et de rôles marquants.

Daniel Auteuil (né en 1950) a d'abord été un acteur comique. C'est *Jean de Florette* et *Manon des sources* qui l'ont fait changer de registre, et il est alors devenu très demandé par les plus grands réalisateurs. Polyvalent, il est aussi à l'aise dans la comédie dramatique (*Un cœur en hiver*, 1992, *Le huitième jour*, 1996, *Le brio*, 2017), le drame historique (*La Reine Margot*, 1994, *Lucie Aubrac*, 1997, *La veuve de Saint-Pierre*, 2000), le drame (*L'adversaire*, 2002, *Au nom de ma fille*, 2016), la comédie (*Le placard*, 2001, *Nos femmes*, 2015), le film policier (*36, quai des Orfèvres*, 2004) et le film d'aventure (*Rémi sans famille*, 2018). En étant grave, comique, subtil, poignant, pudique, et surtout humain, Auteuil est devenu incontournable. Il a été nommé 12 fois aux César et a remporté le prix d'interprétation en 1987 pour *Jean de Florette* et en 2000 pour *La fille sur le pont*. Il a aussi réalisé 4 films dont *La fille du puisatier* de Pagnol en 2011 et *Amoureux de ma femme* en 2018.

L'heure de gloire

Juliette Binoche et Emir Kusturica ont été nommés pour le César de la meilleure actrice et celui du meilleur acteur dans un second rôle. Le film a aussi été nommé pour le Golden Globe du meilleur film étranger.

PREPARATION

1 Vocabulaire

Vocabulaire utile avant de voir le film :

Vous connaissez déjà certains des mots de la liste. Ils sont notés pour que vous les révisiez. Vous devez savoir ce vocabulaire par cœur, avec les genres pour les noms, les prépositions pour les verbes et les orthographes difficiles. Observez bien les exemples, ils vous aideront à vous exprimer correctement.

Noms

la veuve : *the widow*
une île : *an island*
le brouillard : *fog*
un pêcheur : *a fisherman**
une taverne : *an inn*
la morue : *cod*
un meurtrier : *a murderer*
le bagne : *convict prison*
la bonté : *goodness*
le pardon : *forgiveness*
un bourreau : *an executioner*
une serre : *a greenhouse*
la cour : *the courtyard***
une cellule : *a cell (in a prison)*
le Conseil : *the Council*
les notables : *the leading citizens*

une émeute : *an uprising*
une barque : *a rowboat*
la trahison : *treason*
la sédition : *sedition****
la cour martiale : *court martial***
la peine de mort : *the death penalty****
une hache : *an axe*
un plaidoyer pour/contre : *a plea for/against*****

*Ex : Neel est pêcheur. C'est <u>un</u> pêcheur, comme beaucoup d'hommes de l'île.
**« la cour » ne se termine pas par un « t » en français !
***Ex : Il est accusé de sédition et condamné à la peine de mort.
****Ex : Est-ce que ce film est un plaidoyer contre la peine de mort ?

A savoir

La veuve était le surnom donné à la guillotine pendant la Révolution française. C'est important à savoir pour l'histoire.
La guillotine tire son nom du Docteur Guillotin qui l'a inventée !

Verbes

se soûler : *to get drunk*
commettre un crime : *to commit a crime*
se venger : *to have one's revenge*
avoir du mal à (faire qqch) : *to have a hard time (doing sth)**
perdre la face : *to lose face*
pardonner qqch à qq'un : *to forgive s.o. for sth***
faire pousser des fleurs : *to grow flowers*
avoir confiance en/dans qq'un = faire confiance à qq'un: *to trust s.o.****
ramer : *to row*
s'enfuir : *to flee*****

faire fusiller qq'un : *to have s.o. shot*
être relevé de ses fonctions : *to be dismissed*
avoir raison/tort : *to be right/wrong*****
s'échapper de = s'évader de : *to escape from*

*Ex : Mme La a du mal à faire pousser des fleurs dans le climat de Saint-Pierre.
**Ex : Ils lui ont pardonné son crime.
***Comparez : J'ai confiance <u>en</u> vous / elle / lui / eux / qq'un.
          Le capitaine n'a pas confiance <u>dans</u> les notables. (On utilise « dans » quand le nom est précédé d'un article).
****Ex : Il s'est enfui.
*****Attention ! En français on utilise le verbe avoir.

Adjectifs

soûl(e) = ivre : *drunk**
sobre : *sober*
entêté(e) : *stubborn*
ambigu(ë) : *ambiguous***
lâche : *cowardly*
lucide : *clear-sighted*

déchirant(e) : *heartrending*
digne : *dignified*

Autre :
autrement : *otherwise*
parmi : *among*

*Prononciation : On ne prononce pas le « l » au masculin (« sou »). On le prononce au féminin.
**Remarquez bien l'orthographe à la forme féminine.

Le port de Saint-Pierre aujourd'hui

Maison de pêcheur

Vous n'avez pas besoin du dictionnaire. Tous les mots sont dans la liste ci-dessus !
2e phrase : Attention à la construction que vous allez utiliser pour traduire « she would like Neel to flee ». Réfléchissez bien ! A quel temps allez-vous conjuguer le verbe « to flee » ?
4e phrase : « the people » ne se traduit pas par « le peuple » !

Traduisez !

1. Neel is a fisherman who commits a crime because he was drunk.
2. Madame La is stubborn and she would like Neel to flee with the rowboat.
3. The Council members are cowardly, they are afraid of losing face, and they don't trust anyone.
4. They have a hard time finding an executioner among the people of Saint-Pierre.

2 Repères culturels

1. Où les îles de Saint-Pierre-et-Miquelon se trouvent-elles ? De quelle nationalité les habitants sont-ils ?
2. Où la Martinique et Fort-de-France se situent-elles ? La Martinique est-elle française ?
3. Quelle était la situation politique en France en 1849 ? Quel type de gouvernement avait-on ?
4. De quand date la guillotine ?
5. En quelle année la peine de mort a-t-elle été abolie en France ?

Autres repères :

Souvenez-vous !

Les Etats-Unis à la même époque :

1844 : 1ère ligne télégraphique électrique entre Baltimore et Washington
1845 : Forte immigration d'Irlandais (grande famine en Irlande)
1846-1848 : Guerre contre le Mexique (-> le TX, le NM et la CA font partie de l'Union)
1848 : Ruée vers l'or en CA
1849 : Mort d'Edgar Allan Poe
1852 : Publication de *Uncle Tom's Cabin* (roman anti-esclavagiste)
1861 : Lincoln devient Président
1861-1865 : Guerre de Sécession
1865 : Fondation du Ku Klux Klan
1867 : Achat de l'AK à la Russie
1869 : 1ère liaison ferrée Atlantique-Pacifique

Sédition

Encouragement à la révolte contre l'autorité et la sûreté de l'état.

Cour martiale

Une cour martiale est un tribunal militaire exceptionnel.

La métropole

Quand on parle de « la métropole », on fait référence à l'Hexagone, c'est-à-dire le territoire français en Europe. On parle donc de la métropole quand on est sur un territoire français à l'extérieur de l'Hexagone, notamment dans les DOM-TOM.

Rue de Saint-Pierre sous la neige en 1932

3 Le contexte

Cette activité est importante pour vous préparer au film. Vous pouvez faire des recherches ou juste réfléchir à l'époque et vous baser sur vos connaissances. Répondez à chaque question en quelques phrases.

Réfléchissez aux conditions de vie dans un archipel comme Saint-Pierre-et-Miquelon en 1849 :

1. Comment les gens étaient-ils approvisionnés en nourriture et en vêtements ?

2. Comment avaient-ils des nouvelles de leurs familles, et de France
    en général ?

3. Pouvaient-ils facilement quitter l'île et aller rendre visite à leurs
    « voisins » de Terre-Neuve ?

4. De quoi les gens souffraient-ils à votre avis ?

4   Bande-annonce

Allez sur le companion website (hackettpublishing.com/cinema-for-
french-resources) pour trouver la bande-annonce du film. Regardez-la
plusieurs fois et répondez aux questions suivantes :

1. Que voyez-vous de la vie à Saint-Pierre ?

2. Que comprenez-vous sur les relations entre les personnages principaux ?

3. Quelles sont les couleurs dominantes dans la bande-annonce ?

5   A savoir avant de visionner le film

- Durée : 1h52

- Genre : Drame

- Public : R (mais classé « Tous publics » en France !)

- Tournage : Le film a été tourné à Saint-Pierre, à Terre-Neuve, en
  Nouvelle-Ecosse et au Québec.

Procession à Saint-Pierre en 1932

- Note : Le film est lent et très triste. Ne vous attendez pas à ce que
  la fin soit plus heureuse que le début !

PREMIERE APPROCHE

1   L'histoire

Le but de cette activité est double :
- Vérifier que vous avez bien compris l'histoire
- Vous préparer à la discussion en classe
Répondez à chaque question en une ou deux phrases.
Utilisez le vocabulaire que vous avez appris.

Les personnages

Madame La = Pauline
(Juliette Binoche)

Le Capitaine = Jean
(Daniel Auteuil)

Neel Auguste
(Emir Kusturica)

Le Gouverneur
(Michel Duchaussoy)

1. **Le crime et le procès**
    - Pourquoi les deux hommes tuent-ils le Père Coupard ?
    - Décrivez le procès des deux criminels.

2. **La communauté**
    - Décrivez les conditions de travail des pêcheurs.
    - Que font les hommes quand ils rentrent de la pêche ?
    - Que comprend-on sur la relation entre Jeanne-Marie et Neel ?

Qui est le père de la petite fille ?
- Pourquoi, et comment, la population change-t-elle d'opinion envers Neel ?
- Pourquoi le Gouverneur a-t-il tant de mal à trouver un bourreau parmi les habitants de St-Pierre ?
- La population accepte-t-elle l'argent offert pour tirer le bateau qui apporte la guillotine ? Pourquoi Neel accepte-t-il ?
- Pourquoi le Capitaine dit-il aux gens qui manifestent de rentrer chez eux ? A-t-il raison ? Que se serait-il passé autrement ?

3. **Le triangle Madame La, le Capitaine, Neel**
   - Qui voit-on dans la première scène ? Comment est-elle habillée ? Pourquoi ?
   - Pourquoi Madame La propose-t-elle à Neel de l'aider à faire la serre ?
   - Que partagent Madame La et Neel ?
   - Que pense le Capitaine quand Madame La et Neel partent en barque donner l'argent à Jeanne-Marie ?
   - Pourquoi Madame La veut-elle que Neel s'enfuie ? Pourquoi refuse-t-il ?
   - Pourquoi Madame La pense-t-elle que le rappel de Jean à Paris est de sa faute ? A-t-elle raison ?

4. **Le Gouverneur et le Conseil**
   - Que pense le Gouverneur des sorties de Neel et de Madame La ? De quoi a-t-il peur ?
   - Comment le Conseil prend-il la décision du Capitaine de ne pas faire assurer l'exécution de Neel ?

5. **La peine de mort**
   - Pourquoi la Martinique envoie-t-elle une guillotine mais pas de bourreau ?
   - M. Chevassus a-t-il envie d'être bourreau ? Pourquoi le fait-il ?
   - Comment l'exécution de Neel se passe-t-elle ?
   - Qu'arrive-t-il au Capitaine ?
   - L'exécuteur est-il resté à St-Pierre ? Pourquoi à votre avis ?

2 Analyse d'une photo

1. Où cette scène se passe-t-elle ?
2. Que font Madame La et Neel ?
3. Quelle impression avez-vous en regardant leurs visages ?

3 Analyse de citations

Analysez les citations suivantes en les replaçant dans leur contexte :

1. Le Gouverneur : « De grâce, pour une fois, déplaisez à votre épouse et enfermez l'assassin ! »
2. Madame La : « On condamne quelqu'un et c'est un autre qui est puni. »
3. Le Capitaine : « Je suis venu vous avertir qu'en toute conscience je refuse de faire assurer l'exécution du condamné Neel Auguste par le détachement militaire. C'est ainsi. La chose n'est pas à négocier. »

APPROFONDISSEMENT

1 Vocabulaire

Enrichissez votre vocabulaire !

Le but de cette deuxième liste est d'élargir votre champ lexical. Ce vocabulaire ciblé sur des thèmes du film va vous permettre d'enrichir votre style.

La justice

un cambriolage : *a burglary*
un vol : *a robbery**
un viol : *a rape***
un homicide volontaire : *a murder*
un homicide involontaire : *a manslaughter*
commettre un crime : *to commit a crime*
le suspect : *the suspect*
l'accusé(e) : *the defendant*
le/la coupable : *the guilty party*
la victime : *the victim*
l'enquête : *the investigation***
une piste : *a lead*
un mobile : *a motive*
une preuve : *a piece of evidence*
un témoin : *a witness*
le tribunal : *the courtroom*
le procès : *the trial*

le juge : *the judge*
les jurés : *the jury*
un avocat : *a lawyer****
défendre : *to defend*
être arrêté(e) : *to be arrested*
être interrogé(e) : *to be questioned*
avouer : *to confess*
être condamné(e) à : *to be sentenced to*
être incarcéré(e) : *to be jailed*
la réclusion à perpétuité = la prison à vie : *life sentence*****

*Ex : Un vol a été commis.
**Ex : Cette femme est la victime d'un viol.
***Ex : L'inspecteur mène l'enquête.
****Souvenez-vous que ce mot veut aussi dire « avocado » !
*****Ex : Il a été condamné à la réclusion à perpétuité = à la prison à vie.

La pêche

un bateau de pêche : *a fishing boat*
un filet : *a net*
un poisson : *a fish*
   une truite : *a trout*
   un saumon : *a salmon*
   un thon : *a tuna*
   une sole : *a sole*

des fruits de mer : *seafood*
   une huître : *an oyster*
   une moule : *a mussel*
   un crabe : *a crab*
   une crevette : *a shrimp*
   un homard : *a lobster*

Mise en pratique du vocabulaire :

Ecrivez 5 phrases dans lesquelles vous utilisez au moins 10 mots de la liste ci-dessus.

2 Réflexion - Essais

Ces questions vont vous permettre d'approfondir l'étude du film. Ecrivez un paragraphe pour chacune, en utilisant le vocabulaire du chapitre et en soignant votre expression (vérifiez votre orthographe et votre grammaire). En faisant ce travail, vous vous préparez à la prochaine composition.

1. Analysez l'amour qui unit le Capitaine et Madame La. Quelles preuves a-t-on de la solidité de ce couple ?
2. Quels sentiments Madame La et Neel ont-il l'un pour l'autre ? Est-ce clair ?

3. Pourquoi Madame La entreprend-elle de réhabiliter Neel ? Pour qui le fait-elle ? Qu'a-t-elle à y gagner ?

4. Pourquoi le Capitaine laisse-t-il à sa femme la plus grande liberté ? Est-elle une femme comme les autres ?

5. Quel personnage préférez-vous ? Pourquoi ?

6. Quel portrait le film dresse-t-il de l'Administration et des notables ?

7. Pensez-vous, comme Madame La, que « les hommes peuvent être mauvais un jour et bons le lendemain » ?

8. Quel rôle le temps a-t-il dans cette histoire ? Les relations entre les personnages seraient-elles différentes s'ils ne se savaient pas pressés par le temps ?

9. Finalement, trouvez-vous que ce film est avant tout un plaidoyer contre la peine de mort, ou une grande histoire d'amour ?

3 Analyse d'une scène : Madame La fait la connaissance de Neel (24:10 à 27:03)

> ## Vocabulaire spécifique à cette scène
> une théière (*a teapot*) • un service à thé (*a tea set*) • mener (*to lead*) • un bruit de fond (*a background noise*) • une voix (*a voice*) • une mouette (*a seagull*) • meublé(e) (*furnished*) • éclairé(e) (*lit*) • le comportement (*behavior*) • en retrait (*set back*)

A. **Ecoutez**

1. A quel moment a-t-on de la musique ? Que ressent-on quand elle s'arrête ?

2. Qui mène la conversation ? Quel rôle a le Capitaine ?

3. Quels bruits de fond entend-on quand le Capitaine explique à Neel les projets de sa femme ?

4. Décrivez la voix de Neel. Est-elle bien adaptée à son personnage ?

5. Qu'entend-on quand Neel arrive dans la cour ? Pourquoi le réalisateur a-t-il choisi ce bruit de fond ?

B. **Observez**

1. Décrivez la pièce : comment est-elle meublée ? décorée ? éclairée ?

2. Madame La ne dit pas grand-chose au début, mais que révèlent ses gestes et son comportement ?

3. La caméra est-elle fixe ? Que fait-elle ? Pourquoi ?

4. Remarquez le placement des personnages : Qui se fait face ? Qui est en retrait ? Qui est au milieu ? Pourquoi le réalisateur a-t-il voulu placer les acteurs ainsi ?

5. Neel ne dit presque rien mais il est expressif. Qu'est-ce que ses différentes expressions révèlent ?

C. Cette scène dans l'histoire

1. Pour qui cette scène est-elle importante ?
2. Comparez la façon dont Neel sort de sa cellule au début, et y retourne à la fin. Qu'est-ce qui a changé ?
3. Y a-t-il d'autres scènes dans le film où les trois personnages sont ensemble, et seulement tous les trois ?
4. Qu'est-ce que nous, spectateurs, apprenons dans cette scène ?

D. Langue

1. Le passé

Conjuguez les verbes au temps du passé qui convient (passé composé, imparfait, plus-que-parfait).

Ex :

Quand le Capitaine et Madame La _____ (quitter) l'île, ils _____ (savoir) que la suite de l'histoire serait dramatique.

Quand le Capitaine et Madame La <u>ont quitté</u> l'île, ils <u>savaient</u> que la suite de l'histoire serait dramatique.

a. Quand Madame La _____ (proposer) à Neel de faire la serre, cela _____ (faire) longtemps qu'elle _____ (s'intéresser) aux fleurs.

b. Neel et Ollivier _____ (tuer) le Père Coupard car ils _____ (parier) pour savoir s'il _____ (être) gros ou gras.

c. Quand le procès de Neel _____ (s'ouvrir), le Conseil _____ (déjà prendre) sa décision.

d. Comme ils _____ (ne pas avoir) de guillotine, ils _____ (ne pas pouvoir) exécuter Neel.

e. M. Chevassus _____ (ne pas avoir envie) d'être bourreau, mais le Conseil _____ (ne pas lui donner) le choix.

f. Neel _____ (expliquer) au Capitaine qu'il _____ (s'enfuir), mais qu'il _____ (décider) de revenir.

g. Le Gouverneur _____ (vouloir) se venger du Capitaine car il _____ (s'opposer) à lui trop souvent.

h. Quand le film _____ (commencer), les soldats _____ (déjà fusiller) le Capitaine.

2. Pronoms personnels

Les phrases suivantes sont extraites des dialogues de la scène étudiée. Complétez-les avec le pronom personnel qui convient.

Ex : Aimez-vous les fleurs ? Oui, je _____ aime. (Oui, je <u>les</u> aime.)

a. Parlez entre _____, je vais faire du thé.

b. Ma femme veut _____ demander de faire le jardin, enfin, de _____'aider avec les fleurs.

c. Si ça ne _____ plaît pas, tu dis non, mais si tu dis oui, il faudra _____ faire bien.

d. Tu t'_____ connais en fleurs, toi ?

    e. N'_____ parlons plus. Personne ne t'_____ oblige.

    f. Voulez-vous _____'aider à faire un jardin dans la petite cour ?

    g. Je _____ montrerai.

    h. Tu peux t'_____ aller alors.

    i. Tu auras mieux à manger, comme si je _____ payais. Je ne veux pas gagner sur _____.

3. Conjonctions

Choisissez une conjonction de la liste pour que chaque phrase ait du sens. Toutes les conjonctions doivent être utilisées. Remarquez le mode des verbes (indicatif ou subjonctif), cela vous aidera !

pourvu que • car • bien que • dès que • jusqu'à ce que • après que • comme • pourtant • sans que • à moins que • de peur que • en attendant que

Ex : M. Chevassus tue Neel. _____, il n'en avait pas du tout envie. (Pourtant, il n'en avait pas du tout envie.)

    a. Le Capitaine doit s'occuper de Neel _____ la guillotine arrive.

    b. Le Gouverneur veut enfermer Neel _____ il ne s'enfuie.

    c. _____ il fasse très froid à Saint-Pierre, Madame La réussit à faire pousser des fleurs.

    d. Neel rend des services à la communauté _____ la guillotine arrive.

    e. Le Capitaine donne de la liberté à Neel _____ il ne s'échappe pas.

    f. Neel va être guillotiné, _____ c'est un homme bon.

    g. Il sera très difficile de trouver un bourreau sur l'île, _____ quelqu'un de l'extérieur n'arrive.

    h. _____ M. Chevassus a accepté d'être bourreau, il a commencé à monter la guillotine.

    i. _____ Neel sait qu'il va mourir, il accepte de tirer le bateau.

    j. Madame La se sent coupable _____ elle pense que les problèmes de Jean sont de sa faute.

    k. Le Capitaine et Madame La quittent Saint-Pierre _____ elle sache réellement la gravité de la situation.

    l. Madame La porte le deuil _____ son mari a été fusillé.

E. Sketch

Imaginez que cette scène se soit déroulée différemment : Madame La fait une proposition différente à Neel, ou bien Neel refuse de faire la serre et demande autre chose. Ecrivez le dialogue et jouez-le avec vos camarades.

LE COIN DU CINEPHILE

1 Première / dernière scène

Sont-elles différentes ? Pourquoi ?

2 Les couleurs

Quelles couleurs dominent le film ? Pourquoi ? Donnez des exemples.

> Vous aurez peut-être besoin de revoir quelques scènes du film pour répondre en détail à cette question.

3 Sous-titres

La scène suivante a lieu dans le bureau du Gouverneur, qui veut parler de Madame La au Capitaine. Comparez l'original en français et les sous-titres en anglais, puis répondez aux questions :

1	Je vous reçois sans tralala mon cher.	*No ceremony today, my dear fellow.*
2	Ce bureau est la pièce la mieux chauffée, profitez-en. Mettez-vous à l'aise.	*This is the warmest room in the place. Make yourself comfortable.*
3	Je suis à l'aise, merci. […]	*I am, thank you. […]*
4	A propos de… votre épouse, vous êtes au courant ?	*By the way, have you heard about your wife?*
5	Sûrement.	*Probably.*
6	Et alors ? Trouvez-vous cela normal ?	*Well? Do you find it normal?*
7	Quoi ?	*What?*
8	Trouvez-vous normal qu'elle se fasse accompagner d'un assassin ?	*That she should go around with a killer?*
9	Pour ma part, vous savez, qu'il s'enfuie ou pas… Mais imaginez que la métropole nous envoie la veuve et le bourreau qu'on lui réclame et qu'il n'y ait plus personne à raccourcir !	*He can escape for all I care… But imagine France sends us the guillotine and executioner, and there's no one left to top!*

a. 1ère réplique : Que veut dire « sans tralala » ? Est-ce bien traduit ?

b. 2ème réplique : « profitez-en » n'est pas traduit. Trouvez-vous cette omission gênante ? Change-t-elle le sens de la réplique ?

c. 5ème réplique : L'adverbe « probably » est-il la traduction exacte de « sûrement » ? Se justifie-t-il ici ?

d. 8ème réplique : Qu'est-ce que « should » traduit ? Est-ce un usage courant de « should » ? Est-ce une bonne traduction ?

e. 9ème réplique : Comment « la métropole » et « la veuve » sont-ils traduits ? Pourquoi ?

f. 9ème réplique : A quel registre de langue « raccourci » (utilisé dans ce contexte) appartient-il ? « To top » est-il donc bien choisi ?

AFFINEZ VOTRE ESPRIT CRITIQUE

1 Titre

Pourquoi le film s'appelle-t-il *La veuve de Saint-Pierre* ? Qui est la veuve ? La traduction anglaise du titre rend-elle bien ce double sens ? Pourquoi ?

2 Comparaison d'affiches

Allez sur le companion website (hackettpublishing.com/cinema-for-french-resources) pour comparer l'affiche française de *La veuve de Saint-Pierre* et l'affiche américaine.

1. Quels sont les personnages présentés sur chaque affiche ? Que font-ils ? Quel personnage n'est pas présent ? Est-ce étonnant ?
2. Quelle est la couleur dominante dans chacune ?
3. Quels éléments les affiches ont-elles en commun ?
4. Est-ce qu'elles évoquent la même chose ? A-t-on l'impression d'avoir affaire au même film ?

3 Actualité de cette histoire

Cette histoire est-elle encore d'actualité ? Qu'arriverait-il au condamné qui aurait commis un crime similaire à notre époque ? Serait-il condamné de la même façon en France et aux Etats-Unis ?

4 Les critiques

1. Jean Vallier, dans sa critique du film (*France-Amérique*, 3 mars 2001), écrit que « Patrice Leconte […] a choisi d'aborder un de ces sujets héroïques qui permettent à des êtres d'exception en butte à la mesquinerie de leur environnement ou à l'étroitesse d'esprit de leur temps, de se révéler pleinement à l'issue d'un combat moral qui les entraînera à leur perte mais leur conférera l'auréole du héros ». Etes-vous d'accord avec lui ? Y a-t-il des êtres d'exception et des héros dans ce film ? A quel combat moral fait-il référence ?

2. « *La veuve de Saint-Pierre* est une œuvre que certains trouveront peut-être trop classique. Oui, c'est du cinéma classique, et alors ? Qu'attend-on d'un film sinon qu'il nous transporte, qu'il nous fasse vibrer, qu'il nous déchire le cœur ? » C'est la question que pose Thierry Klifa dans le *Studio* d'avril 2000. Avez-vous été transporté, avez-vous vibré, avez-vous eu le cœur déchiré en regardant ce film ? Le trouvez-vous trop classique ?

POUR ALLER PLUS LOIN

1 Parallèles avec d'autres films

1. **Femmes battantes :** Plusieurs films font le portrait de femmes qui se battent : Zouina (*Inch'Allah Dimanche*), Mme La (*La veuve de Saint-Pierre*), Maria (*Les femmes du 6e étage*), Fatima (*Fatima*) et Juliette (*Ce qui nous lie*). Contre qui et quoi se battent-elles ? Qu'espèrent-elles ? Réussissent-elles à obtenir ce qu'elles veulent ?

2. **Armée :** Dans *La veuve de Saint-Pierre*, *Joyeux Noël* et *Diplomatie*, des militaires s'opposent à leurs supérieurs hiérarchiques. Le Capitaine refuse de coopérer avec les autorités pour assurer l'exécution de Neel. Les lieutenants français, écossais et allemand observent une trêve qui n'est pas du tout du goût de l'état major. Von Choltitz désobéit aux ordres d'Hitler. Quelles en sont les conséquences ?

3. **La fuite vers les Anglais :** dans *Ridicule* les aristocrates fuient vers l'Angleterre pour échapper à la Révolution française. Dans *La veuve de Saint-Pierre* Neel a la possibilité de s'enfuir en allant « chez les Anglais » (c'est-à-dire à Terre-Neuve, aujourd'hui province canadienne mais qui appartenait à l'Angleterre en 1849). Pourquoi, dans les deux films, les personnages pensent-ils aux Anglais quand ils doivent fuir ? Que représentait l'Angleterre à l'époque ?

2 Saint-Pierre-et-Miquelon aujourd'hui

Allez sur http://www.spm-tourisme.fr/ et explorez le site. Vous aurez ainsi accès à de nombreuses photos de l'île aujourd'hui que vous allez comparer à ce que l'on voit de Saint-Pierre-et-Miquelon dans le film. Est-ce que l'île a beaucoup changé ? Qu'est-ce qui est différent ? Ces photos vous font-elles penser à des lieux que vous connaissez aux Etats-Unis ou au Canada ?

Cap aux Morts

3 Lectures

1. Affaire Néel Auguste & Ollivier Louis

Au début du film, on entend Juliette Binoche dire « L'énoncé[1] des faits authentiques de cette histoire repose aux greffes[2] de la mairie de Saint-Pierre ». Le film est basé sur cette histoire vraie, racontée en 1938 par un témoin[3], Emile Sasco. Lisez son témoignage et comparez-le au film en répondant aux questions.

Un meurtre à l'Ile-aux-Chiens

La veille[4] du crime

Le crime commis fin décembre 1888 à l'Ile-aux-Chiens ne fut pas un assassinat comme la légende s'en est accréditée dans la Colonie, car il n'y eut ni préméditation, ni guet-apens,[5] mais un meurtre accompagné de vol qualifié.[6] Voici d'ailleurs les faits tels qu'ils résultent de l'information judiciaire.

Dans la journée du lundi 31 décembre 1888, la paisible population de l'Ile-aux-Chiens était mise en émoi.[7] Le père Coupard, François, marin-pêcheur, âgé de 61 ans, célibataire, était trouvé mort dans sa cabane de pêche, le corps horriblement mutilé.

[... *Les voisins de Coupard ont entendu beaucoup de bruit pendant la nuit, et vont faire une déclaration à la police...*]

Découverte du crime et arrêt des suspects

[... *Visite de la maison de Coupard par les gendarmes, qui ne remarquent rien d'anormal. Découverte du corps par deux amis de Coupard...*]

Le Parquet[8] immédiatement prévenu[9] se transporta sur les lieux pour procéder aux premières constatations, en présence du Docteur Camail, médecin de la localité. Le cadavre[10] avait été déposé entre deux coffres[11] et tassé en boule,[12] la tête repliée[13] sous la poitrine et les jambes infléchies[14] sous l'abdomen. Quand on retira[15] le cadavre de la position où il était, un horrible spectacle glaça d'horreur les assistants.[16] Le corps de Coupard était atrocement mutilé. [...*description des mutilations...*] Sans doute, le ou les meurtriers pressés par le temps ou de crainte d'être surpris, n'avaient pu achever[17] leur horrible boucherie.[18] Jetant le cadavre là où il était trouvé et l'ayant recouvert d'une voile de wary,[19] ils avaient pris la fuite, s'emparant[20] de tout ce qui pouvait être emporté.

Les soupçons[21] se portèrent tout naturellement sur Ollivier qui avait disparu avec l'embarcation[22] de son patron et, suivant une supposition assez vraisemblable,[23] avait gagné la côte voisine de Terre-Neuve. Il était donc intéressant de rechercher si ce marin avait commis le crime seul ou en compagnie de complices. Lundi soir seulement, on apprenait qu'Ollivier avait été vu, la veille, avec un individu nommé Néel et que tous deux avaient fait des stations[24] et de nombreuses libations[25] dans les deux cabarets de l'Ile-aux-Chiens, jusqu'à dix heures du soir. Néel, bien connu dans cette localité, demeurait[26] à Saint-Pierre. [... *Description du travail de la police pour retrouver et arrêter les deux coupables, qui n'ont pas pu fuir à cause du vent et donc de l'état de la mer...*]

L'Ile-aux-Chiens

1 the statement
2 in the court records
3 a witness
4 the day before
5 ambush
6 aggravated theft
7 in a commotion
8 public prosecutor's office
9 informed
10 body
11 chests
12 packed into a ball
13 tucked under
14 bent
15 pulled out
16 those present
17 finish
18 butchery
19 a type of sail
20 grabbing
21 suspicions
22 the boat
23 likely
24 had stopped
25 and drunk
26 lived

A peine arrêtés, Néel et Ollivier étaient conduits sous bonne escorte sur les lieux du crime pour y être confrontés avec le cadavre de Coupard. Ils firent des aveux complets.[27] Néel aurait frappé le premier, Ollivier n'aurait frappé qu'après, sur l'invitation de son complice. Interrogés pour savoir dans quel but ils avaient tenté de dépecer[28] le cadavre de leur victime, ils répondirent que c'était pour savoir « s'il était gras » et que d'ailleurs ils étaient saouls perdus[29]...

Sur leur parcours,[30] les meurtriers purent se rendre compte combien leur abominable forfait[31] avait soulevé l'indignation publique. Les femmes notamment en voulaient[32] surtout à Néel, qu'une vie de désordre avait conduit jusqu'au crime.

Le procès[33] et la condamnation à mort

L'instruction[34] de cette affaire menée rapidement permettait au Tribunal criminel de se réunir en session le mardi 6 février 1889. Les débats durèrent deux jours. [...] La salle d'audience[35] était comble.[36] L'acte d'accusation lu par le greffier[37] Siegfriedt, il est procédé à l'interrogatoire[38] des accusés qui ont déclaré se nommer, Néel Joseph Auguste, né à Saint-Pierre, le 29 mai 1860, marin-pêcheur, Ollivier Louis, né à Coatraven (Côtes du Nord[39]) le 31 octobre 1863, également marin-pêcheur.

[...*Description du crime et de la tentative de fuite des accusés...*]

Néel et Ollivier ne cessèrent d'arguer de leur état d'ivresse[40] sinon pour excuser, du moins pour atténuer[41] l'atrocité de leur crime. Ollivier, garçon aux manières lourdes, au cou de taureau[42] et dont l'intelligence paraît étouffée[43] sous la force physique, Ollivier qui joua dans ce drame un rôle plutôt passif, pressé d'expliquer pourquoi il avait obéi aveuglément[44] à Néel qu'il connaissait à peine,[45] tandis qu'il avait toujours déclaré que Coupard avait toujours été bon pour lui, ne put donner aucune raison.

[... *Témoignage des témoins et des habitants...*]

Le Procureur de la République[46] requit[47] la peine capitale contre Néel et ne s'opposa pas à l'admission de circonstances atténuantes[48] en faveur d'Ollivier. Néel, d'après le Ministère public, ayant exercé sur Ollivier une sorte de fascination incompréhensible, voisine de l'hypnotisme.[49]

[...*Plaidoirie*[50] *des avocats*[51] *des deux accusés...*]

Après une délibération assez courte, le Tribunal criminel rapportait un verdict affirmatif sur toutes les questions posées, avec admission de circonstances atténuantes en faveur d'Ollivier seulement. Néel était condamné à la peine de mort et Ollivier à dix ans de travaux forcés.[52] Ollivier s'en retirait à bon compte.[53]

L'opinion publique, tout en respectant l'arrêt de justice, pensa néanmoins qu'il y avait trop de disproportion entre les deux peines.[54] Si Néel méritait la peine capitale, la peine appliquée à son co-auteur n'était pas assez élevée.

[... *Arrivée de Néel à la prison...*]

L'Ile-aux-Chiens, le lieu du crime

27 made a full confession
28 to cut up
29 drunk out of their minds
30 on the way
31 crime
32 had a grudge against
33 trial
34 the investigation
35 the courtroom
36 packed
37 the clerk
38 cross-examination
39 a French administrative department in northern Brittany
40 kept repeating that they were under the influence
41 to mitigate
42 bull
43 smothered
44 blindly
45 hardly
46 the public prosecutor
47 called for
48 mitigating circumstances
49 this sentence is incomplete (it is missing a conjugated verb)
50 defense speech
51 lawyers
52 hard labor
53 got off lightly
54 sentences

Saint-Pierre en 1890

Le pourvoi[55] de Néel

Le 9 février, Néel se pourvoit en cassation[56] contre l'arrêt du Tribunal criminel, mais pour parer à l'éventualité[57] du rejet de son pourvoi, il formait un recours en grâce[58] le 9 avril suivant. [... *Description des formalités administratives...*]

A l'unanimité, le Conseil émettait l'avis que dans un but de préservation sociale, il n'y avait pas lieu[59] d'appuyer[60] le recours du condamné, l'horrible cruauté qui marquait le meurtre de Coupard excluait tout sentiment de commisération. D'autre part, il importait de ne pas laisser dans le public cette croyance que la meilleure excuse à présenter devant la justice était son état d'ivresse.

D'ailleurs, à ces raisons s'en ajoutait une autre qui n'était point en effet sans importance. Deux condamnations à mort pour assassinat prononcées en 1876 et 1886 avaient été commuées[61] en celles des travaux forcés à perpétuité.[62] Depuis lors, et il faut bien le dire, ces deux mesures de clémence avaient eu pour résultat d'accréditer[63] dans la population l'idée que la peine de mort était virtuellement abolie aux îles Saint-Pierre-et-Miquelon, faute[64] de pouvoir l'y faire exécuter dans les formes prescrites par le code pénal français.

[...*Description des difficultés rencontrées par l'administration : refus de Paris d'envoyer une guillotine et un exécuteur, envoi (le 26 juillet) d'une guillotine par la Martinique, projets pour trouver un exécuteur sur l'île...*]

Arrivée de la guillotine, recherche d'un bourreau

La guillotine arrivait à St-Pierre le 22 août. C'était une vieille machine datant presque du début de son invention. Ne disait-on pas qu'elle avait servi à l'exécution de la malheureuse reine Marie-Antoinette. [... *Description de la guillotine...*]

[...*Difficultés à trouver un bourreau : tout le monde refuse, malgré les avantages offerts. Finalement, Jean-Marie Legent, emprisonné pour vol, accepte. La guillotine est testée sur un veau,[65] qu'elle décapite,[66] mais pas complètement. Il faut finir le travail avec un couteau. L'avocat de Néel proteste : les conditions de l'exécution l'inquiètent...*]

L'exécution de Néel

Et nous voilà enfin au matin de l'exécution. Un soleil radieux, après trois semaines de brume[67] intense va éclairer[68] la scène tragique. La plus grande partie de la population est sur pied.

[...*Description de la dernière nuit de Néel...*]

Très doucement, le Procureur de la République le touche à l'épaule. Néel ouvre les yeux et se dresse sur son séant.[69] A la nouvelle qu'il n'a plus de grâce[70] à attendre que dans la miséricorde[71] Divine, il répond « Oh ! la mort ne me fait pas peur » et il ajoute « il y a longtemps que je serais mort sans M. et Mme Sigrist. Ils ont été bons pour moi. Je veux les remercier avant de mourir ». Le gardien de la prison, fort émotionné[72] lui dit : « Mon pauvre Néel, du courage », et en discourant[73] gravement sur les motifs de sa condamnation, Néel s'habille seul, sans tâtonnement,[74] refusant l'aide du gendarme Dangla qui se tient[75] à l'entrée de la cellule.

[... *Préparatifs pour l'exécution, et trajet[76] de la prison à la guillotine...*]

Une foule assez compacte parmi laquelle on remarque quelques femmes se tient silencieuse, maintenue à distance par un cordon[77] de militaires de la compagnie de la discipline.

55 appeal
56 lodged an appeal
57 to guard against the possibility
58 a plea for clemency
59 there were no grounds
60 to support
61 commuted
62 for life
63 to give credence
64 *here*: because it was not possible to
65 calf
66 beheads
67 fog
68 to light up
69 sits up
70 pardon
71 mercy
72 deeply moved
73 speaking
74 without fumbling
75 is standing
76 trip
77 a line

Le condamné descend de voiture et d'un pas ferme, s'achemine[78] vers la guillotine dont la vue ne parvient pas à amollir[79] le courage. Reconnaissant Legent, il lui reproche le redoutable service que l'on attend de lui, puis de la plate-forme, d'un pied de hauteur où il est monté, s'adressant à la foule d'une voix forte : « Que[88] mon exemple serve de leçon, dit-il ; j'ai tué, on va me tuer, ne faites pas comme moi ». Il embrasse le crucifix que lui présente l'aumônier[81] et lui demande d'accompagner son cadavre au cimetière, ne voulant pas, dit-il, « être enterré[82] comme un chien. » [... *Travail des exécuteurs pour installer Néel sur l'échafaud...*]

Enfin ! Enfin ! L'exécuteur Legent a repris son sang-froid[83] et lâche la corde,[84] le couperet[85] tout en brinquebalant[86] dans la rainure des montants,[87] s'abat[88] lourdement. Justice est faite ! Comme on l'avait prévu, la tête du décapité reste suspendue sur le bord du récipient,[89] Legent d'un coup de couteau, tranche[90] l'adhérence.

Au lieu d'être placé dans un endroit discret, le cercueil[91] destiné à recevoir les restes[92] du supplicié[93] avait été au contraire disposé devant la guillotine de sorte que le malheureux Néel pût le contempler durant sa terrible agonie.

Après cette dramatique exécution, la foule s'écoula[94] silencieusement, fortement impressionnée par ces incidents macabres. Le Procureur de la République Caperon, sous le coup d'une véritable émotion, pleure à chaudes larmes[95] et confie à celui qui écrit ces lignes que jamais plus il ne requerra la peine de mort.

[...*Epilogue : le bourreau a dû rentrer en France, personne ne voulant l'embaucher sur l'île...*]

Saint-Pierre, le 19 février 1938. Emile Sasco

La guillotine utilisée pour Néel

78 makes his way
79 to weaken
80 let
81 chaplain
82 buried
83 his cool
84 lets go of the rope
85 blade
86 rattling
87 the tracks of the scaffolding
88 falls
89 basket
90 severs
91 casket
92 the remains
93 the torture victim
94 drifted away
95 sobs

a. En quelle année le crime a-t-il été commis ? A votre avis, pourquoi l'année a-t-elle été changée dans le film ?

b. Le texte donne beaucoup de détails sur le meurtre et les mutilations. Est-ce le cas aussi dans le film ? La caméra s'attarde-t-elle sur Coupard ? Pourquoi ?

c. Les deux coupables essaient-ils de fuir dans le film ? Pourquoi ?

d. Quelle était leur motivation ? Comment la population a-t-elle réagi ? Est-ce conforme au film ?

e. En quoi le procès diffère-t-il de celui auquel on assiste dans le film ? (pensez à sa durée, aux avocats, au pourvoi de Neel).

f. Ollivier Louis meurt-il accidentellement dans le texte ? Pourquoi cet ajout dans le film ?

g. L'administration, telle qu'on la voit dans le film, ressemble-t-elle à la description qu'en fait le texte ?

h. Comment le bourreau a-t-il été trouvé ? Comparez le texte et le film : pourquoi le film a-t-il changé la situation personnelle du bourreau (M. Chevassus) ?

i. Qui sont M. et Mme Sigrist ? Qui sont-ils dans le film ?

j. La guillotine a-t-elle fonctionné ? Comment Neel a-t-il été achevé ?

k. Quelle version de l'histoire est la plus dramatique ? Justifiez votre réponse.

2. L'abolition de la peine de mort

La peine de mort a été abolie en France en 1981, après l'arrivée à la présidence de François Mitterrand. Celui-ci, pendant sa campagne, avait fait la déclaration suivante à une émission de télévision :

« Sur la question de la peine de mort, pas plus que sur les autres, je ne cacherai pas ma pensée. Et je n'ai pas du tout l'intention de mener ce combat à la face du pays en faisant semblant[1] d'être ce que je ne suis pas. Dans ma conscience profonde, qui rejoint celle des Églises, l'Église catholique, les Églises réformées, la religion juive, la totalité des grandes associations humanitaires, internationales et nationales, dans ma conscience, dans le for[2] de ma conscience, je suis contre la peine de mort. (...) Je suis candidat à la Présidence de la République et je demande une majorité de suffrages[3] aux Français, et je ne la demande pas dans le secret de ma pensée. Je dis ce que je pense, ce à quoi j'adhère, ce à quoi je crois, ce à quoi se rattachent mes adhésions spirituelles, mon souci[4] de la civilisation : je ne suis pas favorable à la peine de mort. »

1 pretending
2 in the depth
3 votes
4 my concern
5 French Minister of Justice (the equivalent of the Attorney General in the US)
6 filed a bill

Il a été élu le 10 mai 1981, alors qu'une majorité de Français était favorable au maintien de la guillotine. Le 31 août, Robert Badinter, garde des sceaux,[5] a déposé un projet de loi[6] abolissant la peine de mort, examiné par l'Assemblée nationale le 17 septembre. Pour l'occasion, Robert Badinter a prononcé le discours suivant :

« Monsieur le président, mesdames, messieurs les députés, j'ai l'honneur, au nom du Gouvernement de la République, de demander à l'Assemblée nationale l'abolition de la peine de mort en France. En cet instant, dont chacun d'entre vous mesure la portée[7] qu'il revêt pour notre justice et pour nous, je veux d'abord remercier [...] tous ceux, quelle que soit[8] leur appartenance politique[9] qui, au cours[10] des années passées, notamment au sein[11] des commissions des lois précédentes, ont oeuvré[12] pour que l'abolition soit décidée, avant le changement politique majeur que nous connaissons [...] »

Cette communion d'esprit, cette communauté de pensée à travers les clivages[13] politiques montrent bien que le débat qui est ouvert aujourd'hui devant vous est d'abord un débat de conscience et le choix auquel chacun d'entre vous procédera l'engagera personnellement [...].

[...]. Demain, grâce à vous, la justice française ne sera plus une justice qui tue. Demain, grâce à vous, il n'y aura plus pour notre honte[14] commune, d'exécutions furtives,[15] à l'aube, sous le dais[16] noir, dans les prisons françaises. Demain les pages sanglantes[17] de notre justice seront tournées.

A cet instant plus qu'à aucun autre, j'ai le sentiment d'assumer[18] mon ministère, au sens ancien, au sens noble, le plus noble qui soit, c'est-à-dire au sens de ‹ service. › Demain, vous voterez l'abolition de la peine de mort. Législateurs français, de tout mon coeur, je vous remercie. »

7 its impact
8 whatever
9 political affiliations
10 during
11 within
12 have strived
13 divisions
14 disgrace
15 stealthy
16 canopy
17 bloody
18 to take on
19 ratified

Il a fait forte impression et le projet a été voté le lendemain. Les députés l'ont adopté par 363 voix contre 117 et le Sénat l'a entériné[19] quelques jours plus tard. Le 9 octobre 1981, l'article premier de la loi stipulait : « La peine de mort est abolie ».

a. Comment François Mitterrand essaie-t-il d'être convaincant ?

b. Qui mentionne-t-il pour montrer que ses idées sont partagées ? Est-ce adroit ?

c. Comment Robert Badinter insiste-t-il sur le caractère exceptionnel de la décision que vont prendre les députés ?

d. D'après ce discours, avez-vous l'impression que c'est un homme ouvert ?

e. Quel vocabulaire utilise-t-il pour décrire la peine de mort ?

f. Quel est le dernier mot de son discours ? Qu'est-ce qu'il indique sur les espoirs de Badinter d'être entendu ?

3. Entretien avec Robert Badinter

La lecture précédente présente le discours de Robert Badinter à l'Assemblée Nationale. En septembre 2001, 20 ans après l'abolition de la peine de mort votée par l'Assemblée et le Sénat, la Documentation française a réalisé l'entretien suivant.

L'abolition de la peine de mort en France est l'aboutissement[1] d'un combat deux fois centenaire, marqué par de nombreuses tentatives d'abolition depuis la Révolution. Comment expliquer le vote de l'abolition, malgré une opinion publique plutôt réservée ?

Robert Badinter : Par le courage politique. Lors de la campagne présidentielle de 1981, François Mitterrand avait fait publiquement savoir qu'il était favorable à l'abolition de la peine de mort. Tous les partis de gauche, à l'élection législative de 1981, avaient inscrit l'abolition à leur programme. En élisant François Mitterrand, et une majorité de gauche au Parlement, les Français avaient choisi l'abolition. Celle-ci a donc été adoptée dans des conditions aussi démocratiques que possible.

Pouvez-vous rappeler les arguments qui se sont opposés au moment du débat sur l'abolition de la peine de mort en 1981 ?

Le débat était ouvert depuis deux siècles et tous les arguments avaient été échangés. Le seul argument nouveau était d'ordre européen. Tous les pays de l'Europe occidentale, à l'exception de la France, avaient choisi l'abolition. Si elle avait présenté quelque danger que ce soit face à la criminalité sanglante, les responsables de ces pays n'auraient jamais voté ni maintenu l'abolition.

Comment s'est passé le débat de 1981, dans quel esprit, dans quel climat ?

Le débat a été vif. Il y eut des orateurs éloquents parmi les abolitionnistes : Raymond Forni (PS[2]), Guy Ducoloné (PC[3]), Philippe Seguin (RPR[4]), parmi d'autres. L'abolition a été votée par la totalité des députés de gauche, par un tiers des députés de l'UDF[5] et un quart du RPR, dont Jacques Chirac. La vraie surprise et la vraie victoire parlementaire, à mes yeux, ont été le vote de la loi par le Sénat, très hostile au gouvernement de la gauche, dans les mêmes termes que l'Assemblée nationale.

Le débat n'a pas été complètement clos par la loi de 1981 et il est réapparu en France dans les années 1980-1990, avec un courant favorable au rétablissement de la peine capitale. Comment l'expliquez-vous ? Aurait-il pu aboutir à un rétablissement de la peine capitale ?

1 result
2 *Parti Socialiste*
3 *Parti Communiste*
4 *Rassemblement pour la République (droite conservatrice)*
5 *Union pour la Démocratie Française (centre droite)*

Date d'abolition de la peine de mort pour tous les crimes (Chronologie sélective)

1877 – Costa-Rica
1903 – Panama
1928 – Islande
1968 – Autriche
1972 – Finlande, Suède
1979 – Norvège, Pérou
1981 – France
1982 – Pays-Bas
1985 – Australie
1987 – Allemagne, Haïti
1989 – Cambodge
1990 – Irlande, République tchèque
1992 – Suisse
1994 – Grèce, Italie
1995 – Espagne
1996 – Belgique
1997 – Afrique du Sud, Népal
1998 – Canada, Royaume-Uni
1999 – Ukraine
2004 – Sénégal, Turquie
2005 – Mexique
2007 – Rwanda, Albanie
2008 – Argentine
2010 – Gabon
2015 – République du Congo
2017 – Mongolie
2020 – Tchad
2021 – Kazakhstan

A savoir : Certains pays avaient aboli la peine de mort pour les crimes de droit commun avant de l'abolir pour tous les crimes. D'autres l'avaient abolie en pratique depuis longtemps (la peine de mort n'était donc pas officiellement abolie mais elle l'était en pratique).

6 *Convention Européenne des Droits de l'Homme*

En 2017, 141 pays ont officiellement aboli la peine de mort ou ne la pratiquent plus.

Depuis 1985, il est impossible de rétablir la peine de mort en France. En effet, la France a ratifié, en 1985, un traité international de 1983, le 6[6] Protocole à la Convention européenne des droits de l'Homme. Cette convention interdit aux Etats qui l'ont ratifiée, de recourir à la peine de mort. Les traités internationaux ayant une valeur supérieure à la loi, le Parlement français ne pourrait rétablir la peine de mort que si le Président de la République française dénonçait cette convention. Pareille dénonciation mettrait la France au ban moral des droits de l'Homme en Europe. Un tel acte, de la part du Président de la République française, apparaît impossible au regard de l'affirmation constante de la France, la patrie des droits de l'Homme.

Aujourd'hui le débat semble s'intéresser davantage à la question de la peine de mort dans le monde, en particulier aux États-Unis, plutôt qu'en France. Comment expliquez-vous cette évolution du débat ainsi que cette focalisation sur les États-Unis alors que d'autres grandes puissances, telles que le Japon, continuent d'appliquer la peine de mort ?

Aujourd'hui la peine de mort est bannie de toute l'Europe. La quasi totalité des États européens, y compris à l'Est, ont ratifié le 6ème Protocole à la CEDH.[6]

En ce qui concerne le reste du monde, la cause de l'abolition a grandement progressé depuis 20 ans. En 1981, la France était le 36ème État à abolir la peine de mort. Aujourd'hui, 108 États sont abolitionnistes, sur 189 que comptent les Nations Unies. L'abolition est devenue majoritaire dans le monde. Aujourd'hui, 90 % des exécutions dans le monde sont le fait de 4 États : la Chine, les États-Unis, l'Arabie saoudite et l'Iran. L'alliance entre totalitarisme, fanatisme et peine de mort est historique. La première question, dans la marche à l'abolition universelle, est celle de la situation aux États-Unis, seule grande démocratie à recourir à la peine de mort. En dépit de l'attachement de l'opinion publique américaine à la peine de mort, des signes encourageants se manifestent : moratoires des exécutions dans certains États, diminution du nombre des exécutions et des condamnations à mort depuis le début de l'année, ralliement de grands média à l'abolition.

www.ladocumentationfrancaise.fr/dossiers/abolition-peine-mort/robert-badinter.shtml

a. Qu'est-ce qui a surpris Robert Badinter en 1981 ?

b. Pourquoi la France ne pourrait-elle pas rétablir la peine de mort ?

c. Les Américains ne sont pas les seuls à appliquer la peine de mort. Pourquoi sont-ils tant montrés du doigt ?

Récapitulons !

- Ce film vous a-t-il fait réfléchir à vos propres convictions sur la possibilité de se racheter après avoir commis un crime ?
- Que savez-vous maintenant sur Saint-Pierre-et-Miquelon ?
- Pouvez-vous parler de l'histoire de la peine de mort en France ?

L es femmes du 6ᵉ étage

Présentation du film

Paris, années 60. Jean-Louis Joubert vit avec sa femme Suzanne dans un très bel appartement. Il est riche et sérieux, et s'ennuie sans vraiment s'en rendre compte. Un jour, leur nouvelle bonne espagnole lui fait découvrir le 6e étage du bâtiment. C'est là qu'elle vit, avec d'autres bonnes espagnoles chaleureuses et dégourdies. Jean-Louis découvre un autre monde dont il ne soupçonnait pas l'existence. Sa vie est sur le point de changer radicalement...

Carte d'identité du réalisateur

Philippe Le Guay est né en 1956 et a fait des études de cinéma à l'IDHEC. Il a travaillé comme acteur et scénariste en parallèle de sa carrière de réalisateur. Son premier film, *Les deux Fragonard*, date de 1989. Après ce drame, il se lance dans la comédie en 1995 avec *L'année Juliette*, sa première collaboration avec Fabrice Luchini. Il revient au drame avec *Trois huit*, un film sur le harcèlement moral au travail, puis retrouve sa veine comique dans trois films avec Fabrice Luchini : *Le coût de la vie* (2003), *Les femmes du 6ᵉ étage* (2011), *Alceste à bicyclette* (2013). Son dernier film, *Normandie nue* (2018), aborde avec tendresse et finesse les difficultés rencontrées par les éleveurs.

Carte d'identité des acteurs

Fabrice Luchini (né en 1951) a commencé le cinéma à 18 ans après un début de carrière comme coiffeur ! Il a enchaîné avec plusieurs rôles dans des films de Rohmer et a joué pour d'autres très grands réalisateurs : Klapisch (*Riens du tout*, 1992), Lelouch (*Tout ça… pour ça !*, 1993), Leconte (*Confidences trop intimes*, 2004), Ozon (*Potiche*, 2010 et *Dans la maison*, 2010). Luchini est aussi à l'aise dans les comédies (*Jean-Philippe*, 2006), dans les comédies dramatiques (*La discrète*, 1990, *Pas de scandale*, 1999) que capable de se glisser dans la peau d'un personnage historique (*Le colonel Chabert*, 1994, *Le bossu*, 1997, *Molière*, 2007). Récemment il a joué un ancien acteur doué mais amer dans *Alceste à bicyclette* (2013), un boulanger amoureux de sa voisine anglaise dans *Gemma Bovery* (2014), un Président de cour d'assises déstabilisé dans *L'hermine* (2015) et un homme en rééducation après un accident cérébral dans *Un homme pressé* (2018). Il poursuit en parallèle une très belle carrière au théâtre.

C'est la 3e fois que Fabrice Luchini et Sandrine Kiberlain jouent un couple : d'abord dans *Beaumarchais, l'insolent* en 1996, puis dans *Rien sur Robert* en 1999 et maintenant dans *Les femmes du 6ᵉ étage*.

Sandrine Kiberlain (née en 1968) a suivi les cours du Conservatoire et s'est fait remarquer assez vite avec une nomination pour le César du meilleur espoir en 1995 pour *Les patriotes*. Elle avait alors 27 ans et a confirmé avec son premier grand rôle dans *En avoir (ou pas)* de Laetitia Masson. Elle a retrouvé la réalisatrice en 1998 pour *A vendre* et en 2000 pour *Love me*. Elle a changé de registre avec Marivaux et *La fausse suivante* (Jacquot, 2000), s'est frottée au drame dans *Betty Fisher et autres histoires* (Miller, 2001), s'est amusée avec Daniel Auteuil dans *Après vous* (Salvadori, 2003), puis a joué deux institutrices en 2009, dans *Mademoiselle Chambon* et *Le petit Nicolas*. Elle a eu de beaux succès dans une série de comédies dont *9 mois ferme* (2012, César de la meilleure actrice), *Elle l'adore* (2014) et *Floride* (2015), avant d'avoir un rôle magnifique dans *Pupille*, un drame sur l'adoption (2018).

Natalia Verbeke (née en 1975) avait surtout travaillé pour des séries (*La famille Serrano*, 2007-08 et *Doctor Mateo*, 2009-11) avant d'être révélée dans *Les femmes du 6ᵉ étage* en 2011.

L'heure de gloire

Les femmes du 6ᵉ étage a été nommé aux César pour les meilleurs décors et les meilleurs costumes et Carmen Maura a remporté le César de la meilleure actrice dans un second rôle. Le film a aussi gagné le prix du public au festival de COLCOA à Los Angeles.

1 Vocabulaire

Vocabulaire utile avant de voir le film :

> Vous connaissez déjà certains des mots de la liste. Ils sont notés pour que vous les révisiez. Vous devez savoir ce vocabulaire par cœur, avec les genres pour les noms, les prépositions pour les verbes et les orthographes difficiles. Observez bien les exemples, ils vous aideront à vous exprimer correctement.

Noms

un agent de change : *a stockbroker*
une mondaine : *a socialite**
un pensionnat : *a boarding school***
une bonne : *a maid*
un(e) patron(ne) : *a boss*
un immeuble : *a building*
une mansarde : *a garret*
un escalier de service : *back stairs****
le palier : *the landing*****
un lavabo : *a sink*****
un frigo : *a fridge*
une concierge : *a (building) caretaker*

un œuf à la coque : *a soft-boiled egg*
des toilettes bouchées : *clogged-up toilets*****
les convenances : *social conventions*
un salaire élevé : *a high salary******
un salon de coiffure : *a hair salon*

*Ex : Suzanne est une mondaine.
**Ex : Les enfants ne sont pas là. Leur école est un pensionnat. Ils sont en pension.
***Ex : Les bonnes prennent l'escalier de service.
****Ex : Elles ont un lavabo sur le palier.
*****Ex : Leurs toilettes sont bouchées.
******Ex : En France, les salaires sont plus élevés qu'en Espagne.

A savoir

Grand bourgeois : La bourgeoisie a beaucoup évolué avec les siècles. Qu'est-ce qu'un grand bourgeois en 1962 ? Les grands bourgeois sont des gens qui :
- Ont d'importants revenus (qui dépassent souvent le cadre du simple salaire, aussi impressionnant soit-il)
- Vivent dans de très beaux quartiers
- Mènent une vie sociale qui leur permet de rester entre eux
- Respectent les traditions, les conventions et l'ordre établi
- Ont grandi dans le même milieu et élèvent leurs enfants avec les mêmes valeurs

Province :
Une province : Autrefois, la France était divisée en provinces. Aujourd'hui, elle est divisée en régions.
La province : C'est toute la France à l'exception de Paris et la région parisienne. Ex : Ils habitent en province. Suzanne vient de province (par opposition à Jean-Louis qui a grandi à Paris).
La Provence (avec un « e » et une majuscule) est une région de France. Attention à ne pas confondre « province » et « Provence » !

Verbes

embaucher qq'un : *to hire s.o.**
exiger : *to demand*
hériter qqch de qq'un : *to inherit sth from s.o.***
regarder qq'un de haut : *to look down one's nose at s.o.*
avoir le caractère bien trempé : *to be self-assured and strong-willed*
économiser : *to save ***
aller à la messe : *to go to mass*
s'enticher de qq'un : *to become infatuated with s.o.****
remarquer qqch : *to notice sth****
soupçonner qqch : *to suspect sth*
insinuer le doute (dans la tête de qq'un) : *to instill doubt (in s.o.'s mind)*

être au courant de qqch : *to know about sth*****
fuir (un régime, une dictature) : *to flee*
demander qq'un en mariage : *to propose to s.o.*
construire (une maison) : *to build (a house)*
retourner au pays : *to go back to one's home country*

*Ex : Suzanne a embauché Maria. Maria a été embauchée.
**Ex : Jean-Louis a hérité sa charge d'agent de change de son père.
***Attention à ne pas utiliser « sauver » dans le contexte de l'argent ! On sauve une personne en danger, on économise l'argent.
****Ex : Jean-Louis s'est enticé de Maria mais Suzanne n'a rien remarqué.
*****Ex : La concierge affirme que tout le quartier est au courant de leur situation.

Adjectifs

classique : *conservative*
guindé(e) : *stiff-necked*
coincé(e) : *uptight*
opulent(e) : *affluent*
exigeant(e) : *demanding*
austère : *austere*
maniaque : *particular, fussy*
vieille France : *old-fashioned, traditional**
monotone : *uneventful, dull*
superficiel(le) : *superficial, shallow*
prétentieux (-euse) : *snooty, pretentious*
condescendant(e) : *condescending, patronizing*
hautain(e) : *haughty*
espagnol(e) : *Spanish*

sociable : *gregarious*
spontané(e) : *spontaneous*
franc(he) : *straight, honest*
direct(e) : *direct*
fier(-ère) : *proud*
espiègle / malicieux (-euse) : *mischievous*
volubile : *voluble*
travailleur (-euse) : *hard-working*
révolté(e) : *rebellious*
bigot(e) : *very religious*
communiste : *communist*

*S'utilise au masculin et au féminin : Il/elle est vieille France.

Traduisez !

Vous n'avez pas besoin du dictionnaire. Tous les mots sont dans la liste ci-dessus ! 4e phrase : Comment allez-vous traduire « for her to return » ? Vous devez utiliser une structure différente en français.

1. Jean-Louis is a conservative, uptight, and fussy stockbroker who demands perfect soft-boiled eggs.
2. Suzanne did not suspect anything but her friends instilled doubt in her mind.
3. The Spanish maids fled Spain because of Franco or because they were looking for higher salaries.
4. Concepción saves her money and sends it to her husband, who is building a house for her to return to in her country.

2   Repères culturels

1. La France de 1962 : Qui était président ? Quelle guerre était en train de se terminer ? Qui va venir se réfugier en France ?
2. L'Espagne en 1962 : Qui gouvernait ? Quel type de régime avait-on ? Quelle était la situation économique ?
3. La jeune femme du film arrive d'Espagne pour travailler comme bonne à Paris. L'article suivant, proposé par la Cité Nationale de l'Histoire de l'Immigration, vous donnera un contexte pour mieux comprendre les mouvements migratoires entre l'Espagne et la France. Lisez-le et répondez aux questions.

Extrait de « L'immigration espagnole en France au XXe siècle », paragraphe sur l'immigration féminine dans les années 60-70

Dans les années 1960-1970, la répartition des Espagnols sur le territoire changea, avec notamment la diminution de la sur-représentation du Sud, due à une moindre demande de main-d'œuvre. Ainsi, leur présence en région parisienne explosa, à cause des besoins de l'industrie automobile, du BTP et du service domestique (en 1968, un quart des Espagnols recensés vivaient en Ile-de-France, dont 65 500 à Paris même). L'IEE envoya également des ouvriers travailler dans les mines du Nord ou de l'Est, dans les entreprises Michelin de Clermont-Ferrand ou Citroën de Rennes, régions où la présence espagnole était très faible auparavant.

Le fait nouveau le plus marquant de cette émigration fut la présence importante de femmes seules venues travailler dans le service domestique. Alors que durant l'entre-deux-guerres, elles émigraient toujours accompagnées de leurs pères, maris ou frères, désormais, nombre d'entre elles partaient seules ou avec une sœur ou une cousine.

Beaucoup étaient célibataires, mais des femmes mariées furent aussi des pionnières de l'émigration familiale : une fois placées et logées dans une chambre de bonne, elles faisaient venir leur mari, voire leurs enfants. Si Paris et Neuilly-sur-Seine accueillirent la majorité d'entre elles, d'autres s'installèrent à Bordeaux, Lyon ou Lille.

Dans les années 1960 et 1970, le pourcentage des Espagnoles actives était nettement plus élevé en France qu'en Espagne, les couples, obnubilés par l'idée du retour, choisissant cette stratégie pour accumuler plus rapidement l'argent le permettant.

www.histoire-immigration.fr © Natacha Lillo/Cité nationale de l'histoire de l'immigration, 2007

    a. Dans quels domaines les Espagnols travaillaient-ils ?

    b. Qu'est-ce qui a changé pour les femmes espagnoles après la guerre ?

    c. Où allaient-elles ?

    d. Quelle différence y avait-il entre les Espagnoles vivant en France et celles vivant en Espagne ?

Journaux

Les personnages du film lisent, vendent, feuillettent différents journaux :

Les Echos : Quotidien spécialisé dans l'actualité économique et financière

Elle : Hebdomadaire féminin aujourd'hui distribué dans le monde entier

Le Figaro : Quotidien conservateur créé en 1826

L'Humanité : Quotidien communiste fondé par Jean Jaurès

Jours de France : Hebdomadaire féminin de 1958 à 1989, comportant de très nombreuses pages de publicité

Eglise espagnole

L'église dans laquelle les Espagnoles se rendent existe toujours. Il s'agit de l'église Notre-Dame de Grâce (à Passy, dans le 16ᵉ arrondissement). C'est une paroisse franco-espagnole qui propose encore aujourd'hui des messes en français et d'autres en espagnol.

Beaux quartiers

Les quartiers les plus huppés de Paris se trouvent dans les 6ᵉ, 7ᵉ, 8ᵉ et 16ᵉ arrondissements. Ils se trouvent tous au centre-ouest et à l'ouest de Paris.

3 Le contexte

Les deux personnages principaux sont Jean-Louis Joubert, un grand bourgeois parisien d'une cinquantaine d'années, et Maria, une jeune Espagnole récemment arrivée en France pour travailler comme bonne. Essayez de vous mettre à leur place et répondez aux questions suivantes.

Cette activité est importante pour vous préparer au film. Réfléchissez à l'époque et basez-vous sur les Repères culturels pour répondre à chaque question en quelques phrases.

1. Imaginez le quotidien de Jean-Louis : son logement, ses repas, son habillement, ses trajets pour le travail.

2. Quelles relations a-t-il avec sa femme et ses enfants ?

3. Quelle vie sociale a-t-il ?

4. Imaginez le quotidien de Maria : ses horaires, ses responsabilités dans la maison, son logement.

5. Quelles relations a-t-elle avec ses patrons ?

6. Quelle vie sociale a-t-elle ?

Haussmann et ses immeubles

La famille du film vit dans un immeuble haussmannien, commun à Paris. Haussmann était préfet de Seine de 1853 à 1870 et était chargé par Napoléon III de rénover et d'embellir la ville de Paris. Il a donc transformé la ville en détruisant de nombreux quartiers hérités du Moyen Age et a construit des avenues larges et droites, ainsi que des immeubles. Paris ayant beaucoup souffert du manque d'hygiène et des épidémies, l'objectif d'Haussmann était d'améliorer la circulation de l'air. Une avenue toute droite permettait aussi aux forces de l'ordre de ramener le calme plus aisément en cas d'émeute. Haussmann a aussi fait construire des parcs, des aqueducs, un système d'égouts, deux gares, un opéra, des mairies, des églises.

Les nouveaux immeubles devaient suivre des normes très strictes quant à leur hauteur, au nombre d'étages, à la décoration et aux balcons. Ils faisaient tous 5 étages, le rez-de-chaussée étant occupé par des commerces et la concierge. L'étage le plus noble était le second. Les 3e, 4e et 5e étaient agréables mais moins luxueux. Les combles (aujourd'hui considérés comme le 6e étage) étaient réservés au personnel domestique. On a longtemps appelé ces pièces des « chambres de bonne ». Elles ont été rénovées et sont parfois louées par des étudiants comme des « studettes ».

Exemple d'immeubles haussmanniens dans le 8e arrondissement

4 Bande-annonce

Allez sur le companion website (hackettpublishing.com/cinema-for-french-resources) pour trouver la bande-annonce due film. Répondez aux questions suivantes.

1. Comment les bonnes sont-elles traitées par la concierge ? Pourquoi à votre avis ?

2. Quelle impression avez-vous de Maria ?

3. Comment les deux garçons se comportent-ils ?

4. Dans quelles conditions les bonnes vivent-elles ?

5. Quel effet Maria et les bonnes ont-elles sur le couple Joubert ?

6. Quelle est l'ambiance générale de la bande-annonce ?

5 A savoir avant de visionner le film

- Durée : 1h46
- Genre : Comédie
- Langue : Le film est en français et en espagnol quand les bonnes parlent entre elles.
- Note : Philippe Le Guay, le réalisateur, a largement puisé dans ses souvenirs pour l'écriture du scénario. En effet, il est issu de la grande bourgeoisie (son père était agent de change comme Jean-Louis) et il avait une bonne espagnole.

PREMIERE APPROCHE

1 L'histoire

Le but de cette activité est double :
- Vérifier que vous avez bien compris l'histoire
- Vous préparer à la discussion en classe

Répondez à chaque question en une ou deux phrases. Utilisez le vocabulaire que vous avez appris.

Les personnages

Jean-Louis Joubert
(Fabrice Luchini)

Suzanne Joubert
(Sandrine Kiberlain)

Maria
(Natalia Verbeke)

Concepción
(Carmen Maura)

Dolores
(Berta Ojea)

Carmen
(Lola Dueñas)

Pilar
(Concha Galán)

Teresa
(Nuria Solé)

Mme Triboulet =
la concierge
(Annie Mercier)

1. **Jean-Louis**
   - Quelles sont les origines de Jean-Louis Joubert ? Que savez-vous sur sa famille et son passé ?
   - Décrivez-le avec quelques adjectifs bien choisis.
   - Que sait-il du 6ᵉ étage ?
   - Comment se comporte-t-il avec sa femme et ses enfants ?
   - A-t-il beaucoup voyagé ?

2. **Suzanne**
   - D'où vient-elle ?
   - Jean-Louis était-il pressé de l'épouser ?
   - Comment Suzanne occupe-t-elle ses journées ?
   - Comment n'a-t-elle pas remarqué l'intérêt porté par son mari à Maria ?

> « Comme le personnage du film, mon père était agent de change. Il assumait pleinement son rang de bourgeois, avec l'autorité que lui conférait sa classe. Mais il était assurément moins neurasthénique que Fabrice Luchini qui incarne dans le récit une sorte de bel endormi. »
> Philippe Le Guay, *Le Journal du Dimanche*, 13 février 2011

Berta Ojea et Concha Galán (qui jouent Dolores et Pilar) ne parlent pas du tout français. Elles ont donc appris à prononcer leurs textes et leur accent est authentique !

3. **Les bonnes espagnoles**
   - Pourquoi sont-elles là ?
   - Quelles sont leurs conditions de vie ?
   - Qu'est-ce que Concepción et Teresa espèrent ?
   - Sont-elles uniformes ? Ont-elles les mêmes goûts, les mêmes envies, les mêmes croyances, la même situation familiale ? Faites un bref portrait de chaque femme.

4. **Découverte des Espagnoles**
   - Comment Jean-Louis fait-il leur connaissance ?
   - Jean-Louis trouve une loge (c'est-à-dire une place comme concierge) pour Pilar. Qu'est-ce que cela révèle sur lui ?
   - Attaqué par Suzanne, Jean-Louis « avoue » qu'il était avec Bettina alors qu'il a passé la soirée avec les Espagnoles, comme il essaye de le dire à sa femme. Pourquoi fait-il cela ?

5. **Madame Triboulet, la concierge**
   - Comment traite-t-elle les Espagnoles ? Pourquoi ?
   - Que dit-elle à Suzanne après le départ de Jean-Louis ? Qu'est-ce que cela indique sur elle ?

6. **La vie sociale**
   Comparez la vie sociale des Joubert à celle des Espagnoles.

7. **Les amies de Suzanne**
   - Comment parlent-elles des bonnes ?
   - Sont-elles gentilles avec Suzanne ? Pensez à leurs propos sur Bettina de Brossolette et à leur réaction après le départ de Jean-Louis.

2   Analyse d'une photo

1. A quel moment cette scène se passe-t-elle ?
2. Où sont-ils ? Où est Suzanne ?
3. Quelle expression chacun a-t-il ?
4. Qui a le contrôle de la situation ?
5. Pourquoi cette scène est-elle importante ?

3   Analyse de citations

Analysez les citations suivantes en les replaçant dans leur contexte :

1. Suzanne : « Quand vous tenez à un homme ma petite Maria, il ne faut plus le lâcher ! »

2. Jean-Louis : « Germaine, qui est restée dans cette maison 25 ans, elle me confiait ses joies, ses peines, elle faisait quasiment partie de la famille. »
   Maria : « Ah, oui, et elle est où maintenant ? »
   Jean-Louis : « Je ne sais pas. »
   Maria : « Et vous dites qu'elle faisait partie de la famille. »

3. Suzanne : « Au fond, pour Jean-Louis, je ne suis jamais sortie de ma province. Lui, ce qu'il aime, c'est ce qui brille, c'est les Parisiennes, les élégantes. »

APPROFONDISSEMENT

1 Vocabulaire

Enrichissez votre vocabulaire !

> Le but de cette deuxième liste est d'élargir votre champ lexical. Ce vocabulaire ciblé sur des thèmes du film va vous permettre d'enrichir votre style.

Le personnel de maison

Termes anciens, peu usités aujourd'hui :

Vous n'aurez pas souvent l'occasion d'utiliser ces mots mais vous les rencontrerez dans la littérature.

un(e) domestique : *a servant, a maid*
un serviteur / une servante : *a servant*
un laquais : *a lackey*
un valet de chambre : *a manservant*
une femme de chambre : *a chambermaid*
une soubrette : *a maid*
un maître d'hôtel = un majordome : *a butler*
un intendant : *a steward*
une nurse = une bonne d'enfant : *a nanny*
un chaperon : *a chaperone*
une duègne : *a duenna*
un(e) précepteur (-trice) : *a (private) tutor*
une gouvernante : *a governess*
une dame de compagnie : *a companion*

Termes courants aujourd'hui :

un(e) employé(e) de maison : *domestic help*
un homme / une femme de ménage : *a cleaning lady*
une aide ménagère : *home help*
une nourrice : *a nanny*
un(e) assistant(e) maternel(le) : *a nanny*
un(e) cuisinier (-ère) : *a cook*
un(e) jardinier (-ère) : *a gardener*
un(e) chauffeur (-euse) : *a chauffeur*
un(e) auxiliaire de vie : *an in-home caregiver*

Le logement

une habitation : *lodging, dwelling*
un bâtiment : *a building*
un hôtel particulier : *a private mansion in a city**
une propriété : *an estate*
un appartement vide/meublé :
   an unfurnished/furnished apartment
un studio : *a studio apartment***
une studette : *a small studio apartment***
un pavillon : *a (detached) house****
un taudis : *a slum*
une résidence secondaire : *a second home*
un pied-à-terre : *a pied-a-terre*

*Ce terme n'a pas d'équivalent exact en anglais. Un hôtel particulier est une immense maison de ville, en général construite entre une cour (donnant sur la rue) et un jardin (derrière la maison). Il en existe de nombreux exemples datant des XVIIe et XVIIIe siècles dans les beaux quartiers des grandes villes françaises.
**Les studios et studettes sont de tout petits appartements (une pièce principale + une salle de bain), souvent habités par des étudiants.
***Ce terme est beaucoup plus courant en français que son équivalent en anglais.

Mise en pratique du vocabulaire :

Ecrivez 5 phrases dans lesquelles vous utilisez au moins 10 mots de la liste ci-dessus.

2 Réflexion - Essais

Ces questions vont vous permettre d'approfondir l'étude du film. Ecrivez un paragraphe pour chacune, en utilisant le vocabulaire du chapitre et en soignant votre expression (vérifiez votre orthographe et votre grammaire). En faisant ce travail, vous vous préparez à la prochaine composition.

1. Comment les employées de maison sont-elles traitées par leurs patrons ? Comment sont-elles considérées, appréciées ?
2. Comment les femmes espagnoles du film s'intègrent-elles dans la société française ? Quelles interactions ont-elles avec les Français ? Cherchent-elles à s'intégrer ?
3. Quelles sont les relations parents-enfants dans la famille Joubert ?
4. Quel portrait de la bourgeoisie le film dresse-t-il ?
5. Quel est l'objectif de Maria ? Pourquoi est-elle en France ? Pourquoi ne dit-elle pas la vérité à Jean-Louis avant son départ ?
6. Pourquoi Jean-Louis quitte-t-il Suzanne ?
7. Comment l'argent définit-il les différents personnages ? Pensez à la façon dont ils vivent et se comportent, et à la façon dont ils traitent ceux qui ont moins/plus qu'eux.
8. Pensez aux différentes classes sociales dans le film. Où sont les Joubert ? Que rappelle Carmen à Jean-Louis ? Comment la concierge se positionne-t-elle ?
9. Aujourd'hui, les personnes privilégiées habitent dans les beaux quartiers de Paris. Les autres habitent dans des quartiers moins agréables ou dans des banlieues. Cette ségrégation sociale était-elle la même en 1962 ? Réfléchissez à l'immeuble des Joubert. Qui habite au rez-de-chaussée ? Dans les étages ? Au 6ᵉ étage ?
10. D'après le film, quel rôle les femmes ont-elles ?
11. Les personnages sont présentés de façon réaliste, avec tous leurs défauts : Jean-Louis est guindé et maniaque, Suzanne est superficielle et condescendante, leurs enfants sont méprisants et gâtés, Maria est ambitieuse, Dolores est bigote, Carmen est constamment révoltée. Est-ce que cela les rend négatifs ? Quel regard Philippe Le Guay a-t-il sur eux ?

3 Analyse d'une scène : Visite au 6ᵉ étage (20:37 à 23:44)

Vocabulaire spécifique à cette scène

le grenier (*the attic*) • une blouse (*a smock*) • une usine (*a factory*) • faire sa toilette (*to wash up*) • une bassine (*a washbowl*) • faire la connaissance de qq'un (*to meet s.o.*) • se disputer (*to argue*)

A. **Ecoutez**

1. Jean-Louis parle de sa famille. Pourquoi le fait-il ? Comment Maria réagit-elle ?

2. Qu'est-ce qui accompagne son récit ? Quel effet cela a-t-il ?

3. Qu'est-ce qui, dans les paroles de Jean-Louis, montre qu'il n'a aucune idée des origines et du mode de vie de Maria ?

4. A quels moments Carmen parle-t-elle en espagnol ?

5. Qu'entend-on quand Jean-Louis descend l'escalier ?

B. **Observez**

1. Que remarque-t-on dans les escaliers et le couloir ? Comment sont les murs ?

2. Comparez l'habillement de Maria et celui de Jean-Louis.

3. Où Carmen est-elle placée comparée aux autres personnages ?

4. Observez l'expression sur le visage de Jean-Louis quand il descend l'escalier. Que nous dit-elle ?

C. **Cette scène dans l'histoire**

Pourquoi cette scène est-elle importante ? Qu'est-ce qu'elle change ?

D. **Langue**

1. **L'expression du temps**

Remplissez les blancs avec l'une des conjonctions suivantes :

après • aussi longtemps que • depuis • en même temps que • jusqu'à ce que • lorsque • pendant • tandis que

a. Jean-Louis n'est pas monté au 6ᵉ étage _____ longtemps.

b. Le père de Jean-Louis a été malade _____ toute la traversée de la Manche.

c. Jean-Louis habitera dans cet immeuble _____ il le pourra.

d. Maria n'a rien dit _____ ils soient arrivés dans le grenier.

e. Maria est partie à la ville _____ elle avait 16 ans.

f. Maria a quitté l'Espagne _____ avoir travaillé à l'usine de tabac.

g. Concepción et Teresa sont arrivées _____ Dolores pour voir Jean-Louis.

h. Carmen se tient à l'écart _____ les femmes se présentent.

2. **Passé composé/imparfait**

Les phrases suivantes sont inspirées de la scène. Remplissez les blancs avec les verbes donnés au passé composé, à l'imparfait ou au plus-que-parfait.

Ex : Mon père n'_____ en Angleterre qu'une seule fois.
       Mon père n'<u>a été</u> en Angleterre qu'une seule fois.

a. Jean-Louis connaît très bien l'immeuble puisqu'il y _____ (naître).

b. Quand Jean-Louis est monté au 6e étage, cela faisait des années qu'il n'y _____ (ne pas être).

c. Il explique que dans sa famille, on ne _____ (voyager) jamais.

d. Le 6e étage _____ (surprendre) Jean-Louis, qui ne _____ (savoir) pas que les femmes _____ (vivre) dans si peu de confort.

e. Maria _____ (avoir) 16 ans quand elle _____ (quitter) son village.

f. Elle _____ (partir) à la ville pour travailler dans une famille.

g. Ensuite, elle _____ (devenir) ouvrière dans l'usine à tabac.

h. Les ouvriers _____ (dormir) sur place, dans des dortoirs, et ils _____ (entendre) le bruit des machines toute la nuit.

3. Le discours indirect

Les phrases suivantes sont extraites de la scène. Mettez-les au discours indirect au passé en variant les verbes introductifs (répondre, affirmer, assurer, insister, expliquer, constater, demander, se demander, indiquer, ajouter, s'exclamer par exemple). Faites très attention à l'usage des temps !

Ex :   Chaque année nous allons dans notre villa à Arcachon. En hiver les enfants vont au ski à Megève avec leur mère.

Jean-Louis <u>a expliqué que</u> chaque année ils <u>allaient</u> dans <u>leur</u> villa à Arcachon. Il <u>a ajouté qu'</u>en hiver les enfants <u>allaient</u> au ski à Megève avec leur mère.

a. Vous auriez la gentillesse de me montrer votre chambre ?

b. Non, elle n'est pas en ordre.

c. Soyez gentille, montrez-la moi.

d. Mais où est le lavabo ?

e. Le lavabo ? Il n'y en a pas.

f. Mais comment faites-vous votre toilette ?

g. On met l'eau du robinet dans la bassine et après on l'apporte dans la chambre.

h. Mais c'est de l'eau froide !

> C'est un exercice difficile. Pensez bien à tous les changements que vous devez faire (sujets, verbes, pronoms, adjectifs possessifs, ordre des mots).

E. Comparaison avec d'autres scènes

Vous allez comparer cette scène avec deux autres scènes dans lesquelles Jean-Louis est avec les Espagnoles : la paëlla chez Pilar (59 :16) et la fête pour le mariage de Teresa (1 :16 :16).

1. Qu'est-ce qui montre dans les trois scènes que Jean-Louis n'est pas dans son élément ?

2. Qu'est-ce qui montre qu'il veut participer, faire partie de leur vie ?

3. Qu'est-ce que Jean-Louis aime chez les Espagnoles ?

F. Sketch

Imaginez la discussion des Espagnoles quand Jean-Louis est parti. On les entend se disputer quand il descend l'escalier. Que disent-elles ? Pensez à la personnalité et aux idées de Carmen et à la réaction des autres femmes.

LE COIN DU CINEPHILE

1 Décors et costumes

Que pensez-vous des décors et des costumes ? Vous ont-ils aidés à vous plonger dans l'époque ? Donnez quelques exemples pour illustrer votre propos.

2 Jeu des acteurs

A quelles difficultés particulières Fabrice Luchini (Jean-Louis), Sandrine Kiberlain (Suzanne) et les Espagnoles ont-ils dû faire face ? Est-ce qu'un rôle vous semble particulièrement difficile ? Justifiez votre point de vue.

3 Affiche

Allez sur le companion website (hackettpublishing.com/cinema-for-french-resources) pour trouver l'affiche et répondez aux questions suivantes.

    a. Comment l'affiche est-elle organisée ?

    b. Que voit-on des décors du film ?

    c. Qu'est-ce que les personnages expriment ?

    d. Que comprend-on de l'histoire en voyant l'affiche ?

4 Sous-titres

Jean-Louis est au travail. Il pense à Maria et lui téléphone. Comparez le dialogue en français et les sous-titres en anglais, et répondez aux questions.

1	Allô ? Ah, Mme Joubert est sortie. Je peux prendre un message ?	*Hello? Mme Joubert is out. Can I take a message?*
2	Qui ça ? Le général De Gaulle ?	*Who is this? General De Gaulle?*
3	Mais non Maria enfin, mais non c'est pas le général De Gaulle ! Vous ne devriez pas croire tout ce qu'on vous dit au téléphone Maria.	*Maria, it's not General De Gaulle. Don't believe all you're told on the phone.*
4	Vous m'avez fait peur !	*You scared me..*
5	Qu'est-ce que vous êtes en train de faire Maria ?	*What are you doing Maria?*
6	L'argenterie.	*The silverware.*
7	L'argenterie. C'est passionnant ça, l'argenterie. Et, vous utilisez quel produit ?	*That's real fun. What product do you use?*
8	Le Miror.	*"Gleamo".*

    a. 1ère réplique : Quel mot utilise-t-on en français pour dire « hello » au téléphone ?

    b. 2ème réplique : « Who is this ? » est une question correcte en anglais. L'est-elle aussi en français ?

  c. 3ème réplique : Comparez « Vous ne devriez pas croire » et « Don't believe ».

  d. 7ème réplique : Est-ce que « passionnant » et « fun » ont exactement le même sens ?

  e. 8ème réplique : Le Miror est un produit français qui fait briller l'argenterie depuis 1911. Est-ce le cas de Gleamo ? Pourquoi le mot est-il entre guillemets ?

AFFINEZ VOTRE ESPRIT CRITIQUE

1 Crédibilité

Le film est extrêmement positif et on peut se demander s'il est toujours crédible. Pensez notamment aux aspects suivants :
- La fin conte de fée est-elle plausible ?
- Miguel (le fils de Maria) a été adopté. Est-il possible qu'il soit facilement repris par sa mère ?
- Les Espagnoles ne sont pas toujours d'accord mais elles s'entendent bien en général et se soutiennent. N'est-ce pas un peu naïf ?

Qu'en pensez-vous ?

2 Epouse bourgeoise

La vie de Suzanne est-elle démodée ? Certaines femmes vivent-elles encore comme cela ?

3 Intentions du réalisateur

Quelles étaient les intentions du réalisateur ? Que veut-il montrer ? Que critique-t-il ?

4 Les critiques

1. Dans *L'Humanité Dimanche* du 17 février 2011 on peut lire que « la bonne humeur de la distribution et le regard sans complaisance sur la dureté des rapports sociaux de la France des années 1960 concourent à faire de cette comédie un honnête divertissement. » Le film est-il vraiment sur « la dureté des rapports sociaux de la France des années 1960 » ? Et qu'entend-on ici par « honnête divertissement » ? Souvenez-vous que *L'Humanité* est un journal communiste !

2. La critique du film dans *L'Express Styles* du 16 février 2011 affirme qu'« on se régale des facéties heureusement contrôlées de Fabrice Luchini, de l'abattage d'une Sandrine Kiberlain décidément très à son aise dans la comédie, et on regrette le peu d'épaisseur et le consensus accordés au sujet de fond : les rapports maître et valet. De toute évidence, on est là pour se divertir, pas pour débattre. » Pensez-vous aussi que le film est trop léger et consensuel ? Le traitement des bonnes et le contexte politique espagnol exigeaient-ils un film plus mordant ? Ou pensez-vous au contraire que le film est mieux servi par la comédie ?

POUR ALLER PLUS LOIN

1   Parallèles avec d'autres films

1. **Point de vue de la femme immigrée :** Maria (*Les femmes du 6ᵉ étage*) a émigré d'Espagne en 1962, Zouina (*Inch'Allah dimanche*) a quitté l'Algérie en 1974 et Fatima (*Fatima*) à la fin des années 90. Comparez leur expérience. Pourquoi ont-elles quitté leur pays ? Qui a pris la décision ? Avec qui vivent-elles en France ? Ont-elles l'objectif de s'intégrer ou de retourner au pays ?

2. **Accueil des étrangers :** Dans *Les femmes du 6ᵉ étage*, *Inch'Allah dimanche* et *Welcome*, des étrangers arrivent en France d'Espagne, d'Algérie et d'Iraq. Dans *La cour de Babel*, les adolescents viennent du monde entier. Comment sont-ils accueillis ? Quelle attitude la population française a-t-elle ?

3. **Femmes battantes :** Plusieurs films font le portrait de femmes qui se battent : Zouina (*Inch'Allah dimanche*), Mme La (*La veuve de Saint-Pierre*), Maria (*Les femmes du 6ᵉ étage*), Fatima (*Fatima*) et Juliette (*Ce qui nous lie*). Contre qui et quoi se battent-elles ? Qu'espèrent-elles ? Réussissent-elles à obtenir ce qu'elles veulent ?

4. **Les rapports de classe :** Réfléchissez au rôle joué par les différences de classes sociales dans *8 femmes*, *Les femmes du 6ᵉ étage*, *Ressources humaines*, *Fatima* et *Intouchables*. Quel impact les différences de classes ont-elles sur les rapports entre les personnages ? Les personnages respectent-ils les différences ? Les films se passent dans les années 50, 60, 90 et très récemment. Voyez-vous une évolution ?

5. **Films multilingues :** *Inch' Allah dimanche*, *Joyeux Noël*, *Welcome*, *Les femmes du 6e étage* et *Fatima* sont en français mais aussi en arabe, anglais, allemand, kurde et espagnol. Quels problèmes particuliers cela pose-t-il au réalisateur ?

2   Imaginez

Imaginez ce qui s'est passé pendant les trois ans de séparation, entre le départ de Maria et les retrouvailles en Espagne. Qu'est-ce que chacun a fait à cette période ?

3   Lectures

1. **Interview du réalisateur Philippe Le Guay**
   Lisez l'interview suivante et répondez aux questions.

Comment ce projet est-il né ?
Tout a commencé par un souvenir d'enfance. Il se trouve que mes parents avaient engagé une bonne espagnole qui s'appelait Lourdés, et j'ai vécu les premières années de mon enfance en sa compagnie. Je passais finalement plus de temps avec elle qu'avec ma propre mère, au point que lorsque j'ai commencé à parler, je mélangeais le français et l'espagnol. Quand je suis arrivé en maternelle, je parlais une sorte de sabir[1] incompréhensible, je récitais des prières en espagnol. Même si je n'ai pas de souvenirs précis de

1   mumbo-jumbo

ces jeunes années, ma mère m'en a parlé et il en est resté quelque chose en moi. Et puis l'étincelle est venue d'un voyage en Espagne, au cours duquel j'ai rencontré une femme qui m'a raconté sa vie à Paris dans les années 60. L'idée d'un film sur cette communauté des bonnes espagnoles s'est imposée à moi. J'ai écrit une première version du scénario avec Jérôme Tonnerre : c'était l'histoire d'un adolescent, délaissé[2] par ses parents, qui trouvait refuge et affection auprès des bonnes de l'immeuble. Mais nous ne sommes pas arrivés à monter le film. Puis j'ai changé le point de vue, et imaginé que ce serait le père de famille qui découvrirait cet univers du sixième étage. Un autre film s'est mis en place, moins nostalgique, et Jérôme Tonnerre est reparti avec moi dans cette direction. Il avait du reste une gardienne[3] espagnole qui est restée en France quarante ans et nous lui avons posé mille questions… Finalement, notre histoire se situe en 1962, à la fin de la guerre d'Algérie, dans la France de de Gaulle. C'est une époque pas si lointaine et cependant, c'est un autre âge, un autre monde…

Il y a une grande tradition des domestiques et des patrons au cinéma.
Au cinéma et au théâtre aussi ! Il suffit de songer à Molière, à Marivaux… Plus tard, Renoir, Guitry ou Lubitsch ont puisé dans cet héritage. Ce qu'il y a d'excitant dans la présence des domestiques dans une histoire, c'est qu'on touche aux codes, à la politesse, à ce qui se dit, ce qui ne se dit pas. Cela pose tout le temps des problèmes de représentation et donc de mise en scène.

Votre film n'est pas seulement une histoire d'amour, c'est d'abord un parcours vers un autre univers…
Le piège[4] à éviter à tout prix était l'histoire du patron qui tombe amoureux de sa bonne. C'est pourquoi j'ai tenu à ce qu'il y ait non pas une mais plusieurs femmes. Jean-Louis Joubert découvre une communauté, une autre culture fait irruption dans sa vie. Il est dérangé, troublé, et finalement séduit… Le film propose la découverte d'un monde inconnu et pourtant proche. J'aime l'idée que l'étrange est à proximité. Il suffit d'un rien pour sortir de son propre univers et en découvrir d'autres, qui se côtoient, se frôlent sans se mélanger. C'est le concept de « quatrième dimension» propre à la science-fiction, mais ici il est traité sans passer par le fantastique ! Dans le film, Jean-Louis dit cette phrase qui résume tout : « Ces femmes vivent au-dessus de nos têtes et on ne sait rien d'elles ».

Comment avez-vous nourri votre scénario ?
Jérôme Tonnerre et moi avons rencontré des anciennes bonnes, installées dans le 16e arrondissement ou ailleurs, et aussi des « patronnes ». Je me souviens de l'une d'elles qui était terrorisée par une duègne austère qui faisait la loi dans la maison ! Nous sommes également allés à l'Église espagnole de la rue de la Pompe – où nous avons d'ailleurs tourné quelques séquences. Il y a là un personnage essentiel, el Padre Chuecan, un prêtre qui est là depuis 1947 et incarne la mémoire de cette immigration. C'est un colosse[5] à crâne chauve, âgé de 80 ans, il a accueilli des milliers d'Espagnoles qui venaient chercher du travail par l'intermédiaire de son église. L'église était un point de ralliement culturel et social. C'était le premier endroit où ces femmes se rendaient en arrivant à Paris et c'est là que se déroulaient les entretiens d'embauche.[6] De ces rencontres, nous avons tiré une matière humaine extraordinaire. Il n'y a pas une anecdote du film qui ne soit inspirée de faits réels, comme l'histoire de Josephina

2 neglected
3 caretaker
4 trap
5 giant
6 job interviews

qui croyait être tombée enceinte parce qu'elle avait pris un bain dans la baignoire de son patron…

Où avez-vous puisé votre matière pour l'univers de la famille Joubert ?

Je viens moi-même d'un milieu bourgeois. Mes parents habitaient le 17e arrondissement de Paris, mon propre père était agent de change, et j'ai été envoyé en pension comme les fils Joubert. Cependant, les ressemblances s'arrêtent là, le film n'a rien d'autobiographique ! Le hasard a quand même voulu que nous tournions tous les décors dans un immeuble des impôts désaffecté qui se trouve à trente mètres de l'école où j'allais lorsque j'étais enfant. Nous y avons aménagé l'appartement des Joubert, l'escalier de service et les petites chambres sous les toits. Là haut, des murs ont été abattus et remplacés par des feuilles de décor pour permettre la logistique du tournage, car une caméra pouvait à peine rentrer ! Mais l'espace des chambres est absolument authentique.

A quel moment avez-vous pensé à Fabrice Luchini pour incarner le personnage principal ?

Je dis souvent que j'ai remplacé l'adolescent du premier projet par Fabrice Luchini. […] Il suffit de voir son regard pour mesurer à quel point il est du côté de l'enfance. L'inspiration du film est là, dans son regard émerveillé sur ces femmes. Au fur et à mesure du tournage, j'ai réalisé que Jean-Louis est un homme qui n'a jamais été aimé. Il le dit en passant à propos de sa mère, « ma mère n'a jamais aimé personne ». Et voilà que ces femmes du sixième étage le prennent dans leurs bras, l'embrassent, le soignent. C'est un enfant qui trouve des femmes protectrices, des mères de substitution. Pour moi, le film n'est pas tant une critique de la bourgeoisie qu'une découverte émotionnelle et affective. Dans ce milieu, à cette époque, les affects sont gelés, il y a quelque chose d'obscène à dire les sentiments. Avec sa femme, avec ses enfants, il y a une distance incroyable, personne ne s'embrasse ! Dès le départ, Fabrice m'a fait remarquer que Jean-Louis Joubert était un personnage en creux, qui recevait. C'est assez inhabituel à jouer pour lui, on a plutôt l'habitude de le voir donner…[…]

Face à Luchini, on trouve Suzanne, l'épouse, interprétée par Sandrine Kiberlain.

Fabrice et Sandrine ont déjà tourné ensemble à deux reprises, notamment dans RIEN SUR ROBERT de Pascal Bonitzer, il y a entre eux une grande complicité. Sandrine a tout le côté léger et superficiel propre à certaines femmes de la bourgeoisie, mais elle apporte aussi une fragilité, quelque chose d'inquiet. Suzanne vient de la province, elle n'a pas tout à fait les codes, par opposition à ses deux amies qui les maîtrisent parfaitement. Du coup, elle se sent un peu perdue, elle est souvent déstabilisée et cela la rend touchante. Sandrine restitue tout cela avec une infinie justesse et beaucoup d'humanité. Travailler avec Sandrine, c'est aussi constamment enrichir le scénario, voire le contredire. Par exemple, la scène où les enfants reviennent de pensionnat alors que Jean-Louis s'est installé au sixième : au départ, Suzanne avait une sorte de dignité blessée. L'idée est venue qu'elle accueille ses fils avec une bouteille de vin blanc et elle a tout de suite surenchéri dans la désinvolture…

Comment avez-vous structuré votre communauté espagnole ?

Je ne voulais pas d'une entité chorale, mais une galerie de portraits très individués. J'ai d'abord pensé à un personnage de républicaine, arrivée en France pour fuir le régime de Franco. A l'opposé, j'ai souhaité une bigote, hyper pratiquante, qui va à l'église tous les jours, et qui ne cesse de se disputer avec la républicaine. Au-dessus de la mêlée, sans doute un mélange des deux, il y a le personnage joué par Carmen Maura, qui calme et tempère les conflits. Il y a Teresa qui veut trouver un mari français, et bien sûr il y a Maria, la nièce de Concepcion, qui arrive en France pour chercher du travail et autour de qui tout va se cristalliser...

Comment avez-vous choisi les interprètes ?

Il y avait d'abord Carmen Maura, la grande actrice emblématique du cinéma espagnol, je n'imaginais pas le film sans elle. C'est la première actrice que j'ai rencontrée. Même si le rôle n'est pas aussi important que ceux auxquels elle peut prétendre, elle avait envie de jouer une Espagnole à Paris, comme tant de femmes qu'elle a pu rencontrer dans sa jeunesse. Du reste, elle a un appartement à Paris composé de plusieurs anciennes chambres de bonnes. Vis-à-vis des autres comédiennes, elle était un peu comme son personnage, une référence, une douce autorité. Pendant le tournage, chacune avait sa loge[7] mais elles n'y étaient jamais ! Elles se regroupaient, discutaient à toute allure en espagnol, comme leurs ancêtres dans les squares[8] de Passy... Il y avait une vraie vie à laquelle Fabrice a souvent participé. Carmen aimait l'idée de jouer à la fois en espagnol et en français, parfois dans une même scène. Je tenais à cette musicalité qu'apporte la langue espagnole : les voir parler si vite devant Fabrice qui ne comprend pas un mot était un élément de comédie !

Et le personnage de Maria, joué par Natalia Verbeke ?

Il fallait une jeune femme belle mais pas trop, qui soit attachante, d'une beauté introvertie. Natalia Verbeke avait toutes ces qualités et en plus elle parlait un peu le français. C'était important pour le lien avec Fabrice. Elle a énormément travaillé son texte, et elle a très vite progressé, ce qui lui permettait d'échanger avec tout le monde sur le plateau.[9] Pour choisir les autres bonnes, je suis retourné régulièrement en Espagne auprès de Rosa Estevez qui s'est occupée du casting espagnol. J'ai privilégié des actrices de théâtre pour ne pas tomber dans le cliché des actrices « almodovariennes ». C'est ainsi que j'ai choisi Lola Dueñas, Nuria Sole, Berta Ojea, et Concha Galán. Ces deux dernières ne parlaient pas un mot de français et ont appris leur rôle phonétiquement. Elles ont des tempéraments merveilleux, elles incarnent les Espagnoles dans leur puissance, leur violence, leur volubilité...

Votre film a des allures de fable...

Le film repose sur une utopie : on veut croire que les classes sociales sont poreuses et que le « bourgeois » peut s'installer au sixième étage, chez les « bonnes ». Mais cette utopie est refusée par les deux côtés, par les bourgeois pour qui c'est un scandale, mais aussi par les domestiques. Carmen, jouée par Lola Dueñas, croit à la lutte des classes, elle vient demander à Monsieur Joubert de rester à sa place. D'une autre façon, Concepcion (Carmen Maura) va faire tout ce qu'elle peut pour empêcher la relation entre Maria et Jean-Louis. Même si elle ne le formule pas, Concepcion refuse violemment cette utopie amoureuse. Elle croit au principe de réalité. C'est elle qui déclenche le départ de Maria en lui révélant l'endroit où est élevé son fils. Et à la fin, alors que Jean-Louis a divorcé, elle préfère lui mentir plutôt que de lui dire où est Maria. Elle incarne un principe de réalité archaïque, qui contredit la fable.

7   dressing room
8   public gardens
9   the set

Quels souvenirs garderez-vous de ce film ?

Il y a ce moment de la fête au sixième, cette danse où Jean-Louis se laisse entraîner.[10] Il faut savoir que Fabrice est un excellent danseur, mais je voulais qu'il soit embarrassé, maladroit. Cela lui faisait violence[11] de se retenir, et puis les bonnes l'entraînent peu à peu et il s'est abandonné, sans savoir ce qu'il faisait. Il s'est passé quelque chose, au-delà des mots, un tremblement, une émotion dans son regard. Tout le miracle d'un acteur qui se livre…

Qu'avez-vous appris sur ce projet ?

J'ai toujours aimé les acteurs, mais j'ai découvert le bonheur de mélanger des Français et des acteurs étrangers. Cela fait bouger les repères, les perspectives changent, c'est tellement rafraîchissant. Et puis il y a un sentiment européen dans cette histoire qui me touche. Bien avant que l'Union européenne ne soit une réalité politique, l'Europe s'est construite dans les années 60. Les Espagnols étaient là, parmi nous, au coin des rues, dans les jardins publics… Cela fait partie de l'histoire commune à nos deux pays. De la même façon que le personnage de Jean-Louis découvre les autres dans le film, je crois que le cinéma a été inventé pour mettre en scène un apprentissage. On filme les êtres pour s'approprier quelque chose d'eux, pour s'enrichir de quelque chose qui n'est pas soi…

10 lets himself be carried away
11 it was very difficult for him

   a.   Quelles ont été les inspirations de Philippe Le Guay ?

   b.   Pourquoi voulait-il qu'il y ait plusieurs bonnes ?

   c.   A quelles difficultés techniques a-t-il fait face lors du tournage des scènes du 6ᵉ étage ?

   d.   D'après lui, qu'est-ce que Jean-Louis apprécie particulièrement dans les femmes espagnoles ?

   e.   Comment a-t-il choisi ses actrices espagnoles ?

   f.   Les classes sociales peuvent-elles se mélanger ?

  2. **Souvenirs de Vicenta « Tita » Carmeiro, arrivée d'Espagne en 1960 pour être bonne à Paris**

En quelle année avez-vous quitté l'Espagne ? Quel âge aviez-vous ?

J'ai quitté l'Espagne le 1ᵉʳ avril 1960. J'avais 14 ans.

Pour quelles raisons êtes-vous partie ?

J'avais une tante qui habitait à Paris. Elle était mariée et avait une petite fille. Elle allait bientôt accoucher de son 2ᵉ enfant et souhaitait avoir quelqu'un pour l'aider. Je suis donc partie avec l'idée que j'allais rester quelques temps, puis rentrer en Espagne. En fait, je ne suis jamais rentrée.

Comment votre famille a-t-elle pris cette décision de quitter l'Espagne ?

Comme j'allais chez la sœur de mon père et que je ne partais pas pour toujours, mes parents n'ont pas vu d'inconvénients à ce que je quitte la maison.

Comment votre première expérience de travail chez votre tante s'est-elle passée ?

Cela a été une très mauvaise expérience. Je faisais absolument tout (je tenais la maison et j'élevais les enfants) et ils me traitaient très mal. Je n'avais pas un centime, je n'avais pas assez à manger et ma tante était jalouse de moi. Je n'avais pas le droit de sortir, même pour aller à la messe. Heureusement, ma sœur (qui avait 3 ans de plus que moi) m'a rejointe. En 1963, j'avais 17 ans, une cousine de ma mère a pris conscience de mes conditions de vie. Elle vivait près de Paris et j'ai pu tout lui raconter. Ensuite j'ai expliqué à mon père que je voulais quitter ce poste et trouver un autre travail.

Qu'avez-vous fait après ?

J'ai trouvé une bonne place chez un médecin français. Je suis restée 14 ans chez eux ! Je partageais un studio avec ma sœur. Dans la journée, je m'occupais des enfants et de la maison mais j'étais bien traitée. En fait, je suis restée très amis avec eux et je les vois toujours. J'ai vu les enfants grandir !

Comment occupiez-vous votre temps libre ? Aviez-vous des sorties, une vie sociale ?

Quand j'ai enfin acquis ma liberté, j'ai commencé à sortir avec ma sœur. Nous allions au cinéma, chez des amis, ou au bal des Espagnols à la Pompe ou au Bataclan. D'ailleurs, c'est comme cela que j'ai rencontré mon mari.

Pouvez-vous nous en dire un peu plus sur votre mari ?

Oui, bien sûr. Nous nous sommes donc rencontrés un samedi au Bataclan. Quand nous nous sommes mariés en 1974, cela faisait déjà 14 ans que je vivais à Paris. Lui, qui est portugais, est arrivé en 1971. J'ai continué à travailler chez mon médecin. Mon mari avait travaillé pour Air Portugal, mais il n'a pas pu continuer. Il a finalement trouvé du travail chez un fleuriste. Il n'y connaissait rien mais est très débrouillard[1] et au bout d'un mois d'essai, il a été embauché.

Quels sont les autres emplois que vous avez eus ?

J'ai d'abord trouvé un poste de gardienne à Vincennes. C'était bien car le logement était plus grand et nous avions nos 2 filles. Nous y sommes restés quelques années. Ensuite j'ai trouvé un poste de gardienne rue de Monttessuy, dans le 7e arrondissement. J'y suis restée 30 ans, jusqu'à la retraite !

Vous êtes restée en France pendant 50 ans. Quels changements avez-vous remarqués chez les patrons ? Ont-ils évolué ? Le travail a-t-il changé ? Vos relations avec les Français étaient-elles différentes vers la fin ?

Vous savez, je me suis toujours bien entendue avec mes patrons, sauf avec ma tante évidemment. Mes autres patrons m'ont toujours bien traitée, me respectaient et je sais qu'ils m'aimaient bien. Il est vrai aussi que je n'étais jamais malade, jamais absente, toujours à l'heure. Quand j'ai annoncé que j'allais prendre ma retraite, les habitants de mon immeuble ont tout fait pour me retenir !

Que font vos filles aujourd'hui ?

Mes filles sont mariées avec des Français et chacune a un enfant. Elles vivent à Paris et travaillent : l'aînée est avocate et la cadette est ingénieur.

Vous avez pris votre retraite au Portugal. Pouvez-vous nous expliquer ce choix ?

Ce n'était pas mon choix, mais plutôt celui de mon mari qui ne se plaisait pas à Paris. Il avait toujours rêvé de retourner au Portugal. Je ne me plais pas dans ce village, moi qui ai vécu 50 ans à Paris. Heureusement, j'y vais plusieurs fois par an pour voir mes filles et mes petits-enfants.

1   resourceful

Vous allez comparer l'expérience de Maria et celle de Tita.

    a.   Sont-elles parties dans les mêmes conditions ?

    b.   Qui ont-elles retrouvé à Paris ?

    c.   Comment ont-elles été accueillies ?

d.   Comment étaient leurs relations avec les Français ?

e.   Avec qui avaient-elles une vie sociale ?

3.   **Témoignage d'une Française installée en Espagne**

Marie-Annick s'est mariée avec un Espagnol en 1962 et a vécu en Espagne de 1963 à 1968. Elle raconte sa vie quotidienne et ses relations avec sa belle-famille.

« Après un mariage à la va-vite[1] et un séjour de 6 mois à Lausanne (Suisse) où mon mari Jésus terminait ses études d'œnologie, nous avons pris le train à destination de l'Espagne pour arriver à Valladolid.

De juin à décembre nous avons vécu chez les beaux-parents Davila Villalobos, famille soi-disant renommée. Moi, provinciale de 21 ans avec un mari et une fille, Isabelle, je me sentais un peu perdue. Je ne maîtrisais pas complètement la langue et en plus la belle-mère était très stricte. Par exemple, tout était gardé sous clef. Aucun moyen de préparer quoi que ce soit pour Isabelle sans faire appel à elle. Heureusement, Marie-Pili, ma petite belle-sœur, était très gentille et me rendait la vie plus facile. Surtout, elle m'accompagnait dans mes promenades avec Isabelle car ni ma belle-mère, ni mon mari ne me proposaient de sorties.[2]

Au mois de décembre, avec le déménagement dans notre appartement (en face des beaux-parents), je suis devenue autonome, et la petite Française était bien accueillie chez les commerçants (chez le boucher, le poissonnier, l'épicier, etc.). L'argent manquait un peu car je n'ai jamais connu Jésus au travail. Jusqu'à ce que je décide de travailler pour disposer d'un peu plus d'argent, je ne pouvais pas participer à la vie sociale et je n'avais aucun contact.

Sur mon lieu de travail je n'étais pas un matricule[3] mais Mme Legendre de Davila. J'étais très bien acceptée. A l'époque, les jeunes filles ou jeunes femmes espagnoles s'émancipaient. Même issues de très bonnes familles (docteurs, avocats, etc.), elles désiraient gagner leur indépendance. Les patrons étaient toujours très polis et respectueux de la gent féminine. J'ai même donné des cours de français à l'un d'eux. Nous pouvions avoir de nombreux sujets de conversation, mais comme dans la famille où j'étais, il n'était jamais question de Franco, ni de son régime dictatorial.

En revanche, sous Franco, tout le monde pouvait se promener tranquillement sans être agressé[4] par qui que ce soit. Les boutiques ne possédaient pas de rideaux,[5] mais les queues pour les cinémas étaient encadrées par la « guardia civil ».

Il y avait, bien sûr, une classe aisée et une classe très moyenne. Cette dernière, si elle hésitait à dépenser pour l'habillement, ne se refusait rien pour la nourriture. J'ai pu le constater moi-même : je mangeais mieux chez l'ancienne nounou[6] de Jésus que chez mes beaux-parents. Elle n'était pas la seule.

Cette classe moyenne fréquentait rarement les bars pour un petit verre avec tapas,[7] contrairement à la classe aisée qui pouvait traîner jusqu'à minuit ou plus. Les bars étaient toujours pleins à craquer et l'été, à l'arrivée des estivants[8] (Allemands et Français), il était impossible de se faire servir. J'avais honte lorsque nous rencontrions ces Français car ils arrivaient en pays conquis avec de l'argent mais leur comportement et leur habillement étaient incorrects. Ils dépensaient car, pour eux, la vie en Espagne n'était pas chère.

Marie-Annick (au centre) avec son mari Jésus et sa sœur Marie-Pierre (qui lui rend visite). 1964.

1   in a rush
2   outings
3   a number
4   attacked
5   shutters
6   = *nourrice*
7   Spanish snacks
8   tourists

A cette époque le petit personnel de maison était relativement bien traité et pouvait rester des années au service d'une même famille, avec les parents puis avec les enfants. Certains, plus audacieux, rejoignaient de la famille en France, ceux qui avaient fui pendant la guerre civile. A partir des années 70, de nombreux jeunes de la classe moyenne sont arrivés en France. Ils ne faisaient que de menus travaux mais étaient mieux rémunérés qu'en Espagne. Les conditions de vie étaient très précaires : à plusieurs dans une petite chambre de bonne, sanitaires[9] sur le palier, pas d'eau chaude, interdiction de cuisiner.

Les enfants de la classe aisée pouvaient suivre de longues études, d'abord dans des collèges[10] privés tenus par des sœurs, puis à l'université. Il y en a de très cotées, comme Salamanque, Madrid et Barcelone.

Je disais que les collèges étaient tenus par des sœurs. Il est vrai qu'à cette époque l'Espagne était très pratiquante. Il ne fallait pas manquer la messe, ni les festivités de la Semaine Sainte et de Noël. Je pense qu'au XXIe siècle la Semaine Sainte est plutôt faite pour attirer le tourisme au même titre que la corrida ou une soirée flamenco.

Quand j'étais étudiante en Espagne au début des années 60, la jeunesse se laissait vivre. Il y avait le soleil, les sorties entre amis. Il nous arrivait de nous voir remettre un petit poème écrit sur le coin d'une table, ou bien d'être réveillée par une sérénade interprétée par un groupe d'amis sous nos balcons. Entre 1963 et 1968, mariée, je n'ai plus eu droit à tout cela, mais cette coutume a dû disparaître petit à petit car au cours de sorties que j'ai pu faire, nous ne rencontrions plus ces groupes de chanteurs qui se déplaçaient de quartier en quartier.

Septembre 1968 : retour définitif en France. Comme je revenais tous les ans en France, je n'ai pas trouvé de grand changement dans la vie courante. Cependant quand j'ai repris une vie active[11] chez Renault la mentalité des collègues m'a choquée. La jalousie se lisait dans leurs yeux. Malgré tout, j'ai toujours gardé un optimisme que rien ne pouvait ébranler et finalement tout est rentré dans l'ordre. »

9   toilets
10 *here:* secondary schools
11 a job

Vous allez comparer Marie-Annick et Maria :

a.   Pour quelles raisons ont-elles quitté leurs pays ?

b.   Qui connaissaient-elles dans leur nouveau pays ?

c.   Comment étaient-elles acceptées ?

d.   A quelles difficultés particulières devaient-elles faire face ?

Récapitulons !

Qu'est-ce que ce film vous a appris sur :
- L'immigration espagnole en France ?
- La vie des grands bourgeois à Paris dans les années 60 ?

Welcome

Présentation du film

Bilal, un réfugié kurde de 17 ans, vient de passer trois mois à traverser l'Europe et est maintenant à Calais. Il est proche de son objectif, l'Angleterre, mais les lois très strictes sur l'immigration l'empêchent de passer la frontière. Il décide alors d'apprendre à nager et rencontre Simon, un maître-nageur qui va l'aider à se préparer. Bilal n'a plus qu'un objectif : rejoindre sa petite amie en traversant la Manche à la nage.

Carte d'identité du réalisateur

Philippe Lioret (né en 1955) a été ingénieur du son pendant 15 ans avant de se tourner vers la réalisation. Il a signé son premier film, la comédie *Tombés du ciel*, en 1993. Après une deuxième comédie en 1997, *Tenue correcte exigée*, son cinéma a évolué. Il s'est fait plus romantique avec *Mademoiselle* (2001), puis plus sombre et prenant dans *L'équipier* (2004). Cela l'a naturellement amené vers le drame, d'abord familial avec *Je vais bien, ne t'en fais pas* (2006), puis humain et politique avec *Welcome* (2009) et à nouveau familial avec *Le fils de Jean* (2016).

Carte d'identité des acteurs

Vincent Lindon a commencé au cinéma à 24 ans et a ensuite eu la chance de jouer des seconds rôles dans des films de grands réalisateurs comme Blier, Beineix et Sautet. *La crise*, film dans lequel il a un premier rôle, lui apporte une nomination pour le César du meilleur acteur en 1992. Il alterne ensuite entre thriller (*Fred*, 1997, *Pour elle*, 2008), drame (*L'école de la chair*, 1998, *Chaos*, 2001, *Ceux qui restent*, 2007), comédie (*Belle maman*, 1999, *Le coût de la vie*, 2003), film d'aventures (*Le frère du guerrier*, 2002), comédie dramatique (*La moustache*, 2005) et comédie romantique (*Je crois que je l'aime*, 2007, *Mes amis, mes amours*, 2008). Depuis *Welcome*, en 2009, Vincent Lindon a endossé de nombreux rôles, dont deux drames sur le travail : *La loi du marché* (2015, César du meilleur acteur) et *En guerre* (2018).

Firat Ayverdi n'avait jamais fait de cinéma avant *Welcome*, film pour lequel il a obtenu une nomination pour le César du Meilleur jeune espoir masculin. Il n'a pas refait de cinéma depuis cette première expérience. La jeune fille qui joue Mina est Derya Ayverdi, la sœur de Firat !

L'heure de gloire

Welcome a reçu le prix Louis Delluc dans la catégorie « Meilleur film », le Lumière de la presse étrangère dans la catégorie « Meilleur film », le prix du public au festival COLCOA de Los Angeles et de nombreuses nominations aux César.

PREPARATION

1 Vocabulaire

Vocabulaire utile avant de voir le film :

Vous connaissez déjà certains des mots de la liste. Ils sont notés pour que vous les révisiez. Vous devez savoir ce vocabulaire par cœur, avec les genres pour les noms, les prépositions pour les verbes et les orthographes difficiles. Observez bien les exemples, ils vous aideront à vous exprimer correctement.

Noms

un maître nageur : *a swimming instructor*
une piscine : *a swimming pool*
un cours de natation : *a swimming lesson*
une combinaison : *a wet suit*
un nageur : *a swimmer*
une médaille : *a medal*

un(e) migrant(e) : *a migrant*
un(e) clandestin(e) : *an illegal immigrant*
une personne en situation irrégulière : *an illegal alien*
un passeur : *a smuggler*
la police : *the police**

les flics : *the cops***
le commissariat : *the police station*
un(e) juge : *a judge*
une association : *an organization that does charity work*
une ONG : *an NGO****
un(e) bénévole : *a volunteer*
un(e) assistant(e) social(e) : *a social worker*
du militantisme social : *social activism*****
un camion : *a truck*
une frontière : *a border*
la côte : *the coast*
la Manche : *the English Channel*
l'Angleterre : *England*

un ferry : *a ferry boat*
un sac en plastique : *a plastic bag*
un portable : *a cell phone*
une bague : *a ring*
un paillasson : *a doormat*
un mariage forcé : *a forced marriage*

*La police est singulier, les flics est pluriel. Ex : La police cherche les clandestins. Les flics les emmènent au commissariat.
**Prononcez le « c » : [flik].
***Souvenez-vous que le G se prononce [gé].
****Ex : Certains bénévoles font du militantisme social.

Verbes

se cacher : *to hide*
faire du bénévolat : *to volunteer*
accueillir : *to welcome*
héberger qq'un : *to provide shelter for s.o.*
nourrir : *to feed*
venir en aide à qq'un : *to come to s.o.'s assistance*
porter secours à qq'un : *to help s.o.*
prodiguer des conseils à qq'un : *to give advice to s.o.*
soutenir : *to support (morally, not financially)**
prendre des risques : *to take risks*
avoir le droit de (faire qqch) : *to have the right to (do sth)*
prévenir qq'un (d'un danger) : *to warn s.o. (of danger)***
être mis en examen : *to be indicted*
juger : *to try, to judge*
expulser : *to deport*

être sous contrôle judiciaire : *to be under judicial constraints*
nager : *to swim*
s'entraîner : *to train*
faire ses courses : *to do one's shopping*
faire la plonge : *to wash the dishes*
se marier : *to get married****
dénoncer qq'un : *to inform on s.o., to denounce s.o.*
atteindre un but : *to reach a goal*
échouer : *to fail*
traverser : *to cross*
traverser à la nage : *to swim across*
passer : *to get through*

*Ex : Les bénévoles soutiennent les migrants en leur servant des repas chauds.
**Ex : Marion prévient Simon des risques qu'il prend. Ne confondez pas ce verbe avec « to prevent » (empêcher).
***Attention aux variantes de ce verbe :
être marié(e) : to be married - ex : Je suis mariée depuis 3 ans.
marier qq'un à qq'un : to marry s.o. to s.o. - ex : Le père a marié sa fille à un jeune homme qu'elle ne connaissait pas.
se marier : to get married - ex : Nous nous sommes mariés le 20 juin.

Adjectifs

kurde : *Kurdish*
obstiné(e) : *stubborn*
entêté(e) : *obstinate, stubborn*
déterminé(e) : *determined*
acharné(e) : *dogged (pour des efforts)*
naïf (-ve) : *naive*
bourru(e) : *gruff*
attendri(e) par qq'un/qqch : *touched, moved by s.o./sth**
impressionné(e) par qq'un/qqch : *impressed by/with s.o./sth*

chaleureux (-euse) : *warm*
accueillant(e) : *welcoming***
indifférent(e) à qqch : *indifferent to sth****
hostile à qq'un : *hostile to s.o.*
dégoûté(e) par qq'un/qqch : *disgusted by s.o./sth*

*Ex : Simon est attendri par la détermination et l'enthousiasme de Bilal.
**Attention à l'orthographe de ce mot. Remarquez l'ordre des voyelles : « uei »
***Ex : Beaucoup de gens sont indifférents au sort des migrants.

Traduisez !

1. The illegal aliens, who can see the coast of England, hope to cross the border by hiding in a truck.

2. The volunteers are not allowed to feed or provide shelter for illegal immigrants.

3. The Kurdish migrant is training at the swimming pool because he wants to swim across the Channel.

4. Simon, the swimming instructor, is impressed with Bilal, who is so stubborn and determined. He hopes Bilal will reach his goal.

Migrants et migrations

Le companion website (hackettpublishing.com/cinema-for-french-resources) propose des documents intéressants pour s'informer sur la situation des migrants et mieux comprendre et apprécier le film.

2 Repères culturels

1. Bilal, le jeune homme du film, vient de Mossoul, en Iraq. Quels pays a-t-il traversés pour arriver en France ? Il est maintenant à Calais. Où la ville se trouve-t-elle ?

2. En 1999, la Croix-Rouge a ouvert un centre d'hébergement et d'accueil à Sangatte. Pour qui était-ce ? Combien de places avait-il ? Que s'est-il passé après ? Le centre est-il toujours ouvert ?

3. Bilal s'entraîne pour traverser la Manche à la nage. Quelle est la distance entre Calais et Douvres ? Quelles conditions particulières rendent la traversée périlleuse ?

4. Qu'est-ce qu'un passeur ? Que fait-il ? Est-ce légal ? Est-ce moral ? Quels sont les risques ?

A savoir : Les centres de rétention

Dans le film certains migrants sont envoyés dans un centre de rétention. D'après Service-Public.fr (le site officiel de l'administration française), « la rétention administrative est la procédure qui permet de maintenir dans un lieu fermé un étranger sous le coup d'une mesure d'éloignement, dans l'attente de son renvoi forcé. La rétention est décidée par l'administration, puis éventuellement prolongée par le juge, lorsque le départ immédiat de l'étranger de France est impossible. Elle est limitée au temps strictement nécessaire à son renvoi et ne peut pas dépasser **45 jours**, sauf exceptions. Elle peut prendre fin de différentes façons. »

3 Le contexte

1. Mettez-vous à la place d'un migrant. A quelles difficultés faites-vous face ? De quoi souffrez-vous ? De quoi avez-vous peur ? Qu'est-ce qui vous manque ?

2. De quelle façon les associations peuvent-elles aider les migrants ?

4 Bande-annonce

Allez sur le companion website (hackettpublishing.com/cinema-for-french-resources) pour trouver la bande-annonce du film. Regardez-la plusieurs fois et répondez aux questions suivantes :

1. Quelle est la première image de la bande-annonce ? Que voyez-vous ? Pourquoi ?

2. Que comprenez-vous sur la relation entre Simon et sa femme Marion ?

3. Quelle impression avez-vous de Bilal ?

4. Que pense Marion des activités de Simon ?
5. Quelle réaction le voisin de Simon a-t-il en voyant les jeunes Kurdes ?
6. Quel est le ton général de la bande-annonce ?

5 A savoir avant de visionner le film

- Durée : 1h50
- Genre : Drame
- Public : Le film n'est pas classé mais il convient à un public d'adolescents et d'adultes.
- Scénario : Philippe Lioret savait en écrivant le scénario que Vincent Lindon jouerait le rôle de Simon.
- Tournage : Le réalisateur voulait absolument des décors naturels pour son film. Il a donc tourné sur les lieux mêmes de l'action : la ville de Calais et son immense port, Blériot Plage à Sangatte, les ferries qui passent constamment.
- Note : Le réalisateur s'est renseigné auprès des associations et des bénévoles qui viennent en aide aux migrants pour s'assurer que son film collait à la réalité. Il a aussi passé plusieurs jours à Calais pour s'imprégner de l'ambiance et la rendre au mieux dans son film.

PREMIERE APPROCHE

1 L'histoire

Le but de cette activité est double :
- Vérifier que vous avez bien compris l'histoire
- Vous préparer à la discussion en classe

Répondez à chaque question en une ou deux phrases. Utilisez le vocabulaire que vous avez appris.

Les personnages

| Simon (Vincent Lindon) | Bilal (Firat Ayverdi) | Marion (Audrey Dana) | Mina (Derya Ayverdi) |

1. **Bilal et les migrants**
    - Comment Bilal est-il traité par les autres migrants, les Kurdes en particulier ?
    - Pourquoi Bilal n'est-il pas expulsé quand il est jugé ?

2. **Simon – Marion**
    - De quelle façon le divorce est-il important pour l'histoire ?
    - Que fait Marion pour essayer d'aider Simon ?
    - Simon a-t-il atteint son but à la fin du film ?
    - Marion a perdu sa bague. Pourquoi Simon ne la lui rend-il pas quand elle en parle ? Et pourquoi lui dit-il à la fin qu'il l'a retrouvée ?

3. **Simon – Bilal**
- Comment la relation entre les deux hommes évolue-t-elle ? Donnez des exemples précis.
- Se comprennent-ils toujours très bien ? Leurs différences culturelles ont-elles un impact sur leur relation ?
- Peut-on dire qu'une relation père-fils se développe entre eux ?

4. **La piscine**
- Quels succès Simon a-t-il eu en natation dans le passé ?
- Qu'est-ce que ce lieu représente pour Bilal, en plus d'un espace d'entraînement ?

5. **Mina et sa famille**
- Que sait-on sur la famille de Mina ? Depuis combien de temps sont-ils à Londres ?
- Sont-ils traditionnels ?
- Est-il important que Bilal veuille rejoindre Mina ? En quoi l'histoire serait-elle différente si son unique but était de vivre et de travailler en Angleterre ?

6. **La police**
- Quelle attitude le policier qui s'occupe de Simon a-t-il ? Se passionne-t-il pour sa mission ?

2 Analyse d'une photo

Sur cette photo, Bilal montre la photo de Mina à Simon.

1. Qu'est-ce que son visage exprime ?
2. Quelle réaction Simon a-t-il ?
3. Pourquoi ce moment est-il important pour Bilal ?
4. Et pour Simon ?

3 Analyse de citations

Analysez les citations suivantes en les replaçant dans leur contexte :

1. Marion à Simon : « Toi, bien sûr, tu ne dis rien. Tu baisses la tête et tu rentres chez toi, c'est ça ? »
2. Simon à Marion : « Moi quand tu es partie j'ai même pas été capable de traverser la rue pour te rattraper. »
3. Le policier à Simon : « Les Anglais nous l'ont renvoyé dans un sac en plastique. Ils l'ont trouvé à 800 mètres des côtes. Leurs côtes ».

APPROFONDISSEMENT

1 Vocabulaire

Enrichissez votre vocabulaire !

Le but de cette deuxième liste est d'élargir votre champ lexical. Ce vocabulaire ciblé sur des thèmes du film va vous permettre d'enrichir votre style.

Migrations et immigration

émigrer de : *to emigrate from*
fuir : *to flee*
immigrer : *to immigrate*
un(e) réfugié(e) : *a refugee*
un demandeur d'asile : *an asylum seeker*
un(e) étranger (-ère) : *a foreigner, an alien*
un sans-papier : *an undocumented immigrant*

être reconduit à la frontière : *to be escorted back to the border*
expulser : *to deport*
délivrer un visa : *to issue a visa*
une politique d'immigration : *immigration policy*

La police

un policier = un agent : *a police officer*
enquêter : *to investigate*
soupçonner : *to suspect*
un fourgon de police : *a police van*
une descente de police : *a raid*
un coup de filet : *a raid*

se faire arrêter : *to be arrested*
des menottes : *handcuffs*
un interrogatoire : *questioning*
une garde à vue : *police custody*
être incarcéré : *to be jailed*
être relâché : *to be released*

Mise en pratique du vocabulaire :

Ecrivez 5 phrases dans lesquelles vous utilisez au moins 10 mots de la liste ci-dessus.

2 Réflexion - Essais

Ces questions vont vous permettre d'approfondir l'étude du film. Ecrivez un paragraphe pour chacune, en utilisant le vocabulaire du chapitre et en soignant votre expression (vérifiez votre orthographe et votre grammaire). En faisant ce travail, vous vous préparez à la prochaine composition.

1. Comment la population française locale se comporte-t-elle avec les migrants ? Pensez à tous les Français du film et comparez leur attitude.
2. Quelle impression la police française vous donne-t-elle ?
3. Le sac en plastique est un objet récurrent. Comment le réalisateur l'a-t-il utilisé ?
4. La justice aide-t-elle les hommes à trouver une solution ?
5. Comment la France et l'Angleterre sont-elles présentées ? Quelle image avez-vous après avoir vu ce film ?
6. Qu'est-ce que la piscine rappelle constamment à Simon ? Dans le contexte de ses performances passées, quels espoirs Simon formule-t-il pour Bilal ?
7. Que pensez-vous des espoirs de Bilal d'être avec Mina ? Avait-il une chance ou était-il naïf ?

3 Analyse d'une scène : Marion découvre Bilal et Zoran chez Simon (42:32 après le début)

> ## Vocabulaire spécifique à cette scène
>
> trier (*to sort out*) • un couloir (*a hallway*) • une sonnerie (*ringing*) • stupéfait(e) (*astounded*) • dépanner qq'un (*to help s.o. out*) • décontracté(e) (*relaxed*) • une portière (*a car door*)

A. Ecoutez

1. Quels bruits de fond entend-on dans ce passage ?

2. Y a-t-il de la musique dans ce passage ? Pourquoi ?

3. Comparez le ton de Marion à celui de Simon.

B. Observez

1. Qu'est-ce que le visage de Marion exprime quand elle voit Zoran ?

2. Comment Zoran réagit-il en voyant Marion ?

3. Quelle attitude Simon a-t-il pendant la rencontre ?

4. Marion est venue prendre ses livres. Qui est actif dans cette scène ? Qui est immobile ?

5. Où la caméra est-elle placée pendant le tri des livres, puis pendant le coup de téléphone ?

6. Que nous indique l'expression de Simon à la fin de la scène, quand il vient de quitter Marion et Bruno ?

C. Cette scène dans l'histoire

Pourquoi cette scène est-elle importante pour l'histoire ? De quelle façon change-t-elle les relations entre Simon et Marion ? Pourquoi Simon est-il encore plus engagé envers les jeunes Kurdes ?

D. Langue

1. Compréhension

Les acteurs parlent vite, pas toujours clairement, et utilisent un vocabulaire familier et des expressions idiomatiques. Ecoutez le dialogue plusieurs fois et essayez de remplir les blancs :

a. T'es _____ pas tout seul.

b. Tiens, prends _____.

c. J'étais dans tes _____.

d. C'est _____ que je _____.

e. Qu'est _____ font là ?

f. _____, 3 jours, 4 jours.

g. Ils étaient là, dehors, congelés, _____.

h. Il est à moitié _____, lui, le grand.

i. Et puis ça va te _____ le dos.

2. L'interrogation

Cette scène est une série de questions, posées de façon informelle. Vous allez les reposer en utilisant 1. Est-ce que et 2. L'inversion.

Ex : T'as plus tes clés ?
    → Est-ce que tu n'as plus tes clés ?
    → N'as-tu plus tes clés ?

a. Tu veux un café ?

b. Qui c'est ?

c. Ceux-là, tu les prends aussi ?

d. Ils sont chez toi depuis quand ?

e. Le petit bureau on fait comment ?

f. Pourquoi tu fais ça Simon ?

g. Tu peux prendre mes clés, là ?

h. Et le bureau on fait ça quand, alors ?

3. Futur et conditionnel

Remplacez chaque blanc par le verbe conjugué au temps qui convient.

Ex : Quand Marion arrivera, les Kurdes _____ (quitter) l'appartement.
    Quand Marion arrivera, les Kurdes <u>quitteront</u> l'appartement.

a. Quand Marion sonnera à la porte, Simon lui _____ (ouvrir).

b. Si elle vivait toujours avec Simon, Marion _____ (ne pas venir) chercher ses livres

c. Si Marion avait le temps, elle _____ (prendre) un café.

d. Simon _____ (ne pas héberger) les Kurdes si Marion n'était pas partie.

e. Quand Simon et Marion quitteront l'appartement, les Kurdes _____ (partir).

f. Si Marion oublie des livres, elle les _____ (emporter) samedi.

g. Quand Marion arrivera au collège, Simon _____ (être) au commissariat et Bilal _____ (aller) à la piscine.

h. Si elle ne l'avait pas vu, Marion _____ (ne jamais croire) que Simon aiderait des migrants.

E. **Comparaison avec une autre scène**

Comparez cette scène avec celle où Marion vient chercher son bureau (1: 15: 50 à 1: 16: 35). Simon et Marion sont dans la cuisine, Simon sait que Bilal est parti pour traverser la Manche et est très inquiet. Comparez l'attitude de Simon dans les deux scènes : son comportement, ses expressions, ses gestes, le ton de sa voix. Comparez aussi les propos de Marion dans les deux scènes. De quelle façon la deuxième répond-elle à la première ?

F. **Sketch**

Imaginez ! Marion voit les deux jeunes Kurdes le soir même à la distribution des repas chauds. Elle discute avec eux après le repas. Ils lui parlent des raisons de leur voyage, de leurs espoirs pour une nouvelle vie en Angleterre, elle leur parle de son action et leur demande ce qu'ils pensent de l'accueil de Simon.

Ecrivez et jouez le dialogue.

LE COIN DU CINEPHILE

1 Premières / dernières images

Comparez la première scène et la dernière scène. Qu'ont-elles en commun ? Qu'est-ce qui a changé ?

2 Couleurs et lumière

Quelles couleurs dominent dans ce film ? Comment est-il éclairé ?

3 Jeu des acteurs non-professionnels

Les seuls acteurs professionnels du film sont Vincent Lindon et Audrey Dana. Les autres sont des non-professionnels qui faisaient du cinéma pour la première fois. Qu'avez-vous pensé de leur jeu ? Etaient-ils naturels ?

> Vous aurez peut-être besoin de revoir quelques scènes du film pour répondre en détail aux deux premières questions.

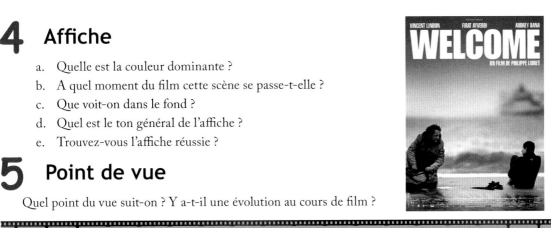

4 Affiche

a. Quelle est la couleur dominante ?
b. A quel moment du film cette scène se passe-t-elle ?
c. Que voit-on dans le fond ?
d. Quel est le ton général de l'affiche ?
e. Trouvez-vous l'affiche réussie ?

5 Point de vue

Quel point du vue suit-on ? Y a-t-il une évolution au cours de film ?

AFFINEZ VOTRE ESPRIT CRITIQUE

1 Titre

D'où vient le titre du film ? Pourquoi le réalisateur l'a-t-il choisi ?

2 Crédibilité

Le film est-il entièrement crédible ? Certains aspects sont-ils difficiles à croire ?

3 Universalité de l'histoire

Cette histoire est-elle intimement liée à Calais en 2008, ou peut-elle exister ailleurs et à une autre époque ?

4 Intentions du réalisateur

Ce film est-il principalement un film politique ou une histoire d'amour ?

5 Critiques

a. « La force du film n'est pas seulement de montrer un enfer à 250 km de Paris. Elle réside aussi dans l'apprentissage de la dissidence. » C'est ce qu'explique Clara Dupont-Monod dans sa critique du film (*Marianne*, 7 mars 2009). Etes-vous d'accord avec elle ? Le film a-t-il deux forces ? Qui fait l'apprentissage de la dissidence ?

b. Pierre Murat, dans sa critique du film (*Télérama*, 11 mars 2009), a le sentiment que malgré la fin dramatique, « ce sont des fragments de fraternité que l'on emporte ». Avez-vous la même impression ? Qu'avez-vous emporté de ce film ?

POUR ALLER PLUS LOIN

1 Parallèles avec d'autres films

1. **Accueil des étrangers :** Dans *Les femmes du 6ᵉ étage, Inch'Allah dimanche* et *Welcome*, des étrangers arrivent en France d'Espagne, d'Algérie et d'Iraq. Dans *La cour de Babel*, les adolescents viennent du monde entier. Comment sont-ils accueillis ? Quelle attitude la population française a-t-elle ?

2. **Amitié inattendue :** Plusieurs films sont des histoires d'amitié inattendue : Welcome (Simon et Bilal), Joyeux Noël (les officiers des trois pays en guerre) et Intouchables (Philippe et Driss). Pourquoi ces amitiés étaient-elles inattendues ? En quoi les personnages sont-ils différents ? Pourquoi deviennent-ils amis ?

3. **Films multilingues :** *Inch'Allah dimanche, Joyeux Noël, Welcome, Les femmes du 6e étage* et *Fatima* sont en français mais aussi en arabe, anglais, allemand, kurde et espagnol. Quels problèmes particuliers cela pose-t-il au réalisateur ?

2 Imaginez !

Un an plus tard : Mina écrit à Simon et Simon lui répond. Vous allez faire 4 paragraphes :

• Mina repense au drame de l'année d'avant (décès de Bilal, mariage forcé à son cousin).

• Mina explique comment elle vit. Elle lui parle notamment de son mari, des restaurants qu'il a ouverts, de sa famille, de sa vie sociale, de ses espoirs.

• Simon repense à son divorce, au décès de Bilal et à ce qu'il ressentait l'année d'avant.

• Simon raconte ce qu'il fait maintenant (travail, vie sociale, projets). A-t-il continué à s'occuper des migrants ? A-t-il quitté la région ? A-t-il rencontré une femme dont il est tombé amoureux ?

Vous pouvez imaginer ce que vous voulez mais cela doit être plausible. Pensez notamment à la culture de Mina !

3 Autres frontières

La situation décrite dans le film est loin d'être singulière. De nombreux pays sont confrontés au drame des migrants comme terre de passage ou d'accueil. Choisissez un pays et expliquez qui sont les (im)migrants, pourquoi ils ont quitté leur pays, comment ils traversent la frontière, quelle attitude la police et les habitants ont.

4 Lectures

1. Témoignages de bénévoles

L'article suivant est tiré du blog de François Béguin, publié par *Le Monde* le 1ᵉʳ juin 2012.

L'aide aux migrants, une affaire de femmes

Elles ont commencé « comme ça », après leur départ en retraite, parce qu'une amie leur en avait parlé. Elles invoquent un nécessaire « humanisme » et disent : « quand on s'engage, on ne peut pas faire ça en touriste ». Elles sont sans doute fichées par la police mais ne s'en inquiètent pas. Elles savent que les migrants, ce qu'ils veulent le plus, ce sont des bonnes baskets.[1] « Parce que pour eux, c'est le nerf de la guerre »[2] Toutes consacrent bénévolement plusieurs demi-journées par semaine à aider les migrants des camps de Téteghem et de Grande-Synthe, à côté de Dunkerque.

Il y a le docteur Brigitte Marc, 68 ans, de Médecins du Monde. Marie-Jo Westrelin, 65 ans, de l'association AMiS (Aide migrants solidarité). Marie, 61 ans et Gillette, bientôt 80 ans, de l'association Salam. L'une prodigue des soins,[3] les autres conduisent les migrants aux douches ou préparent et distribuent des repas. A travers elles, c'est de plusieurs dizaines d'autres bénévoles dont il est question, en grande majorité des femmes, souvent à la retraite.

Certains mardis en fin de matinée, elles se croisent[4] au bord du lac de Téteghem où séjournent en permanence entre 20 et 40 migrants. Des Afghans, des Iraniens, des Irakiens, quelques Vietnamiens aussi, qui passent ici quelques semaines, « rarement plus », en attendant de trouver le bon camion pour l'Angleterre. « Et quand ça traîne trop[5], ils vont vers Calais. »

Des bénévoles de l'association Salam, dans la cuisine prêtée par la paroisse de Grande-Synthe. © Elodie Ratsimbazafy.

Leur engagement est postérieur à la fermeture du camp de Sangatte, en décembre 2002, quand les migrants chassés du Calaisis[6] se sont rapprochés de Dunkerque. Celles qui ont connu le camp de Loon-Plage, fermé depuis, parlent de conditions « inhumaines ». « La première fois que j'y suis allée, raconte Marie (Salam), je m'en souviens comme si c'était hier. C'était en hiver. J'ai touché les doigts d'un migrant qui dépassaient[7] de son duvet,[8] ils étaient froids comme de la pierre. Je n'en ai pas dormi pendant quinze jours. »

« On est là pour préserver la santé. Si on ne fait pas ce métier-là avec des convictions, ce n'est pas la peine de le faire. » Le docteur Brigitte Marc, qui travaillait auparavant dans une grosse entreprise sidérurgique du Dunkerquois, est depuis deux mois référent médecin pour Médecins du Monde, ce qui lui prend un à deux jours par semaine. Un mardi matin par mois, elle consacre deux heures à la consultation médicale au camp de Téteghem. « En règle générale, ce sont des populations jeunes qui n'ont pas de gros soucis de santé.[9] Les problèmes fréquents sont liés à leur mode de vie, il y a beaucoup de cas de gale.[10] »Au début de l'année, conseillée par l'association, la communauté urbaine de Dunkerque a installé des cabanons[11] et des toilettes sèches dans le camp.

Marie-Jo Westrelin a commencé à s'impliquer après sa retraite (elle était travailleur social) en janvier 2008. « A l'époque, c'était à la bonne

1   sneakers
2   that's key
3   gives care
4   meet
5   when it takes too long
6   the region around Calais
7   were sticking out
8   sleeping bag
9   health problems
10 scabies
11 sheds

franquette,[12] se souvient-elle. C'est parti d'un constat au sein de la paroisse[13] : on parlait d'évangiles[14] et à côté de chez nous, il y avait des gens qui avaient froid et faim. » L'association AMiS, montée à Téteghem au début de l'année, compte une trentaine de bénévoles, dont la moitié sont actifs. Outre[15] la préparation et la distribution de repas le samedi matin, chaque mardi, ils sont six à se relayer pour conduire les migrants aux douches des vestiaires du stade municipal de Téteghem et leur proposer des vêtements en bon état. Pour effectuer ce court trajet, Marie-Jo fait monter les migrants par groupe de trois dans sa voiture. Dans l'association, ils ne sont que quatre à le faire. « Pour différentes raisons, les autres ne veulent pas le faire, dit-elle. C'est vrai que quelque part, on n'a pas le droit. Nos voitures sont repérées mais la police ferme les yeux. »

Gillette Gillet, de l'association Salam, respecte strictement certaines règles : « On ne les prend pas dans nos voitures, on ne donne pas nos numéros de téléphone, on ne prête pas nos portables,[16] explique-t-elle. Je m'en tiens à[17] l'humanitaire. » Chaque mardi, de 7h30 à 16 heures, avec d'autres bénévoles, « des copines », elle prépare puis distribue des repas pour les migrants. Et tous les jours, elle vient au local apporter le pain et la viande donnés par des commerçants. L'aide aux migrants ne représente qu'une partie de ses activités : Gillette s'investit également à ATD-Quart Monde, à Emmaüs, au MRAP, au SAPPEL, à Amnesty International. « Mon engagement, c'est parce que je suis chrétienne. » Veuve depuis l'âge de 33 ans (elle en a bientôt 80), « l'amour que je ne donne pas à mon mari, je le donne autour de moi », ajoute-t-elle.

L'époux de Marie évoque parfois en souriant tout le temps qu'elle passe avec « ses Afghanistanais[18] ... » Lui, son truc, c'est le bateau. En retraite depuis un an (elle était secrétaire médicale à mi-temps), Marie consacre ses lundi, jeudi et samedi matins à la préparation et à la distribution de repas. De temps en temps, elle aide pour les douches. Par ailleurs, quand elle ne s'occupe pas de ses petits-enfants, elle donne des cours d'alphabétisation[19] dans une autre association. « Certains nous demandent pourquoi on fait tout ça... Moi, je ne regrette pas une seconde, ça fait partie de ma vie... » Elle dit aussi : « Des fois c'est dur, des fois, ça va tout seul. Parfois, il y a des détresses... Ces gars-là, ils sont écorchés[20] aux trois quarts. Et je ne sais pas comment le quart restant va se remettre debout. Parce qu'une fois en Europe, ils sont foutus.[21] Il n'y a pas un pays qui en veut. Ils tournent. Leur vie, c'est l'errance.[22] »

« Ce qui m'interpelle,[23] commente Brigitte Marc, c'est pourquoi il y a des migrants. Si des pays nantis[24] comme les nôtres n'allaient pas tout dérégler[25] pour des questions d'intérêt, il n'y en aurait pas. Pour eux, le rêve serait de travailler tranquillement dans leur pays. »

12 informal
13 parish
14 the gospel
15 in addition to
16 cell phones
17 I stick to
18 Afghans
19 literacy classes
20 hurt
21 in dire straits
22 roving
23 puzzles
24 well-off
25 unsettle

    a.   Qu'est-ce que ces femmes ont en commun ?

    b.   Quelle aide apportent-elles aux migrants ?

    c.   Quel souvenir gardent-elles du camp de Loon-Plage ?

    d.   Quelle attitude la police a-t-elle ?

2. Article : A Calais, sur la route des passeurs kurdes…

Elisa Perrigueur, journaliste au *Monde*, a publié l'article suivant le 18 juin 2019.

« Le Monde » a pu suivre le travail de la brigade mobile de recherche, surveillant des réseaux[1] de plus en plus structurés qui font passer des réfugiés en Grande-Bretagne pour 4 600 euros par personne.

Il est 20 heures. L'obscurité a tout submergé entre Calais (Pas-de-Calais) et Dunkerque (Nord) […].

Aux abords de l'autoroute A16, […] vingt-huit Kurdes d'Irak grelottent[2], sacs sur le dos, cachés sur les bas-côtés[3], derrière la bande d'arrêt d'urgence[4]. Il y a là des femmes, des adolescents, un père serrant son bébé contre sa poitrine… Tous rêvent de rejoindre le Royaume-Uni. Deux fourgonnettes[5] hors d'âge[6] s'arrêtent à leur hauteur, feux de détresse[7] allumés. Des hommes en descendent qui les pressent de monter à bord, puis reprennent vite la route, filant bientôt plein sud sur une départementale[8] déserte.

Six policiers en civil[9], répartis en deux voitures banalisées, ont observé à distance ces escales furtives. Voilà trois semaines que leur service, la brigade mobile de recherche (BMR), une unité de la police aux frontières (PAF), piste[10] ces fourgonnettes grâce à la géolocalisation des téléphones des conducteurs.

Les enquêteurs[11] roulent maintenant à tombeau ouvert[12] pour suivre ceux qu'ils pensent être des trafiquants kurdes : au moins deux chauffeurs et quatre passeurs, mêlés aux passagers. Les policiers ont appris à vivre au rythme de ces suspects, à reconnaître leur démarche, leurs vêtements, « souvent les mêmes », d'après le brigadier-chef William, directeur de l'enquête. […] Les policiers savent déjà qu'ils transportent en moyenne vingt à vingt-cinq « clients » cinq soirs sur sept – des migrants parmi les centaines de Kurdes qui campent dans les bois de Grande-Synthe (Nord).

Le premier objectif de ces trafiquants, dès qu'ils ont embarqué des passagers, est de trouver des camions en partance vers les îles britanniques[13] Une fois ces véhicules repérés[14], ils essaieront, à l'insu des routiers[15], de les dissimuler[16] dans les cargaisons. Coût du voyage : 4 600 euros par personne.

La guerre des parkings

Cette nuit, comme tant d'autres auparavant, les membres du réseau foncent en direction de la Seine-Maritime, à plus de 150 kilomètres de Calais. Ils rejoignent leurs « territoires » : trois parkings de poids lourds où ils ont leurs habitudes.

Dans le nord et l'ouest de la France, bien des groupes de passeurs s'autoproclament ainsi maîtres de certaines aires d'autoroute[17] […]… Contrôler un parking, écarter toute concurrence et avoir le choix des camions pour cacher les « clients » kurdes, mais aussi iraniens, afghans ou érythréens, c'est s'assurer des fortunes. « Cette frontière est la plus difficile à franchir[18] en Europe, les contrôles sont nombreux. Les passeurs sont notre seule option », justifie Barzan, un migrant kurde qui a atteint Liverpool dans un camion chargé de caisses de shampoing.

Les Albanais avaient montré la voie[19] dès la fin des années 1990, en organisant les premières traversées clandestines de réfugiés kosovars. […]

1 networks
2 shiver
3 the roadside
4 emergency lane
5 vans
6 very old
7 emergency lights
8 country road
9 plainclothes officers
10 track
11 detectives
12 are driving at breakneck speed
13 British Isles
14 identified
15 without the truck drivers knowing
16 hide
17 highway rest areas
18 to cross
19 showed the way

Les Albanais, qui se tiennent désormais pour la plupart en retrait de[20] ces aires, ont développé des passages dits « garantis ». Avec la complicité de certains routiers, rémunérés[21] à hauteur de 10 000 euros, ils aménagent des caches[22] dans les cargaisons.

Conséquence : ce sont surtout les jeunes Kurdes d'Irak [...] qui se disputent, parfois au 9 mm, le contrôle des territoires. [...]

Dans le bon camion

Le milieu a ses règles, ses usages, à commencer par le paiement en cash du carburant[23]. Toute transaction doit être intraçable. [...] Des complices, baptisés les « banquiers », postés souvent en Irak ou au Royaume-Uni, réceptionnent par avance le montant de la prestation en liquide[24]. [...] Les autorités françaises ne savent pas où finit ce pactole[25]. Certains soirs, les trafiquants que poursuit la BMR peuvent empocher jusqu'à 115 000 euros.

Cette nuit, leurs fourgons déposent les passagers en rase campagne, sur un parking où sont stationnées des dizaines de poids lourds[26]. La petite troupe court se confondre[27] avec les arbres nus, dans une odeur de terre et d'essence.

Les passeurs, eux, doivent trouver des camions où les cacher. [...] Pour conduire discrètement leur clientèle outre-Manche[28], « certains n'ont aucune limite : donner des somnifères[29] aux bébés, distribuer des tubas pour duper les contrôles de CO_2... », lâche l'un des enquêteurs. Figé derrière des buissons, il se concentre, comme ses collègues, sur quatre types[30] masqués. « Probablement les passeurs, murmure William. Il faut faire la différence avec les migrants, qui sont leurs victimes. »

Les routiers[31], en plein sommeil dans leurs cabines, ignorent[32] que trois « éclaireurs[33] » du groupe de trafiquants rôdent[34] alentour. Les poids lourds français et belges sont éliminés d'office, on n'est jamais sûr qu'ils aillent en Grande-Bretagne. Les véhicules britanniques sont les plus prisés[35], avec ceux d'Europe de l'Est.

Cette fois, les passeurs s'attardent sur un camion tôlé[36], entouré d'un câble, immatriculé au Royaume-Uni. Leur technique : sectionner le câble à la pince, vérifier le bon de destination, charger[37] trois adultes et trois enfants, refermer et rafistoler le câble à la cire. Une opération bientôt répétée sur un autre poids lourd.

Les Kurdes se « professionnalisent »

La BMR ayant communiqué les immatriculations[38] des deux camions en question, ceux-ci sont interceptés à l'aube au port de Calais. A bord, vingt-quatre Kurdes transis. Des agents de la PAF en interrogent certains. Aucun ne livre[39] de détails, par peur des représailles. Tous seront bientôt libérés, sans autre choix que de retourner à Grande-Synthe. [...]

Quelques semaines après cette filature[40], Nicolas, le second directeur de l'enquête, peste[41] : les meneurs[42] restent masqués, seuls les chauffeurs, Sirwan et Hawara, ont été identifiés. [...]

D'après William, le responsable de l'enquête, les jeunes Kurdes se « professionnalisent ». Par crainte des écoutes téléphoniques, ils échangent en priorité par l'intermédiaire des applications WhatsApp et Viber ou Facebook. Ceux qui sont interpellés[43] récidivent[44] presque tous à leur sortie de prison et briefent aussitôt leurs complices sur les techniques policières. « Devenir passeur ne se fait pas comme ça, résume Ako, un interprète qui assiste la police et maîtrise[45] les codes du milieu. Il faut des connexions : un

20 away from
21 paid
22 they set up hiding areas
23 gas
24 in cash
25 jackpot
26 trucks
27 to hide
28 across the Channel
29 sleeping pills
30 guys
31 truck drivers
32 have no idea
33 scouts
34 are lurking
35 desirable
36 covered with metal sheeting
37 loading
38 license plates
39 share
40 surveillance
41 is bummed
42 leaders
43 arrested
44 do it again
45 understands

frère, un cousin… La majorité sont des anciens peshmergas[46]. Beaucoup se font prendre pour des conneries[47] : ils flambent dans les casinos ou achètent des voitures. [...]

« Moi-même, je voulais traverser »

Sirwan [...] a finalement été arrêté quelques mois plus tard, par hasard, par leurs collègues de la brigade anticriminalité (BAC). Les deux autres, Hawara et Zirek, ont été interpellés peu après. Loin de l'image de caïds trompe-la-mort[48], ils assurent être eux-mêmes des réfugiés en transit. Arrivés à l'automne 2018, ils ont laissé derrière eux leurs parents pour essayer de se rendre à Londres et d'y trouver du travail.

Sirwan a 20 ans et un regard sombre. [...] Il fixe William et « assume » : oui, il se reconnaît sur les images de vidéosurveillance ; oui, il conduisait, mais il n'a « jamais » fait monter personne. « Je ne suis pas un passeur, ajoute-t-il. Moi-même, je voulais traverser. »

Sirwan raconte avoir lui-même payé 4 600 euros en Irak pour rallier la Grande-Bretagne. Mais, à son arrivée en France, ses passeurs lui ont proposé un deal. « Je devais travailler un mois et passer gratuitement. » Alors, il a repris son argent et suivi la consigne[49] : « Dès que tu vois la police, tu traces[50]. » A l'entendre, les passeurs ne l'ont plus laissé partir car il conduit bien et n'a pas peur. [...] « Jamais je ne te donnerai leurs noms, dit-il au policier. J'ai peur pour mes proches[51] et ma vie. Les passeurs sont nombreux, ils ne craignent personne. » A l'issue des auditions, la BMR ignore toujours l'identité des cadres[52] du réseau. William l'admet : à l'image de Sirwan, les chauffeurs ne sont que des « secondes mains ». Du strict point de vue statistique, leur arrestation sera considérée comme un nouveau « démantèlement[53] de filière ».

Après un mois de détention, Sirwan a été condamné à deux ans de prison ferme pour « aide à l'entrée, à la circulation ou au séjour irréguliers d'étrangers en bande organisée ». Pour les mêmes faits, Hawara et Zirek ont été condamnés à dix-huit mois de détention. Les trois hommes ont écopé d'une interdiction de territoire. Tous ont fait appel. En attendant, leurs chefs invisibles les ont vite remplacés et continuent de s'enrichir.

Difficile, pour William et son équipe, de les coincer[54] et de s'adapter à l'évolution des techniques : la multiplication des passages clandestins en bateau les oblige de plus en plus à troquer[55] les planques[56] sur les parkings pour les filatures le long des rivages[57]…

46 soldiers of the Kurdistan
   region in Iraq
47 dumb things
48 fearless crooks
49 instructions
50 flee
51 relatives
52 heads
53 dismantling
54 to catch them
55 replace
56 hideouts
57 shorelines

a. Quel était le travail des policiers pendant la nuit racontée par la journaliste ?

b. Que sait-on sur les migrants qui attendent d'être pris en charge ?

c. Quelles sont les étapes de l'expédition ?

d. Combien coûte l'aide des passeurs ? A qui profite cet argent ?

e. Pourquoi la tâche des policiers est-elle décourageante ?

Récapitulons !

Qu'est-ce que *Welcome* vous a appris sur :
- les migrants en général ?
- les lieux de vie des migrants en France ?
- l'attitude de la population française envers eux ?
- les relations franco-britanniques en ce qui concerne les migrants ?

Au revoir les enfants

Présentation du film

Janvier 1944. Julien, 11 ans, est pensionnaire dans une école catholique. Un jour, un nouvel élève, Jean Bonnet, arrive au collège. Il est brillant, réservé et semble cacher un lourd secret. Julien et Jean deviennent amis.

Carte d'identité du réalisateur

Louis Malle (1932-1995) a réalisé des films d'une remarquable diversité, cherchant sans cesse à se renouveler. Il a d'abord été co-réalisateur, avec Jacques-Yves Cousteau, du *Monde du silence* (1956), puis a été l'assistant de Robert Bresson. Il a ensuite alterné des documentaires (*Vive le Tour*, 1963, *Calcutta*, 1969) et des films de fiction. Il aimait briser les tabous et a donc souvent fait l'objet de controverses (*Les amants*, 1959, *Fatale*, 1992), notamment aux Etats-Unis. Ses autres films marquants sont *Ascenseur pour l'échafaud* (1957), *Zazie dans le métro* (1959), *Le souffle au cœur* (1971), *Lacombe Lucien* (1974), *Atlantic City* (1981), *Au revoir les enfants* (1987), et *Milou en mai* (1990).

Carte d'identité des acteurs

Raphaël Fejtö et Gaspard Manesse

Les jeunes acteurs d'*Au revoir les enfants* ont conservé un lien avec le cinéma. Gaspard Manesse est devenu compositeur (il a composé la musique de *Comme il vient* en 2002) et il a joué quelques petits rôles. Raphaël Fejtö est réalisateur (il a écrit et réalisé *Osmose* en 2003 et *L'âge d'homme… maintenant ou jamais* en 2007).

L'heure de gloire

Au revoir les enfants a eu un immense succès critique et public. Il a remporté 7 César (dont ceux du meilleur film, meilleur réalisateur, meilleur scénario), a gagné le Prix Méliès et le Prix Louis-Delluc du meilleur film. A l'étranger il a, entre autres, remporté le Lion d'or du meilleur film étranger au Festival de Venise et a été nommé pour le Golden Globe et l'Oscar du meilleur film étranger.

PREPARATION

1 Vocabulaire

Vocabulaire utile avant de voir le film :

Vous connaissez déjà certains des mots de la liste. Ils sont notés pour que vous les révisiez. Vous devez savoir ce vocabulaire par cœur, avec les genres pour les noms, les prépositions pour les verbes et les orthographes difficiles. Observez bien les exemples, ils vous aideront à vous exprimer correctement.

Noms

une guerre : *a war*
un pensionnat : *a boarding school*
un dortoir : *a dorm*
les échasses : *stilts**
une alerte : *a warning*
un raid aérien : *an air raid*
une chasse au trésor : *a treasure hunt*
une hostie : *a communion wafer*
un casier : *a locker*
le marché noir : *the black market***
l'amitié : *friendship*

un abri : *a shelter*
un prêtre : *a priest*
la milice : *the militia****
l'infirmerie : *the infirmary*
la culpabilité : *guilt*

> **A savoir**
>
> « Guerre » et « war » ont la même origine. Ils viennent tous deux du francique (la langue des Francs) « werra ».

*Ex : Ils jouent aux échasses. Ils sont sur des échasses.
**Ex : Il vendait des confitures <u>au</u> marché noir.
***Nom singulier, donc verbe au singulier, même s'il y a plusieurs miliciens (ex : La milice est entrée dans le restaurant).

Verbes

pleurer : *to cry*

se moquer de qq'un : *to make fun of s.o.**

se cacher : *to hide*

protéger qq'un : *to protect s.o.*

fouiller (un endroit) : *to search (a place)*

prier : *to pray*

se perdre : *to get lost***

avoir peur de qq'un/qqch : *to be scared of s.o./sth****

se battre contre : *to fight against*

communier : *to receive Holy Communion*

boiter : *to limp*

renvoyer qq'un : *to fire s.o.*

échanger : *to exchange*

dénoncer qq'un : *to inform against s.o./ to give s.o. away to the police*

trahir qq'un : *to betray s.o.*****

se venger de qqch/qq'un : *to take one's revenge for sth/s.o.*

s'échapper : *to escape*

*Ex : Les enfants se moquent de Joseph. Ils se moquent <u>de lui</u>.
**Ex : Ne vous perdez pas ! Nous nous sommes perdu<u>s</u>.
***Ex : Ils ont peur des soldats. Ils ont peur <u>d'eux</u>. Ils ont peur des bruits dans la forêt. Ils <u>en</u> ont peur.
****Ex : Il a trahi ses camarades. Ils ont été trahis.

Adjectifs

juif(-ve) : *jewish*

privilégié(e) : *privileged*

privé(e) : *private*

jaloux(-se) : *jealous**

chaleureux (-se) : *warm (person)*

courageux(-euse) : *courageous*

(in)juste : *(un)fair*

interdit(e) : *forbidden*

raciste : *racist*

poignant(e) : *deeply moving*

*Ex : Il est jaloux <u>des</u> bonnes notes du nouvel élève. Il est jaloux <u>du</u> nouvel élève. Il est jaloux <u>de lui</u>.

Traduisez !

1. The priest and the Jewish children were scared of the militia searching the boarding school.
2. He prayed at the dorm while the other children slept.
3. The whole school hid in the shelter during the air raids.
4. Joseph betrayed the children by informing against them.

Vous n'avez pas besoin du dictionnaire. Tous les mots sont dans la liste ci-dessus !
Comment allez-vous traduire « searching » ? Comment allez-vous construire la phrase ? Quel temps allez-vous utiliser ?

2   Repères culturels

Le film se passe pendant la Deuxième Guerre mondiale. Pour mieux comprendre le contexte, faites des recherches et répondez aux questions suivantes :

1. **L'Occupation :** A quelle période et par qui la France a-t-elle été occupée ?
2. **Pétain :** Quel rôle avait-il pendant la guerre ?
3. **Le régime de Vichy :** Qui était à la tête du gouvernement ? Pourquoi s'est-il installé à Vichy ? Avec qui le régime de Vichy travaillait-il ?
4. **Les zones :** Que voulait dire « zone occupée », « zone libre », et « ligne de démarcation » ?
5. **La collaboration/les collaborateurs :** Qui étaient les collaborateurs ? Qui aidaient-ils ?
6. **La Gestapo :** Qu'est-ce que c'était ? Quels étaient ses pouvoirs ?
7. **La Résistance :** Quand et comment a-t-elle commencé ? Que faisaient les résistants ?

Le maréchal Pétain s'addressant par la radio aux écoliers depuis l'école du village de Périgny, octobre 1941.

Le couvre-feu pendant la guerre

Le couvre-feu est l'interdiction pour les habitants de sortir de chez eux (généralement la nuit). Pendant l'Occupation le couvre-feu était à 11 heures du soir.

La milice

Crée en janvier 1943 par le gouvernement français, la milice collaborait avec les Allemands, notamment en travaillant pour la Gestapo. Il faut souligner que peu de Français se sont enrôlés dans la milice.

Position de l'église catholique

L'église catholique était partagée pendant l'Occupation. Une partie était favorable au nazisme pour lutter contre le communisme, tandis qu'une autre s'est engagée dans la Résistance et a protégé des Juifs.

Le STO

Le STO était un service mis en place en 1942 par les Nazis et le gouvernement de Vichy pour envoyer des hommes travailler en Allemagne. 700 000 Français ont travaillé en Allemagne entre 1942 et 1944. Ceux qui étaient réfractaires essayaient de se cacher ou entraient dans la Résistance.

3 Témoignages

Lisez les témoignages suivants pour mieux comprendre ce que ressentaient les enfants et les adolescents pendant la guerre.

Gabriel Houdebine

- Né en 1934
- Habitait à Gonnord, un village du Maine-et-Loire
- Ecole primaire, externe

1. Vos professeurs parlaient-ils de la guerre en classe ?
   Non, nous étions trop jeunes.

2. En parliez-vous avec vos camarades ?
   Très peu pour la même raison et nos parents évitaient d'en parler devant nous. Les enfants étaient tenus à l'écart des grandes informations.

3. De quoi avez-vous souffert pendant la guerre ?
   De quelques privations alimentaires mais en campagne nous étions privilégiés avec les fermes proches et la production familiale : jardin, basse-cour (poules, lapins) et cochon.

4. Saviez-vous que des gens étaient cachés ?
   Nous avions très peu d'informations. Peu de journaux (censurés), pas de radio.

5. Saviez-vous que des gens étaient déportés ?
   Il était beaucoup question des prisonniers et travailleurs obligatoires (STO), mais nous n'étions pas directement concernés par la déportation et ce n'est qu'à la fin de la guerre qu'il en a été question.

Bernadette Gaillard

- 6 à 10 ans pendant l'Occupation
- Habitait à Azay-sur-Thouet, un village des Deux-Sèvres
- Ecole primaire, externe

1. Vos professeurs parlaient-ils de la guerre en classe ?
   Non, nous n'étions que de tout jeunes enfants.

2. En parliez-vous avec vos camarades ?
   Non, les informations n'étaient pas les mêmes qu'aujourd'hui.

3. De quoi avez-vous souffert pendant la guerre ?
   - Beaucoup de privations (nourriture, habillement).
   - Nous ne sortions pas (aucun moyen financier, aucun moyen de locomotion).
   - Nous n'avions pas de jouets (à Noël : une orange et une paire de chaussettes tricotées par ma grand-mère avec de la laine de récupération).
   - Mais nous avions une famille très soudée, des parents attentifs et aimants. Nous étions heureux.

4. Saviez-vous que des gens étaient cachés ?

> Deux couples de réfugiés du Nord étaient hébergés chez mon grand-père. Une seule chambre sans eau ni toilettes les abritait. Après la guerre ils sont revenus, reconnaissants.

5. Saviez-vous que des gens étaient déportés ?

> Non. Par contre je me souviens de maquisards cachés dans la nature. L'un d'eux ayant tiré sur un cheval allemand, la vengeance a failli être très sévère. Les Allemands voulaient incendier tout le bourg. Devant cette terrible menace, mes parents voulaient nous mettre à l'abri dans des ravins (à 2 km). Mais interdiction de sortir. Nous avons donc passé toute la nuit dans l'angoisse. Jamais je n'ai pu oublier.

Philippe Séjourné

- 12.5-16.5 ans pendant l'Occupation
- Habitait à Honfleur, en Normandie (zone très contrôlée) jusqu'à octobre 1942, puis à Beaune, en Bourgogne jusqu'en août 1944
- Pensionnaire à partir d'octobre 1941

1. Vos professeurs parlaient-ils de la guerre en classe ?

> Assez peu. Pourtant trois de mes professeurs furent arrêtés par la Police Allemande.

2. En parliez-vous avec vos camarades ?

> Oui. J'ai même été battu par deux plus grands (dont le papa était fonctionnaire de Vichy) pour avoir tenu des propos gaullistes.

3. De quoi avez-vous souffert pendant la guerre ?

> Physiquement : Nourriture insuffisante (d'où problèmes de santé et de croissance) mais les grandes villes étaient plus à plaindre que celles (petites et proches de la campagne) où nous habitions. Moralement : Surtout à partir du moment où mon frère aîné est entré dans l'Armée Secrète (renseignements pour la Résistance et les Alliés). Nous n'avions que très peu de nouvelles de lui.

4. Saviez-vous que des gens étaient cachés ?

> Peu informés.

5. Saviez-vous que des gens étaient déportés ?

> Nous savions surtout que les résistants étaient arrêtés et fusillés. Nous savions aussi que certains gros commerçants (producteurs de vin en Bourgogne) exportaient vers l'Allemagne, ce qui était très mal considéré.

Lucienne Miège

- 9 ans au début de l'Occupation
- Habitait à Saint-Baldoph, un petit village de Savoie de 300 habitants
- Petite école, externe

1. Vos professeurs parlaient-ils de la guerre en classe ?

> En général nos institutrices ne nous parlaient pas de la guerre, sauf lorsqu'il y avait alerte. Nous sortions de la classe pour aller dans les vignes toutes proches.

2. En parliez-vous avec vos camarades ?

 Non, je ne me souviens pas que nous en parlions.

3. De quoi avez-vous souffert pendant la guerre ?

 Nous ne souffrions pas de la faim dans ma famille car nous avions poules, lapins, cochon, vache, potager, arbres fruitiers. Nous portions le lait à la laiterie et en échange nous avions du beurre et du fromage et le complément en argent. Je me souviens que mon père a donné du sucre et du beurre au cordonnier pour qu'il me fasse une paire de chaussures d'hiver. Tous les étés une cousine femme de ménage à Paris nous apportait des vêtements. Une amie couturière en tirait profit et réadaptait les vêtements en taille et en longueur.

4. Saviez-vous que des gens étaient cachés ?

 Oui, des jeunes gens de la commune se cachaient car les Allemands les recherchaient. Ils ont été dénoncés par une collaboratrice et son frère qui étaient favorables à la présence allemande. Ces derniers ont été tués par le maquis plus tard.

5. Saviez-vous que des gens étaient déportés ?

 Un cafetier du village a été déporté en Allemagne et sa famille n'a plus jamais eu de ses nouvelles.

Joseph Séchet

- 13 à 17 ans pendant l'Occupation
- J'habitais à 10 km de Cholet dans la campagne profonde où l'occupant n'est pratiquement jamais passé. Une seule fois j'ai vu chez ma grand-mère épicière deux ou trois Allemands acheter du papier à lettre.
- Pensionnaire dans un petit séminaire où la vie était réglée comme dans un monastère, avec peu de contacts avec le monde extérieur

1. Vos professeurs parlaient-ils de la guerre en classe ?

 Je ne m'en souviens vraiment pas ! Le corps professoral en exercice était très discret. Certains semblaient faire confiance à Pétain. Le prof de gym nous faisait chanter « Maréchal, nous voilà ! ».

2. En parliez-vous avec vos camarades ?

 Assez peu, sauf à partir du mois de juin 1944. On savait des villes voisines bombardées. On voyait les avions.

3. De quoi avez-vous souffert pendant la guerre ?

 D'avoir vu la débâcle des soldats français. Vu aussi des réfugiés de la région parisienne chez nous. Très peu de manque de nourriture car la campagne environnante fournissait l'essentiel. La distribution avec tickets me semble avoir assuré un minimum correct (sucre, café, huile...). Au petit séminaire, l'économat se fournissait dans les fermes des Mauges, généreuses.

4. Saviez-vous que des gens étaient cachés ?

 Peu renseignés sur la situation des Juifs. Plus inquiets, surtout pendant les vacances où je vivais dans mon village familial, du recrutement pour le STO, ce travail obligatoire qui recrutait les jeunes de 18-20 ans. J'en ai connu, dans ma famille, qui se sont cachés pour échapper à cet enrôlement.

5. Saviez-vous que des gens étaient déportés ?

> Dans le quartier où habitaient mes parents il y avait des radios et je me souviens de ces mots mystérieux qui mobilisaient la résistance. C'est à partir de ces derniers mois qu'on a appris toutes les misérables déportations du nazisme.

4 Bande-annonce

Allez sur le companion website (hackettpublishing.com/cinema-for-french-resources) pour trouver la bande-annonce du film. Regardez-la plusieurs fois et répondez aux questions suivantes :

1. La bande-annonce présente les deux enfants principaux du film : Julien (le blond) et Jean (le brun). Que font-ils quand on les voit ?

2. Quels lieux sont présentés dans le film ?

3. La bande-annonce est en deux parties. En quoi sont-elles différentes ?

4. Que sait-on à la fin de la bande-annonce ? Qu'a-t-on appris, compris ? Quel rôle joue la musique ?

5 A savoir avant de visionner le film

- Durée : 1h44
- Genre : Drame
- Public : Adultes et adolescents (PG)
- Tournage : Le film a été tourné à Provins, en Seine-et Marne (à une centaine de kilomètres à l'est de Paris).
- Notes : *Au revoir les enfants* est basé sur un incident que Louis Malle a vécu. Quand il était au collège d'Avon, le Père Jacques (le Père Jean du film), dont la personnalité réelle était très différente du personnage du film, cachait trois enfants juifs. Hans-Helmut Michel (Jean Bonnet dans le film) est resté un an au collège mais Louis Malle le connaissait peu et ils n'étaient pas amis. Il ne savait pas non plus que le garçon était juif et qu'il était caché. Les dernières scènes du film sont fidèles aux souvenirs de Louis Malle. Le reste du film a été inventé par le réalisateur qui aurait voulu être ami avec ce garçon brillant et différent. En janvier 1944 les Français savaient qu'un débarquement allié était en préparation. Ils ne savaient évidemment ni quand ni où il aurait lieu.

Le Père Jacques

PREMIERE APPROCHE

1 L'histoire

Le but de cette activité est double :
- Vérifier que vous avez bien compris l'histoire
- Vous préparer à la discussion en classe

Répondez à chaque question en une ou deux phrases. Utilisez le vocabulaire que vous avez appris.

Les personnages

Julien

Jean

François
(le frère de Julien)

Madame Quentin
(la mère de Julien et François)

le Père Jean

Joseph
(travaille à la cuisine)

1. **La famille**
   - Pourquoi la mère de Julien ne peut-elle pas le garder avec elle ?
   - Comment décririez-vous la mère de Julien ?

2. **La vie à l'école**
   - Comment les enfants sont-ils habillés ?
   - Comment Jean est-il accueilli par les autres élèves ?

3. **Les relations Julien-Jean**
   - Comment Julien commence-t-il à comprendre que Jean est différent ?
   - Qu'est-ce qui fait comprendre à Julien que Jean est juif ?
   - Qu'est-ce qui soude leur amitié ?
   - Comment Jean réagit-il quand Julien lui dit qu'il sait qu'il s'appelle Kippelstein ?
   - Qu'est ce que Julien et Jean ont en commun ?

> Remarquez que les enfants du collège appartiennent à la grande bourgeoisie. C'est très clair le jour où les parents viennent. Malgré la guerre, ils sont très élégants. Notez aussi que François et Julien vouvoient leur mère. Cela ne se faisait que dans les milieux très favorisés.

4. **La guerre**
   - Que font les élèves et les professeurs quand il y a une alerte ?
   - Décrivez la scène au restaurant. Pourquoi la Milice est-elle là ? Quelle est la réaction de l'Allemand ? Est-ce surprenant ?

5. **La religion**
   - Le prêtre donne-t-il une hostie à Jean pendant la communion ? Pourquoi ? A-t-il raison à votre avis ? Pourquoi Jean a-t-il voulu communier ?

6. **Le marché noir**
   - Qu'est-ce qui est échangé au marché noir ?
   - Pourquoi Joseph est-il renvoyé ?

7. **L'arrestation**
   - Comment les Allemands trouvent-ils Jean dans la classe ?
   - Comment trouvent-ils Négus ?
   - La Gestapo a des raisons différentes de rechercher les trois enfants, le père Jean et Moreau (le surveillant). Quelles sont-elles ?

8. **La fin**
   - Pourquoi est-ce que le Père Jean dit « A bientôt » aux enfants ?
   - Qu'est-ce que Julien apprend sur le monde des adultes quand Jean est arrêté ?

En réalité

Les trois enfants juifs et le Père Jacques ont été arrêtés le 15 janvier 1944, puis emprisonnés séparément. Le 18 janvier les enfants ont été emmenés au camp de Drancy (au nord-est de Paris). Ils y sont restés jusqu'au 3 février. Ce jour-là, ils ont été déportés à Auschwitz-Birkenau, où ils sont arrivés le 6 février. Les enfants, ainsi que 982 autres déportés de leur convoi, ont été gazés à leur arrivée. Le Père Jacques est resté en prison jusqu'au 28 mars, date de sa déportation au camp de Sarrebrück, Neue-Breme. Le 21 avril 1944 il a été transféré au camp de Mauthausen. Quand le camp a été libéré le 5 mai 1945, il était très faible. Il a été transporté dans un hôpital autrichien, où il est mort le 2 juin 1945.

2   Analyse d'une photo

1. Où et à quel moment de la journée cette scène se passe-t-elle ?

2. Que tient Julien ?

3. Quelles expressions lisez-vous sur leur visage ? Pourquoi ? Que regardent-ils ? Qu'entendent-ils ?

3   Analyse de citations

Analysez les citations suivantes en les replaçant dans leur contexte :

1. Père Jean : « Comme je comprends la colère de ceux qui n'ont rien quand les riches banquettent avec arrogance ».

2. Jean : « T'en fais pas. Ils m'auraient eu de toute façon ».

3. Joseph : « C'est la guerre mon vieux ».

APPROFONDISSEMENT

1 Vocabulaire

Enrichissez votre vocabulaire !

Le but de cette deuxième liste est d'élargir votre champ lexical. Ce vocabulaire ciblé sur des thèmes du film va vous permettre d'enrichir votre style.

L'école

un(e) élève : *a student (up through high school)*
un(e) étudiant(e) : *a student (in college)*
l'année scolaire : *the school year*
un programme : *a syllabus*
un emploi du temps : *a schedule*
les devoirs (à la maison) : *homework*
une rédaction : *an essay*
une dissertation : *a paper*
le/la directeur(-trice) : *the headmaster*
le proviseur : *the principal*
une note : *a grade*
un bulletin : *a school report*
mixte : *co-ed*
les matières : *the subjects*
  le français : *French*
  l'orthographe : *spelling*
  les maths : *math*
  les langues vivantes/mortes :
    modern /classical languages
  l'histoire : *history*
  la géographie : *geography*
  la physique : *physics*
  la biologie : *biology*
  la chimie : *chemistry*
  la musique : *music*
  l'éducation physique : *physical education*
la salle de classe : *the classroom*
  le tableau : *the board*
  la craie : *chalk*
  un bureau : *a desk*
  une carte : *a map*
les fournitures scolaires : *school supplies*
  un cartable : *a school bag*
  du papier : *paper*

une feuille : *a sheet*
un manuel : *a textbook*
un cahier d'exercices : *a workbook*
un classeur : *a binder*
un stylo : *a pen*
un crayon : *a pencil*
une gomme : *an eraser*
une règle : *a ruler*
la colle : *glue*
un trombone : *a paper clip*
la maternelle : *nursery school**
l'école primaire : *elementary school*
le collège : *junior high school***
le lycée : *high school*
  un(e) élève de seconde : *a sophomore*
  un(e) élève de première : *a junior*
  un(e) élève de terminale : *a senior*
l'université : *university*
  s'inscrire : *to register*
  les frais de scolarité : *tuition fees*
  une bourse : *a scholarship*
  le corps enseignant : *the faculty*
  la licence : *B.A.****
  la maîtrise : *M.A.****
  un(e) ancien(ne) élève : *an alumnus/alumna*

*Souvenez-vous :
  la maternelle : 3-6 ans
  le primaire : 6-11 ans
  le collège : 11-15 ans
  le lycée : 15-18 ans
**Attention ! Ne confondez pas « le collège » et « college » aux Etats-Unis !
***A savoir : Les systèmes universitaires français et américains étant très différents, les équivalences licence / B.A. et maîtrise / M.A. sont approximatives.

Le racisme

un préjugé : *a prejudice**
un stéréotype : *a stereotype*
la tolérance : *tolerance*
l'intolérance : *intolerance*
la couleur de la peau : *skin color*
la discrimination : *discrimination*
xénophobe : *xenophobic*

opprimé(e) : *oppressed*
la haine : *hatred*

*Ex : A l'époque du film, certaines personnes racistes avaient des préjugés contre les Juifs. (Remarquez que « to be prejudiced » ne se traduit pas latéralement !)

Mise en pratique du vocabulaire :

Ecrivez 5 phrases dans lesquelles vous utilisez au moins 10 mots de la liste ci-dessus.

2 Réflexion - Essais

Ces questions vont vous permettre d'approfondir l'étude du film. Ecrivez un paragraphe pour chacune, en utilisant le vocabulaire du chapitre et en soignant votre expression (vérifiez votre orthographe et votre grammaire). En faisant ce travail, vous vous préparez à la prochaine composition.

1. Comparez la vie d'un pensionnaire dans cette école et la vie d'un pensionnaire dans une école privée aujourd'hui. Qu'est-ce qui a changé ? Qu'est-ce qui est resté le même ?
2. Etudiez la personnalité du Père Jean.
3. Qui est Joseph ? Quelles sont ses activités à l'école ? Comment est-il traité par les élèves ? Pourquoi est-il sûr de ne pas être envoyé en Allemagne pour le STO ?
4. Que pensez-vous du marché noir organisé à l'école ? Trouvez-vous l'idée acceptable ou répugnante ?

Le marché noir s'est développé pendant la guerre car les gens étaient rationnés. Pour se ravitailler, ils vendaient et achetaient clandestinement des marchandises à des prix très élevés.

5. Etudiez la progression dans la relation entre Julien et Jean. Comment commence-t-elle ? Comment finit-elle ? Que s'est-il passé entre les deux ? Donnez des exemples précis.
6. Quelle place la religion a-t-elle dans la vie du collège ? Comment les religieux sont-ils présentés ?
7. La peur est un thème constant dans le film. Qui a peur, de qui et de quoi ?
8. Dans *Au revoir les enfants*, les Français sont-ils tous bons et les Allemands tous méchants ? Qui trouvez-vous le plus antipathique ?
9. Que pensez-vous du fait que Joseph ait dénoncé les enfants et le Père Jean ? Comprenez-vous son acte ?
10. La trahison est un thème récurrent dans le film. Qui trahit qui ?
11. Analysez la façon dont la culpabilité est traitée dans le film. A-t-on le sentiment que Julien est responsable de l'arrestation de Jean ? Qui est vraiment coupable ?

Cour du petit collège d'Avon (Collège de Louis Malle)

A savoir

En 1940 il y avait 330 000 Juifs en France. 76 000 ont été déportés, 2500 sont revenus (3 %). Un tiers était français, deux tiers étaient étrangers.

3 Analyse d'une scène : La forêt (48:10 à 57:45)

> ## Vocabulaire spécifique à cette scène
>
> une forêt (*a forest*) • une équipe (*a team*) • une culotte courte (*short pants*) • un foulard (*a scarf*) • attraper (*to catch*) • une boîte (*a box/a tin*) • un loup (*a wolf*) • un sanglier (*a wild boar*) • se vanter de (*to brag about*) • sombre/foncé(e) (*dark*) • les Boches (*the Krauts*) • le couvre-feu (*curfew*) • faire (qqch) exprès (*to do sth on purpose*)

A. Ecoutez

1. Pourquoi les commentaires de Julien sur la mort sont-ils importants ?
2. Quels bruits entend-on pendant la fuite de Julien ? Comment évoluent-ils ?
3. Qu'est-ce que Julien entend au loin quand il est couché par terre ?
4. Pourquoi n'y a-t-il pas de musique de fond quand Julien est perdu ? Qu'entend-on au contraire ?
5. Ecoutez le dialogue entre Jean et Julien quand ils se retrouvent. Quelles questions Jean pose-t-il ? Quelle attitude Julien a-t-il ?
6. Que font ensuite les enfants pour essayer de se rassurer ?

B. Observez

1. Comment les enfants sont-ils habillés ? Est-ce adapté au temps qu'il fait ?
2. Quel geste Julien fait-il envers Jean quand l'autre équipe veut les attaquer ?
3. A quel moment précis Julien comprend-il qu'il est perdu ?
4. Comment la caméra est-elle ensuite placée pour renforcer l'impression que les enfants sont complètement perdus ?
5. Quel point de vue a-t-on dans cette scène ? A-t-on celui de Julien ou sommes-nous à l'extérieur ?
6. Quelles couleurs dominent au début de la scène ? Et à la fin ?

C. Cette scène dans l'histoire

Qu'est-ce que cette scène apporte à l'histoire ? Qu'est-ce qu'elle change pour Julien et Jean ?

D. Langue

1. Vocabulaire

Faites des phrases en utilisant le vocabulaire donné. Vos phrases doivent avoir un lien avec la scène.

   a. une chasse au trésor :
   b. une équipe :
   c. un foulard :
   d. attraper :
   e. se perdre :

Forêt de Fontainebleau

f.   se vanter :

g.   un sanglier :

h.   avoir peur de :

2. Pronoms relatifs

Remplissez les blancs avec l'un des pronoms relatifs suivants :

qui • que • dont • ce qui • ce que • ce dont • où

Ex : La scène se passe dans une forêt _____ les enfants ne connaissent
pas bien.
La scène se passe dans une forêt que les enfants ne connaissent
pas bien.

a.   Julien trouve ça incroyable _____ personne ne pense à la mort.

b.   L'équipe rouge voulait attraper Julien et Jean, _____ les a
obligés à courir.

c.   _____ fait l'équipe rouge est vraiment cruel.

d.   Julien a trouvé la boîte _____ tout le monde cherchait.

e.   Il a vu les flèches, c'est _____ l'a aidé à la trouver.

f.   Julien se demande _____ sont les autres.

g.   Les loups, les sangliers, les bruits bizarres, c'est _____ les
enfants ont peur.

h.   Ils ont été ramenés par des Allemands, _____ les a terrifiés.

i.   Ils vont à l'école _____ est à côté de l'église.

j.   Julien est accusé d'avoir fait l'imbécile, _____ il trouve injuste.

k.   Le 17 janvier 1944 est le jour _____ ils se sont perdus.

l.   C'est une chasse au trésor _____ les enfants parleront
longtemps.

3. Discours indirect

Transposez ces phrases au discours indirect.

Ex : Un garçon a ordonné : « Taisez-vous les petits ! »
Un garçon a ordonné aux petits de se taire.

a.   Julien a dit : « Il n'y a que moi qui pense à la mort dans ce collège. »

b.   Son camarade lui a répondu : « Allez, viens ! »

c.   Julien a annoncé : « J'ai le trésor ! »

d.   Jean a demandé : « Ils ne t'ont pas attrapé ? »

e.   A la fin, l'Allemand demande : « Est-ce que vous avez perdu des
enfants ? »

f.   Un garçon a demandé : « Qu'est-ce qui leur est arrivé ? »

g.   L'Allemand demande au Père Jean : « Vous n'avez pas entendu
parler du couvre-feu ? »

h.   Le Père Jean répond en lui demandant : « Vous croyez que nous
l'avons fait exprès ? »

E. Comparaison avec une autre scène

Comparez cette scène avec celle qui suit (59:00 à 1:01:24). Les enfants
sont à l'infirmerie. Qu'est-ce que Julien et Jean partagent ? Pourquoi se
battent-ils ? Pourquoi leur amitié est-elle si fragile ?

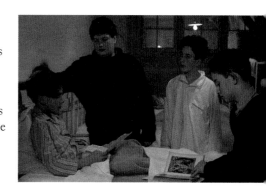

F.   Sketch

Jean et Julien racontent à leurs camarades ce qui leur est arrivé. Les enfants posent des questions auxquelles les « héros » répondent. Choisissez un des thèmes suivants pour le dialogue :

a.   Les garçons racontent leur aventure en exagérant. Qu'ont-ils vu de terrifiant ? Qu'ont-ils fait d'extraordinaire ? Contre quoi/qui se sont-ils battus ?

b.   Insistez sur le point de vue de Jean. Qu'a-t-il vu dans la forêt ? Qu'a-t-il ressenti ? A quoi pensait-il quand il était tout seul ? Que voulait-il faire ? (Attention ! Jean ne va peut-être pas dire toute la vérité pour ne pas révéler son identité.)

LE COIN DU CINEPHILE

1 Première / dernière scène

Comparez la première et la dernière scène. Qui est le personnage principal ? Pourquoi ? Comment est l'ambiance dans les deux scènes ? En quoi le personnage a-t-il changé à la fin du film ? Ces scènes sont-elles filmées en plan large ou en gros plan ?

2 Couleurs

Quelles couleurs dominent dans le film ? Sont-elles vives ou tristes ? Donnez des exemples précis.

3 Sous-titres

Comparez ce dialogue entre Julien et Jean et les sous-titres en anglais, puis répondez aux questions :

1	Pourquoi tu fais pas de grec ?	*Why don't you take Greek?*
2	Je faisais latin moderne.	*I took Latin and Math.*
3	Où ça ?	*Where?*
4	Au lycée. A Marseille.	*At school… in Marseille.*
5	T'es marseillais ? T'as pas l'accent.	*Marseille? You have no Southern accent.*
6	Je ne suis pas né à Marseille.	*I wasn't born there.*
7	Où t'es né ?	*Where, then?*
8	Si je te le disais, tu saurais pas où c'est. […]	*The place wouldn't mean anything to you. […]*
9	Tes parents sont à Marseille ?	*Are your folks in Marseille?*
10	Non. Mon père est prisonnier.	*Dad's a POW.*

a.   2ème réplique : Pourquoi avoir traduit « latin moderne » par « Latin and Math » ? Pouvez-vous deviner ?

b. 4ème réplique : Auriez-vous traduit « lycée » par « school » ou « high school » ? A l'époque du film, que voulait dire « lycée » à votre avis ?

c. 5ème réplique : Pourquoi le sous-titre ajoute-t-il « Southern » ?

d. 10ème réplique : Que pensez-vous de la traduction de « prisonnier » par « POW » ?

e. Ce court passage comporte plusieurs références culturelles difficiles à traduire. Pensez-vous que les sous-titres sont réussis ?

4 La projection du film de Charlie Chaplin

Pourquoi Louis Malle a-t-il choisi de projeter *L'émigrant* de Chaplin ? Pourquoi est-ce symbolique ?

> La réponse à cette question n'est pas évidente. Si vous ne connaissez pas le film, voyez-le. C'est un immense classique ! Faites aussi des recherches sur Chaplin et sur sa situation pendant la guerre. Le film n'a pas été choisi au hasard...

AFFINEZ VOTRE ESPRIT CRITIQUE

1 Producteurs / public

Louis Malle a eu du mal à obtenir assez d'argent pour monter son film. Les producteurs pensaient que le sujet de l'Occupation avait déjà été beaucoup traité, et que sans acteur célèbre le film n'attirerait pas grand monde. Le film a pourtant fait une très belle carrière. Comment peut-on expliquer cette différence d'opinion entre les producteurs et le public ?

2 Universalité de cette histoire

Louis Malle a déclaré : « Cette histoire est quelque chose de complètement personnel, mais elle a peut-être un intérêt universel par son côté exemplaire et finalement intemporel. »[1] Quels sont les éléments de cette histoire qui sont universels (l'histoire aurait-elle pu se passer dans un autre pays ?) et intemporels (à une autre époque) ?

3 Les critiques

1. Dans une interview accordée à Olivier Péretié pour *Le Nouvel Observateur* du 2 octobre 1987, Louis Malle parle des Allemands ainsi : « Ça fait beaucoup plus peur que les Allemands soient si « corrects », comme on disait à l'époque. Ce côté presque ordinaire du fascisme le rend justement insoutenable. » Trouvez-vous les Allemands « corrects » dans le film ? Le fascisme est-il décrit comme étant un fait ordinaire ?

2. A propos des acteurs de son film, Louis Malle a déclaré : « Il est très difficile de savoir si les enfants ont vraiment conscience de la gravité des situations qu'ils jouent » (*Les Cahiers du Cinéma*, juillet-août 1987). Qu'en pensez-vous ? Croyez-vous qu'il est possible pour un enfant d'aujourd'hui de vraiment comprendre l'époque du film, et de se mettre complètement dans la peau de son personnage ?

---

1   *Le Nouvel-Observateur*, 2 octobre 1987

POUR ALLER PLUS LOIN

Ecole Primaire Supérieure de
La Souterraine

1 Parallèles avec d'autres films

1. **La Deuxième Guerre mondiale :** *Au revoir les enfants* et *Diplomatie* se passent pendant la Deuxième Guerre mondiale. Quel éclairage chaque film apporte-t-il sur la guerre ? En quelle année les films se passent-ils ? Où l'intrigue a-t-elle lieu ? La guerre est-elle au centre de l'histoire ou est-ce un accessoire ?

2. **Autobiographie :** *Inch'Allah dimanche* et *Au revoir les enfants* sont des films en partie autobiographiques. Les réalisateurs ont écrit une histoire basée sur leurs souvenirs. Qu'est-ce que ces deux autobiographies ont en commun ? En quoi sont-elles différentes ?

3. **Religion :** *Joyeux Noël* et *Au revoir les enfants* mettent en scène des religieux (des prêtres et un évêque). Comment ces hommes se comportent-ils ? Sont-ils généreux et compatissants ?

2 Lecture

> Cette lecture est assez longue mais vraiment intéressante. C'est un témoignage personnel et touchant qui nous éclaire sur la période.

Récemment, des élèves du lycée Raymond Loewy (anciennement « La Souterraine ») dans le village de La Souterraine dans la Creuse ont retrouvé d'anciens élèves de leur école, cachés là pendant la guerre. Ils ont recueilli leur témoignage, dont celui de Bella Goldstein.

Lisez-le puis répondez aux questions.

Bella Goldstein, élève au Collège de La Souterraine

Bella Goldstein a quatorze ans quand, en septembre 1942, elle entre à l'internat[1] de l'Ecole Primaire Supérieure qui deviendra le Collège de Jeunes Filles de La Souterraine.

Bella Goldstein est née en France de parents d'origine polonaise naturalisés en 1930. Son père, ouvrier tailleur[2] à Paris, est arrêté le 20 août 1941, lors d'une rafle[3] consécutive au bouclage[4] du Xème arrondissement. Quoique français, il est enfermé à Drancy où les privations que subissent les prisonniers dégradent rapidement son état de santé. Il ne pèse plus que 36 kg quand, cachectique,[5] il est libéré deux mois et demi plus tard pour raison médicale. Il rejoint ensuite, clandestinement, la zone sud.

Sa mère, qui échappe de peu[6] à la rafle du Vel d'Hiv' parvient elle aussi à franchir[7] la ligne de démarcation avec son plus jeune fils.

La famille se retrouve, au cours de l'été 1942, dans un hameau[8] de l'Indre, près de Saint-Benoît-du-Sault.

Voici son témoignage :

L'entrée à l'internat

[…]. Je pris le train pour La Souterraine.

La bâtisse[9] de l'E.P.S., à côté de l'église massive, n'avait rien d'engageant : malgré le petit jardin sur le devant, elle paraissait bien sévère et la perspective d'y être interne n'avait rien d'enthousiasmant.

Mon père, tailleur au Joux où nous étions réfugiés, un petit hameau à quatre kilomètres de Saint-Benoît, m'avait confectionné[10] pour la circonstance une jolie petite veste bicolore, bleu marine dans le dos, bleu ciel

La Creuse

1   boarding school
2   tailor
3   roundup
4   sealing off
5   extremely weak and skinny
6   barely
7   to cross
8   hamlet
9   building
10 had made

sur le devant, avec des boutons métalliques bien brillants. Manifestement,[11] cela ne suffit[12] pas à rendre souriante Madame Noël, la directrice, qui me parut très circonspecte.[13] Je ne compris que plus tard que c'était sans doute la première fois qu'elle admettait une interne de quatorze ans non accompagnée de quelque parent adulte (et boursière[14] de surcroît[15]). J'entrai en troisième.[16]

[...]

La première année fut terrible de solitude...

L'examen soupçonneux[17] de Madame Noël ne fut finalement qu'une bagatelle.[18] Etre dans une école, c'était pour moi une mise entre parenthèses, dans un coin protégé et paisible.[19] Mais être interne, comment ce serait ? La première année fut terrible de solitude.

L'internat en 1942...

Je fus surprise par le dortoir, grand rectangle où il y avait bien une trentaine de lits côte à côte le long de trois murs, avec en plus une rangée[20] centrale. Le mur vide était occupé par une kyrielle de robinets d'eau froide.[21] C'est là qu'on se lavait.

Avec le recul,[22] ça paraît sommaire.[23] Je ne me souviens pas avoir vu quiconque[24] faire sa toilette intime. Il est vrai que la plupart des internes partait en « décale[25] » toutes les quinzaines.[26] Les autres - dont j'étais - on pouvait toujours aller chercher un broc[27] d'eau chaude le week-end à la cuisine. Il n'y avait pas d'endroit isolé, à part le lit de la pionne,[28] entouré de draps suspendus et formant alcôve. [...]

Les internes[29] étaient chargées du ménage[30] qu'il fallait effectuer sitôt[31] le petit déjeuner avalé, juste avant la classe. Moi qui m'étais toujours arrangée pour y couper à la maison[32] parce que j'avais toujours un livre à lire, j'ai eu du mal à m'y faire.[33] Le « bon ménage », c'était de récupérer[34] le salon, où il y avait le piano. Le pire était d'être chargée du grenier,[35] où s'empilaient malles[36] et paniers, et où il fallait chasser[37] la moindre toile d'araignée.[38] [...]

Il fallait aussi faire le feu dans les classes. Je crois que cette fois c'était le lot[39] des externes.[40] J'étais fascinée par celles qui réussissaient à faire flamber la tourbe[41] sans trop de fumée, dans ces gros poêles[42] cylindriques qui se mettaient à ronfler.[43] Je ne me souviens pas avoir eu froid en classe : par contre,[44] certaines nuits d'hiver m'ont paru interminables quand l'endormissement ne m'avalait pas d'un coup.[45] [...]

Je détestais les promenades du dimanche...

Je détestais les promenades du dimanche où il fallait déambuler[46] en rangs dans les rues de la ville. On se dispersait[47] en troupeau[48] passé la dernière maison - « direction l'étang[49] du Cheix » ou bien « la tour de Bridiers », au gré[50] des surveillantes.[51]

11 obviously
12 it was not enough
13 cautious
14 on a scholarship
15 on top of it
16 in 9th grade
17 suspicious
18 ended up being of no importance
19 peaceful
20 a row
21 a long line of cold water faucets
22 looking back
23 spartan
24 anyone
25 went home
26 every other weekend
27 a pitcher
28 supervisor
29 boarders
30 cleaning
31 right after
32 considering I had always managed not to do it at home
33 I had a hard time getting used to it
34 to get
35 attic
36 trunks
37 get rid of
38 cobweb
39 the responsibility
40 day students
41 to light the peat
42 stoves
43 to roar
44 on the other hand
45 when I didn't fall asleep right away
46 to stroll
47 we would break up
48 herd
49 pond
50 depending on
51 supervisors

La promotion des filles pour l'année 1942-43. Bella est au 1er rang, 2ème à droite.

en haut à G
Simone Chassagne. Marie Lapine. Janine Gautron. Suzanne Fraysse. Paulette Poisonne. Camille Barraud. Marie Blanchet. Andrée Bertrand. Odette Bernard.
Colette Romens. Camille Chervy - Odette Perret - Janine Deguine. Annie Breuillaud - Lucienne Lacour - Suzanne Pinaud - Paulette Buton. Paulette Malty. Madeleine Jorrand.
Simone Frout - Andrée Anglard - Odette Fradaud. Noëlle Poissonnier Janine Bernard. Andrée Courtaud - Marguerite Brunetaud - Marie Louise Bourat. Bella Goldstein. Madeleine Mondelet.
La Souterr. 3e année. 1942-43

Les noms des élèves. Bella est l'avant-dernier nom.

Je n'ai rien vu de la campagne environnante. Ce n'est que tout récemment que j'ai découvert comme elle était grandiose avec ses collines[52] et ses prairies, ses chênes[53] et ses châtaigneraies,[54] sauvage et par là même accueillante, pleine de douceur par l'intimité de ses haies.[55]

N'ayant pas « grandi » dans l'internat, j'en ignorais les ficelles.[56] Avec un correspondant[57] en ville, j'aurais pu sortir du bahut[58] les jeudis et dimanches. Peut-être me sentais-je protégée de ne pas savoir ce qui se passait au-dehors, dans la ville qui pour moi ne pouvait être que cruelle ? [...]

La nourriture...

Et la nourriture demanderez-vous ? Le problème majeur de la quasi-totalité des Français durant ces années-là. Bien sûr, il y eut au menu beaucoup de topinambours[59] dont je raffolais[60] car ils ont vraiment le goût d'artichaut, et des rutabagas et des haricots aux charançons.[61] Le réfectoire[62] était spacieux avec des tables de dix à douze élèves. Le repas fini, une grande soupière[63] d'eau chaude était ramenée de la cuisine et posée au milieu de la table. On y trempait[64] en choeur[65] nos couverts[66] personnels pour les laver : j'ai viré ma cuti[67] cette année-là.

Mon meilleur repas de la journée, c'était le « café » au lait du matin. Je n'ai jamais su de quelle orge[68] il était préparé, mais sa bonne odeur me nourrissait déjà. Le pire moment était le goûter[69] où Mademoiselle D. distribuait équitablement les tranches[70] de pain. Tout le monde se précipitait[71] ensuite dans une grande pièce au sous-sol[72] où se trouvaient, bien cadenassées,[73] les boîtes à provision personnelles des internes. Mon problème était de disposer d'une boîte à provision quasiment[74] vide. Valait-il mieux manger tout de suite le beurre que je recevais de mes parents - obtenu par troc,[75] du beurre contre une vareuse[76] confectionnée à partir d'une couverture - ou bien le tronçonner[77] en tout petits bouts, quitte à[78] ce qu'il soit rance à la fin ? A côté de moi, mes camarades extirpaient[79] de leurs boîtes pain blanc, pâtés en croûte,[80] brioches dorées à point. Il était bon alors d'être fille de paysan, mais quel supplice[81] pour moi.

Cependant, rassurez-vous, globalement deux années de ce régime m'ont parfaitement réussi : chétive[82] gamine à l'arrivée, je suis retournée à Paris avec dix kilos de plus et la puberté finie.

Les études surveillées[83]

Après le goûter, c'était l'étude surveillée jusqu'au souper. Si j'en crois les propos désabusés[84] des professeurs d'aujourd'hui, les salles d'étude leur apparaîtraient comme d'impensables[85] lieux de sérieux. Bien sûr, il y avait parfois quelque chahut,[86] ou des demandes de renseignements de l'une à l'autre un peu bruyantes.

- X. taisez-vous.

- X. encore une fois, taisez-vous ou je vous envoie chez la directrice.

- Oh non mademoiselle !... étaient les répliques habituelles. Quelle mouche m'a piquée[87] un jour quand j'ai changé le scénario qui au fond n'était pas une menace réelle. Au lieu du « oh non, mademoiselle, je me suis levée et j'ai dit : - Eh bien j'y vais ! » Et, dans le silence général, je suis sortie. La porte refermée, j'étais plutôt paniquée à l'idée de cette seconde entrevue avec la directrice. Elle était majestueuse, Madame Noël, mais avait une réputation de sévérité épouvantable.[88] C'est vrai que ses colères[89] étaient terribles. Je revois la scène : - Vous faites preuve[90] d'une indiscipline inadmissible !

52 hills
53 oak trees
54 chestnut groves
55 hedges
56 I didn't know how things worked
57 guardian
58 school
59 Jerusalem artichokes
60 that I was crazy about
61 weevils (a type of insect)
62 dining hall
63 tureen
64 we would dip
65 together
66 silverware
67 I completely changed
68 barley
69 afternoon snack
70 slices
71 rushed
72 in the basement
73 padlocked
74 practically
75 bartered for
76 jacket
77 to cut it up
78 even if it meant
79 took out
80 pork pies
81 torture
82 puny
83 supervised study periods
84 disillusioned remarks
85 hard to imagine
86 uproar
87 what got into me
88 dreadful
89 fits of anger
90 you are showing

Je crois pourtant que cet éclat[91] fut à l'origine de la sympathie qu'elle me témoigna[92] par la suite.

Des cours qui m'ont aidée à vivre

Heureusement, il y avait les cours qui m'ont aidée à vivre. La réputation de La Souterraine n'était pas surfaite.[93]

Seule la prof d'anglais, vieille fille[94] que les élèves qualifiaient d'obsédée sexuelle, déparait[95] le niveau général. Elle avait un accent détestable et « the ballad of the ancient mariner » se déroulait[96] dans un climat bizarre. […] Je ne fis aucun progrès en anglais, mais grâce à l'anglais, j'eus un peu d'argent de poche, car la directrice me chargea[97] de servir de répétitrice[98] à des élèves de quatrième.[99] […]

J'adorais les mathématiques depuis toujours et je ne fus pas déçue, la surprise, inattendue[100] dans cette petite ville de province, vint de l'ouverture à la culture qui pour moi fut extraordinaire. C'est ainsi que le français devint aussi pour moi source de joie. Je revois Madame D. nous faisant lire et, dénichant[101] au fond de la classe une élève habituellement assez terne,[102] mais aux talents certains de tragédienne.

Il y eut cette année-là un spectacle[103] d'élèves, inoubliable[104] Paulette en reine Barberine, avec qui je me suis liée[105] l'année suivante. Comme je souhaite ardemment que la vie ait été douce[106] pour elle, ainsi que pour Sarah, le mouton bêlant[107] irrésistible de drôlerie dans la « Farce de maître Patelin ». […]

Le brevet et le baccalauréat

L'année suivante, les maquis s'organisaient et j'attendais le débarquement.[108] Le brevet était passé, et la solitude avait fait place[109] à l'amitié.

Nous n'étions que neuf élèves dans la classe de préparation à l'Ecole normale[110] d'institutrices. Par suite des lois raciales de Vichy, je n'avais pas le droit de me présenter au concours.[111] Grâce à la directrice et à mes professeurs de français et de mathématiques, je me préparais au baccalauréat première partie, qui à l'époque comportait[112] toutes les matières. […]

Dans les derniers jours de la débâcle allemande tout le monde m'aida. Notre jeune professeur de mathématiques, que j'aimais beaucoup, me procura[113] une fausse carte d'identité. La directrice, madame Noël, fournit[114] les tickets d'alimentation et j'allai me cacher en ville chez mon amie dont les parents m'accueillirent chaleureusement.

Je savais que mes parents se cachaient aussi dans l'Indre, car j'avais reçu un mot laconique de mon frère « tu n'es plus ma soeur » ce qui avait une signification très claire pour moi.

La sympathie agissante,[115] et comme allant de soi,[116] dont on m'a entourée m'a beaucoup touchée. Pendant ces deux années passées à la BDB je n'avais jamais eu à subir[117] la moindre manifestation d'hostilité, la moindre parole blessante. Je connaissais les risques que prenaient ces personnes pour me protéger. Je me souvenais de la rafle du 20 août 1941 quand mon père a été arrêté et envoyé à Drancy dans l'indifférence, voire[118] l'hostilité de nos voisins (c'est la concierge qui l'a dénoncé).

Fin mai 1944, je partis à Guéret passer le bac, la vraie carte dans la poche gauche pour les salles d'examen et la fausse dans la poche droite pour la ville. Ce n'était pas malin[119] et cela m'a occasionné quelques angoisses.[120] Heureusement la milice n'est pas venue.

Candidates au brevet. Bella est accroupie au premier rang à gauche. Son amie Andrée Anglard, chez qui elle se cachait en ville, est assise à droite.

91 outburst
92 she showed me
93 overrated
94 old maid
95 spoiled
96 took place
97 asked me
98 tutor
99 8th grade
100 unexpected
101 discovering
102 subdued
103 a show
104 unforgettable
105 I became friends with
106 sweet
107 bleating
108 landing
109 had given way to
110 teacher training classes
111 competitive exam
112 covered
113 provided me with
114 supplied
115 active
116 as if completely normal
117 I never suffered from
118 even
119 smart
120 it gave me a few scares

Puis je revins à La Souterraine. Chez mon amie régnait une atmosphère d'harmonie comme j'en ai rarement connu depuis.

Et le 6 juin 1944 arriva...

Bella Goldstein-Belbeoch

N.B. - Il est fort possible qu'il y ait eu des élèves juives externes sous de fausses identités. Si c'est le cas je n'en ai rien su, car, bien sûr, elles ne se sont pas manifestées ouvertement. Il y avait deux autres élèves juives internes à la BDB dans les classes de 5ème et de 4ème, Noémie et Sarah. A la fin de l'année scolaire 1944 Sarah a été cachée chez notre professeur de physique.

a. Qu'est-il arrivé aux parents de Bella ?

b. Pourquoi Bella est-elle contente d'être à l'école ?

c. Comparez la vie quotidienne de Bella à celle de Julien et Jean (pensez au dortoir, à la toilette, au ménage, au froid, aux promenades, aux sorties, aux repas). Qu'est-ce qui est similaire ? Qu'est-ce qui est différent ? N'oubliez pas que Bella a 14 ans et est dans une école de filles, alors que les garçons n'ont que 11 ans et sont dans une école de garçons.

d. Bella aime-t-elle les cours et les études ? A votre avis, pourquoi est-ce particulièrement important pour elle ?

e. Comparez les professeurs de Bella à ceux de Julien et Jean. Sont-ils gentils avec les élèves ?

f. Qu'est-ce qui a changé pour Bella entre sa première année à La Souterraine (1942-1943) et sa deuxième année (1943-1944) ?

g. Quelles études Bella fait-elle ? Quel métier aura-t-elle ?

h. En quoi la situation familiale de Bella est-elle différente de celle de Jean ?

i. Qu'est-ce que ce témoignage indique sur son caractère ? Quelle impression générale avez-vous de cette jeune fille ?

Récapitulons !

Qu'est-ce que l'étude de ce film vous a appris sur la Deuxième Guerre mondiale et l'Occupation ? Pensez notamment aux points suivants :

- La vie dans un pensionnat de garçons en temps de guerre
- La Résistance et les risques pris par certaines personnes pour cacher des Juifs
- La milice et les dénonciations

Connaissez-vous d'autres films, français ou autres, qui se passent à la même période ? Pouvez-vous les comparer ?

8 femmes

Présentation du film

Années 50. Une tempête de neige quelques jours avant Noël. Un homme est retrouvé mort dans une grande maison isolée. La coupable est sans doute une des huit femmes qui vivent auprès de lui. Est-ce sa femme ? Une de ses filles ? Sa soeur ? Sa belle-mère ? Sa belle-soeur ? La cuisinière ? La femme de chambre ?

Carte d'identité du réalisateur

François Ozon (né en 1967) : Après de solides études de cinéma Ozon commence sa carrière par une série de courts métrages qui reçoivent des critiques élogieuses. Son premier long métrage, *Sitcom* (1998), est étrange et provoquant et le fait connaître auprès du grand public. La consécration vient en 2000 avec *Sous le sable*, et *8 femmes* (2002) est un gros succès. Depuis, il tourne un film par an en alternant les genres et les sujets : une femme face à la disparition de son mari dans le thriller *Swimming pool* (2003), un jeune homme gravement malade dans *Le temps qui reste* (2005) et un bébé avec des pouvoirs extraordinaires dans le surprenant *Ricky* (2009). En 2010 il retrouve Catherine Deneuve dans *Potiche*, une comédie drôle et acide. Il enchaîne avec le thriller *Dans la maison* (2012) puis *Jeune et jolie*, un drame interdit aux moins de 12 ans. En 2016 il surprend à nouveau avec *Frantz*, magnifique drame en noir et blanc sur la Première Guerre mondiale, et en 2019 il aborde le sujet des abus sexuels dans l'église catholique avec *Grâce à Dieu*. Les films d'Ozon sont variés et déroutants. Certains adorent, d'autres n'aiment pas du tout, mais personne n'est indifférent.

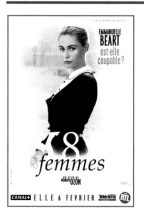   

- Elle avait 10 ans quand elle a joué dans son premier film.
- Elle a joué avec Leonardo DiCaprio dans *The Beach*.
- Elle est ambassadrice pour L'Oréal.

QUI EST-CE ?

- Elle est née en Guadeloupe.
- Elle est devenue actrice par hasard, à 40 ans.
- Elle a tourné son premier film en 1988. Elle jouait avec Daniel Auteuil.

QUI EST-CE ?

- Elle a gagné le César de la meilleure actrice dans un second rôle pour *Manon des sources*.
- Elle a joué aux Etats-Unis dans *Mission : Impossible*.
- Elle est ambassadrice de l'UNICEF pendant 10 ans.

QUI EST-CE ?

- C'est la plus jeune des huit actrices du film.
- Elle est entrée à 15 ans au Conservatoire d'art dramatique de Versailles.
- Elle avait déjà tourné avec Ozon.
- C'est la fée Clochette dans *Peter Pan*.

QUI EST-CE ?

L'heure de gloire

Le film s'est fait remarquer dans de nombreux festivals. Les huit actrices ont gagné l'Ours d'argent au festival de Berlin et le prix d'interprétation de l'Académie du film européen. Aux César le film a été nommé comme meilleur film, meilleur réalisateur, meilleure actrice, meilleur décor, meilleurs costumes et meilleur scénario. *8 femmes* a aussi remporté le prix Lumière du meilleur réalisateur.

Les 8 actrices

L'un des gros atouts du film est la brochette d'actrices que le réalisateur a réussi à rassembler. Fanny Ardant, Emmanuelle Béart, Danielle Darrieux, Catherine Deneuve, Isabelle Huppert, Virginie Ledoyen, Firmine Richard, Ludivine Sagnier viennent d'horizons différents et ont eu des expériences très variées. Faites quelques recherches (www.allocine.fr, www.bifi.fr, www.commeaucinema.com) pour découvrir laquelle se cache derrière chaque portrait.

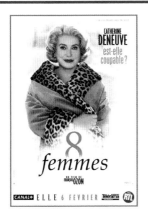

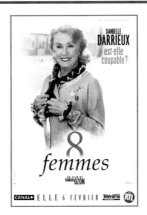

- Elle a beaucoup voyagé avec sa famille quand elle était enfant.
- Elle a fait de solides études de sciences politiques.
- Elle a été mariée à Truffaut.
- C'est Madame de Blayac dans *Ridicule*.

QUI EST-CE ?

- Le public l'a découverte en 1976 dans *Le juge et l'assassin*.
- C'était l'actrice préférée de Claude Chabrol.
- Elle a reçu deux prix d'interprétation à Cannes.
- Au théâtre elle a interprété Molière, Musset, Tourgueniev, Shakespeare.

QUI EST-CE ?

- Elle vient d'une famille de théâtre.
- Elle avait déjà chanté, avant *8 femmes*, dans *Les parapluies de Cherbourg*.
- Elle a joué avec Danielle Darrieux dans *Les demoiselles de Rochefort* en 1966.
- Elle a été choisie comme modèle pour le buste de Marianne (qui symbolise la France).

QUI EST-CE ?

- Elle avait 85 ans à la sortie du film.
- Elle a chanté dans des comédies musicales dans les années 30.
- Elle a eu le plus beau rôle de sa carrière en 1953 dans *Madame de …*
- Elle est Chevalier de la Légion d'honneur et Officier des Arts et des Lettres.

QUI EST-CE ?

PREPARATION

1 Vocabulaire

Vocabulaire utile avant de voir le film :

Vous connaissez déjà certains des mots de la liste. Ils sont notés pour que vous les révisiez. Vous devez savoir ce vocabulaire par cœur, avec les genres pour les noms, les prépositions pour les verbes et les orthographes difficiles. Observez bien les exemples, ils vous aideront à vous exprimer correctement.

Noms

la famille :
  la femme : *the wife** *
  le mari : *the husband*
  la belle-mère : *the mother-in-law*
  le gendre : *the son-in-law*
  la belle-sœur : *the sister-in-law*
  la fille aînée : *the older daughter*
  la fille cadette : *the younger daughter*
les domestiques : *the domestic servants*
  la gouvernante : *the governess*
  la cuisinière : *the cook*
  la femme de chambre : *the maid*
un meurtre : *a murder** *
un couteau : *a knife*
le dos : *(someone's) back*
le/la coupable : *the culprit, the guilty party*
le/la meurtrier (-ère) : *the murderer*

une vieille fille : *an old maid (unmarried woman)*
un roman d'amour : *a love story*
un roman policier : *a detective novel*
une piqûre : *a shot*** *
une tempête de neige : *a snowstorm*
des actions : *shares, stock*
un testament : *a will*
un amant : *a lover*
une maîtresse : *a mistress*
un associé : *a partner (in business)*
un pavillon de chasse : *a hunting lodge*
une trahison : *a betrayal*
un mensonge : *a lie*
une clé : *a key*

*Prononciation : Femme se prononce comme si le « e » était un « a ».
**Ex : Un meurtre a été commis.
***L'orthographe de ce mot va peut-être vous sembler étrange. Il est très ancien et n'a pas évolué.

Verbes

assassiner qq'un : *to murder s.o.*
tirer (un coup de feu, une balle) : *to shoot*
faire faillite : *to go bankrupt*
s'écrouler : *to collapse*
se suicider : *to commit suicide*
recueillir qq'un chez soi : *to receive s.o. in one's home** *
se plaindre de qqch : *to complain about sth*
faire chanter qq'un : *to blackmail s.o.*** *
tromper qq'un : *to mislead s.o. / to cheat on s.o.**** *
commettre un meurtre : *to commit murder*

coucher avec qq'un : *to sleep with s.o.*
soupçonner qq'un de qqch : *to suspect s.o. of sth**** *
cacher qqch : *to hide sth*
faire qqch en cachette : *to do sth secretly***** *
jouer aux cartes : *to play cards*
mentir à qq'un : *to lie to s.o.*
trahir qq'un : *to betray s.o.****** *
voler qqch à qq'un : *to steal sth from s.o.*
se disculper : *to exonerate oneself*

*Attention à l'orthographe de ce mot ! Remarquez bien les trois voyelles qui se suivent.
**Ex : Elle connaît son secret donc elle le fait chanter.
***Ex : Farnoux trompe Marcel. Gaby trompe Marcel avec Farnoux.
***Ex : Je soupçonne la bonne de ne pas dire la vérité.
****Ex : Est-ce que Mamy a vendu ses actions en cachette ?
*****Ex : Louise avait promis de tenir le secret mais elle a trahi Pierrette.

Assassiner : Ce verbe vient d'un mot arabe qui voulait dire « buveur de hachisch » ! Il est entré dans la langue française au Moyen Age, à l'époque des croisades.
Se suicider : Mot inventé à la fin du XVIIIe siècle et construit sur le modèle d' « homicide » (« sui » veut dire « de soi », comme « self » en anglais).

Adjectifs

coupable (de) : *guilty (of)**
avare : *miserly*
alcoolique : *alcoholic***
invalide : *disabled*
hypocondriaque : *hypochondriac*
enceinte : *pregnant*
véreux (-se) : *corrupt*

insolent(e) : *cheeky*
provocant(e) : *provocative*
espiègle : *mischievous*
déluré(e) : *sassy*
jaloux (-se) : *jealous*
fidèle : *loyal*
dévoué(e) : *devoted, dedicated****

*Ex : Qui est coupable du crime ?
**Cet adjectif se prononce comme s'il n'y avait qu'un seul « o ».
***Ex : Chanel est dévouée à la famille depuis longtemps.

> **Le saviez-vous ?**
> Molière a écrit une célèbre comédie, *L'avare*, en 1668.

Traduisez !

> Vous n'avez pas besoin du dictionnaire. Tous les mots sont dans la liste ci-dessus !
> 3e phrase : Ne traduisez pas « was » par « était » ! Que faut-il choisir ?
> 4e phrase : Comparez la traduction des deux « him ».

1. Marcel's sister-in-law is a hypochondriac old maid. She secretly reads love stories.

2. Catherine, the younger daughter, is mischievous and cheeky, but she can't have murdered her father.

3. Did Marcel commit suicide? No, he was found with a knife in his back.

4. Who betrayed Marcel? Who lied to him? Who blackmailed him? Who is guilty of murder?

5. Is it his miserly and alcoholic mother-in-law? Is it his corrupt partner? Is it the dedicated but jealous cook? Who is the murderer?

2 Repères culturels

1. Le film est basé sur une pièce de théâtre (du même nom) de Robert Thomas. Faites quelques recherches sur cet auteur. Quand a-t-il écrit *Huit femmes* ? La pièce a-t-elle eu du succès ? Comment Thomas est-il devenu célèbre ? Quelles sont les différentes fonctions qu'il a exercées au théâtre et au cinéma ? Comment peut-on définir le style des pièces de Robert Thomas ?

2. Le roman policier est un genre qui a inspiré de nombreux auteurs et certains détectives sont devenus des célébrités. Pouvez-vous, dans la liste suivante, associer chaque détective et son auteur ? Notez aussi la nationalité de l'auteur.

> **A savoir**
> Quand il a créé *8 femmes*, Robert Thomas a proposé le rôle principal (celui de Gaby, interprété par Deneuve) à Danielle Darrieux ! Comme elle était prise par un autre projet elle avait refusé.

Sherlock Holmes ◄	► Agatha Christie
Commissaire Maigret ◄	► Arthur Conan Doyle
Arsène Lupin ◄	► Frédéric Dard
Dr. Watson ◄	► Maurice Leblanc
Miss Marple ◄	► Gaston Leroux
Hercule Poirot ◄	► Georges Simenon
Joseph Rouletabille ◄	
San-Antonio ◄	

> **A savoir**
> Lequel de ces auteurs a écrit *Le fantôme de l'Opéra* ?

3 Le contexte

Le film se passe dans les années 50, au sein d'une famille bourgeoise. Essayez d'imaginer comment une famille américaine aisée vivait à cette époque-là. Dans quel type d'habitation et de quartier la famille vivait-elle ? Que faisait la mère ? Comment les enfants étaient-ils élevés ? Quelles étaient les valeurs de la famille ? Qu'est-ce qui était important ? Comment la société voyait-elle le rôle des hommes et celui des femmes ?

4 Bande-annonce

Allez sur le companion website (hackettpublishing.com/cinema-for-french-resources) et regardez la bande-annonce plusieurs fois pour répondre aux questions suivantes :

1. Quels sont les lieux que vous voyez dans la bande-annonce ? Décrivez-les.
2. Quels mots s'affichent sur l'écran ?
3. Comment peut-on décrire le ton, l'humeur de la bande-annonce ? Ecoutez bien la musique !
4. A votre avis, que va-t-il se passer dans ce film ?

5 A savoir avant de visionner le film

- Durée : 1h47
- Genre : Suspense policier / comédie musicale
- Public : Adultes et adolescents
- Notes :
  - Le film est une parodie de vieux films : films policiers et comédies musicales des années 50.
  - Le casting est inhabituel (il n'y a que des femmes) et prestigieux (plusieurs grandes stars du cinéma français comme Catherine Deneuve, Isabelle Huppert, Emmanuelle Béart et Fanny Ardant). Cela est assez incroyable pour un réalisateur de 34 ans.
  - Les actrices parlent beaucoup et vite, c'est un des éléments comiques. Ecoutez bien les dialogues !
  - Le film est très original et va peut-être vous surprendre. L'histoire est en effet interrompue régulièrement par des numéros chantés et dansés. Ecoutez attentivement les paroles des chansons et observez bien les chorégraphies car elles en disent long sur chaque personnage. Remarquez aussi que les actrices chantent elles-mêmes, elles ne sont pas doublées.
  - Le film n'est ni réaliste ni vraisemblable. Laissez-vous porter par l'histoire sans chercher à en faire une analyse scientifique !
  - Enfin le film aborde plusieurs sujets sensibles. Certaines scènes sont surprenantes, peut-être même dérangeantes. N'oubliez pas que le film est une comédie !

PREMIÈRE APPROCHE

1   L'histoire

Les personnages en relation au mort :

Gaby (Catherine Deneuve)
sa femme

Suzon (Virginie Ledoyen)
sa fille aînée

Catherine
(Ludivine Sagnier)
sa fille cadette

Mamy (Danielle Darrieux)
sa belle-mère

Augustine
(Isabelle Huppert)
sa belle-sœur

Pierrette (Fanny Ardant)
sa sœur

Mme Chanel
(Firmine Richard)
la cuisinière

Louise
(Emmanuelle Béart)
la femme de chambre

Le film est une succession de mensonges, de découvertes et de révélations. Pour vous aider à y voir plus clair, prenez des notes en regardant le film. Ensuite, remplissez les cases suivantes en faisant la liste de toutes les révélations. N'oubliez pas de noter qui apporte l'information.

Le saviez-vous ?

C'était la 4ᵉ fois que Danielle Darrieux incarnait la mère de Catherine Deneuve au cinéma !

Ex : Gaby

> • Sort très souvent le soir, en cachette. (Louise)
> • Etait enceinte quand elle s'est mariée. (Pierrette)
> • Ne s'est pas beaucoup occupée de ses filles. (Chanel)
> • Avait prévu de quitter Marcel pour Jacques Farnoux ce jour-là. (Gaby)

Augustine :

Mamy :

Chanel :

Suzon :

Louise :

Pierrette :

Catherine :

Retrouvez maintenant le déroulement exact de la soirée. Qui est venu voir Marcel aux heures suivantes, et pourquoi ?

10h :   Mamy refuse de lui donner son argent. Elle fait croire qu'il a été volé.
10h30 :
11h :
11h30 :
Minuit :
1h–1h30 :
4h :
6h :

2 Analyse d'une photo

1. Qui les sept femmes regardent-elles ?
2. Pourquoi est-elle par terre ? Qu'est-ce qui vient de se passer ?
3. Qu'est-ce que la position de leur corps révèle ?
4. Où la caméra est-elle placée à ce moment-là ? De qui a-t-on le point de vue ?

3   Analyse de citations

Analysez les citations suivantes en les replaçant dans leur contexte :

1. Gaby : « C'est une vraie perle, j'en suis ravie. Et puis, quelqu'un qui accepte de s'enfermer comme ça au fond d'un trou en plein hiver, c'est une chance pour nous ! »

2. Gaby : « Je suis belle et riche, alors qu'elle est laide et pauvre ! »

3. Pierrette : « L'amour de l'argent vous étouffera, ma chère belle-sœur. »

4. Augustine : « Ah ! C'est terrible. J'ai le cœur arrêté. »
   Mamy : « Ne bouge pas, il va repartir. »

5. Catherine : « Cette fois, c'est vraiment vous qui l'avez tué ! »

APPROFONDISSEMENT

1   Vocabulaire

Enrichissez votre vocabulaire !

> Le but de cette deuxième liste est d'élargir votre champ lexical. Ce vocabulaire ciblé sur des thèmes du film va vous permettre d'enrichir votre style.

L'argent

faire fortune (dans) : *to make one's fortune (in)**
l'opulence : *wealth*
cossu(e) : *rich-looking*
épargner : *to save*
avoir de l'argent de côté : *to have money set aside*
l'avarice : *miserliness*
la cupidité : *greed*
économe : *thrifty*
radin(e) : *stingy*
vénal(e) : *venal*

une dette : *a debt*
devoir (de l'argent) : *to owe (money)*
emprunter qqch à qq'un : *to borrow sth from s.o.***
prêter qqch à qq'un : *to lend sth to s.o.***
rembourser : *to reimburse*
un compte en banque : *a bank account*
une tirelire : *a piggy bank*
l'argent ne fait pas le bonheur : *money can't buy happiness (proverb)*

*Ex : Il a fait fortune dans l'immobilier.
**Ex : Pierre a emprunté de l'argent à Paul. Paul lui a prêté de l'argent.

Le saviez-vous ?

Le latin « argentum » avait le sens de « silver » et de « monnaie ». Il a gardé ces 2 sens en français moderne.

Mensonges et révélations

mensonger (-ère) : *untrue, false*
il ment comme il respire = il ment tout le temps :
   he's a compulsive liar
falsifier : *to falsify, to forge*
cacher qqch à qq'un : *to hide sth from s.o.**

la calomnie : *slander*
révéler : *to reveal, to disclose*
dévoiler : *to expose, to uncover*

*Ex : Catherine cache la vérité aux femmes. Elle la leur cache.

Crime et justice

accuser qq'un de qqch : *to accuse s.o. of sth**

un délit : *an offense*

prendre qq'un en flagrant délit :
  to catch s.o. red-handed

un homicide : *a murder*

une enquête : *an investigation*

un témoin : *a witness*

prouver : *to prove*

l'arme du crime : *the murder weapon*

le mobile (du crime) : *the motive*

chercher à qui profite le crime : *to look for s.o. with
  a motive*

interroger qq'un : *to question s.o.*

le procès : *the trial*

le tribunal : *the court*

un juge : *a judge*

la loi : *the law*

le verdict : *the verdict*

condamner qq'un à qqch : *to sentence s.o. to sth***

le crime ne paie pas : *crime doesn't pay (proverb)*

*Ex : Le juge accuse M. Dupuis du crime / d'avoir commis le crime.
**Attention : On ne prononce pas le « m » dans « condamner ».

Mise en pratique du vocabulaire :

Ecrivez 5 phrases dans lesquelles vous utilisez au moins 10 mots de la liste ci-dessus.

2   Réflexion - Essais

Ces questions vont vous permettre d'approfondir l'étude du film. Ecrivez un paragraphe pour chacune, en utilisant le vocabulaire du chapitre et en soignant votre expression (vérifiez votre orthographe et votre grammaire). En faisant ce travail, vous vous préparez à la prochaine composition.

1. Quel est le but du film ? Le regarde-t-on pour l'histoire ou pour autre chose ?

2. Qui a un mobile pour tuer Marcel ? Comment se disculpent-elles toutes ?

3. Qu'est-ce que le huis-clos force chaque femme à faire ? Qu'auraient-elles fait si elles avaient pu sortir ?

4. Finalement qui, ou qu'est-ce qui, a tué Marcel ? Pourquoi s'est-il suicidé ?

5. Qu'est-ce que Marcel apprend dans la journée qu'il ne savait pas déjà ? Lequel des neuf personnes était le mieux renseigné ?

6. Quel portrait le film dresse-t-il de la bourgeoisie ?

7. Quel rôle ont les domestiques ? Chanel et Louise sont-elles au second plan ? A-t-on le sentiment qu'elles font vraiment partie de la famille ? Contrastent-elles avec la famille bourgeoise ?

8. Quel rôle l'argent joue-t-il dans cette histoire ?

9. Trouvez-vous le film méchant ? Choquant ? Charmant ? Drôle ?

> Un huis-clos est une situation où les personnages sont enfermés et ne peuvent pas sortir.

3 Analyse d'une scène : Emploi du temps et révélations (41:08 à 47:40)

> ## Vocabulaire spécifique à cette scène
> un emploi du temps (*a schedule*) • un interrogatoire (*questioning*) • interroger qq'un (*to question s.o.*) • se méfier de qq'un (*to be suspicious of s.o.*) • se remettre de ses émotions (here: *to cheer up*)

A. **Ecoutez**

1. Cette scène nous permet de faire le point sur l'emploi du temps de chacune. Qu'est-ce que nous apprenons de nouveau ?

2. Qui mène l'interrogatoire ? Comment cela se retourne-t-il contre elle ?

3. Il y a plusieurs confrontations : Gaby-Pierrette, Gaby-Louise, Catherine-Augustine, Pierrette-Louise, Suzon-Catherine. De quelle nature sont-elles ?

4. Nous avons deux fois de la musique pendant la scène. A quel moment et pourquoi ?

B. **Observez**

1. Comment voit-on que Suzon prend très au sérieux son rôle d'inspecteur ?

2. Comment les actrices sont-elles filmées lorsqu'elles présentent leur emploi du temps ? Pourquoi ce choix ?

3. Pourquoi Pierrette est-elle de dos quand Gaby l'interroge ?

4. Que fait Mamy pour se remettre de ses émotions ?

5. Comment les actrices sont-elles placées au moment où Louise quitte la maison ? Qui fait face à qui ? Que font ensuite Suzon et Catherine ?

6. Vers qui Suzon est-elle tournée quand Catherine annonce qu'elle était dans la maison à 4h du matin ? Que font toutes les femmes à ce moment-là ?

C. **Cette scène dans l'histoire**

Pourquoi cette scène est-elle importante ? Qu'est-ce qu'elle apporte à l'histoire ? Où est-elle placée dans le film ?

D. **Langue**

1. **Prépositions et adverbes**

Remplissez les blancs avec la préposition ou l'adverbe qui convient. Tous les mots de la liste doivent être utilisés.

à côté de • au milieu • autour de • dans • d'après • dedans • dehors • derrière • dessus • devant • en bas • en face de • en haut de • par • parmi • sauf • vers

a. La chambre de Marcel est _____ (les) escaliers.

b. Quand Louise a monté le tilleul _____ la chambre de Marcel, Pierrette était déjà _____.

    c. Pierrette était _____ Marcel quand elle a menacé de le tuer.

    d. Chanel ne sait plus quand elle est partie mais c'était _____ minuit.

    e. Catherine a regardé _____ le trou de la serrure et a vu Augustine _____ sa glace.

    f. Mamy s'est levée _____ une heure du matin pour aller chercher son tricot _____ .

    g. Pierrette est de dos quand Gaby l'interroge. La caméra est _____ elle.

    h. Mamy est _____ la table avec les alcools. Elle pose son verre _____ .

    i. Pour Suzon il est évident que l'assassin est _____ elles.

    j. _____ Catherine, Suzon était déjà dans la maison la veille au soir.

    k. Les femmes (_____ Louise, qui est _____) forment un cercle et Suzon est _____ .

2. Adjectifs possesifs

Remplissez les blancs avec l'adjectif possessif (**mon, ma, mes, ton, ta, tes,** etc.) qui convient.

    a. Mamy : Je suis allée chercher la laine de _____ tricot.

    b. Gaby : Maman, tu as retrouvé l'usage de _____ jambes ?

    c. Louise dit qu'elle était dans la chambre avec Marcel et Pierrette mais qu'elle n'a pas assisté à _____ conversation.

    d. Suzon et Catherine : _____ tante Pierrette est bien mystérieuse.

    e. Louise à Pierrette : Désolée, mais _____ arrangement ne tient plus. Je ne peux pas garder _____ secrets.

    f. Augustine était devant _____ glace et elle nettoyait _____ peigne en nacre.

    g. Gaby ne veut pas être jugée par _____ enfants.

    h. Les domestiques, comme Chanel et Louise, connaissent souvent les secrets de _____ maîtres.

3. Depuis

Traduisez les phrases suivantes en utilisant **depuis, depuis que, depuis quand,** ou **depuis combien de temps.** Faites bien attention, ils ne sont pas interchangeables et les verbes ne sont pas conjugués au même temps qu'en anglais.

    a. How long have you been coming to this house?

    b. I have been coming since I have had money problems.

    c. How long had Louise known Marcel when she was hired?

    d. She had known him for 5 years.

    e. How long have the eight women been telling the truth?

    f. They have been telling the truth since Marcel was murdered.

    g. Much has happened since Suzon's return.

E. **Comparaison avec une autre scène**

Comparez cette scène avec celle des révélations de Catherine à la fin (1:38:08 à 1:42:35).

a. Qui est présent dans les deux scènes ?

b. Qui est au centre ?

c. Quel est le ton de chaque scène ?

F. **Sketch**

Imaginez que Suzon ait révélé quelque chose de différent. Elle n'est pas enceinte, elle a un autre problème ou elle a été témoin de quelque chose de bouleversant. Ecrivez un dialogue dans lequel elle annonce ce qui l'inquiète. Chaque personnage intervient tour à tour pour la disputer, la consoler, la critiquer, l'humilier, l'encourager. Pensez bien aux mœurs de l'époque !

Faites aussi attention au vouvoiement et tutoiement, révélateurs des relations entre les femmes. Pour vous aider :

- Les filles tutoient tout le monde sauf Louise.
- Gaby, Augustine et Mamy vouvoient Chanel, Louise et Pierrette.
- Pierrette vouvoie tout le monde sauf les filles.
- Chanel vouvoie tout le monde sauf les filles et Pierrette.
- Louise vouvoie tout le monde.

LE COIN DU CINEPHILE

1 Première / dernière scène

Vous allez comparer le début du film (jusqu'à 7:30) et la fin (de 1:43:10 au mot « Fin »).

Revoyez le début et la fin du film pour pouvoir faire cette activité. Vous devez vous attacher aux détails.

Le début :

1. Comment le nom de chaque actrice est-il présenté ?

2. Que voit-on avant de voir les actrices ?

3. Comment chaque personnage est-il introduit ?

4. Quelle est l'humeur générale de ce début de film ?

La fin :

5. Qu'est-ce qui a changé à la fin ? Quelle est l'humeur de la scène ?

6. Observez l'habillement et la coiffure des femmes. Qu'est-ce qui a changé entre le début et la fin ?

7. A votre avis, quelle scène est la plus étrange ? Pourquoi ?

8. Pourquoi les actrices sont-elles alignées et nous regardent-elles ? A quoi cela vous fait-il penser ?

2 Chansons et danses

Qu'est-ce que les chansons et les danses / chorégraphies apportent à l'histoire et aux personnages ? A votre avis, était-ce facile pour les actrices, qui chantent toutes elles-mêmes, de faire ce numéro ?

3 Couleurs / Vêtements / Coiffures

Comment les actrices sont-elles habillées ? Quelles couleurs ont été choisies pour chacune ? Comment sont-elles coiffées ?

4 Sous-titres

Les dialogues suivants sont tirés de la chanson de Catherine.
Comparez le texte français et les sous-titres, et répondez aux questions.

1	Tu devrais ma parole	*What you need to do*
2	Retourner bien vite à l'école	*Is hurry back to school*
3	Réviser ton jugement	*Learn something new*
4	Crois-moi ce serait plus prudent […]	*You really need to […]*
5	Papa papa papa, t'es plus dans l'coup papa, papa papa papa, t'es plus dans l'coup papa	*Daddy Daddy, you ain't with it, Daddy*
6	Tu m'avais dit ce garçon est volage	*You said the boy was a cad*
7	Fais attention il va te faire souffrir	*You said he would make me cry*
8	Pourtant depuis je vis dans un nuage	*But he never makes me feel bad*
9	Et le bonheur danse sur mon sourire	*He sends me right up to the sky*

1. Le texte français rime. Qu'en est-il du texte anglais ?

2. 3ème ligne : Comment « Réviser ton jugement » est-il traduit ? Est-ce que la traduction a le même sens ?

3. 5ème ligne : « T'es plus dans l'coup » (you're old-fashioned) est une expression familière. Comment le sous-titreur s'est-il arrangé pour que le registre de langue soit respecté ?

4. 6ème ligne : « Volage » et « cad » n'ont pas exactement le même sens. Pourquoi « cad » a-t-il été choisi à votre avis ?

5. 8ème et 9ème lignes : Comparez le français et les sous-titres. Qu'est-ce qui vous frappe ?

6. En général, les sous-titres doivent respecter le fond (les idées) et la forme (vocabulaire, niveau de langue). Etait-ce la même chose ici ? Qu'est-ce qui était le plus important ?

AFFINEZ VOTRE ESPRIT CRITIQUE

1 Comparaison d'affiches

Vous allez comparer l'affiche française et l'affiche américaine de 8 femmes. Vous les trouverez dans le companion website (hackettpublishing.com/cinema-for-french-resources).

1. Qu'est-ce que les deux affiches ont en commun ?
2. Quelle question l'affiche française pose-t-elle ?
3. Laquelle des deux affiches trouvez-vous la plus originale ?
4. Que remarquez-vous dans le « O » de « WOMEN » ? A-t-on la même chose sur l'affiche française ? Est-ce une bonne idée d'inclure cet objet sur l'affiche ?
5. Quelle affiche préférez-vous ? Pourquoi ?

2 Traitement des actrices

Pensez-vous que les huit actrices sont traitées de façon égale dans le film ? Certaines sont des stars, d'autres sont moins connues. Est-ce que cela se voit ? Elles n'ont pas toutes été payées pareil : Catherine Deneuve, Isabelle Huppert et Emmanuelle Béart ont reçu plus que les autres. Est-ce juste ?

3 Classement

Aux Etats-Unis le film est classé « R », alors qu'en France il est considéré comme étant pour tous publics. Comment peut-on expliquer cette différence ? Qu'est-ce qui justifie le classement américain à votre avis ? A partir de quel âge le film vous semble-t-il approprié ?

4 Modernité de l'histoire

Cette histoire vous semble-t-elle toujours d'actualité ? Pourrait-elle avoir lieu aujourd'hui ?

A savoir

En France il n'y a que deux classements : « Interdit aux -13 ans » et « Interdit aux -18 ans ». Comme ce sont des interdictions strictes (et non des recommandations), la plupart des films français sont ouverts à tous. Il revient aux parents de décider ce qui convient à leurs enfants.

---

5 Les critiques

1. Dans sa critique du film, Pierre Murat (*Télérama*, 6 février 2002) note que l'« on est à cent lieues du réalisme, de la vraisemblance, du naturel. » Etes-vous d'accord ? Le film est-il réaliste, vraisemblable ? Qu'est-ce qui est artificiel ? Qu'est-ce qui est exagéré ?
2. Quant à Jean-Marc Lalanne, il écrit dans *Les cahiers du cinéma* de février 2002 que « *Huit femmes* est un film totalement régressif, l'œuvre d'un cinéaste au cœur de son désir, celui infantile et capricieux de continuer à jouer avec ses poupées, pour les chérir et les martyriser. » Qu'est-ce que cela veut dire ? Etes-vous d'accord avec cette analyse ?

POUR ALLER PLUS LOIN

1 Parallèles avec d'autres films

1. **Le théâtre :** *Cyrano de Bergerac*, *8 femmes* et *Diplomatie* étaient des pièces de théâtre avant d'être des films. Quels sont les éléments de théâtre que l'on retrouve dans chacun de ces films ? A quelles difficultés particulières les réalisateurs ont-ils dû faire face ?

2. **Les rapports de classe :** Réfléchissez au rôle joué par les différences de classes sociales dans *8 femmes*, *Les femmes du 6e étage*, *Ressources humaines*, *Fatima* et *Intouchables*. Quel impact les différences de classes ont-elles sur les rapports entre les personnages ? Les personnages respectent-ils les différences ? Les films se passent dans les années 50, 60, 90 et très récemment. Voyez-vous une évolution ?

2 Imaginez !

1. A votre avis, que va-t-il se passer maintenant que Marcel est mort ? Que vont faire les 8 femmes ? Qui va hériter ? Quelles décisions vont-elles prendre ? Les domestiques vont-elles rester ou être renvoyées ? Ecrivez la suite de l'histoire en utilisant votre imagination tout en restant plausible.

2. Imaginez qu'elles aient réussi à faire venir la police. Chaque femme parle en privé avec le commissaire de police. Vont-elles dire la vérité, toute la vérité ? Vont-elles essayer d'accuser les autres pour se disculper ?

3 Ecrivez !

1. Entrée de journal : Il est 6h du matin, Marcel a vu toutes les femmes défiler dans sa chambre pendant la nuit. Il ouvre son journal intime. Imaginez ce qu'il écrit. Vous pouvez utiliser votre imagination mais ce que vous écrivez doit être logique avec le film !

2. Détective : Vous êtes en vacances avec 3 ami(e)s. Un soir, vous rentrez chez vous (dans votre maison de location) et vous voyez que vous avez été cambriolé(e)s. Certaines choses ont disparu. Il y a aussi des choses bizarres : un message difficile à lire a été laissé sur la table du salon, il y a des marques étranges sur le mur, et vous entendez un bruit non-identifié. Vous n'appelez pas la police, vous décidez de mener l'enquête vous-mêmes ! Racontez.

4 Lectures

1. **Poème d'Aragon : « Il n'y a pas d'amour heureux »**

La chanson de Mamy est, à l'origine, un poème d'Aragon que Georges Brassens a mis en musique. Lisez-le attentivement et répondez aux questions.

a. Quel est le message général du poème ?

b. A quoi le refrain sert-il ?

c. 1ère strophe :
   • Expliquez l'image de la croix.
   • Que fait l'homme de son bonheur ?

d. 2ème strophe :
   • Qu'est-ce que les soldats étaient censés faire ?
   • Pourquoi sont-ils désœuvrés ?
   • Pourquoi l'homme peut-il comparer sa vie à celle des soldats ?

e. 3ème strophe :
   • Pourquoi Aragon associe-t-il « amour » et « déchirure » ?
      Quel est l'effet recherché ?
   • Qui est l'« oiseau blessé » ?

f. 4ème strophe :
   • Qu'est-ce que l'auteur regrette ?
   • Qu'est-ce qu'il faut avoir vécu pour une « chanson », « un
      frisson » et « un air de guitare » ?

g. 5ème strophe :
   • Quel effet l'amour a-t-il sur l'homme ?
   • Comment comprenez-vous le dernier vers ?
   • Cette strophe n'est pas chantée par Mamy. Pourquoi à votre avis ?

h. Pourquoi Ozon a-t-il choisi cette chanson pour Mamy ?

i. Pourquoi est-ce la dernière chanson du film ?

Rien n'est jamais acquis[1] à l'homme Ni sa force
Ni sa faiblesse ni son cœur Et quand il croit
Ouvrir ses bras son ombre est celle d'une croix
Et quand il croit serrer[2] son bonheur il le broie[3]
Sa vie est un étrange et douloureux divorce
        Il n'y a pas d'amour heureux

Sa vie Elle ressemble à ces soldats sans armes
Qu'on avait habillés pour un autre destin
A quoi peut leur servir de se lever matin
Eux qu'on retrouve au soir désœuvrés[4] incertains
Dites ces mots Ma vie Et retenez vos larmes
        Il n'y a pas d'amour heureux

Mon bel amour mon cher amour ma déchirure[5]
Je te porte dans moi comme un oiseau blessé
Et ceux-là sans savoir nous regardent passer
Répétant après moi les mots que j'ai tressés[6]
Et qui pour tes grands yeux tout aussitôt moururent
        Il n'y a pas d'amour heureux

Le temps d'apprendre à vivre il est déjà trop tard
Que pleurent dans la nuit nos cœurs à l'unisson
Ce qu'il faut de malheur pour la moindre chanson[7]
Ce qu'il faut de regrets pour payer un frisson[8]
Ce qu'il faut de sanglots[9] pour un air de guitare
        Il n'y a pas d'amour heureux

Il n'y a pas d'amour qui ne soit à douleur
Il n'y a pas d'amour dont on ne soit meurtri[10]
Il n'y a pas d'amour dont on ne soit flétri[11]
Et pas plus que de toi l'amour de la patrie
Il n'y a pas d'amour qui ne vive de pleurs
        Il n'y a pas d'amour heureux
        Mais c'est notre amour à tous les deux

Louis Aragon *(La Diane Francaise,* Seghers 1946*)*

1 given forever
2 to hold tight
3 he crushes it
4 idle
5 *here:* my wound
6 I wove
7 the least little song
8 a shiver/a thrill
9 sobs
10 wounded
11 withered, wilted

Jules Ferry

2. Les femmes françaises : l'éducation

a.   Quelques dates[1] :

1836   Création de l'enseignement primaire féminin.

1882   Loi Ferry : école élémentaire obligatoire pour tous les enfants.

1861   Première femme à passer le baccalauréat.

1900   Ouverture aux femmes de l'Ecole des Beaux-Arts.

1924   Les programmes du secondaire deviennent identiques pour les garçons et les filles.

1938   Les femmes peuvent s'inscrire à l'université sans l'autorisation de leur mari.

1975   La mixité scolaire devient obligatoire, à l'exception de quelques internats.

b.   Diplôme le plus élevé obtenu selon l'âge et le sexe en 2018

	25-34 ans		35-44 ans		45-54 ans		55-64 ans	
	Femmes	Hommes	Femmes	Hommes	Femmes	Hommes	Femmes	Hommes
Sans diplôme, CEP, brevet	12,0	14,1	14,5	16,3	21,9	20,8	34,8	29,6
CAP ou BEP	16,0	20,6	16,0	22,2	26,7	33,6	25,9	35,0
Baccalauréat	20,9	22,4	20,2	20,9	16,7	14,4	14,6	11,9
Diplômés du supérieur	50,8	42,5	49,0	40,3	34,4	31,0	24,5	23,3

Champ : France hors Mayotte, population des ménages, personnes de 25 à 64 ans.   En %
Source : INSEE

Questions :

1.   A votre avis, quelles sont les deux dates les plus importantes pour l'accès des femmes à l'école et à l'enseignement supérieur (universitaire) ?

2.   Comparez les diplômes des 55-64 ans et ceux des 25-24 ans. Qu'est-ce qui vous frappe ?

3.   Qui, parmi les 25-34 ans, a le plus de diplômes ? Les hommes ou les femmes ?

3.   Les femmes françaises : la famille et la contraception

Quelques dates :[2]

1810   Le Code pénal qualifie l'adultère de la femme de délit : celui du mari n'est passible que d'une amende, si les faits ont eu lieu au domicile conjugal et de façon répétée.

1810   Le Code pénal punit de réclusion toute personne qui pratique, aide ou subit un avortement ; les médecins et les pharmaciens sont condamnés aux travaux forcés.

1884   Loi rétablissant le divorce.

1927   Une femme mariée à un étranger garde sa nationalité.

1942   La femme est l'adjoint du mari dans la direction de la famille.

1955   L'avortement thérapeutique est autorisé.

1956   Fondation de « Maternité heureuse » qui deviendra le Mouvement français pour le planning familial en 1960.

---

1   Adapté du site www.chez.com/lisa67/infos/femme.htm
2   Adapté du site www.chez.com/lisa67/infos/femme.htm

1967   Loi autorisant la contraception.

1970   Loi relative à l'autorité parentale conjointe. Le père n'est plus le chef de famille.

1973   Education sexuelle dans les collèges et lycées.

1974   Remboursement de la contraception par l'Assurance maladie.

1975   Loi Veil légalisant l'I.V.G. (Interruption volontaire de grossesse).

1975   Instauration du divorce par consentement mutuel.

1982   Remboursement de l'avortement.

1992   Loi sanctionnant le harcèlement sexuel dans les relations de travail.

2000   La pilule du lendemain est en vente libre dans les pharmacies.

2010   La lutte contre les violences faites aux femmes est déclarée grande cause nationale.

2012   Promulgation de la loi sur le harcèlement sexuel.

1979 Affiche pour le planning familial

Questions :

1. Le Code pénal traitait-il équitablement les hommes et les femmes au XIXe siècle ?

2. Comment les mentalités et la loi ont-elles évolué en ce qui concerne la contraception et l'avortement ?

3. Pourquoi la fondation de « Maternité heureuse » en 1956 était importante ? Qu'est-ce qu'elle permettait aux femmes de faire ?

4. Les femmes françaises : le travail

   a. **Quelques dates :[3]**

1892   Interdiction du travail de nuit ; repos hebdomadaire, journée de 11h.

1900   Journée de 10h pour les femmes et les enfants.

1907   Loi autorisant les femmes mariées à disposer de leur salaire.

1909   Congé maternité de huit semaines sans traitement.

1920   Les femmes peuvent adhérer à un syndicat sans l'autorisation de leur mari.

1928   Congé maternité de deux mois à plein traitement étendu à toute la Fonction Publique.

1938   Institution d'une prime pour la femme au foyer.

1965   Une femme mariée peut exercer une activité professionnelle sans le consentement de son mari.

1971   Congé maternité indemnisé à 90%.

1972   Loi sur l'égalité de rémunération entre hommes et femmes.

1984   Congé parental ouvert à chacun des parents salariés sans distinction de sexe.

2006   Loi sur l'égalité salariale entre les femmes et les hommes.

2011   Loi relative à la représentation équilibrée des femmes et des hommes dans les conseils d'administration.

Femmes poussant des chariots remontant de la mine - Bruay-en-Artois (Pas-de-Calais). Vers 1910

---

3   Adapté du site www.chez.com/lisa67/infos/femme.htm

b.   **Taux d'activité des femmes selon l'âge**

	1990	2000	2015	En %
15-24 ans	40,3	33,2	34,2	
25-49 ans	75,2	80,3	83,3	
50-64 ans	37,9	46,3	61,1	

Champ : Femmes métropolitaines, population des ménages, femmes de 15 à 64 ans.
Source : INSEE, enquêtes Emploi

c.   **Salaire moyen en France (montants exprimés en net, en euros)**

	1995	2005	2015
Femmes	15 259	18 972	23 568
Hommes	19 516	23 794	28 794
Rapport des salaires Femmes/Hommes (en %)	78,1	79,7	81,9

Source : Journaldunet.fr

Questions :

1.   Qu'est-ce que la loi de 1907 change ? Qui disposait du salaire des femmes avant cette date ?

2.   Que faisaient les femmes avant la loi de 1909 sur le congé maternité ?

3.   Premier tableau : quels sont les grands changements entre 1990 et 2015 ?

4.   Que remarquez-vous sur les salaires des femmes et des hommes ?

5.   **Les femmes françaises : les droits politiques**

a.   **Quelques dates :**[4]

1793   Instauration du suffrage universel ; mais citoyenneté refusée aux femmes.

1876   Hubertine Auclert fonde « Le Droit des Femmes », premier groupe suffragiste, qui deviendra le Suffrage des Femmes en 1883.

1914   Organisation d'un vote blanc, sondage auprès des femmes sur leur désir de voter. Plus de 500 000 réponses favorables.

1919   La Chambre des députés se prononce en faveur des droits politiques intégraux. Le Sénat émet un rapport défavorable.

1944   « Les femmes sont électrices et éligibles dans les mêmes conditions que les hommes » (Général de Gaulle).

1945   Les femmes votent et sont élues pour la première fois aux élections municipales d'avril puis en octobre pour l'Assemblée constituante.

1947   Première femme ministre : Germaine Poiso-Chapuis.

1991   Première femme Premier ministre : Edith Cresson.

1945 - Les femmes votent pour la première fois

---

4   Adapté du site www.chez.com/lisa67/infos/femme.htm

b. **Part des femmes élues à l'Assemblée nationale**

En %

Années	Part des femmes parmi les élus
1958	1,3
1968	1,7
1978	4,0
1986	5,8
1997	10,8
2007	18,5
2012	26,9
2019	39,7

Champ : France métropolitaine.
Source : ministère de l'Intérieur.

L'Assemblée nationale

c. **Les femmes au parlement européen (liste partielle)**
(législature 2019/2024)

	Part des femmes (en %)
Grèce	24
Rép. tchèque	33
Estonie	33
Pologne	35
Croatie	36
Allemagne	36
Hongrie	38
Italie	41
Irlande	45
Danemark	46
Espagne	47
Autriche	50
France	50
Pays-Bas	50
Finlande	54
Suède	55

Source : Parlement européen

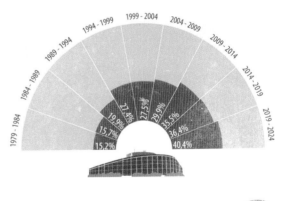

Proportion de femmes et d'hommes au Parlement européen

europarl.europa.eu

Questions :

1. Qui est Hubertine Auclert ?
2. Pourquoi les femmes n'ont-elles pas eu le droit de vote en 1919 ?
   Qui était pour ? Qui était contre ? En quelle année l'ont-elles eu ?
3. Que remarquez-vous à l'Assemblée nationale ?
4. Où la France se situe-t-elle au parlement européen ?

Aux Etats-Unis

Part des femmes à la Chambre des représentants

1957-59	3,4
1967-69	2,3
1977-79	4,1
1985-87	5,3
1997-99	12,4
2007-09	16,6
2011-13	16,8
2019-21	23,4

Récapitulons !

- Qu'est-ce que les femmes des années 50, et celles de *8 femmes* en particulier, n'avaient pas encore obtenu ?
- Quel chemin reste-t-il à parcourir aujourd'hui pour qu'il y ait une véritable égalité entre les hommes et les femmes ?

Parlement européen, Strasbourg

Cyrano de Bergerac

Présentation du film

Cyrano est passionné, généreux, héroïque et il a de l'esprit. Il a aussi un nez proéminent qui le complexe et le force à cacher ses sentiments pour sa cousine Roxane. Il prête alors son éloquence et sa plume à son rival Christian pour séduire la belle jeune fille. Le film a lieu en 1640, la fin en 1655.

Carte d'identité du réalisateur

Jean-Paul Rappeneau (né en 1932) a travaillé plusieurs années comme scénariste avant de tourner son premier film, *La vie de château*, en 1966. Il a ensuite réalisé des comédies (*Les mariés de l'an II*, 1971, *Le sauvage*, 1975, *Tout feu tout flamme*, 1981), avant de s'intéresser aux grandes productions en costumes (*Cyrano de Bergerac*, 1990, *Le hussard sur le toit*, 1995, et *Bon voyage*, 2003). Après une longue pause, il a réalisé *Les belles familles* en 2015. Méticuleux, perfectionniste, Rappeneau prend son temps entre chaque film et aime tourner avec des stars.

Carte d'identité des acteurs

Gérard Depardieu (né en 1948) est l'un des plus grands acteurs français de tous les temps. Energique, travailleur, généreux, excessif, il est capable de tout jouer. Il s'est imposé en 1974 dans *Les valseuses*, puis nombre de ses films ont été de très grands succès : *Le dernier métro* (1980), *Le retour de Martin Guerre* (1982), *Danton* (1983), *Camille Claudel* (1988), *Cyrano de Bergerac* (1990), *Le Colonel Chabert* (1994), *Astérix et Obélix contre César* (1999), *Bon voyage* (2002), *Les temps qui changent* (2004), *La môme* (2007). Ces dernières années on l'a vu dans des rôles nombreux et variés, notamment en amant de Catherine Deneuve dans *Potiche* (2010), en analphabète ami d'une vieille dame dans *La tête en friche* (2010), en Obélix dans *Astérix et Obélix : Au service de sa majesté* (2012) et en père sur les traces de son fils dans *Valley of Love* (2015). Il a été nommé 16 fois aux César et a reçu la Palme d'Or à Cannes pour *Cyrano de Bergerac*.

Anne Brochet et Gérard Depardieu

Anne Brochet (née en 1965) a commencé sa carrière en triomphant dans deux grands films : *Cyrano de Bergerac* (qui l'a révélée au grand public) et *Tous les matins du monde* (1991). Elle a ensuite travaillé avec de grands réalisateurs, entre autres Miller (*La chambre des magiciennes*, 2000) et Rivette (*Histoire de Marie et Julien*, 2003). Elle est aussi sensible dans des comédies dramatiques (*Le temps des porte-plumes*, 2005) que dans des drames historiques (*La rafle*, 2010) et dans des comédies (*Arrête ou je continue*, 2014). Elle poursuit en même temps une belle carrière au théâtre et elle écrit des nouvelles.

Vincent Perez (né en 1964) a un physique de charmeur romantique et semble prédisposé pour les rôles de séducteur dans de grandes productions en costumes d'époque : *Cyrano de Bergerac* (1990), *Indochine* (1992), *La Reine Margot* (1994), *Le bossu* (1997), *Fanfan la Tulipe* (2003). Il a aussi joué pour de nombreux réalisateurs étrangers et s'est appliqué à alterner les genres : le thriller (*Un pharmacien de garde*, 2003), la comédie (*Je reste !*, 2003 et *Monsieur Papa*, 2011), le drame (*Demain dès l'aube*, 2009), la comédie dramatique (*Un baiser papillon*, 2011) et la comédie romantique (*Un prince presque charmant*, 2013). Il a aussi réalisé 3 longs métrages dont *Seul dans Berlin* en 2016.

L'heure de gloire

Cyrano de Bergerac a eu un immense succès public et critique : prix d'interprétation masculine pour Gérard Depardieu et nomination pour la Palme d'Or pour Jean-Paul Rappeneau au Festival de Cannes, prix du meilleur film décerné par l'Académie Nationale du Cinéma, et de très belles récompenses aux César : meilleur film, meilleur réalisateur et meilleur acteur (Gérard Depardieu). Aux Etats-Unis, il a reçu le Golden Globe du meilleur film étranger et l'Oscar des meilleurs costumes.

PREPARATION

1 Vocabulaire

Vocabulaire utile avant de voir le film :

> Vous connaissez déjà certains des mots de la liste. Ils sont notés pour que vous les révisiez. Vous devez savoir ce vocabulaire par cœur, avec les genres pour les noms, les prépositions pour les verbes et les orthographes difficiles. Observez bien les exemples, ils vous aideront à vous exprimer correctement.

Noms

une pièce : *a play*
une tirade : *a monologue*
un héros : *a hero**
le nez : *the nose***
un régiment : *a regiment*
une bataille : *a battle*
un siège : *a siege*
un duel : *a duel*
la bravoure : *bravery*
les préjugés : *prejudice*
la vengeance : *revenge*

une épée : *a sword*
un(e) ennemi(e) : *an enemy*
un couvent : *a convent*
une duègne : *a chaperone*
une ruse : *a trick*
une écharpe : *a scarf*
l'honnêteté : *honesty*
le courage : *courage*
l'égoïsme : *selfishness*
la lâcheté : *cowardice*

*Attention ! Le héros, pas l'héros.
**Prononciation : le « né »

Verbes

se comporter : *to behave*
donner un conseil à qq'un : *to give s.o. advice*
espérer : *to hope*
avoir confiance en soi : *to be self-confident**
se bagarrer : *to fight*
provoquer qq'un en duel : *to challenge s.o. to a duel*
se venger de qq'un : *to have one's revenge against s.o.***
avouer qqch à qq'un : *to confess sth to s.o.****
mentir à qq'un : *to lie to s.o.*
être amoureux (-euse) de qq'un : *to be in love with s.o.*****
faire la cour à qq'un : *to court s.o.******
faire de l'esprit : *to be witty*

se soumettre à qqch : *to submit oneself to sth*
être en première ligne : *to be on the front line*
humilier qq'un : *to humiliate s.o.*
assassiner qq'un : *to murder s.o.*

*Ex : Cyrano n'a pas confiance en lui. Roxane a confiance en elle.
**Ex : Il s'est vengé de Cyrano et Christian. Il s'est vengé d'eux.
***Ex : Il avoue son amour à Roxane. Il le lui avoue.
****Mémorisez cette expression ! On ne dit jamais « être en amour ». De plus, on est amoureux de quelqu'un (pas avec).
*****Ex : Il fait la cour à Roxane. Il lui fait la cour.

Adjectifs

courageux (-euse) : *courageous*
honnête : *honest*
sensible : *sensitive**
fidèle : *faithful*
franc (-che) : *frank*
héroïque : *heroic*
spirituel(le) : *witty*
éloquent(e) : *eloquent*
laid(e) : *ugly*

redouté(e) : *feared*
timide : *shy*
naïf (-ve) : *naïve*
égoïste : *selfish*
orgueilleux (-euse) : *proud / arrogant*
fier (-ère) : *proud / haughty**
arrogant(e) : *arrogant*
lâche : *cowardly*
bagarreur (-euse) : *quarrelsome*

*Souvenez-vous : « sensible » en anglais se dit « sensé, raisonnable » en français.
**Ex : Il est fier de ses exploits.

Vous n'avez pas besoin du dictionnaire. Tous les mots sont dans la liste ci-dessus !
1e phrase : Les adjectifs doivent évidemment être accordés. Pensez à les mettre au féminin et/ou au pluriel.
2e phrase : Souvenez-vous que le verbe « préférer » n'est pas suivi de « de ».

Traduisez !

1. I like men who are courageous, faithful and witty.

2. Cyrano is in love with Roxane, but he prefers to be witty rather than to court her.

3. He challenged Valvert to a duel to have his revenge.

4. Our regiment was on the front line at the battle of Arras.

2 Repères culturels[1]

Histoire

Souvenez-vous
le 17e siècle dans les colonies américaines

1603 : 1ère colonie à Jamestown, VA
1613 : Mariage Pocahontas-John Rolfe
1619 : Premiers esclaves africains en VA
1620 : Les pèlerins à Plymouth, MA
1626 : Fondation de Salem
1630 : Fondation de Boston
1632 : Fondation de la colonie du MD
1636 : Création de Harvard College
1638 : Fondation de la colonie du RI
1664 : La ville et la région de NY sont prises par les Anglais (aux Hollandais)
1682 : Création de la PA
1692 : Procès des sorcières de Salem

1. Qui était roi de France en 1640, à l'époque du film ? et en 1655, à la fin du film ? Que savez-vous sur eux ? Faites quelques recherches sur ces deux rois (leurs dates, leur personnalité, leur famille, leurs grandes actions, par exemple).

2. Qui était Richelieu ? Pour qui travaillait-il ? Pour quoi est-il connu ?

3. Cyrano est un mousquetaire. Qu'est-ce que cela voulait dire au XVIIe siècle ? Pour qui les mousquetaires travaillaient-ils ?

A savoir

Les cadets : Dans les familles, seul l'aîné héritait des biens. Les cadets s'engageaient alors dans l'armée ou dans les ordres religieux. Voilà l'origine des « cadets » de West Point !

4. Cyrano de Bergerac a véritablement existé. A quelle période a-t-il vécu ? Que sait-on sur lui ? Pour quoi est-il connu ?

Cardinal Richelieu, par Philippe de Champaigne

Le vrai Cyrano de Bergerac

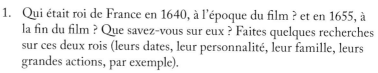

Mousquetaires du Roi

---

1   Il existe un excellent site internet sur Cyrano : www.cyranodebergerac.fr. Vous trouverez beaucoup d'information sur le vrai Cyrano, le XVIIe siècle et la pièce de Rostand.

Géographie / Histoire

5. Cherchez la ville d'Arras sur une carte de France. A-t-elle toujours été française ? Que s'est-il passé en 1640 ?

Littérature

6. Le film est basé sur une pièce de théâtre écrite par Edmond Rostand en 1897. Faites quelques recherches sur l'auteur et l'accueil reçu par la pièce à sa sortie.

Arras au XVIIe siècle

A savoir

Cyrano de Bergerac est l'une des 4 ou 5 pièces les plus jouées dans le monde, et la pièce française la plus jouée. Elle a du succès partout, quelle que soit la langue dans laquelle elle est traduite.

7. Dans le film, Roxane est une « Précieuse ». Qu'est-ce que cela veut dire ? Qu'est-ce que la Préciosité ?

8. Qui sont les grands écrivains du XVIIe siècle ? Trouvez 3 écrivains et notez au moins une œuvre pour chacun d'eux.

Rostand académicien

3 Bande-annonce

Allez sur le companion website (hackettpublishing.com/cinema-for-french-resources) pour trouver la bande-annonce, puis répondez aux questions suivantes :

1. Où et comment les personnages principaux sont-ils présentés ?

2. Quels aspects de Cyrano sont dévoilés ?

3. Quelle impression avez-vous de Roxane ?

4. Quel objet traverse le titre à la fin de la bande-annonce ? Pourquoi ?

Les précieuses

Image d'Epinal

4 A savoir avant de visionner le film

- Durée : 2h15 (attendez-vous à ce que la fin vous semble longue !)
- Genre : Drame historique, héroïque et romantique
- Public : PG
- Tournage : Le film a été tourné en France et en Hongrie. Rappeneau a embauché 2000 acteurs et figurants !
- Personnages : Tous les personnages principaux (Cyrano, Roxane, Christian, Le Brêt, Ragueneau, De Guiche et même Montfleury) ont réellement existé. Rostand a pris quelques libertés mais dans l'ensemble ils sont conformes à l'histoire.
- Note : Le film est très fidèle à la pièce de théâtre, et est donc en vers. Les dialogues étant difficiles à comprendre, ne vous inquiétez pas si vous éprouvez des difficultés. Observez le jeu des acteurs, les décors, les costumes, et laissez-vous bercer par la poésie de la langue.

PREMIERE APPROCHE

1 L'histoire

Le but de cette activité est double :
- Vérifier que vous avez bien compris l'histoire
- Vous préparer à la discussion en classe

Répondez à chaque question en une ou deux phrases. Utilisez le vocabulaire que vous avez appris.

Les personnages

Cyrano de Bergerac
(Gérard Depardieu)

Roxane
(Anne Brochet)

Christian de Neuvillette
(Vincent Perez)

le Comte de Guiche
(Jacques Weber)

Le Brêt
(l'ami)

Ragueneau
(l'ami pâtissier)

1. **Le théâtre**
   • Quelle est la population qui va au théâtre ? Comment les gens se comportent-ils ?

A savoir

Ce théâtre, l'Hôtel de Bourgogne, était célèbre au XVIIe siècle. Aujourd'hui il n'en reste qu'un vestige, la tour Jean-sans-Peur.

2. **Christian**
   • Pourquoi Christian provoque-t-il Cyrano en interrompant le récit de la bataille avec des expressions utilisant le mot « nez » ? Est-ce dans la nature de Cyrano de ne pas réagir ? Pourquoi reste-t-il calme ?
   • Christian se soumet-il facilement à la proposition de Cyrano ? Pourquoi ? Que pensez-vous de cette proposition ?
   • Comment Christian se débrouille-t-il en tête-à-tête avec Roxane ? Que fait-il ensuite pour donner l'illusion qu'il sait parler ?
   • Comment Christian meurt-il ? Est-ce un accident ?

3. **De Guiche et la guerre**
   • Que veut faire de Guiche pour se débarrasser de Cyrano ? Quelle est la ruse de Roxane pour garder Christian ?
   • Quelles sont les conditions de vie des soldats pendant le siège d'Arras ?
   • Quelle est la vengeance de de Guiche pendant le siège ?
   • Etiez-vous surpris que Roxane fasse le voyage à Arras pour rejoindre Christian ? Cela va-t-il avec le comportement qu'elle a eu auparavant ? De quelle façon l'ambiance change-t-elle quand elle arrive ?
   • Pourquoi de Guiche se bat-il avec les cadets de Gascogne, alors qu'il avait prévu de les abandonner à leur triste sort ? Qu'est-ce que cette décision indique sur de Guiche ?

Image publicitaire : Rendez-vous de Christian et de Roxane

Image publicitaire : Arrivée de Roxane au camp d'Arras

A savoir

La Gascogne : Elle se trouve dans le sud-ouest de la France. Les Gascons avaient la réputation d'être vantards et beaux parleurs.
Le régiment des cadets de Gascogne n'a jamais existé, c'est une invention de Rostand. En revanche, le personnage de Carbon de Castel Jaloux a bien existé mais on sait très peu de choses sur lui.

4. **Le triangle amoureux**
   • Pourquoi le mariage de Roxane et Christian est-il célébré en toute hâte ? Que fait Cyrano pour que la cérémonie ne soit pas interrompue par de Guiche ?
   • Que comprend Christian quand Roxane dit qu'elle est venue le rejoindre à cause des lettres qu'elle recevait, et qu'elle l'aimerait même s'il était laid ?
   • Pourquoi Christian veut-il que Cyrano avoue son amour à Roxane ?
   • Que dit Cyrano à Christian quand il meurt ? Pourquoi fait-il ce sacrifice ?

Image publicitaire allemande : Dernière rencontre de Cyrano et de Roxane

5. **Roxane / Cyrano**
   - Quels sont les espoirs de Cyrano quand la duègne de Roxane vient lui dire que la jeune femme veut le voir le lendemain ?
   - A la fin, Roxane est-elle consciente que Cyrano a eu un accident ? Pourquoi ?
   - Quel effet la lecture de la lettre a-t-elle sur Roxane ? Pourquoi est-ce si important pour Cyrano de la lire ce jour-là, et tout haut ?
   - A la fin, Cyrano dit : « J'aurai tout manqué, même ma mort ». Etes-vous d'accord qu'il a tout manqué dans sa vie ?

6. **La fin**
   - Quel est le dernier mot que Cyrano prononce avant de mourir ?
   - Observez la dernière scène: qu'est-ce qui brille dans le ciel ? Pourquoi ? Que fait la caméra ? Où va-t-elle ?

2 Analyse d'une photo

1. Où et à quel moment cette scène se passe-t-elle ?
2. Qu'est-ce que Christian vient de dire à Cyrano ? Où va-t-il ?
3. Qu'est-ce que les visages de Christian et de Roxane expriment ?
4. Qu'est-ce qui rend cette photo très dynamique ?

3 Analyse de citations

Analysez les citations suivantes en les replaçant dans leur contexte :

Note : Le film est tellement bien écrit qu'il se prête très bien à cet exercice. Votre professeur choisira quelques-unes des citations suivantes que vous étudierez.

1. Cyrano (au théâtre) :
   « Que tous ceux qui veulent mourir lèvent le doigt. »

2. Cyrano à Le Brêt :
   « Regarde-moi, mon cher et dis quelle espérance
   Pourrait bien me laisser cette protubérance ! »

3. Cyrano :
   « Ne pas monter bien haut, peut-être, mais tout seul ! »

4. Roxane à Christian :
   « Et la beauté par quoi tout d'abord tu me plus
   Maintenant j'y vois mieux… et je ne la vois plus ! »

5. Cyrano à Roxane :
   « Pendant que je restais en bas dans l'ombre noire
   D'autres montaient cueillir le baiser de la gloire. »

6. Cyrano :
   « Ci-gît Hercule-Savinien
   De Cyrano de Bergerac
   Qui fut tout, et qui ne fut rien. »

Mort de Cyrano (carte postale de 1911)

APPROFONDISSEMENT

1 Vocabulaire

Enrichissez votre vocabulaire !

Le but de cette deuxième liste est d'élargir votre champ lexical. Ce vocabulaire ciblé sur des thèmes du film va vous permettre d'enrichir votre style.

L'amour

tomber amoureux(-euse) de : *to fall in love with*
un coup de foudre : *love at first sight*
séduire : *to seduce*
avoir du charme : *to be charming*
un amour platonique : *platonic love*
une histoire d'amour : *a love story*
une lettre d'amour : *a love letter*
un chagrin d'amour : *an unhappy love affair*
une chanson d'amour : *a love song*

un petit ami : *a boyfriend*
une petite amie : *a girlfriend*
le/la fiancée : *the fiancée*
le mari : *the husband*
la femme : *the wife*

Le saviez-vous ?

En français on utilise le verbe « flirter », de l'anglais « to flirt ». L'anglais vient de l'ancien français « conter fleurette » (être galant).

Duels et combats

un coup d'épée : *a swordthrust*
être blessé(e) : *to be wounded*
une blessure : *a wound*
être atteint(e) : *to be hit*
une feinte : *a feint*
parer : *to parry a blow*
toucher : *to hit*
en garde ! : *en garde!*

A savoir

Un duel est un combat (généralement à l'épée au XVIIe siècle) entre deux personnes. Les duels ont été interdits par Richelieu en 1626, mais ils ont continué jusqu'à la fin du XIXe siècle.

Duel : Ne vient pas du latin « duo » (deux) mais de « duellum », forme ancienne de « bellum » (la guerre).

Les qualités et les défauts

la générosité : *generosity*
    être généreux (-euse) : *to be generous*
la sincérité : *sincerity*
    être sincère : *to be sincere*
la droiture : *honesty*
    être droit(e) : *to be honest*
la gentillesse : *kindness*
    être gentil (-ille) : *to be kind*
la franchise : *frankness*
    être franc (-che) : *to be frank*
la tolérance : *tolerance*
    être tolérant(e) : *to be tolerant*
l'intelligence : *intelligence*
    être intelligent(e) : *to be intelligent*
l'avarice : *miserliness*
    être avare : *to be miserly*

la malhonnêteté : *dishonesty*
    être malhonnête : *to be dishonest*
la méchanceté : *maliciousness*
    être méchant(e) : *to be malicious*
l'infidélité : *unfaithfulness*
    être infidèle : *to be unfaithful*
l'hypocrisie : *hypocrisy*
    être hypocrite : *to be hypocritical*
l'intolérance : *intolerance*
    être intolérant(e) : *to be intolerant*
la bêtise : *stupidity*
    être bête : *to be stupid*
la paresse : *laziness*
    être paresseux (-euse) : *to be lazy*

Mise en pratique du vocabulaire :

Ecrivez 5 phrases dans lesquelles vous utilisez au moins 10 mots de la liste ci-dessus.

2 Réflexion - Essais

Ces questions vont vous permettre d'approfondir l'étude du film. Ecrivez un paragraphe pour chacune, en utilisant le vocabulaire du chapitre et en soignant votre expression (vérifiez votre orthographe et votre grammaire). En faisant ce travail, vous vous préparez à la prochaine composition.

1. Analysez l'entrée en scène de Cyrano. Tous les personnages principaux apparaissent avant lui. Pourquoi se fait-il attendre ? Quelle impression a-t-on de lui avant de le voir et de l'entendre ?

2. Quel personnage préférez-vous ? Duquel vous sentez-vous le plus proche ? Pourquoi ?

3. Donnez des exemples qui montrent que Cyrano est différent des autres et tient à le rester. Parle-t-il, s'habille-t-il, se comporte-t-il comme tout le monde ?

4. Que pensez-vous du stratagème mis en place par Cyrano pour aider Christian à séduire Roxane ? Approuvez-vous ou le trouvez-vous condamnable ?

5. Ragueneau et Le Brêt sont tous les deux amis de Cyrano. Qu'ont-ils en commun ? En quoi sont-ils différents ?

6. Analysez le personnage de de Guiche. Quelle opinion aviez-vous de lui pendant le film ? Est-ce un personnage fondamentalement mauvais ? Votre opinion a-t-elle évolué au fil de l'histoire ?

7. La scène du balcon vous rappelle-t-elle une autre scène de balcon célèbre ?

8. Pourquoi la guerre est-elle importante dans cette histoire ? Qu'est-ce qu'elle force les personnages à faire ?

9. A votre avis, quel est l'acte le plus grandiose que Cyrano accomplisse ?

10. Pensez aux espoirs que formulaient Roxane, Christian, Cyrano et de Guiche au début de l'histoire. Ont-ils obtenu ce qu'ils espéraient ?

11. Les spectateurs s'identifient facilement aux personnages, mais cette histoire est-elle possible ? Les personnages (leur caractère et leurs actes) sont-ils crédibles ?

12. Ce film a rencontré un immense succès, aussi bien en France qu'à l'étranger. Comment peut-on expliquer que l'histoire plaise tant aux spectateurs ?

3 Analyse d'une scène : le mariage (1:17:13 à 1:24:50)

> ### Vocabulaire spécifique à cette scène
>
> une porte *(a door)* • un roulement de tambour *(a drum roll)* • ralentir *(to slow down)* • un foulard *(a scarf)* • bien/mal éclairé(e) *(well/poorly lit)* • duper qq'un *(to fool s.o.)* • un moulin à vent *(a windmill)* • de la boue *(mud)*

Préparation :
- Qu'est-ce qui vient de se passer ?
- Cette scène peut être découpée en trois parties. Comment ?

A. **Ecoutez**
1. Qui ne parle presque pas dans cette scène ? Pourquoi ?
2. On entend trois fois de la musique. A quels moments ? Pourquoi a-t-on de la musique dans ces moments-là ?
3. Combien de fois de Guiche et Cyrano sont-ils poussés contre la porte ? Qui l'avait fermée une fois auparavant ? Qu'est-ce que ces bruits représentent au théâtre ?
4. Qu'est-ce qu'on entend au loin quand Christian quitte Roxane ? Quelle impression a-t-on en entendant ces bruits ?

B. **Observez**
1. Comment les personnages sont-ils habillés ? De quelles couleurs sont leurs vêtements ? Comment Roxane est-elle habillée au début ? La couleur est-elle symbolique ?
2. Que fait Cyrano pour ralentir la progression de de Guiche ? (observez ses gestes, ses déplacements).
3. Cette scène est très dynamique. Qui apporte de l'énergie ? Pourquoi les acteurs se déplacent-ils ? Pour aller où ? Pour faire quoi ?
4. Où la caméra est-elle placée ? Voit-on toujours la scène sous le même angle ? Que fait la caméra ? Pourquoi est-ce important ?
5. Les émotions des personnages se lisent facilement sur leurs visages. Observez notamment :
   - Le capucin (le religieux) : Regardez bien ses yeux. Qu'est-ce qu'ils expriment ?
   - Christian : Qu'est-ce que son visage indique sur son état d'esprit ?
   - De Guiche : Quelle tête fait-il en entrant dans l'église ? Que ressent-il ?
6. Comment la scène est-elle éclairée ? Quelles sont les sources de lumière à l'intérieur et à l'extérieur ?

C. **Cette scène dans l'histoire**
1. Pourquoi est-elle importante ?
2. Qu'est-ce qui change entre le début et la fin ?
3. Qui gagne la partie ? Roxane, Christian, Cyrano ou de Guiche ?
4. Qui est le moins dupé ?
5. Pourquoi, et pour qui, ce mariage est-il important ?

D. **Langue**

1. **Subjonctif ou indicatif ?**

Conjuguez les verbes au subjonctif ou au temps de l'indicatif qui convient.

Ex : Les amis de Cyrano arrivent avant qu'il _____ (mourir).
     Les amis de Cyrano arrivent avant qu'il <u>meure.</u>

a. Cyrano écrit des lettres tous les jours pour que Roxane _____ (croire) que Christian pense à elle.

b. Il vaudrait mieux que Cyrano _____ (dire) la vérité à Roxane.

c. De Guiche espère que Roxane l' _____ (aimer) un jour.

d. Cyrano ne veut pas avouer ses sentiments à Le Brêt bien qu'il __ (être) son meilleur ami.

e. Il est regrettable que les soldats n'_____ (avoir) rien à manger au siège d'Arras.

f. Il est probable que Christian _____ (se suicider) car il avait compris que Roxane ne l'aimait pas.

g. La foule admire Cyrano quand il _____ (se battre) en duel avec Valvert.

h. Cyrano craint que Christian ne _____ (pouvoir) pas exprimer ses sentiments.

i. Cyrano a retenu de Guiche jusqu'à ce que le capucin _____ (célébrer) le mariage.

j. Roxane croit que les précieuses _____ (être) passionnantes.

k. Les soldats étaient étonnés que Roxane et Ragueneau _____ (faire) le voyage.

l. Christian monte au balcon de Roxane après que Cyrano _____ (la séduire).

2. **Pronoms relatifs**

Remplissez les blancs avec l'un des pronoms relatifs suivants :

qui • que • dont • ce qui • ce que • ce dont • où

Image d'Epinal

a. _____ je préfère dans ce film, ce sont les costumes.

b. Christian est le jeune homme _____ Roxane est amoureuse.

c. Ragueneau est l'ami _____ est pâtissier.

d. Vous souvenez-vous du jour _____ Cyrano s'est battu contre cent hommes ?

e. Le couvent _____ Roxane vit est calme et reposant.

f. Cyrano fera _____ Roxane lui demande.

g. C'est à la bataille d'Arras _____ Christian est mort.

h. Roxane et Ragueneau savent _____ les soldats ont besoin.

i. J'admire la façon _____ Depardieu joue ce rôle si difficile.

j. Cyrano ne sait pas _____ arrivera s'il parle à Roxane.

k. Rappeneau est un réalisateur _____ nous impressionne.

l. _____ plaît à Roxane c'est la beauté de Christian et l'intelligence de Cyrano.

3.   Comparatifs et superlatifs

Mettez le mot entre parenthèses à la forme comparative ou superlative. Dans certains cas plusieurs réponses sont possibles.

Ex : Cyrano est (spirituel) Christian.
     Cyrano est <u>plus spirituel que</u> Christian.

a.   Roxane ment (bien) les autres personnages.

b.   Cyrano est l'homme (courageux) je connaisse.

c.   Le Brêt est (fidèle) Ragueneau.

d.   Pour Roxane, le départ de Christian pour Arras est la (mauvais) chose que de Guiche pouvait faire.

e.   Valvert a gagné (duels) Cyrano.

f.   Cyrano est le mousquetaire (redouté).

g.   Quel est le personnage (héroïque) de l'histoire ?

h.   Cyrano a (panache) Christian.

i.   Roxane est (naïf) vous ne pensez.

j.   *Cyrano de Bergerac* est la (bon) pièce de Rostand.

De Guiche

E.   Comparaison avec d'autre scènes

Comparez cette scène avec deux autres scènes de confrontations entre Cyrano et de Guiche :

1.   La salle d'armes (43:38 à 45:25)

a.   Qu'est-ce que Cyrano refuse ? Pourquoi ?

b.   Quels aspects de la personnalité de Cyrano et de de Guiche sont mis en relief dans cette scène ?

c.   Que veut dire de Guiche en parlant des moulins et de la boue ?

d.   Cyrano a-t-il peur ? Que croit-il ?

A savoir

Don Quichotte se bat contre des moulins à vent, en croyant que ce sont ses ennemis.

2.   L'écharpe blanche (1:32:16 à 1:34:45)

a.   Sur quel ton de Guiche raconte-t-il sa bataille ?

b.   Pourquoi Cyrano le laisse-t-il raconter toute son histoire avant de lui rendre son écharpe ?

c.   Comment de Guiche réagit-il en voyant l'écharpe ?

d.   Qui sort de ces trois scènes la tête haute ? Que doit faire de Guiche à chaque fois pour ne pas être complètement ridicule ?

F.   Sketch

Imaginez que Cyrano n'ait pas réussi à retenir de Guiche assez longtemps. Celui-ci interrompt le mariage. Que se passe-t-il ? Comment les différents personnages vont-ils réagir ? Ecrivez le dialogue et jouez-le avec vos camarades.

LE COIN DU CINEPHILE

1 Première / dernière scène

Comparez la première et la dernière scène. Qui apparaît avant Cyrano dans la première scène ? Quels personnages retrouve-t-on à la fin ? Qu'est-ce qui a changé ? Comparez l'attitude de Cyrano dans les deux scènes. Comparez le rythme des deux scènes.

2 Genre

A quel genre ce film appartient-il ? Est-ce une comédie, une tragédie, une comédie dramatique, un mélodrame, un film d'aventures, un film de cape et d'épée ? Est-ce un mélange des genres ?

3 Interprétation

Que pensez-vous de Gérard Depardieu dans le rôle de Cyrano ? Le trouvez-vous bien choisi ? Pourquoi ? Trouvez-vous ce Cyrano laid ou beau ? Que pensez-vous de son nez ?

4 Art

Rappeneau, le réalisateur, et Pierre Lhomme, le chef opérateur, ont étudié la peinture de Vermeer et composé plusieurs scènes du film en s'inspirant de ses tableaux. Allez sur le companion website (hackettpublishing.com/cinema-for-french-resources) et regardez quelques tableaux. Pouvez-vous établir des parallèles entre les peintures et certaines scènes du film ?

5 Sous-titres

Comparez cet extrait de *Cyrano de Bergerac* (scène du balcon, acte III, scène X) et les sous-titres correspondants, puis répondez aux questions :

1	Un baiser, mais à tout prendre, qu'est-ce ?	*How shall we define a kiss?*
2	Un serment fait d'un peu plus près, une promesse	*The seal set on a promise*
3	Plus précise, un aveu qui veut se confirmer,	*A promissory note on the bank of love*
4	Un point rose qu'on met sur l'« i » du verbe aimer ;	*The "O" of love on waiting lips*
5	C'est un secret qui prend la bouche pour oreille,	*A secret with the mouth as its ear*
6	Un instant d'infini qui fait un bruit d'abeille,	*Eternity in the instant the bee sips*
7	Une communion ayant un goût de fleur,	*A flower-scented host*
8	Une façon d'un peu se respirer le cœur,	*A way to know the other's heart*
9	Et d'un peu se goûter, au bord des lèvres, l'âme !	*And touch the portals of his soul*

a. Est-il facile de sous-titrer un film comme *Cyrano de Bergerac* ? Pourquoi ?

b. Peut-on dire que les idées sont bien rendues ?

c. Etait-il possible de faire rimer le texte anglais ? Etait-ce important ?

d.   Qu'est-ce qui rend le texte anglais poétique ?

e.   Trouvez-vous les sous-titres de bonne qualité ? Pourquoi ?

AFFINEZ VOTRE ESPRIT CRITIQUE

1 Modernité de Cyrano

Cyrano avait beaucoup d'ennemis, qui finissent par l'assassiner. Pouvait-on s'attendre à cette fin ? Est-ce facile d'être, comme Cyrano, complètement indépendant et de dire tout ce que l'on pense, quitte à déplaire au pouvoir ? La situation a-t-elle évolué entre le XVIIe siècle et aujourd'hui ?

2 Comparaison d'affiches

Vous allez comparer l'affiche française de Cyrano de Bergerac et l'affiche américaine en allant sur www.cyranodebergerac.fr. Cliquez sur « Actualités » et sous le titre « Toutes les actualités » trouvez le 19/10/2006. Cliquez sur « Cinema for French Conversation ».

1.   Qui est en évidence sur l'affiche française ?

2.   Pourquoi l'affiche américaine a-t-elle ajouté Roxane ? Qu'est-ce que sa présence implique ?

3.   Où Cyrano se trouve-t-il sur l'affiche française ? Que fait-il ?

4.   Que voit-on au premier plan de l'affiche américaine ? Pourquoi ?

5.   Quelles sont les couleurs dominantes ? Comment sont-elles utilisées ?

6.   Quelle affiche est la plus dynamique ?

7.   Laquelle préférez-vous ? Pourquoi ?

3 Les critiques

1.   Frédéric Strauss, dans sa critique de *Cyrano de Bergerac* (*Les Cahiers du Cinéma*, avril 1990) écrit que Rappeneau ne voulait « surtout pas de théâtre filmé : il faut que le spectateur reconnaisse le cinéma ». Si vous n'aviez pas su que le film est basé sur une pièce de théâtre, auriez-vous pu le deviner ? Grâce à quoi ? Aimeriez-vous voir cette pièce au théâtre ? Qu'est-ce qui serait mieux ? moins bien ?

2.   Jean-Paul Rappeneau explique pourquoi *Cyrano de Bergerac* touche tant le cœur du spectateur en disant : « C'est le mythe de la Belle et la Bête » (*Télérama* du 24 décembre 1997). Pourquoi fait-il cette comparaison ? La trouvez-vous justifiée ?

POUR ALLER PLUS LOIN

1 Parallèles avec d'autres films

1. **Le XVIIe siècle :** *Cyrano de Bergerac* et *Molière* se passent au XVIIe siècle, en 1640 et 1655 pour le premier et en 1645 et 1658 pour le second. Quels aspects de la vie de l'époque chacun nous présente-t-il ?

2. **Le théâtre :** *Cyrano de Bergerac*, *8 femmes* et *Diplomatie* étaient des pièces de théâtre avant d'être des films. Quels sont les éléments de théâtre que l'on retrouve dans chacun de ces films ? A quelles difficultés particulières les réalisateurs ont-ils dû faire face ?

2 Art

La famille heureuse ou le retour du baptême

Allez sur le companion website (hackettpublishing.com/cinema-for-french-resources) pour avoir accès aux peintures suivantes :
- Le Nain, Louis : *Intérieur paysan au vieux joueur de flageolet*
- Le Nain, Louis : *La famille heureuse ou le retour du baptême*
- La Tour, Georges de : *Les mangeurs de pois*
- Michelin, Jean : *Le marchand de pains et les porteuses d'eau*
- Michelin, Jean : *Soldats au repos dans une auberge*
- Dou, Gérard : *L'épicière de village, avec le portrait du peintre à l'arrière plan*

Choisissez-en deux et analysez-les. Comment ces peintures, qui datent toutes du XVIIe siècle, décrivent-elles la vie quotidienne de l'époque ? Certaines personnes ressemblent-elles à celles vues dans le film ? Lesquelles sont différentes ? Pourquoi ? Comment vivent-elles ?

3 Lectures

1. **Analyse de deux extraits de la pièce**

   A. **Premier extrait :** Cyrano vient de répondre au vicomte de Valvert avec sa grande tirade[1] du nez. Le vicomte essaie péniblement de se défendre (acte I, scène 4).

   LE VICOMTE,
   suffoqué.[2]
   Ces grands airs arrogants !
   Un hobereau[3] qui... qui... n'a même pas de gants[4] !
   Et qui sort sans rubans, sans bouffettes, sans ganses[5] !

   CYRANO
   Moi, c'est moralement que j'ai mes élégances.
   Je ne m'attife[6] pas ainsi qu'un freluquet,[7]
   Mais je suis plus soigné[8] si je suis moins coquet[9] ;
   Je ne sortirais pas avec, par négligence,
   Un affront[10] pas très bien lavé, la conscience
   jaune encor[11] de sommeil dans le coin de son œil,

1 monologue
2 astounded
3 (*pejorative*) a countryman
4 gloves
5 [fine 17th-century attire]
6 I don't dress
7 a whippersnapper
8 better-groomed
9 stylish
10 *here*: my presentation
11 old spelling of « encore »

Un honneur chiffonné,[12] des scrupules en deuil.[13]
Mais je marche sans rien sur moi qui ne reluise,[14]
Empanaché[15] d'indépendance et de franchise ;
[…]

LE VICOMTE
Mais, monsieur…

CYRANO
Je n'ai pas de gants ? … la belle affaire ![16]
Il m'en restait[17] un seul… d'une très vieille paire !
– Lequel m'était d'ailleurs encor fort importun[18] :
Je l'ai laissé dans la figure de quelqu'un.[19]

LE VICOMTE
Maraud, faquin, butor de pied plat ridicule ![20]

CYRANO,
ôtant[21] son chapeau et saluant[22] comme si le vicomte venait de se présenter.
Ah ? … Et moi, Cyrano Savinien-Hercule
De Bergerac.
       Rires

12	crumpled
13	in mourning
14	shine
15	plumed
16	what a fuss!
17	I only had one left
18	very troublesome
19	in somebody's face
20	[a string of insults]
21	removing
22	bowing

a. Valvert est-il capable de répondre à Cyrano ? A-t-il la même aisance verbale ?

b. Sur quoi juge-t-il Cyrano ?

c. Commentez la réponse de Cyrano (« Moi, c'est moralement que j'ai mes élégances. »). Qu'est-ce que cela veut dire ?

d. Le dernier vers de la tirade (« Empanaché d'indépendance et de franchise ») décrit-il bien le caractère de Cyrano ?

e. Comment Cyrano a-t-il utilisé son dernier gant ? Valvert peut-il comprendre ce genre de geste ?

f. Pourquoi la réponse de Cyrano aux insultes de Valvert est-elle très drôle ?

B. **Deuxième extrait :** La scène se passe à l'aube,[23] dans la boutique de Ragueneau. Cyrano attend anxieusement son rendez-vous avec Roxane, et hésite entre lui parler et lui écrire (acte II, scène 3)

Image publicitaire allemande : Duel avec Valvert

CYRANO
Ecrire, - plier,[24] —
       à lui-même.
Lui donner, — me sauver...
       Jetant la plume.[25]
Lâche !... Mais que je meure,
Si j'ose lui parler, lui dire un seul mot...
       A Ragueneau.
L'heure ?

RAGUENEAU
Six et quart ! ...

CYRANO,
       frappant sa poitrine.[26]

23	dawn
24	to fold
25	the quill (pen)
26	chest

...un seul mot de tous ceux que j'ai là !
Tandis qu'en écrivant...
> *Il reprend la plume.*

Eh bien ! écrivons-la,
Cette lettre d'amour qu'en moi-même j'ai faite
Et refaite cent fois, de sorte qu'elle est prête,
Et que mettant mon âme à côté du papier,
Je n'ai tout simplement qu'à[27] la recopier.
> *Il écrit.*

27 I just need to

a. Quel côté de Cyrano apparaît dans ce passage ?

b. Pourquoi demande-t-il l'heure à Ragueneau ?

c. Qu'envisage-t-il même de faire ? Cette attitude est-elle conforme au Cyrano héroïque que l'on connaît ?

d. Quels vers indiquent l'ancienneté de l'amour de Cyrano ?

e. Que veut dire la métaphore suivante :
    « Et que mettant mon âme à côté du papier,
    Je n'ai tout simplement qu'à la recopier. »

f. Que peut-on imaginer pour la suite de l'histoire si Cyrano avait laissé une lettre à Roxane lui déclarant sa flamme ?

2. Critique de la pièce en 1897

Le critique Henry Fouquier a assisté à la toute première représentation de la pièce le 28 décembre 1897 au Théâtre de la Porte-Saint-Martin. Il a ensuite écrit la critique suivante qui est parue dans *Le Figaro* le lendemain.

Programme

J'ai vraiment l'esprit épanoui[1] et l'âme réjouie au grand succès – un des plus grands et peut-être le plus grand de ceux auxquels nous avons eu le plaisir d'assister depuis longtemps – qui a accueilli *Cyrano de Bergerac*. Et ce n'est pas seulement mon goût d'artiste qui est satisfait à entendre parler au théâtre une langue de poésie exquise, de fantaisie franche, telle que celle qui éclata sur la scène avec *Ruy Blas*;[2] il y a quelque chose de plus et de supérieur, à mon gré. Et ce quelque chose, c'est le bonheur de voir un poète faire comprendre et acclamer par la foule les sentiments les plus délicats, les plus subtils raffinements du cœur. Ceci met M. E. Rostand hors de pair.[3]

La pièce est bien faite. C'est une comédie d'aventure et un drame de cape et d'épée,[4] fort intéressants en soi, mais qui se grandissent et s'ennoblissent par la peinture d'un amour souverain et exquis, véritable fleur du sentiment. Voici l'aventure. [Très longue description détaillée de la pièce].

Je ne ferai pas, pour ainsi dire, de commentaire sur cette pièce. Elle n'en appelle pas. C'est le propre des belles oeuvres. L'action, comique et dramatique alternativement, est des plus ingénieuses et des plus heureuses. Mais ce qui m'a pris au coeur, c'est la délicatesse des sentiments. Ce personnage de Cyrano est une merveille. Au fond, il est né de Hugo. […]

Mais on invente un caractère quand on le pousse à la perfection. Et remarquez que la souffrance de Cyrano reste discrète. Il ne le mène pas lui-même au tragique. C'est un résigné qui trouve une joie dans sa

1 radiant
2 [an 1838 play by Victor Hugo]
3 unparalleled
4 a swashbuckler

résignation. Il nous persuade qu'il a été heureux du sacrifice. Et qui sait ? Peut-être ! N'a-t-il pas eu de l'amour quelque chose que bien peu d'hommes y ont trouvé ? Quant à la langue, elle peut aussi se réclamer du Hugo de don César de Bazan.[5] [...] Et, par-dessus tout, une langue qui est et qui reste toujours une langue de théâtre, sans lassitude[6] et sans que le poète apparaisse derrière l'acteur.

Coquelin

Cette très belle œuvre est bien jouée à la Porte-Saint-Martin, et d'une façon tout à fait supérieure, par M. Coquelin. Il y est tout à fait admirable, et j'arrête là aussi le commentaire. Son rôle est écrasant[7] et tous les autres s'effacent[8] devant lui. [Il termine l'article en citant tous les acteurs].

5 [a character from *Ruy Blas*]
6 weariness
7 grueling
8 seem to disappear

La critique d'Henry Fouquier était suivie de l'article suivant, écrit par un spectateur :

La soirée

Qu'on aime ou non le drame en vers, il faut se faire un plaisir de reconnaître que la soirée d'hier est une victoire pour la poésie dramatique. Vous entendiez couramment dire, dans les couloirs :

- Voilà trente ans qu'on n'a pas entendu au théâtre une oeuvre pareille[1] ! [...]

M. Debruyère, directeur de la Gaîté,[2] qui connaît au moins le public moyen, disait à Coquelin :

- Vous jouerez cela un an !

Il fallait voir ce défilé[3] après chaque acte dans la loge[4] de Coquelin ! J'ai déjà vu quelques premières[5] à la Porte-Saint-Martin, jamais je n'ai assisté à pareille fête. [...]

On se serre,[6] on se tasse[7] autour du paravent[8] où Coquelin se change. [...] Ce soir, ce sont des dames, d'aimables et de moins aimables artistes qui forcent l'entrée du paravent, avec des exclamants et des adjectifs plein les mains :

- Exquis ! adorable ! délicieux ! Quel rôle ! Ecrasant, hein ? Combien de vers ?

- Quatorze cents !

Et Coquelin explique :

- C'est le plus long de tous les rôles possibles. Mascarille[9] en a 1,170, Ruy Blas 1,250, Hamlet à peu près autant. Et la pièce a 2,400 vers.

On raconte des histoires :

Mlle Legault[10] s'étant trouvée fatiguée la veille[11] de la répétition[12] générale, et n'ayant prévenu[13] qu'à la dernière minute, comment allait-on faire pour ne pas perdre une soirée, et pour que les quelques invités ne s'en retournent pas bredouilles[14] ? [...]

- C'est bien simple ! s'est écriée Mme Rostand. Je vais jouer le rôle !

1 such a work
2 [the name of a theater]
3 stream of people
4 dressing room
5 first nights
6 crowd around
7 cram in
8 screen
9 [a character from Molière's *Les Précieuses ridicules*]
10 [the actress who was supposed to play Roxane]
11 the day before
12 rehearsal
13 since she had not let them know
14 empty-handed

Coquelin et Rostand

15   goes on stage
16   a presence of mind
17   a lack of affectation
18   the extras
19   boxes
20   who suddenly lost their cool
21   staged
22   skillfulness
23   cleverness
24   endless
25   burst of applause
26   sensibly
27   [theater founded in 1680 by Louis XIV]

Sarah Bernhardt jouant Roxane à New York

A savoir

Sarah Bernhardt (1844-1923) est une des plus grandes actrices françaises de tous les temps. Elle avait une voix et une puissance dramatique extraordinaires. Elle a joué les plus grands rôles (notamment *Phèdre, Hernani, Ruy Blas, Lorenzaccio, Hamlet*) et a créé *L'Aiglon*, de Rostand, dans son théâtre en 1900.

Et, en effet, instantanément, la jolie poétesse - qui connaît par coeur non seulement les 2,400 vers de *Cyrano*, mais tous les vers de son mari - monte sur les planches,[15] et, avec une présence d'esprit,[16] un sans façon,[17] un naturel et un charme accomplis, la voilà jouant jusqu'au bout le rôle de Roxane Robin ! [...]

Mais, le plus amusant, ç'a été avant-hier, à la répétition générale. Comme la veille, au 1er acte, les seigneurs n'avaient pas joué tout à fait dans le mouvement la scène de l'Hôtel de Bourgogne, l'auteur s'est fait donner un superbe costume de Don César de Bazan, et a dirigé la figuration[18] sur la scène ! On s'attendait si peu à cette fantaisie que personne dans la salle ne l'a reconnu, et que les figurants en ont été un instant troublés. Il allait et venait avec grâce, parmi les groupes, faisait visite aux dames figurantes des loges,[19] qui en perdaient soudain tout sang-froid.[20] C'était charmant !

- D'ailleurs, disait Coquelin, c'est lui qui a mis tout en scène,[21] avec une habileté,[22] une ingéniosité,[23] une sûreté de coup d'oeil extraordinaires. Je ne vois personne, parmi les auteurs dramatiques, capables à l'heure qu'il est, excepté Sardou, de faire aussi bien !

Une avalanche de lettres et de télégrammes est tombée sur le théâtre, à l'adresse de M. Rostand et de Coquelin. Celle de Sarah Bernhardt est à citer. [...] Voici ce qu'elle écrivait hier à Coquelin :

« Je ne puis te dire ma joie pour ton – notre – triomphe d'hier et de ce soir. Quel bonheur, mon Coq ! Quel bonheur ! C'est l'art, c'est la beauté qui triomphent ; c'est ton immense talent, c'est le génie de notre poète ! Je suis si heureuse, oh ! Si ! Je t'embrasse, le cœur battant de la plus pure des joies et de la plus sincère amitié. Sarah »

On vous a dit que la soirée a fini en triomphe. Quand le nom de l'auteur a été proclamé, ç'a été une intarissable[24] salve d'applaudissements[25] et de bravos. On criait : « L'auteur ! l'auteur ! » Mais il avait sensément[26] quitté le théâtre.

En sortant j'ai entendu des artistes dire très sincèrement :

- Voilà la plus belle revanche que Coquelin pouvait attendre de sa malchance. C'est ce qu'il a fait de plus beau, de plus complet, de plus parfait depuis le commencement de sa carrière. Quelle rentrée pour lui, avec ce rôle, à la Comédie-Française[27] !

A quoi Coquelin avait, par avance, répondu par ces mots :

- On se tue avec plaisir pour une œuvre comme celle-là !

a.   Qu'est-ce qu'Henry Fouquier a aimé dans *Cyrano de Bergerac* ?

b.   Que faisaient les spectateurs entre les actes ?

c.   Qu'est-ce qui différencie le rôle de Cyrano des autres grands rôles ?

d.   Qu'a fait Mme Rostand pour la répétition générale ?

e.   Comment Rostand dirigeait-il ses acteurs ?

f.   Pourquoi Sarah Bernhardt s'associe-t-elle au triomphe de Coquelin ?

3. **Critique du film en 1990**

La critique suivante a été écrite par René Bernard et est parue dans *L'Express* du 23 mars 1990. Lisez-la et répondez aux questions.

Cyrano, c'est lui !

Gérard Depardieu est le Gascon tonitruant[1] du film de Jean-Paul Rappeneau. Un rôle qu'il déclame comme on chante un lyrique, à l'énergie.

Cyrano. Derechef.[2] Jean-Paul Belmondo vient à peine de caser[3] son interminable nez sur les planches[4] du théâtre Marigny que, déjà, à l'écran, Gérard Depardieu, comme un chien truffier,[5] bouleverse avec l'aide du sien le drame d'Edmond Rostand et en tire des trésors enfouis.[6] D'emblée,[7] crions-le : « Cyrano de Bergerac », adapté par Jean-Claude Carrière et Jean-Paul Rappeneau, mis en scène par Jean-Paul Rappeneau, est la pièce, toute la pièce, de Rostand, telle qu'on ne l'a jamais vue, et un film, totalement un film, tel qu'il s'en tourne en France quand les meilleurs vents sont assurés. C'est-à-dire une fois sur cent, et encore, à condition qu'ils soufflent du même côté.

« Cyrano de Bergerac », on le connaît par cœur, sans l'avoir appris. Il a, pour sa popularité, la chance unique d'être un vainqueur[8] que le malheur d'être laid range[9] dans le parti des vaincus.[10] Au temps de Louis XIII, il rimaille[11] comme il se bat, avec délice. Et aime par procuration,[12] avec un goût de l'échec[13] qui le sauve du trivial. La caméra le rend d'autant plus dru[14] que le metteur en scène et son scénariste ont élagué[15] par-ci,[16] coupé par-là,[17] débarrassant Rostand de ses obscurités, répétitions, allusions pédantes ou mythologiques. [...] « Nous avons simplement toiletté[18] la pièce, explique Jean-Claude Carrière. Je pense que le cœur de l'œuvre[19] y gagne, et ce cœur est magnifique. »

Certes. Et Rostand se révèle, là, scénariste avant la lettre, d'une générosité dans l'invention qui découragerait les plus doués.[20] L'admirable est que le vers, ce sacré vers qui dicte les attitudes, paraît, en fin de compte,[21] indispensable. Il sonne, tonne,[22] s'alanguit,[23] se désarticule,[24] rebondit, si propre[25] aux personnages que les mêmes, parlant en prose, sembleraient faux. Très vite, on oublie que le texte est en alexandrins, sans cesser d'en entendre la musique. Ce « Cyrano », dont Velazquez inspire les images, prend des allures d'opéra parlé. Avec prélude, grands airs, duos, trios et chœurs, jusqu'à l'adagio final Cyrano-Roxane.

Au pupitre,[26] Jean-Paul Rappeneau dirige ses divas et ses foules avec une ampleur et un dynamisme qui ne fléchissent[27] pas. Les moyens[28] ? Énormes. Un budget de 100 millions de francs, 2000 comédiens et figurants,[29] 3000 costumes et accessoires, un millier d'armes, 40 décors,[30] une rivière élargie,[31] une forêt entière réaménagée[32] et des tournages[33] jusqu'en Hongrie. La corne d'abondance.[34] Folle. Nécessaire : en quelques coups de rapière,[35] Cyrano fait se lever un monde.

Ce sont les foules bigarrées[36] de l'hôtel de Bourgogne, les réunions littéraires et fardées[37] des précieuses, les ventrées de mangeaille[38] dans les auberges, l'entraînement[39] des cadets dans leur caserne,[40] les redoutes enlevées au canon, les chevauchées,[41] les duels, les batailles et, derrière une fenêtre, un enfant émerveillé[42] qui regarde passer les mousquetaires sous leurs étendards.[43] Du roman de cape et d'épée,[44] du western – Christian

1 thundering
2 once again
3 has just placed
4 the stage
5 a truffle hound
6 buried
7 right away
8 a winner
9 places
10 defeated
11 he versifies
12 by proxy
13 failure
14 dense
15 have pruned (the text)
16 here
17 there
18 tidied up
19 the work
20 gifted
21 all things considered
22 thunders
23 languishes
24 contorts itself
25 appropriate
26 at the rostrum
27 falter
28 *here*: resources
29 extras
30 sets
31 widened
32 relandscaped
33 shootings
34 cornucopia
35 rapier (type of sword)
36 colorful
37 made up
38 the mounds of food
39 training
40 barracks
41 cavalcades
42 filled with wonder
43 standards
44 cloak and dagger novel

défend le carrosse[45] de Roxane comme une diligence, Cyrano dégaine[46] plus vite que son ombre.[47]

Le héros de Rostand a eu déjà tous les visages. Au cinéma, il commença sa carrière – paradoxe – dans deux films muets italiens. Il eut pour interprète Claude Dauphin, après la guerre, et José Ferrer, et on l'a revu récemment à la télévision sous les traits de Daniel Sorano. Gérard Depardieu les effacera[48] tous. Monstre fragile, ogre délicat, il fait éclater[49] le personnage dans ses moindres[50] nuances, de l'impétuosité au doute, de l'insolence à la douleur. Légendaire, étonnamment proche, ne redoutons pas l'épithète[51] : prodigieux.

En contrepoint, Jacques Weber, qui reste le plus accompli des Cyrano du théâtre, donne une force irrésistible à son de Guiche, grand fauve qui s'attendrit.[52] Et il faudrait citer encore Anne Brochet en Roxane, Roland Bertin – le Galilée de la Comédie-Française – en Ragueneau, Vincent Perez, Christian enfin moins délavé.[53]

« Cyrano ? Un homme libre, même s'il en crève[54] », dit Rappeneau. C'est expliquer l'impact du personnage. Son nez, dans le film, ne paraît plus ridicule. Quant à son panache, on pourrait bien finir par y voir un drapeau.

45 coach
46 draws his sword faster than his shadow
47 [This sentence is an allusion to Lucky Luke, a French comicbook cowboy who shoots faster than his shadow.]
48 outshine
49 burst
50 slightest
51 let's not fear to use the right description
52 a big cat who mellows with age
53 washed out
54 even if it kills him

   a.   Quel est le ton général de cette critique ?

   b.   Pourquoi dit-on que l'on « connaît [*Cyrano de Bergerac*] par cœur, sans l'avoir appris » ? Est-ce vrai ?

   c.   Qu'est-ce que le metteur en scène et le scénariste ont fait ? Pourquoi ?

   d.   Que pense l'auteur du fait que les acteurs parlent en vers ?

   e.   Pourquoi était-il nécessaire d'avoir des moyens énormes ?

   f.   Que pense-t-il de la performance de Gérard Depardieu ?

Récapitulons !

- Que savez-vous maintenant sur
  - Cyrano (l'homme, pas le film) ?
  - Edmond Rostand, l'auteur de la pièce ?
- Pouvez-vous parler de quelques aspects de la vie au XVIIe siècle ?
- Pouvez-vous décrire les qualités de Gérard Depardieu comme interprète de Cyrano ?

Diplomatie

Présentation du film

Paris, nuit du 24 au 25 août 1944. La France est occupée par les troupes allemandes depuis 4 ans, mais les armées alliées ont débarqué en juin et les troupes françaises sont tout près de Paris. Le général von Choltitz est gouverneur de Paris. Il a reçu l'ordre d'Hitler de détruire la ville. Ses troupes ont donc placé des bombes sous les ponts et à tous les grands monuments. Le consul de Suède Nordling lui rend visite à l'improviste. Son objectif : faire en sorte que von Choltitz change d'avis et sauver Paris.

Carte d'identité du réalisateur

Volker Schlöndorff est né en Allemagne de l'Ouest en 1939. A 15 ans, il part pour une année d'échange en France, où il reste finalement 10 ans. Il y fait de très solides études de sciences politiques, d'économie et de cinéma. Il commence sa carrière comme assistant de brillants réalisateurs : Melville, Resnais, Malle puis remporte le Prix de la critique à Cannes en 1966 avec son premier film, *Les désarrois de l'élève Toerless*. Ses films suivants s'intéressent à la situation politique en Allemagne, jusqu'au *Tambour*, drame controversé qui remporte la Palme d'Or à Cannes et l'Oscar du meilleur film étranger.

Schlöndorff se montre aussi à l'aise dans les films à petit budget que dans les grandes productions, dans les drames que dans les films historiques, genres qu'il combine dans *Diplomatie* en 2014.

Carte d'identité des acteurs

Niels Arestrup (né en 1949 dans une famille d'origine danoise) a toujours alterné entre théâtre et cinéma, où il est connu pour des rôles dramatiques, des personnages méchants, violents et/ou malheureux. Sa rencontre avec le réalisateur Jacques Audiard est un tournant dans sa carrière : il campe des hommes odieux dans *De battre mon cœur s'est arrêté* (2005) et *Un prophète* (2009) et remporte 2 César. L'année 2014 est celle de ses rôles politiques : un chef de cabinet au Ministère des Affaires étrangères dans *Quai d'Orsay* et le gouverneur de Paris von Choltitz dans *Diplomatie*, rôle qu'il avait déjà joué au théâtre avec Dussollier.

André Dussollier (né en 1946) est un acteur élégant, séduisant, modeste et subtil. Ancien élève du Conservatoire, il est très exigeant dans le choix de ses rôles et a tourné avec les plus grands réalisateurs : Rohmer (*Perceval de Gallois*, 1978), Resnais (*Mélo*, 1986, *On connaît la chanson*, 1997, *Cœurs*, 2006), Sautet (*Un cœur en hiver*, 1992), Chatiliez (*Tanguy*, 2001) et Téchiné (*Impardonnables*, 2011). Il a joué une variété impressionnante de rôles : un chirurgien de la Première Guerre mondiale dans *La chambre des officiers* (2001), un policier dans *36, Quai des Orfèvres* (2004), un détective dans *Le crime est notre affaire* (2008), Staline en fin de vie dans *Une exécution ordinaire* (2010), le consul de Suède dans *Diplomatie* (2014) et un homme politique d'extrême-droite dans *Chez nous* (2017). Il a remporté 3 César.

L'heure de gloire

Volker Schlöndorff a été nommé pour le prix spécial de la Berlinale (festival international du film de Berlin) et a reçu le César de la meilleure adaptation. Niels Arestrup a été nommé pour le César du meilleur acteur.

PREPARATION

1 Vocabulaire

Vocabulaire utile avant de voir le film :

Vous connaissez déjà certains des mots de la liste. Ils sont notés pour que vous les révisiez. Vous devez savoir ce vocabulaire par cœur, avec les genres pour les noms, les prépositions pour les verbes et les orthographes difficiles. Observez bien les exemples, ils vous aideront à vous exprimer correctement.

Noms

des images d'archives : *archival footage*
l'aube : *dawn*
une suite : *a (hotel) suite*
une vue sur qqch : *a view of sth*
un escalier caché/dérobé : *a hidden staircase*
le quartier général / un QG : *headquarters*
un face-à-face : *a face-to-face encounter*
un affrontement : *a confrontation*
un argument : *a point (in a argument)**
une crise d'asthme : *an asthma attack***
un plan (de ville) : *a map*
des explosifs : *explosives*
un pont : *a bridge*
des troupes : *troops*
des prisonniers politiques : *political prisoners*

des civils : *civilians*
les Alliés : *the Allies*
une alliance : here: *a wedding ring*
un sauf-conduit : *a safe conduct*
une cloche : *a bell*
le toit : *the roof*
la reddition : *surrender*
la vérité : *the truth*
un mensonge : *a lie*
la construction européenne : *construction / integration of Europe*
un pays neutre : *a neutral country*

*Argument est un faux ami : Les deux hommes avaient de bons arguments.
**Prononciation : « asme »

Verbes

rendre visite à qq'un : *to pay s.o. a visit*
prendre un risque : *to take a risk*
s'affronter : *to face / confront one another*
avoir l'intention de faire qqch: *to intend to do sth*
faire son devoir : *to carry out one's duty*
obéir à qq'un / à des ordres : *to obey s.o./orders*
exécuter un ordre : *to execute an order*
désobéir à qq'un / à des ordres : *to disobey s.o./orders*
contester un ordre : *to challenge an order*
négocier : *to negotiate*
raisonner qq'un : *to reason with s.o.*
convaincre qq'un de ne pas faire qqch : *to talk s.o. out of sth**
chasser qq'un : *to kick s.o. out*
profiter de qqch : *to take advantage of sth*
dissuader qq'un de faire qqch : *to dissuade s.o. from doing sth***
avoir des remords : *to feel remorse*
douter : *to have doubts*
changer d'avis : *to change one's mind****

se tromper : *to make a mistake*
parvenir à ses fins : *to achieve one's goals*
faire sauter la ville : *to blow up the city*
faire exploser une bombe : *to detonate a bomb*
détruire : *to destroy*
être en ruine : *to be in ruins*
faire une crise d'asthme : *to have an asthma attack*
s'inquiéter pour qq'un : *to worry about s.o.*
faire passer la frontière clandestinement à qq'un : *to smuggle s.o. across the border*****
capituler : *to capitulate*
se rendre à qq'un : *to surrender to s.o.*
tenir sa promesse : *to keep one's promise*

*Ex : Nordling essaie de convaincre von Choltitz de ne pas détruire la ville.
**Ex : Nordling va-t-il dissuader von Choltitz de faire sauter Paris ? Va-t-il l'en dissuader ?
***Il a changé d'avis (pas : ~~son~~ avis)
****Ex : Les résistants font passer la frontière clandestinement aux personnes recherchées par les Nazis.

Adjectifs

suédois(e) : *Swedish*
allemand(e) : *German*
tendu(e) : *tense*
préoccupé(e) par : *concerned about*
malin (-igne) : *clever*
rusé(e) : *cunning*
obstiné(e) : *persistent*
convaincant(e) : *convincing*
discipliné(e) : *disciplined*

rigide : *stiff, inflexible*
obéissant(e) : *obedient**
loyal(e) : *loyal*
las(se) : *weary*
épuisé(e) : *exhausted*
fictif (-ve) : *fictional*

*Prononcez les voyelles « é » et « i » séparément.

Traduisez !

1. The Swedish consul takes a risk by visiting the German general at his headquarters.
2. Von Choltitz is loyal and disciplined and he intends to carry out his duty and to obey the order he received.
3. Nordling tries to reason with von Choltitz, to dissuade him from executing the order and to make him change his mind.
4. Could Nordling, who is clever and convincing, take advantage of the fact that von Choltitz is weary and has an asthma attack?

2 Repères culturels

1. Pendant la Deuxième Guerre mondiale, la France a été occupée par les troupes allemandes.
   * A quelle date l'Occupation a-t-elle commencé ? Concernait-elle tout le territoire ?
   * Qu'est-ce que l'Occupation voulait dire au jour le jour pour les Français ?
2. Le général Dietrich von Choltitz est un des deux personnages principaux. Faites quelques recherches sur lui :
   * Dans quel domaine son père travaillait-il ?
   * A-t-il participé à la Première Guerre mondiale ?
   * Résumez en quelques phrases ses actions marquantes de 1939 à juillet 1944.
   * Combien de temps von Choltitz a-t-il été gouverneur du Grand-Paris ?
   * Quels ordres avait-il reçus d'Hitler ?

Général Dietrich von Choltitz

Dates clés de la libération de Paris

19 août : Début de l'insurrection, occupation de la Préfecture de police et autres lieux de la capitale.

20 août : Combats dans les rues et occupation de l'Hôtel de Ville.

22 août : Installation de barricades, combats de rues intenses.

23 août : Ordre d'Hitler de détruire Paris au maximum. Le général Leclerc et sa 2e DB (division blindée) s'approchent de Paris.

25 août : Entrée de la 2e DB dans Paris, reddition de von Choltitz, cessez-le-feu, arrivée du général de Gaulle.

26 août : Traversée de Paris, de l'Arc de Triomphe à Notre-Dame, par de Gaulle et Leclerc, sous les acclamations des Parisiens. Bombardement par la Luftwaffe, 189 morts.

Raoul Nordling

Franco-suédois, Nordling est devenu le consul général de Suède à Paris en 1926.

En août 1944, il a plusieurs fois négocié avec von Choltitz :

le 17 : libération de 3245 prisonniers politiques

le 19 : trêve

le 20 : extension de la trêve

le 22 : crise cardiaque de Nordling

le 25 : ultimatum du colonel français Billotte, transmis par Nordling à von Choltitz.

Il est décédé en 1962 après avoir reçu la Légion d'honneur.

Histoire et fiction

On ne sait pas précisément ce qui s'est passé dans la nuit du 24 au 25 août 1944, et ce qui, ou qui, a convaincu von Choltitz de sauver Paris. Le film s'inspire de faits réels et imagine ce qui a pu se passer pendant cette nuit.

Dans le film :	Vrai ou faux ?
• Von Choltitz est gouverneur du Grand-Paris depuis très peu de temps.	• Vrai, depuis 17 jours.
• Nordling est franco-suédois et consul de Suède.	• Vrai.
• Les deux hommes se connaissaient avant le début du film.	• Vrai. Ils s'étaient rencontrés plusieurs fois, notamment pour négocier la libération de prisonniers politiques.
• Von Choltitz a établi son QG (quartier général) à l'Hôtel Meurice.	• Vrai.
• Nordling a rendu visite à von Choltitz dans la nuit du 24 au 25 août.	• Probablement faux. Cela a été raconté par la suite mais il n'y a aucune preuve de cette rencontre et cela semble difficile à croire après la crise cardiaque de Nordling le 22. En revanche, il est fort possible que Nordling ait tenté de convaincre von Choltitz dans les jours qui ont précédé.
• Nordling utilise un escalier secret pour accéder à la suite de von Choltitz.	• Faux. Cet escalier n'existe pas.
• Von Choltitz affirme qu'il a reçu l'ordre d'Hitler de détruire Paris.	• Vrai. Ils se sont rencontrés le 8 août et Hitler lui a donné cet ordre.
• Les soldats allemands ont placé des explosifs dans tous les grands monuments et à tous les ponts pour que la ville soit détruite.	• Pas sûr. On sait que von Choltitz était mal équipé : pas assez de troupes, pas assez d'explosifs, pas assez de pouvoirs. Il est fort possible que des bombes aient été placées à des endroits stratégiques, mais le danger de destruction présenté dans le film est sans doute assez exagéré.
• L'armée française est aux portes de Paris.	• Vrai. Le général Leclerc était tout près.
• Von Choltitz parle français couramment.	• Faux – Il parlait mal français et communiquait avec Nordling en anglais ou en allemand, ou avec un traducteur.

3 Le contexte

Essayez de vous se mettre dans la situation de von Choltitz et de Nordling :

1. Von Choltitz a une très longue expérience militaire, mais il n'est à Paris que depuis 2 semaines. Il a vu Hitler, il sait que l'Allemagne est désormais gouvernée par un fou furieux. Il sait aussi que l'armée française est aux portes de Paris, et largement plus nombreuse que ses propres troupes sur place. Il s'inquiète pour sa femme et ses enfants, qui sont en danger de mort s'il désobéit. Enfin il sait que les armées alliées avancent et que l'Allemagne a très certainement perdu la guerre. A votre avis, quelles sont ses priorités ? A qui et à quoi pense-t-il ? Quelles sont ses responsabilités ?

2. Nordling est consul de Suède, pays neutre pendant la Deuxième Guerre mondiale. Il a presque toujours vécu en France et est très attaché à Paris. Il n'est pas envoyé comme intermédiaire par son ambassade, il agit seul. Pourquoi rend-il visite à von Choltitz ? Est-ce risqué ? Qu'a-t-il à y gagner ?

4 Bande-annonce

Allez sur le companion website (hackettpublishing.com/cinema-for-french-resources) pour regarder la bande-annonce et répondez aux questions suivantes :

1. Par quoi la bande-annonce commence-t-elle ? Pourquoi ?
2. Qu'est-ce que l'architecte montre et explique ?
3. Quels arguments Nordling utilise-t-il pour tenter de convaincre von Choltitz ?

5 A savoir avant de visionner le film

- Durée : 1h24
- Genre : Drame historique
- Public : Tous publics
- Notes : Le film se passe à l'Hôtel Meurice, magnifique bâtiment du XVIIIe siècle en plein centre de Paris. L'hôtel a toujours attiré des clients riches et célèbres, sauf pendant la Deuxième Guerre mondiale où il a servi de quartier général à l'armée allemande et de logement à von Choltitz.

Le film est tiré d'une pièce de théâtre, publiée par Cyril Gély en 2011 et jouée par les mêmes acteurs pendant deux ans avant de tourner le film.

PREMIÈRE APPROCHE

1 L'histoire

Les personnages

Le but de cette activité est double :
- Vérifier que vous avez bien compris l'histoire
- Vous préparer à la discussion en classe

Répondez à chaque question en une ou deux phrases. Utilisez le vocabulaire que vous avez appris.

Raoul Nordling
(André Dussollier)

Le général von Choltitz
(Niels Arestrup)

Lanvin, l'architecte français
(Jean-Marc Roulot)

Ebernach, l'architecte allemand
(Burghart Klaussner)

Lieutenant Bressensdorf
(Robert Stadlober)

Le caporal Mayer
(Stefan Wilkening)

1. **L'Hôtel Meurice**
   - Quelle est l'ambiance générale à l'Hôtel Meurice ?
   - Est-il choquant de voir l'élégance de la suite de von Choltitz qui parle tranquillement de la destruction de la ville ?

2. **Von Choltitz**
   - Quel est le devoir de von Choltitz ? Le fait-il ?
   - Quelles sont les faiblesses de von Choltitz ?
   - Von Choltitz s'inquiète pour sa famille. De quoi a-t-il peur ? Que donne-t-il à Nordling, et pourquoi ?

3. **Nordling**
   - Comment Nordling entre-t-il en scène ? Que révèle-t-il à von Choltitz ?
   - Pourquoi von Choltitz ne le chasse-t-il pas ?
   - Pourquoi Nordling n'a-t-il pas laissé von Choltitz mourir quand il a eu sa crise d'asthme ?

4. **Jacques Lanvin, l'architecte français**
   - Quel est son rôle ? Pourquoi travaille-t-il avec les troupes allemandes ? Est-ce un collaborateur ?

A savoir

Le 20 juillet 1944, certains généraux de la Wehrmacht ont organisé un complot contre Hitler pour tenter de l'assassiner. Von Choltitz n'y a pas participé. Hitler avait donc toute confiance en lui.

5. **Dissensions entre Allemands**
   • Les Allemands autour de von Choltitz sont-ils tous d'accord avec
     son intention de faire sauter la ville ?

6. **Le téléphone**
   • Quel rôle le téléphone a-t-il dans le film ? Comment est-il utilisé ?

2 Analyse d'une photo

1. A quel moment cette scène se passe-t-elle ?
2. Pourquoi les hommes sont-ils réunis ?
3. Pourquoi la photo n'est-elle pas nette ? D'où est-elle prise ?
4. Qui observe sans être vu ?

3 Analyse de citations

Analysez les citations suivantes en les replaçant dans leur contexte :

1. Nordling : « Et que dois-je dire au Général Leclerc ? »
   Von Choltitz : « Dites-lui qu'il se souviendra de cette journée. »
2. Nordling : « Votre nom restera à jamais attaché à la destruction de Paris. »
3. Nordling : « Je crois que Paris n'a qu'un seul atout dans son jeu pour éviter sa destruction. Vous. »
4. Von Choltitz : « Mes hommes ont peur. Ce sont des gamins. C'est pas leur guerre. »
   Nordling : « Ce n'est plus la vôtre non plus. C'est celle d'un homme seul, vieilli, affaibli, qui se trompe et trompe les autres, celle d'un homme qui en est réduit au chantage et qui exige de ses généraux une obéissance inhumaine pour commettre des crimes. »

APPROFONDISSEMENT

1 Vocabulaire

Enrichissez votre vocabulaire !

Le but de cette deuxième liste est d'élargir votre champ lexical. Ce vocabulaire ciblé sur des thèmes du film va vous permettre d'enrichir votre style.

La négociation

avoir une stratégie en tête : *to have a strategy in mind*	influencer qq'un : *to influence s.o.*
faire une proposition : *to put forward a proposal*	nuancer ses propos : *to qualify one's words*
démontrer qqch : *to demonstrate, to prove sth*	être conciliant(e) : *to be conciliatory*
prouver qqch : *to prove sth*	accepter un compromis : *to accept a compromise*
persuader qq'un : *to convince s.o.*	faire des concessions : *to make concessions*
calmer le jeu : *to calm things down*	se mettre d'accord : *to agree*
faire diversion : *to create a diversion, a distraction*	parvenir à un accord : *to reach an agreement*
surprendre qq'un : *to surprise s.o.*	partager l'avis de qq'un : *to share s.o.'s opinion*
avoir du tact : *to be tactful*	

Mise en pratique du vocabulaire :

Ecrivez 5 phrases dans lesquelles vous utilisez au moins 10 mots de la liste ci-dessus.

2 Réflexion - Essais

1. Quelles tactiques Nordling emploie-t-il pour convaincre von Choltitz ?
2. Peut-on comparer le film à un duel ?
3. Pourquoi von Choltitz n'a-t-il pas détruit Paris ?
4. Peut-on dire qu'il y a un bon et un méchant ? Voyez-vous des points communs entre les deux hommes ?
5. *Diplomatie* a-t-il deux personnages principaux, ou trois si on ajoute la ville de Paris ?
6. C'est un film avec très peu d'action, un seul lieu principal, et deux acteurs principaux seulement : est-ce ennuyeux ?
7. Si Paris avait été détruite, quel impact cela aurait-il eu sur la construction européenne ?

3 Analyse d'une scène : Abraham (39:12 à 45:11)

> ### Vocabulaire spécifique à cette scène
>
> habile (ici : *clever*) • éclairé(e) (*lit*) • une ampoule (*a lightbulb*) • avoir l'air sombre (*to look somber*) • sans doute (*probably*)

A. **Ecoutez**
   1. De quelle façon cette scène est-elle coupée en deux ?
   2. Quel parallèle Nordling fait-il quand il évoque Abraham ? Est-ce habile ?
   3. Que veut-il vraiment dire quand il dit : « Quel enfant voudrait d'un père comme celui-là ? »
   4. Qui parle le plus ? Pourquoi ?

B. **Observez**
   1. Comment la suite est-elle éclairée ?
   2. Comparez le jeu des deux acteurs dans la 1ère partie. Qui se déplace le plus ? Qui est le plus expressif ? Quel effet cela a-t-il ?
   3. Quelle est l'expression de von Choltitz quand il rentre dans son bureau après avoir parlé à ses soldats ?

C. **Cette scène dans l'histoire**
   1. Cette scène est-elle typique du reste du film ?
   2. Y a-t-il un gagnant et un perdant ?
   3. Peut-on supposer que Nordling a avancé quelques arguments qui vont jouer dans la décision du général ?

D. **Langue**

1. Vocabulaire

Choisissez, parmi les 3 options, celle dont le sens est le plus proche de la partie soulignée.

Ex : Je pourrais vous <u>dissuader</u> de faire une chose aussi folle.
      a. discuter   b. désarmer   **c. décourager**

a. J'ai <u>sans doute</u> trop présumé de mes capacités.
      a. assurément   b. probablement   c. peut-être

b. Dites-moi si ça en <u>vaut</u> vraiment <u>la peine</u>.
      a. c'est pénible   b. c'est justifié   c. c'est compris

c. <u>Il n'en est pas question.</u>
      a. impossible   b. évidemment   c. presque

d. Le monde <u>a les yeux braqués sur vous</u>.
      a. vous observe   b. vous juge   c. vous comprend

e. <u>Au bout du compte</u>, c'est vous qui serez tenu pour responsable.
      a. en fait   b. à la fin   c. ensuite

f. C'est <u>aberrant</u> !
      a. discutable   b. insensé   c. arrivé

g. … sans <u>se douter</u> que Dieu le retiendra au dernier moment.
      a. imaginer   b. avoir peur   c. prier

h. Abraham <u>n'</u>a fait <u>qu'</u>exécuter la volonté de Dieu.
      a. seulement   b. d'abord   c. surtout

i. Vous me demandez de <u>renier le serment</u> que j'ai fait de servir ma patrie.
      a. penser au serment   b. suivre le serment   c. renoncer au serment

j. Je souhaite <u>autant que</u> vous que la guerre se termine.
      a. parmi   b. comme   c. davantage

2. Le futur

Les deux personnages parlent de l'avenir et utilisent donc le futur. Les phrases suivantes sont extraites de la scène. Conjuguez les verbes au futur.

Ex : Demain l'Armée Rouge _____ (être) en Roumanie.
    Demain l'Armée Rouge sera en Roumanie.

a. Nous ne _____ (voir) plus le Louvre.

b. Tôt ou tard, les Alliés _____ (arriver) en Allemagne.

c. Que _____ (se passer)-t-il à votre avis ?

d. Les conséquences _____ (être) désastreuses pour votre pays.

e. Les répercussions d'un tel crime _____ (déborder) largement le cadre de la guerre.

f. Vos enfants _____ (porter) à vie la croix gammée incrustée sur leur peau.

g. Je ne _____ (capituler) jamais.

3.   Les verbes réfléchis

Choisissez un verbe de la liste pour compléter chaque phrase.
Conjuguez chaque verbe au temps indiqué. Attention, tous les verbes
ne sont pas utilisés !

se diriger • se brûler • se parler • se tromper • se plaindre • s'entendre • se
rapprocher • se rencontrer • s'attendre • se fâcher • se souvenir • se coucher

Ex : (Von Choltitz _____ de Nordling. (présent)
    Von Choltitz se méfie de Nordling.

   a.   Les deux hommes _____ plusieurs fois avant cette scène.
        (passé composé)

   b.   Ils _____ pour se mettre d'accord sur les prisonniers
        politiques. (passé composé)

   c.   Les Parisiens _____ sans savoir ce qu'Hitler avait
        ordonné. (passé composé)

   d.   Nordling : _____. J'ai sans doute trop présumé de mes
        capacités. (passé composé)

   e.   Nordling ne _____ pas à ce que les négociations soient
        aussi difficiles. (imparfait)

   f.   Von Choltitz _____ vers ses soldats pour leur porter une
        lettre. (passé composé)

   g.   Von Choltitz ne croit plus en Dieu mais il _____ très bien
        de la Bible. (présent)

   h.   Les troupes françaises et alliées _____ et sont très près de
        la ville. (passé composé)

E.   Comparaison avec une autre scène

Comparez cette scène avec la scène du petit déjeuner (50:27 à 52:09).
Von Choltitz est descendu voir les officiers nazis qui ont mentionné
la *Sippenhaft*. Il est déstabilisé et clairement inquiet. Il explique
cette pratique à Nordling. Que dit-il ensuite pour justifier sa volonté
d'exécuter l'ordre ? Comment retourne-t-il l'argument avancé par
Nordling précédemment ?

F.   Sketch

Nordling utilise habilement la gravure d'Abraham qui se trouve dans
le bureau de von Choltitz. Imaginez que ce soit une gravure différente,
que Nordling peut aussi utiliser à son avantage. Que représente-t-elle ?
Comment l'utilise-t-il ? Imaginez le dialogue entre les deux hommes.

LE COIN DU CINEPHILE

1   Première / dernière scène

Vous allez comparer la première et la dernière scène. Que voit-on
dans les 3 premières minutes du film ? Qu'est-ce que le réalisateur fait
alterner ? Comment les dernières minutes font-elles écho au début du
film ? Pourquoi le réalisateur a-t-il fait ces choix ?

2 Les affiches

Allez sur le companion website (hackettpublishing.com/cinema-for-french-resources) pour voir les affiches française, allemande, suédoise et italienne du film, et comparez-les.

    a. Qu'est-ce qu'elles ont en commun ?

    b. Que font les deux hommes sur l'affiche française et allemande ? Est-ce le cas sur les deux autres affiches ?

    c. Les Suédois ont changé le titre du film de *Diplomatie* en *L'homme qui a sauvé Paris*. Que pensez-vous de ce choix ? Et donc de l'affiche ?

3 Théâtre / film

Le film est un huis-clos, c'est-à-dire une situation où les personnages sont dans un seul lieu et ne sortent pas. Cela fonctionne très bien au théâtre. Avez-vous trouvé cela étouffant ? Qu'est-ce que le réalisateur a fait pour sortir de la suite, et donc faire moins théâtral ? Pouvait-il facilement faire sortir les personnages ?

AFFINEZ VOTRE ESPRIT CRITIQUE

1 Titre

Sur quoi le titre insiste-t-il ? Pourquoi l'avoir choisi ?

2 La fin

Qui est l'homme avec lequel Nordling discute dans la rue de Rivoli, devant l'hôtel Meurice ? Avez-vous le sentiment que Nordling va tenir sa promesse à von Choltitz ?

3 Histoire inventée

Est-ce éthique d'inventer des événements historiques qui n'ont sans doute pas eu lieu ?

4   Les critiques

1. Luc Chatel, dans la chronique cinéma de *L'Humanité*, conclut son article ainsi : « Les deux comédiens font une démonstration de leur talent hors normes, tout en retenue, aussi présents dans leurs silences, leurs regards, leurs gestes à peine esquissés, que dans les mots qu'ils cisèlent en orfèvres. » Partagez-vous cette opinion ?

2. Dans *Le Figaro* du 27 août 2013, Marie-Noëlle Tranchant parle des producteurs français et du producteur allemand et explique que « Pour eux, le film ne repose pas sur la reconstitution historique, même s'il apporte l'atmosphère du temps, mais sur l'antagonisme des personnages. » Que pensez-vous de cette affirmation ? Quelle importance la période et le contexte ont-ils ?

POUR ALLER PLUS LOIN

1   Parallèles avec d'autres films

1. **Le théâtre :** *Cyrano de Bergerac*, *8 femmes* et *Diplomatie* étaient des pièces de théâtre avant d'être des films. Quels sont les éléments de théâtre que l'on retrouve dans chacun de ces films ? A quelles difficultés particulières les réalisateurs ont-ils dû faire face ?

2. **La Deuxième Guerre mondiale :** *Au revoir les enfants* et *Diplomatie* se passent pendant la Deuxième Guerre mondiale. Quel éclairage chaque film apporte-t-il sur la guerre ? En quelle année les films se passent-ils ? Où l'intrigue a-t-elle lieu ? La guerre est-elle au centre de l'histoire ou est-ce un accessoire ?

3. **Paris :** Plusieurs films se passent à Paris : *Le fabuleux destin d'Amélie Poulain*, *Les femmes du 6e étage*, *Diplomatie*, *Intouchables* et *La cour de Babel*. La ville est-elle montrée de façon réaliste ou idéalisée ? Et quels genres de quartier voit-on ? Des quartiers résidentiels ou touristiques ? Privilégiés ou en difficulté ?

4. **Armée :** Dans *La veuve de Saint-Pierre*, *Joyeux Noël* et *Diplomatie*, des militaires s'opposent à leurs supérieurs hiérarchiques. Le Capitaine refuse de coopérer avec les autorités pour assurer l'exécution de Neel. Les lieutenants français, écossais et allemand observent une trêve qui n'est pas du tout du goût de l'état major. Von Choltitz désobéit aux ordres d'Hitler. Quelles en sont les conséquences ?

2   Imaginez

1. Au début du film, von Choltitz donne au caporal Mayer une lettre qu'il devra remettre à sa femme. Ecrivez cette lettre en respectant l'état d'esprit dans lequel il est au début du film, ainsi que les ordres qu'il a reçus.

2. Les deux hommes sont presque constamment ensemble. Imaginons que von Choltitz ait demandé à Nordling de sortir pendant un moment quand il remonte dans sa suite après avoir rencontré les deux soldats nazis dans la cuisine. Il a besoin d'être seul pour réfléchir et noter ses hésitations par écrit. Pourquoi devrait-il faire sauter Paris ? Pourquoi doute-t-il ? Il brûlera cette feuille avant le retour de Nordling, il n'y aura aucune trace, donc il peut être honnête !

3 Lectures

1. **Allocution du général de Gaulle à l'Hôtel de Ville le soir du 25 août 1944**

Rappel historique : la vie quotidienne des Français était très difficile pendant la guerre, notamment celle des Parisiens qui avaient de grandes difficultés à s'approvisionner. Le débarquement (le « Jour J ») a eu lieu en Normandie le 6 juin 1944 et Paris a été libérée le 25 août. Le soir même le général de Gaulle a improvisé un discours qu'il a prononcé au balcon de l'Hôtel de Ville de Paris. Lisez-le en pensant aux personnages du film.

Pourquoi voulez-vous que nous dissimulions l'émotion qui nous étreint[1] tous, hommes et femmes, qui sommes ici, chez nous, dans Paris debout pour se libérer et qui a su le faire de ses mains. Non ! Nous ne dissimulerons pas cette émotion profonde et sacrée. Il y a là des minutes qui dépassent[2] chacune de nos pauvres vies.

Paris ! Paris outragé ! Paris brisé[3] ! Paris martyrisé ! Mais Paris libéré ! Libéré par lui-même, libéré par son peuple avec le concours[4] des armées de la France, avec l'appui[5] et le concours de la France tout entière, de la France qui se bat, de la seule France, de la vraie France, de la France éternelle.

Je dis d'abord de ses devoirs[6], et je les résumerai[7] tous en disant que, pour le moment, il s'agit de devoirs de guerre. L'ennemi chancelle[8] mais il n'est pas encore battu. Il reste sur notre sol[9]. Il ne suffira même pas[10] que nous l'ayons, avec le concours de nos chers et admirables alliés, chassé de chez nous pour que nous nous tenions pour satisfaits après ce qui s'est passé. Nous voulons entrer sur son territoire, comme il se doit[11], en vainqueurs[12]. C'est pour cela que l'avant-garde[13] française est entrée à Paris à coups de canon. C'est pour cela que la grande armée française d'Italie a débarqué[14] dans le Midi[15] et remonte[16] rapidement la vallée du Rhône. C'est pour cela que nos braves et chères forces de l'intérieur vont s'armer d'armes modernes. C'est pour cette revanche, cette vengeance et cette justice, que nous continuerons de nous battre jusqu'au dernier jour, jusqu'au jour de la victoire totale et complète. Ce devoir de guerre, tous les hommes qui sont ici et tous ceux qui nous entendent en France savent qu'il exige[17] l'unité nationale. Nous autres, qui aurons vécu les plus grandes heures de notre Histoire, nous n'avons pas à vouloir autre chose[18] que de nous montrer jusqu'à la fin, dignes[19] de la France.

Vive la France !

1 grips
2 that surpass
3 broken
4 with the assistance
5 with the support
6 her duties
7 sum them up
8 is faltering
9 on our soil
10 it will not even be enough
11 as it should be
12 conquerors
13 the vanguard
14 has landed
15 in the south of France
16 is marching up
17 it demands
18 we should not want anything else
19 worthy

a. Quelle est votre première impression de ce discours, sachant que de Gaulle n'était pas d'un tempérament extraverti ? Quel est le ton dominant ?

b. Que veut-il dire par « Il y a là des minutes qui dépassent chacune de nos pauvres vies » ?

c. Quel effet la répétition de « Paris » a-t-elle dans « Paris ! Paris outragé ! Paris brisé ! Paris martyrisé ! Mais Paris libéré ! » Est-ce habile dans un discours ?

d. A votre avis, que veut-il dire par « la vraie France », « la France éternelle » ?

e. La guerre est-elle finie maintenant que Paris est libérée ? Que reste-t-il à faire ?

f. A quoi fait-il allusion en parlant d'« unité nationale »? Fait-il référence au présent ou prépare-t-il l'après-guerre ? Ou les deux ?

g. Imaginez la réaction de Nordling et de von Choltitz quand ils ont entendu ce discours.

2. **Article de Volker Saux, publié dans *GEO Histoire* n° 16 en août 2014**

Libération : pourquoi von Choltitz épargna[1] Paris

Paris outragé, Paris brisé[2]... mais Paris miraculé. Par rapport à d'autres villes, la capitale est sortie quasi intacte des combats de la Libération. Pourtant, elle aurait pu payer cher sa fronde[3] contre l'occupant. Décryptage.

Hitler n'avait aucune intention de préserver la Ville lumière, ni de la déclarer « ouverte » – c'est à dire rendue sans combats –, comme Rome en juin 1944. Le général von Choltitz, dernier gouverneur militaire du Paris occupé, reçut des ordres sans nuance, dont celui du 22 août : « Paris est à transformer en un monceau[4] de ruines. Le général doit défendre la ville jusqu'au dernier homme et périra s'il le faut sous les décombres[5]. » Pourquoi alors la capitale fut-elle épargnée ? L'explication réside d'abord chez von Choltitz lui-même, qui n'appliqua pas les ordres de son Führer. Non pas que l'homme soit porté à la mansuétude[6]. Mais le général ne voyait pas la logique d'une telle destruction. La bataille de Normandie était perdue, les troupes allemandes se repliaient[7], les maigres contingents stationnés dans Paris évacuaient la ville. Ravager la capitale aurait été coûteux en vies humaines – y compris allemandes –, inutile d'un point de vue militaire et gênant pour la circulation des soldats du Reich se repliant depuis la Normandie.

Le consul de Suède, un intermédiaire clé

D'autres facteurs ont pu dissuader le haut-gradé allemand de passer à l'acte. Les pressions extérieures, d'abord. Celles du consul de Suède Raoul Nordling, intermédiaire clé entre von Choltitz et la Résistance, ont été mises en scène dans la pièce « Diplomatie », adaptée en 2014 au cinéma : lors d'une discussion dans la nuit du 24 au 25 août 1944, Nordling aurait convaincu in extremis le général allemand de renoncer à détruire Paris. Si le huis-clos de la pièce est une fiction, les deux hommes se sont effectivement rencontrés à plusieurs reprises, et ont pu aborder le sujet[8]. Plus largement, Nordling aida à limiter la tension et les combats entre Allemands et

1 spared
2 broken
3 revolt
4 a heap
5 rubble
6 was known for his leniency
7 were retreating
8 discuss the matter

résistants. « *Francophile, de mère française et de père suédois, il avait à cœur[9] de préserver la capitale,* note Christine Levisse-Touzé, historienne et directrice du Mémorial du maréchal Leclerc à Paris. *Il défendait aussi ses intérêts, puisqu'il possédait des parts dans l'entreprise de roulement à billes SKF en région parisienne – entreprise qui, par ailleurs, fournissait le Reich.* » Les Alliés, inquiets d'une destruction de la ville, mirent eux aussi en garde[10] von Choltitz. « *Le 24 août,* poursuit Christine Levisse-Touré, *ils firent remettre à von Choltitz une lettre le menaçant d'être traduit devant un tribunal de guerre.* » Le gouverneur allemand eut sans doute enfin le souci de sa propre postérité : lui qui avait participé aux destructions de Rotterdam et de Sébastopol, à l'extermination des juifs[11] sur le front de l'Est, pouvait d'un coup se poser en « *sauveur de Paris* ».

L'ordre d'activer les mines n'a jamais été donné

Même s'il ne souhaitait pas détruire Paris, il se peut que von Choltitz ait joué avec le feu. Une équipe de minage allemande fut bel et bien acheminée[12] à Paris à la mi-août. « *La menace était bien réelle et même concrète,* soutient Christine Levisse-Touzé. *En témoignent les lieux où des explosifs ont été désamorcés[13] par les artificiers[14] du laboratoire central de la préfecture de police, notamment les ponts de Saint-Cloud, de Neuilly ou Alexandre III, les Invalides, le Cercle militaire Saint-Augustin, le fort de Charenton, le château de Vincennes...* » En revanche, la scène du film *Paris brûle-t-il ?* de René Clément en 1966, montrant des Allemands portant des explosifs dans la tour Eiffel, est imaginaire... Pour l'historien Jean-François Muracciole, le risque resta au final limité : « *L'examen des documents disponibles conduit à penser que le minage n'a pas été effectué, du fait des atermoiements[15] de von Choltitz,* écrit-il. *De toute façon, à supposer que quelques mines aient été posées, l'ordre de les activer n'a jamais été donné.* » L'arrivée des chars de Leclerc balaya les dernières hésitations du général.

Link : https://www.geo.fr/histoire/liberation-pourquoi-von-choltitz-epargna-paris-191788

9   he was deeply committed
10 warned
11 Jews
12 sent
13 deactivated
14 bomb squads
15 hesitations

   a.   D'après l'article, qu'est-ce qui explique la décision de von Choltitz de ne pas faire sauter Paris ?

- Quelles étaient ses hésitations personnelles ?
- Quel rôle Nordling a-t-il joué ?
- Qu'est-ce que les Alliés avaient fait comprendre à von Choltitz ?

   b.   La ville était-elle autant en danger que ce que l'on voit dans le film ?

3. **Témoignage de Robert Blancherie, résistant et témoin de la libération de Paris (par Angela Bolis, publié dans *le Monde* le 25 août 2014)**

Libération de Paris, 25 août 1944 : « Je viens de les voir. J'en ai les yeux pleins de larmes »

Pendant cette période intense, un homme de 45 ans, Robert Blancherie, écrit chaque jour à son épouse, Guite, un compte rendu de son quotidien dans Paris assailli[1] et libéré. En juin, il a quitté femme et enfant pour monter à la capitale au départ de la Dordogne[2], à vélo, dans le but de participer à cet événement historique. Il y retrouve leur appartement dans le 14e arrondissement, mais ne parvient pas à entrer en contact avec ses

1   under attack
2   region in the southwest, about 300 miles from Paris

compagnons de résistance, et désespère de recevoir un ordre pour lui-aussi se lancer dans la bataille. Ce polytechnicien[3], PDG[4] d'une filiale de la CGE (Compagnie générale d'électricité), membre de l'OCM (Organisation civile et militaire) en relation avec le Réseau Résistance-fer de la SNCF, vivra finalement la libération de Paris en spectateur attentif et passionné, s'improvisant reporter. Sa petite-fille, Anne Brunschwig, a livré au Monde.fr son journal de bord[5] et ses photographies, dont voici une sélection.

Robert Blancherie

MARDI 22 AOÛT

Après-midi : « Chose curieuse, mes informateurs introduits dans les milieux FFI[6] ne savent rien, n'ont reçu aucune instruction et je reste tranquillement ici à lire, à travailler, dans le plus grand calme et avec une sérénité résignée (...). J'ai dîné chez les Robert, atmosphère un peu nerveuse, mais sans excès : Madou n'ose pas laisser sortir les enfants qui sont un peu comme des fauves en cage[7]. Robert va à son bureau, un de ses ingénieurs a été blessé rue de Rome avec, hélas, son fils de 17 ans, qui est perdu. » […]

MERCREDI 23 AOÛT

3 h 30 : « Je suis maintenant éveillé par des explosions répétées, formidables[8], qui font trembler vitres[9] et portes. » […]

JEUDI 24 AOÛT

[…] 22 heures : « Enfin, ça y est ! On ne s'en est même pas aperçu. Ils [la division Leclerc] sont entrés dans Paris. » […]

« Je ne t'ai pas dit que j'avais vu aujourd'hui les barricades, rue Mouton-Duvernet, rue Froidevaux, au débouché de l'avenue du Maine, rue de Vanves, rue de l'Ouest, une énorme à laquelle travaillaient femmes, vieux et gosses[10] au carrefour Sèvres-Montparnasse où l'on arrachait les pavés[11], abattait les arbres, semait des tessons de bouteilles[12] sur la chaussée[13] – un mélange touchant d'enfantillages[14] et de résolution. En tout cas, ces barricades étaient le moyen efficace de gêner les déplacements des patrouilles motorisées allemandes. » […]

VENDREDI 25 AOÛT

9 h 30 : « Mon amour, mes trésors, je viens de les voir. J'en ai encore le cœur tout gros et les yeux pleins de larmes. Et ce sont les Français que j'ai vus. Leurs chars ou leurs autres mitrailleurs s'appellent Montmartre, Porte-d'Orléans. Un peu avant 8 heures, j'ai entendu une rumeur et des bruits de moteurs. Je me suis précipité et ai pu les voir remonter le boulevard Saint-Jacques. Un peu plus tard, muni cette fois de mon appareil photo, je les ai vus place Denfert. La foule spontanément rassemblée était délirante. Les chars pouvaient à peine passer. Tout le monde regrettait de n'avoir pas de fleurs à leur lancer. Ils en avaient déjà, d'ailleurs. »

« Mon amour, que je suis désolé de ne pas t'avoir près de moi, de ne pas avoir quelqu'un à embrasser en pleurant de joie. » […]

SAMEDI 26 AOÛT

« Je suis parti vers 4 h 30 sur l'annonce que l'aviation allait venir et qu'il fallait descendre aux abris[15]. » […]

« Avant cette fin de journée, il y avait eu une après-midi assez mouvementée[16]. De Gaulle devait aller à l'Etoile, descendre les Champs-

3 graduate of the Ecole Polytechnique, a prestigious engineering school
4 CEO
5 diary
6 *Forces Françaises de l'Intérieur = la Résistance*
7 like caged animals
8 *here:* enormous
9 windowpanes
10 kids
11 cobblestones
12 broken bottles
13 on the street
14 children's games
15 shelters
16 eventful

Elysées, Concorde, Rivoli, Hôtel de Ville et Notre-Dame. J'avais donc été place de la Concorde, j'avais pu me glisser au premier rang[17] avec un appareil, ayant l'avenue des Champs-Elysées en enfilade. J'ai vu de Gaulle à pied au milieu d'une foire de civils. J'espère que je l'ai pris en photo, (…), j'ai été surpris de le voir ainsi, je m'attendais à plus de décorum. »

DIMANCHE 27 AOÛT

[…] Actuellement, j'écoute la radio en guettant[18] anxieusement le moment où j'apprendrai que toute la zone entre Paris et Dordogne est nettoyée pour partir vers vous. »

Link : https://www.lemonde.fr/societe/article/2014/08/25/liberation-de-paris-25-aout-1944-je-viens-de-les-voir-j-en-ai-les-yeux-pleins-de-larmes_4474164_3224.html

17 first row
18 *here:* waiting for

a.   Comment peut-on résumer l'expérience de Robert Blancherie ? Comment a-t-il vécu la libération ?

b.   Comprenait-il bien ce qui se passait ? Avait-il des informations claires ? Pourquoi ?

c.   Quelle est sa réaction quand il voit les forces françaises défiler dans Paris ?

d.   Que veut-il faire le 27 août ?

Récapitulons !

Réfléchissons à ce que *Diplomatie* vous a appris sur cette période, notamment :
- Qui était von Choltitz et quels ordres avait-il reçus ?
- Comment était l'ambiance dans la ville ? La situation était-elle calme ?
- Qui était tout près de Paris ?
- Nous savons que le film est une fiction et que la part jouée par Nordling a été imaginée. Quelle importance a-t-il eue assurément ?
- Quel rôle la diplomatie peut-elle avoir ?

Molière

Présentation du film

1645. Molière a 22 ans, est inconnu et criblé de dettes. Il est jeté en prison puis disparaît pendant plusieurs mois. Il va alors rencontrer ses futurs personnages : Monsieur Jourdain, Célimène, Dorante et Elmire alors qu'il se fait appeler Monsieur Tartuffe !

Carte d'identité du réalisateur

Après des études de cinéma à NYU, **Laurent Tirard** a travaillé comme journaliste pour *Studio Magazine* et a publié deux livres d'entretiens avec des réalisateurs (*Leçons de cinéma* en 2004 et 2006). Parallèlement, il a réalisé des courts métrages et écrit des scénarios avant de se lancer dans la réalisation de son premier long métrage, *Mensonges et trahisons et plus si affinités* en 2004 et a ensuite travaillé sur *Molière*, qui est sorti en 2007. Son succès l'a encouragé et il a adapté et réalisé *Le petit Nicolas*, basé sur le célèbre roman, en 2009. Il s'est ensuite attaqué à un autre classique avec *Astérix et Obélix : au service de Sa Majesté* et s'est amusé avec la comédie historique *Le retour du héros* en 2018.

Carte d'identité des acteurs

Romain Duris (né en 1974) faisait des études de dessin quand il a été choisi pour *Le péril jeune*, téléfilm de Klapisch. Duris cultive depuis un look rebelle et charmeur qui plaît aux réalisateurs et au public. Il retrouve Klapisch en 1996 pour *Chacun cherche son chat* et en 1999 pour *Peut-être*. Entre-temps il découvre le monde des gitans grâce au tournage de *Gadjo Dilo*, de Tony Gatlif, pour lequel il est nommé au César du meilleur espoir. Sa célébrité est assurée avec *L'auberge espagnole*, qui lui permet d'élargir sa palette : il est gentleman cambrioleur dans *Arsène Lupin* en 2004 et surtout un agent immobilier pianiste dans *De battre mon cœur s'est arrêté* en 2005. Son interprétation remarquable est saluée par toute la critique. La même année il retrouve ses camarades de *L'auberge espagnole* pour *Les poupées russes* et en 2007 il crève l'écran dans *Molière*. Il tourne beaucoup et dans tous les genres : comédie dramatique (*Paris*, 2008), comédie romantique (*L'arnacoeur*, 2010), thriller (*Iris*, 2016) et drame familial (*Nos batailles*, 2018).

Romain Duris et Fabrice Luchini

Fabrice Luchini (né en 1951) a commencé le cinéma à 18 ans après un début de carrière comme coiffeur ! Il a enchaîné avec plusieurs rôles dans des films de Rohmer et a joué pour d'autres très grands réalisateurs : Klapisch (*Riens du tout*, 1992), Lelouch (*Tout ça… pour ça !*, 1993), Leconte (*Confidences trop intimes*, 2004), Ozon (*Potiche*, 2010 et *Dans la maison*, 2010). Luchini est aussi à l'aise dans les comédies (*Jean-Philippe*, 2006), dans les comédies dramatiques (*La discrète*, 1990, *Pas de scandale*, 1999) que capable de se glisser dans la peau d'un personnage historique (*Le colonel Chabert*, 1994, *Le bossu*, 1997, *Molière*, 2007). Récemment il a joué un ancien acteur doué mais amer dans *Alceste à bicyclette* (2013), un boulanger amoureux de sa voisine anglaise dans *Gemma Bovery* (2014), un Président de cour d'assises déstabilisé dans *L'hermine* (2015) et un homme en rééducation après un accident cérébral dans *Un homme pressé* (2018). Il poursuit en parallèle une très belle carrière au théâtre.

Laura Morante est une actrice italienne née en 1956. Elle a commencé le cinéma avec les frères Bertolucci, puis a joué dans plusieurs films de Nanni Moretti (dont *Bianca* en 1986 et *La chambre du fils* en 2001) qui l'ont fait connaître. Elle parle français couramment et a eu de beaux rôles dans des productions de qualité. Plus récemment, on l'a vue aux côtés de grands acteurs français dans *Fauteuils d'orchestre* (2006), *Cœurs* (2006), puis *Molière* (2007). En 2012 elle est passée derrière la caméra pour la première fois avec *La cerise sur le gâteau* et a réalisé un deuxième film, *Assolo*, en 2016.

Edouard Baer a travaillé comme animateur de radio et d'émissions à la télévision avant de se faire connaître au cinéma. Il a travaillé avec Laurent Tirard en 2004 sur *Mensonges et trahisons* puis a partagé l'affiche des *Brigades* *du tigre* en 2006. Après *Molière*, il est choisi pour le film policier *J'ai toujours rêvé d'être un gangster* (2008), puis le drame *Un monde à nous*. Sa palette s'est élargie, il joue maintenant dans tous les registres et sert même de narrateur dans *Le petit Nicolas* (2009). Plus récemment on l'a vu dans le drame historique *Une exécution ordinaire* (2010) et endosser le rôle d'Astérix dans *Astérix et Obélix : Au service de sa Majesté*, sa quatrième collaboration avec Laurent Tirard. En 2018 il a retrouvé le film historique en jouant un marquis libertin dans *Mademoiselle de Joncquières*.

Ludivine Sagnier a fait de solides études de théâtre et a eu des petits rôles avant de rencontrer François Ozon qui l'a lancée en 2000 avec *Gouttes d'eau sur pierres brûlantes*. Elle a continué avec lui dans *8 femmes* (2002) et *Swimming pool* (2003). Claude Miller lui a ensuite offert deux très beaux rôles dans *La petite Lili* en 2003 et *Un secret* en 2007. Entre temps, elle a été la fée Clochette dans *Peter Pan* (2004) et Gabrielle dans *La fille coupée en deux* (2007). Elle a ensuite eu des rôles beaucoup plus sombres dans *Mesrine* et *Crime d'amour* (2010) avant de renouer avec la comédie en chansons dans *Les bien-aimés* en 2011, la comédie romantique *Amour et turbulences* en 2013 et la comédie dramatique dans *Lola et ses frères* en 2018.

L'heure de gloire

Molière a été nommé dans 4 catégories aux César : Meilleur acteur dans un second rôle (Fabrice Luchini), Meilleur scénario original, Meilleurs costumes et Meilleurs décors.

PREPARATION

Vocabulaire

Vocabulaire utile avant de voir le film :

> Vous connaissez déjà certains des mots de la liste. Ils sont notés pour que vous les révisiez. Vous devez savoir ce vocabulaire par cœur, avec les genres pour les noms, les prépositions pour les verbes et les orthographes difficiles. Observez bien les exemples, ils vous aideront à vous exprimer correctement.

Noms

Molière :

un(e) acteur (-rice) : *an actor*
un dramaturge : *a playwright*
un metteur en scène : *a director*
une pièce : *a play*
une tragédie : *a tragedy*
une comédie : *a comedy*
un personnage : *a character**
une troupe : *a theater company***
une représentation : *a performance*
une tournée : *a tour***
un créancier : *a creditor*

Tartuffe :

un dévot : *a deeply religious person*
une soutane : *a cassock*
un précepteur : *a tutor*
une supercherie : *an act of deception*
un mensonge : *a lie*

Mme Jourdain :

une liaison : *an affair*

M. Jourdain :

un marchand : *a merchant*
une propriété : *an estate*
un diamant : *a diamond (ring)*
un billet doux : *a love letter*
le paraître = les apparences : *appearances***
un mariage arrangé : *an arranged marriage*
une perruque : *a wig*

Dorante :

un gentilhomme : *a gentleman****
un titre de noblesse : *a title*

A savoir

Comédie : Au XVIIe siècle, une « comédie » est parfois synonyme de « pièce de théâtre » et même de « théâtre ». La Comédie-Française présentait donc des pièces, pas forcément des comédies au sens actuel du terme.

Dévot : A l'origine, « dévot » veut juste dire « pieux ». Il est devenu péjoratif au XVIIe siècle.

*Attention ! <u>Une</u> personne, <u>un</u> personnage (quel que soit le genre de la personne ou du personnage)
**Ex : La troupe de Molière est partie en tournée pendant 13 ans.
***Ex : Pour M. Jourdain les apparences sont très importantes.
****Remarquez que ce mot est formé exactement comme en anglais.

Verbes

Molière :

jouer (dans une pièce) : *to act (in a play)*

s'entêter à faire qqch : *to persist in doing sth**

séduire qq'un : *to seduce s.o.*

suivre un conseil : *to follow advice***

triompher : *to triumph*

M. Jourdain :

se faire bien voir de qq'un : *to ingratiate
        oneself with s.o.****

avoir des ambitions : *to be ambitious*

être amoureux (-euse) de qq'un : *to be in love with s.o.*

courtiser qq'un : *to woo s.o.*

faire la révérence : *to bow*

prêter de l'argent à qq'un : *to lend money to s.o.*

se ridiculiser : *to make a fool of oneself*

marier (sa fille) à qq'un : *to marry one's daughter to s.o.*

Mme Jourdain :

apprécier qq'un/qqch : *to appreciate s.o./sth*

conseiller qq'un : *to advise s.o.*

Tartuffe :

se déguiser en : *to disguise oneself as*

Dorante :

hériter de qqch : *to inherit sth*****

flatter qq'un : *to flatter s.o.*

profiter de qqch/qq'un : *to take advantage of sth/s.o.******

sauver les apparences : *to save face*

être sans scrupules : *to be without scruples*

emprunter de l'argent à qq'un : *to borrow money from s.o.*

tromper qq'un : *to deceive s.o.*

duper : *to fool s.o.*******

mentir à qq'un : *to lie to s.o.******

mépriser qq'un : *to despise s.o.******

présenter qq'un à qq'un : *to introduce s.o. to s.o.******

Célimène :

tenir salon : *to hold court*

faire de l'esprit : *to be witty*

briller : *to shine*

séduire : *to charm*

*Vous remarquez le mot « tête » dans ce verbe.

**Ex : Molière a fini par suivre les conseils d'Elmire.

***Ex : M. Jourdain veut se faire bien voir de Célimène en lui offrant un diamant.

****Ex : Dorante a hérité de ses titres et de ses biens.

*****Ex : Il profite de M. Jourdain. Il profite de la naïveté de M. Jourdain.

******Ex : Dorante dupe M. Jourdain, le méprise et lui ment mais est obligé de le présenter à Célimène.

Adjectifs

Molière :

criblé(e) de dettes : *debt-ridden*

M. Jourdain :

ambitieux (-euse) : *ambitious*

envieux (-euse) : *envious*

vaniteux (-euse) : *vain, conceited*

naïf (-ve) : *naïve*

crédule : *gullible*

vieux jeu : *old-fashioned**

ridicule : *ridiculous*

dupé(e) : *fooled, deceived*

humilié(e) : *humiliated*

Mme Jourdain :

lucide : *clear-sighted*

sincère : *sincere*

Tartuffe :

dévot(e) : *devout*

Dorante :

élégant(e) : *elegant*

séduisant(e) : *attractive*

désargenté(e) : *penniless*

flatteur (-euse) : *sycophantic*

méprisant(e) : *disdainful*

arrogant(e) : *arrogant*

menteur (-euse) : *lying*

intrigant(e) : *scheming*

Célimène :

vif (-ve) : *lively, vivacious*

brillant(e) : *bright*

pétillant(e) : *bubbly*

séduisant(e) : *seductive*

égocentrique : *self-centered*

médisant(e) : *disparaging*

*S'utilise de la même façon au féminin : Elle est vieux jeu.

Traduisez !

1. Molière persists in acting in tragedies but ends up triumphing with his comedies as a playwright, director and actor.

2. Mr. Jourdain, an ambitious and vain merchant, woos Célimène and sends her a diamond and a love letter.

3. Dorante is a penniless gentleman without scruples who takes advantage of Mr. Jourdain and borrows money from him to save face.

4. Célimène is lively, bright and seductive. She holds court and is witty.

Molière

2   Repères culturels

1. Qui était Molière ? Répondez plus précisément aux questions suivantes :
   - Quelles sont ses dates de naissance et de mort ? En est-on sûr ?
   - Quelles étaient ses origines familiales et sociales ?
   - Quelles études a-t-il faites ?
   - L'Illustre-Théâtre : Qu'est-ce que c'était ? Avec qui l'a-t-il fondé ? Combien de temps cela a-t-il duré ?
   - Qu'a-t-il fait de 1645 à 1658 ?
   - A-t-il eu du succès rapidement ?
   - Par qui a-t-il été soutenu ?
   - Par qui a-t-il été attaqué ?
   - Citez quelques-unes de ses pièces les plus célèbres.
   - Pour quoi Molière est-il connu aujourd'hui ?
   - Comment surnomme-t-on aujourd'hui la Comédie-Française ? Pourquoi ?

2. M. Jourdain, Tartuffe et Célimène sont des personnages du film. Le réalisateur ne les a pas inventés, ils viennent de pièces de Molière. Qui sont-ils ?

3. Les salons étaient à la mode au XVIIe siècle. Par qui étaient-ils tenus ? Qu'y faisait-on ?

4. Molière a attaqué les dévots qui l'ont attaqué aussi. Qu'entendait-on par « dévot » au XVIIe siècle ?

Frontispice du *Tartuffe* en 1682

Le XVIIe – Une période faste

Auteurs	Artistes	Musiciens
Descartes (philosophie)	De la Tour (peintre)	Lully (composition)
Corneille (tragédies)	Poussin (peintre)	Charpentier (composition)
Molière (comédies)	Mansart (architecte)	Sainte-Colombe (composition, viole)
La Fontaine (fables)	De Champaigne (peintre)	Marais (composition, viole)
Pascal (philosophie)	Le Vau (architecte)	De Lalande (composition)
Perrault (contes)	Mignard (peintre)	Desmarest (composition)
Racine (tragédies)	Le Nôtre (jardinier)	Couperin (composition, clavecin, orgue)
La Bruyère (morale)	Le Brun (peintre)	

3 Le contexte

Cette activité est importante pour vous préparer au film. Vous pouvez faire des recherches ou juste réfléchir à l'époque et vous baser sur vos connaissances. Répondez à chaque question en quelques phrases.

1. Quelle est la différence entre un noble et un bourgeois ? Comment vivaient-ils ? Quelles étaient leurs aspirations ?

2. Comment les mariages étaient-ils décidés ? Qui décidait ? Sur quelles bases ?

3. Comment les acteurs étaient-ils considérés à l'époque ? Où jouaient-ils ? Comment gagnaient-ils leur vie ?

4 Bande-annonce

Allez sur le companion website (hackettpublishing.com/cinema-for-french-resources) et regardez la bande-annonce plusieurs fois.

1. La bande-annonce présente les personnages principaux. Que comprenez-vous sur
   • Molière / Tartuffe ?
   • M. Jourdain ?
   • Elmire Jourdain ?
   • Dorante ?

2. Ecoutez bien la musique. Que ressentez-vous en l'entendant ? Reconnaissez-vous le morceau à la fin de la bande-annonce ? Est-ce de la même époque que Molière ?

3. Que comprenez-vous quand à la fin Molière déclare : « J'ai besoin de faire entendre ma voix » ?

5 A savoir avant de visionner le film

   • Durée : 2h00
   • Genre : Comédie historique et romantique
   • Public : Classé PG-13
   • Tournage : Le film a été tourné dans deux châteaux, un pour la façade, l'autre pour les scènes d'intérieur.
   • Note : Le film intègre de nombreuses citations des pièces de Molière. Vous les reconnaîtrez peut-être si vous en avez lu !

PREMIERE APPROCHE

1 L'histoire

Les personnages

Molière / Tartuffe
(Romain Duris)

M. Jourdain
(Fabrice Luchini)

Elmire Jourdain
(Laura Morante)

Dorante
(Edouard Baer)

Célimène
(Ludivine Sagnier)

Henriette et Valère

Louison

Thomas
(le fils de Dorante)

Bonnefoy

1. **Molière / Tartuffe**
   - Pourquoi M. Jourdain choisit-il de déguiser Molière en dévot ?
   - Molière est acteur. Réussit-il à cacher son jeu devant Elmire ?
   - Qu'est-ce que sa présence dans la maison change à court terme et à long terme pour les différents personnages ?

2. **M. Jourdain : le bourgeois**
   - Dans quelles disciplines M. Jourdain prend-il des leçons ? Comment se passent-elles ?
   - Pourquoi prend-il ces leçons ?
   - Quelles ambitions a-t-il pour sa fille ?

A savoir

M. Jourdain est la synthèse de plusieurs personnages. C'est, bien sûr, le bourgeois du *Bourgeois gentilhomme*, mais il emprunte aussi des traits à Orgon dans *Tartuffe* et à Chrysale des *Femmes savantes*.

3. **Dorante : le noble**
   - Quelle est votre première impression de Dorante ?
   - Pourquoi est-il « ami » avec M. Jourdain ?
   - A-t-il l'intention, comme il le prétend, de présenter M. Jourdain à Célimène ?
   - Qu'est-ce qui motive Dorante ?
   - Quelles ambitions a-t-il pour son fils ?
   - Quelle est votre dernière impression de lui à la fin du film ?

4. **Célimène et les salons**
   - Quelle attitude a-t-elle avec tous les hommes ?
   - Quel est son but ? A quoi travaille-t-elle ?
   - Comment considère-t-elle Dorante ? A-t-il une place spéciale dans son cœur ?

5. **Elmire Jourdain**
   - De quelles façons est-elle différente de son mari ?
   - Quelle influence a-t-elle sur Molière ?

6. **Le mariage**
   - Comment le mariage est-il arrangé ?
   - Cela est-il négociable ?
   - Quel rôle Bonnefoy, le notaire, a-t-il ?

2 Analyse d'une photo

1. Que s'est-il passé dans la scène précédente ?
2. Où les personnages se trouvent-ils ?
3. Comparez les murs et le mobilier des deux chambres.
4. Que viennent-ils de faire ?
5. Que vont-ils faire juste après ?
6. Que pensez-vous de cette scène imaginée par le réalisateur ?

3 Analyse de citations

Analysez les citations suivantes en les replaçant dans leur contexte :

1. Dorante : « Mme Jourdain, l'esprit et la grâce dans un même corps ! Comment se porte-t-elle ? »
   Elmire : « Elle se porte sur ses deux jambes, merci. »

2. Molière : « C'est un métier, M. Jourdain. Un métier du sentir et non du paraître. »

3. Dorante : « Chez nous, mon fils, l'argent ne se gagne pas. Il s'épouse. »

APPROFONDISSEMENT

1 Vocabulaire

Enrichissez votre vocabulaire !

Le but de cette deuxième liste est d'élargir votre champ lexical. Ce vocabulaire ciblé sur des thèmes du film va vous permettre d'enrichir votre style.

La création d'une pièce de théâtre

être inspiré(e) : *to be inspired*
la rédaction : *writing*
le processus de création : *the creative process*
la distribution des rôles : *casting*
apprendre son texte : *to learn one's lines*
la mise en scène : *staging, directing*
une répétition : *a rehearsal*
les décors : *the set*

les costumes : *costumes*
monter une pièce : *to stage a play*
réserver les salles : *to book the theater houses*
le public : *the audience*
un succès : *a hit*
un échec : *a flop*
les recettes : *earnings, takings*

Mensonge et imposture

un(e) menteur (-euse) : *a liar*
un mythomane : *a mythomaniac*
un imposteur : *an impostor, a pretender*
un usurpateur : *a usurper*
inventer : *to invent*
feindre : *to feign, dissimulate*

leurrer : *to deceive*
trahir : *to betray*
mensonger (-ère) : *deceitful*
trompeur (-euse) : *misleading*
fallacieux (-euse) : *deceptive*

Mise en pratique du vocabulaire :

Ecrivez 5 phrases dans lesquelles vous utilisez au moins 10 mots de la liste ci-dessus.

2 Réflexion - Essais

Ces questions vont vous permettre d'approfondir l'étude du film. Ecrivez un paragraphe pour chacune, en utilisant le vocabulaire du chapitre et en soignant votre expression (vérifiez votre orthographe et votre grammaire). En faisant ce travail, vous vous préparez à la prochaine composition.

1. Qu'est-ce qui motive M. Jourdain, Dorante et Célimène ? Montrez ce qu'ils ont en commun en les opposant à Molière.

2. Quelle est l'importance des classes sociales ? Qu'est-ce qui différencie la noblesse de la bourgeoisie ?

3. Comment le film présente-t-il l'amour et le mariage ? Comparez les différents couples et la façon dont le mariage est traité.

4. D'après ce que vous observez dans le film, quel est l'objectif des salons ? Quel est le niveau de la conversation dans celui de Célimène ?

5. Comment chacun réagit-il à l'arrivée du dévot Tartuffe ?

6. La tromperie : Qui trompe qui ? Quel personnage est le mieux renseigné de tous ?

7. Le théâtre :
   a. Comment est-il perçu par le père de Molière ?
   b. Comment Molière conçoit-il le théâtre ?
   c. Qu'est-ce qu'il voudrait faire ?
   d. Quels conseils Elmire lui donne-t-elle ?

8. Comment les pièces de Molière sont-elles insérées ?

9. La comédie : quels ressorts le réalisateur utilise-t-il pour nous faire rire ?

10. Quelle est la structure narrative du film ? L'histoire est-elle chronologique ?

3 Analyse d'une scène : Molière et M. Jourdain chez Célimène (1:31:56 à 1:36:45)

A savoir

L'impromptu (le petit poème) de Molière est tiré des *Précieuses ridicules*.

> ## Vocabulaire spécifique à cette scène
> une réplique (*a line*) • être éclairé(e) (*to be lit*) • un éventail (*a fan*) • se déplacer (*to move*) • des boucles d'oreilles (*earrings*) • une perruque (*a wig*) • la honte (*shame*)

A. Ecoutez

1. Célimène interrompt le marquis en disant : « De grâce, marquis. Cessez donc de prendre Aristote pour un parapluie sous lequel vous vous abritez par peur des gouttes ». Quel effet cela a-t-il sur l'assistance et le marquis ?

2. Quel est le niveau de conversation entre Molière et Célimène ? Citez deux répliques qui vous semblent particulièrement fines.

3. Comment l'assemblée réagit-elle quand Célimène mentionne M. Jourdain ?

4. De quoi M. Jourdain accuse-t-il Célimène ?

5. Comment peut-on qualifier l'intervention de M. Jourdain ?

6. A quel moment cette scène est-elle accompagnée de musique ?

B. Observez

1. De quelles couleurs sont le salon et les vêtements ?

2. Comment la pièce est-elle éclairée ?

3. Comment M. Jourdain apparaît-il aux spectateurs ?

4. De quelle façon Célimène se déplace-t-elle dans son salon ?

5. De quelle couleur le costume de Molière est-il ? Pourquoi ?

6. Observez l'évolution dans les expressions de Célimène quand elle fait la connaissance de Molière.

7. Qu'est-ce qui, dans les attitudes, les gestes, les expressions de Molière, montre qu'il est habitué à jouer la comédie ?

8. Qu'est-ce que l'expression de Molière révèle quand Célimène se moque de M. Jourdain ? Et ensuite, quand ce dernier parle à Célimène ?

9. M. Jourdain ôte ses boucles d'oreilles et sa perruque. Quel effet visuel cela a-t-il ?

C. **Cette scène dans l'histoire**

Qu'est-ce que cette scène nous apprend sur les personnages ?
Qu'apprennent-ils eux-mêmes ? Quel impact a-t-elle sur leurs relations ?

D. **Langue**

1. **Vocabulaire**

Les répliques suivantes sont extraites de la scène. Ré-écoutez-les et
notez les mots qui manquent. Pour vous aider, un synonyme est placé
entre parenthèses.

a. _____ (arrêtez) donc de prendre Aristote pour un parapluie.

b. Comment _____ (s'appelle)-t-il ?

c. Je serais bien aise de connaître _____ (la raison) de votre
    visite.

d. C'est bien pour combler _____ (ce vide) que je suis ici.

e. Si vous avez quelques vers à nous _____ (proposer), nous
    sommes ravis.

f. Nous avons été jusques-ici dans un _____ (manque)
    effroyable de divertissements.

g. Je croyais que _____ (se pressait) chez vous tout ce que l'on
    compte de beaux esprits à la ronde.

h. Comme votre esprit est _____ (fort) à démasquer nos
    faiblesses.

i. Votre âme est tout entière _____ (dévouée) à la méchanceté.

j. C'est faire insulte à votre beauté, à votre esprit et à votre _____
    (place) que de n'être pas capable d'_____ (faire face) les
    gens.

2. **Déterminants**

Remplissez les blancs avec le déterminant qui convient : un article
défini (le, la, les) ou indéfini (un, une, des), un adjectif possessif (mon,
ma, mes, etc.) ou un adjectif démonstratif (ce, cet, cette, ces).

a. _____ discours du marquis ennuie Célimène, _____ précieuse
    fatiguée des avances de _____ admirateurs.

b. _____ serviteur annonce _____ visite de/d'_____
    gentilhomme qui n'a pas voulu donner _____ nom.

c. Molière est magnifique. _____ habit, _____ chaussures, _____
    allure font forte impression.

d. Molière explique à Célimène qu'il a déjà forcé _____ porte, il
    ne va pas abuser _____ fauteuil.

e. Il déclame _____ impromptu (_____ sorte de poème) qui
    plaît à _____ assemblée. En fait, _____ impromptu vient
    de/d'_____ pièce de Molière.

f. M. Jourdain ôte _____ boucles d'oreilles et _____ perruque et
    dit à Célimène ce qu'il a sur _____ cœur.

g. _____ scène est drôle et touchante car M. Jourdain n'est pas
    _____ idiot que l'on a vu jusque-là.

3. **Verbes pronominaux**

Composez des phrases en lien avec la scène avec les sujets et les verbes pronominaux qui vous sont donnés.

Ex : Célimène – s'amuser de
     Célimène s'amuse de l'esprit du jeune homme.

a. Célimène – s'apercevoir
b. Molière – se pencher
c. Célimène – s'intéresser à
d. Célimène – s'ennuyer
e. Célimène – se moquer de
f. M. Jourdain – s'avancer vers
g. Célimène – s'attendre à
h. M. Jourdain – s'en aller

E. **Comparaison avec une autre scène : Première rencontre M. Jourdain – Célimène (1:15:32 à 1:18:39)**

1. Comparez la façon dont Célimène reçoit M. Jourdain dans les deux scènes.
2. Comment M. Jourdain se comporte-t-il ?
3. Montrez de quelle façon les deux scènes se répondent. N'oubliez pas qu'ils se sont vus une fois entre les deux, quand M. Jourdain a présenté sa pièce.

F. **Sketch**

Imaginez la discussion que Molière et M. Jourdain ont après la scène chez Célimène. M. Jourdain est déçu, choqué et fâché contre Dorante, Célimène et lui-même. Molière est dans une situation délicate : il doit écouter et soutenir M. Jourdain, mais il trouve la scène plutôt amusante. Ecrivez le dialogue et jouez-le avec vos camarades.

LE COIN DU CINEPHILE

Vous aurez peut-être besoin de revoir quelques scènes du film pour répondre en détail aux deux premières questions.

1 Première / dernière scène

a. Qui sont les personnages dans les deux scènes ?
b. Où sont-ils au début du film ? Et à la fin ?
c. Comment Molière est-il présenté dans la première scène ? Qui est présenté avant lui ?
d. Où est-il à la fin ?
e. Par qui est-il observé dans les deux scènes ?
f. Comparez l'heure du jour et la lumière des deux scènes.
g. Comment le statut de Molière a-t-il évolué entre les deux scènes ?

2 Décors et costumes

Que pensez-vous des décors et des costumes ? Est-ce qu'ils restituent bien l'époque de Molière ? Vous ont-ils aidé à apprécier la période ?

A savoir

Les scènes de théâtre ont été tournées au Petit Théâtre de Versailles, en utilisant la machinerie d'époque. Il est rare que le public voie ce théâtre, car il n'est pas conforme aux normes de sécurité actuelles.

3 Jeu des acteurs

Que pensez-vous du jeu des acteurs ? A votre avis, quel rôle était le plus difficile ? Fabrice Luchini (qui joue M. Jourdain) a été nommé pour le César du meilleur acteur dans un second rôle. Romain Duris (qui joue Molière), n'a rien eu. Cela vous semble-t-il justifié ?

4 Affiche

a.   Qu'est-ce qui domine dans cette affiche ?

b.   Quelles couleurs ont été choisies ?

c.   Quelle est votre opinion de cette affiche, maintenant que vous avez vu le film ?

5 Sous-titres

Le dialogue suivant a lieu entre Dorante et Célimène. Comparez l'original en français et les sous-titres en anglais, puis répondez aux questions :

1   Mais enfin Madame, ce billet est une insulte. — *Madame, this letter is an insult.*

2   Je ne dis pas le contraire, mais il est parfois des insultes qui savent vous mettre en émoi. — *Quite, only certain insults put one's heart in a flutter.*

3   Pardonnez-moi, Madame, si je n'ai pas l'art de vous mettre en émoi, mais peut-être ceci comblera-t-il cette lacune ? — *Pardon me, Madame, for not putting your heart in a flutter. Perhaps this will make up for my shortcomings?*

4   Monsieur, il est vrai que vous me surprenez beaucoup. — *I admit you surprise me greatly.*

5   Et moi, Madame, il est vrai que vous me faites beaucoup souffrir. — *And you, Madame, make me suffer greatly.*

6   Et de quel mal, grand Dieu ? — *From what ill, pray tell?*

7   Cela me peine de voir cette meute de galants japper autour de vous en frétillant. — *I suffer from your pack of yapping admirers.*

8   Mais de tout l'univers vous devenez jaloux. — *You're jealous of everyone.*

9   C'est que tout l'univers est bien reçu de vous. — *Everyone is so well received here.*

10   Ma foi, puis-je empêcher les gens de me trouver aimable ? Et lorsqu'ils viennent me présenter leurs hommages, dois-je prendre un bâton pour les jeter dehors ? — *My word, am I to blame if people enjoy my company? Must I throw them out with insults when they pay visits?*

11   Allons, Dorante, vous savez bien que le désir de plaire vient chez une femme avant toute chose. — *Come now, Dorante, a woman's desire to please comes before all else.*

12   Un désir futile, j'en conviens, mais ce n'est pas le temps d'être sage à 20 ans. — *A frivolous desire, I admit, but 20 is not an age to behave.*

a.   A quelle difficulté le sous-titreur a-t-il dû faire face dans ce film ?

b.   Les répliques 4 et 5 se répondent en français. Est-ce le cas en anglais aussi ?

c.   7ᵉ réplique : Les références aux chiens sont-elles rendues en anglais ?

Les répliques 8 et 9 sont des citations du *Misanthrope* (voir lectures en fin de chapitre).

d. 8ᵉ et 9ᵉ répliques : Que manque-t-il dans les sous-titres ?

e. 12ᵉ réplique : Quelle différence remarquez-vous entre l'original et le sous-titre ?

AFFINEZ VOTRE ESPRIT CRITIQUE

1 Titres d'articles de journaux

« Le Molière imaginaire »
Télérama, 16 août 2006

« Mais que diable vont faire Duris et Luchini dans cette galère ? »
Télérama, 31 janvier 2007

« *Molière* sans la poussière »
Libération, 31 janvier 2007

« Molière et la culture fast-food »
La Croix, 31 janvier 2007

Vous voyez ci-dessus les titres ou sous-titres de quatre articles de journaux sur *Molière*. Réfléchissez et répondez aux questions :

a. Les deux articles de *Télérama* (le premier pendant le tournage, le second à la sortie du film) font référence à l'œuvre de Molière. Quel titre le premier évoque-t-il ? De quelle fameuse citation le deuxième s'inspire-t-il ?

b. Comparez les titres de *Libération* et de *La Croix*. Sur quoi chacun insiste-t-il ?

2 Modernité de l'histoire

Qu'est-ce qui, dans cette histoire, est toujours d'actualité ? Pensez aux défauts du genre humain, à la place de l'individu dans la société et à la vie d'artiste.

3 Critiques

1. *Le Figaro* du 31 janvier 2007 affirme que « Laurent Tirard a le sens de la farce et en trouve le rythme. Il le perd en revanche dès qu'il faudrait se montrer plus sensible. » Etes-vous d'accord ?

2. Pensez-vous, comme Clara Dupont-Monod (*Marianne*, 27 janvier 2007), que « loin d'être intouchables, les mythes sont faits pour être bousculés » ?

POUR ALLER PLUS LOIN

1   Parallèles avec d'autres films

1. **Le XVIIe siècle :** *Cyrano de Bergerac* et *Molière* se passent au XVIIe siècle, en 1640 et 1655 pour le premier et en 1645 et 1658 pour le second. Quels aspects de la vie de l'époque chacun nous présente-t-il ?

2. **Les femmes et le mariage :** Comparez la condition des femmes dans *Molière* et *Ridicule*. Pourquoi se marient-elles ? Comment sont leurs maris ? Quelle importance l'argent a-t-il ? Sont-elles libres ?

3. **Le père :** De nombreux films ont une figure paternelle : *La famille Bélier*, *Inch'Allah dimanche*, *Ressources humaines*, *Les femmes du 6e étage*, *Ce qui nous lie*, *Molière*, *Intouchables* et *Fatima*. Ces hommes sont-ils très impliqués dans la vie de leurs enfants ? Sont-ils gentils et encourageants, ou distants, autoritaires et injustes ?

4. **La moquerie :** la moquerie joue un rôle-clé dans *Ridicule* et *Molière*. Est-elle traitée de la même façon ? Réfléchissez à ceux qui sont moqués :

   a. Pourquoi le sont-ils ?

   b. En sont-ils conscients ?

   c. Quelle(s) conséquence(s) les moqueries ont-elles sur eux ?

   d. Qui remporte la bataille : les moqueurs ou les moqués ?

2   Art

Vous trouverez ci-dessous les titres de 5 gravures et peintures de théâtres au XVIIe siècle. Choisissez-en deux, et comparez-les au film.

- G. Zearnko : *La salle du Petit-Bourbon lors de l'ouverture des Etats généraux de 1614*
- Van Lochun : *Première salle du Palais-Royal, 1643*
- Jean de Saint-Igny : *Représentation de Mirame au palais Cardinal devant Louis XIII, Anne d'Autriche et Richelieu*
- Anonyme, *Les Farceurs français et italiens depuis 60 ans et plus peints en 1670*
- Edmond Geoffroy : *Molière et les sarcastiques de sa troupe*

3   Imaginez !

Imaginez que Dorante ait assisté à la scène chez Célimène (celle où M. Jourdain est déguisé). Il confie à son journal ce qui s'est passé et ce qu'il en pense. Quelle opinion a-t-il de la performance de Molière ? Est-il amusé, ennuyé, jaloux ? Comment voit-il M. Jourdain désormais ? Son attachement à Célimène est-il intact ?

Gardez bien en tête que vous écrivez du point de vue de Dorante !

4 Lectures

1. Extrait du *Bourgeois gentilhomme*

Dans la scène suivante (acte II, scène 4), M. Jourdain demande à son maître de philosophie (Tartuffe/Molière dans le film) de l'aider à composer un billet doux pour Célimène.

Monsieur Jourdain. - Il faut que je vous fasse une confidence. Je suis amoureux d'une personne de grande qualité,[1] et je souhaiterois[2] que vous m'aidassiez[3] à lui écrire quelque chose dans un petit billet que je veux laisser tomber à ses pieds.

Maître de philosophie. - Fort bien.

Monsieur Jourdain. - Cela sera galant, oui.

Maître de philosophie. - Sans doute. Sont-ce des vers que vous lui voulez écrire ?

Monsieur Jourdain. - Non, non, point de[4] vers.

Maître de philosophie. - Vous ne voulez que de la prose ?

Monsieur Jourdain. - Non, je ne veux ni prose ni vers.

Maître de philosophie. - Il faut bien que ce soit l'un, ou l'autre.

Monsieur Jourdain. - Pourquoi ?

Maître de philosophie. - Par la raison, monsieur, qu'il n'y a pour s'exprimer que la prose, ou les vers.

Monsieur Jourdain. - Il n'y a que la prose ou les vers ?

Maître de philosophie. - Non, monsieur : tout ce qui n'est point prose est vers ; et tout ce qui n'est point vers est prose.

Monsieur Jourdain. - Et comme l'on parle qu'est-ce que c'est donc que cela ?

Maître de philosophie. - De la prose.

Monsieur Jourdain. - Quoi ? Quand je dis : « Nicole,[5] apportez-moi mes pantoufles,[6] et me donnez[7] mon bonnet de nuit,[8] » c'est de la prose ?

Maître de philosophie. - Oui, monsieur.

Monsieur Jourdain. - Par ma foi,[9] il y a plus de quarante ans que je dis de la prose sans que j'en susse[10] rien, et je vous suis le plus obligé du monde de m'avoir appris cela. Je voudrois[11] donc lui mettre dans un billet : *Belle Marquise, vos beaux yeux me font mourir d'amour* ; mais je voudrois que cela fût[12] mis d'une manière galante, que cela fût tourné gentiment.[13]

Maître de philosophie. - Mettre que les feux de ses yeux réduisent votre cœur en cendres[14] ; que vous souffrez nuit et jour pour elle les violences d'un...

Monsieur Jourdain. - Non, non, non, je ne veux point tout cela ; je ne veux que ce que je vous ai dit : *Belle Marquise, vos beaux yeux me font mourir d'amour.*

Maître de philosophie. - Il faut bien étendre[15] un peu la chose.

Monsieur Jourdain. - Non, vous dis-je, je ne veux que ces seules paroles-là dans le billet ; mais tournées à la mode ; bien arrangées comme il faut. Je vous prie de me dire un peu, pour voir, les diverses manières dont on les peut mettre.

1   noble
2   old form of « souhaiterais »
3   This tense is the *imparfait du subjonctif*, very rarely used today. We would use the *présent du subjonctif*: « que vous m'aidiez ».
4   = *pas de*
5   M. Jourdain's maid
6   slippers
7   = *donnez-moi*
8   my nightcap
9   Good Lord
10 *imparfait du subjonctif* of « savoir »
11 old form of « voudrais »
12 *imparfait du subjonctif* of « être »
13 said pleasantly
14 ashes
15 stretch

Maître de philosophie. - On les peut mettre premièrement comme vous avez dit : *Belle Marquise, vos beaux yeux me font mourir d'amour.* Ou bien : *D'amour mourir me font, Belle Marquise, vos beaux yeux.* Ou bien : *Vos yeux beaux d'amour me font, Belle Marquise, mourir.* Ou bien : *Mourir vos beaux yeux, Belle Marquise, d'amour me font.* Ou bien : *Me font vos yeux beaux mourir, Belle Marquise, d'amour.*

Monsieur Jourdain. - Mais de toutes ces façons-là, laquelle est la meilleure ?

Maître de philosophie. - Celle que vous avez dite : *Belle Marquise, vos beaux yeux me font mourir d'amour.*

Monsieur Jourdain. - Cependant[16] je n'ai point étudié, et j'ai fait cela tout du premier coup. Je vous remercie de tout mon cœur, et vous prie de venir demain de bonne heure.[17]

Maître de philosophie. - Je n'y manquerai pas.

a. Qu'est-ce que l'échange sur la prose et les vers révèle sur M. Jourdain ?

b. Pourquoi M. Jourdain n'aime-t-il pas les recommandations du maître pour le billet d'amour ?

c. Pourquoi les suggestions du maître sont-elles comiques ?

d. Pourquoi M. Jourdain aime-t-il son maître de philosophie ?

e. Comment le maître traite-t-il M. Jourdain ?

f. Qu'est-ce que le réalisateur a changé à cette scène pour les besoins du film ? Il a accéléré la scène. Dorante attend le billet doux, il faut donc faire vite. L'échange sur la prose et les vers n'est pas nécessaire.

2. **Extraits de *Tartuffe***

Orgon a décidé de marier sa fille Mariane à Tartuffe. Elle aime Valère, qui vient d'apprendre la nouvelle (acte II, scène 4).

Valère
On vient de débiter,[1] Madame, une nouvelle,
Que je ne savais pas, et qui sans doute[2] est belle.

Mariane
Quoi ?

Valère
    Que vous épousez Tartuffe.

Mariane
                Il est certain
Que mon père s'est mis en tête ce dessein.[3]

Valère
Votre père, Madame…

Mariane
            A changé de visée.[4]
La chose vient par lui de m'être proposée.

Valère
Quoi, sérieusement ?

16 today we would use « bien que » + *subjonctif*
17 early

1 = *d'annoncer*
2 = *sans aucun doute*
3 intention
4 = *a changé d'avis*

Mariane

Oui, sérieusement ;
Il s'est, pour cet hymen,[5] déclaré hautement.

Valère

Et quel est le dessein où votre âme s'arrête,[6] Madame ?

Mariane

Je ne sais.

Valère

La réponse est honnête.
Vous ne savez ?

Mariane

Non.

Valère

Non ?

Mariane

Que me conseillez-vous ?

Valère

Je vous conseille, moi, de prendre cet époux.

Mariane

Vous me le conseillez ?

Valère

Oui.

Mariane

Tout de bon ?

Valère

Sans doute.
Le choix est glorieux, et vaut bien qu'on l'écoute.

Mariane

Hé bien, c'est un conseil, Monsieur, que je reçois.

Valère

Vous n'aurez pas grand'peine à le suivre, je crois.

Mariane

Pas plus qu'à le donner en a souffert votre âme.

5 = *ce mariage*
6 And how do you feel about it?

a. Dans quel état d'esprit Valère est-il au début de la scène ?

b. Comment Mariane réagit-elle ? Quels sentiments montre-t-elle ?

c. Pourquoi Valère lui conseille-t-il d'accepter Tartuffe comme époux ?

d. Sur quel ton la scène se termine-t-elle ?

e. La fin de la scène a été reprise par le réalisateur pour les dernières paroles que Molière et Elmire échangent en 1645. Cette transposition est-elle habile ?

Dans l'extrait suivant, tiré de l'acte III, scène 2, Dorine, la servante
de Mariane, vient dire à Tartuffe qu'Elmire (mère de Mariane dont
Tartuffe est amoureux) veut s'entretenir avec lui.

Tartuffe
Que voulez-vous ?

Dorine
                    Vous dire…

Tartuffe. *Il tire un mouchoir de sa poche.*
                              Ah ! mon Dieu, je vous prie,
Avant que de parler, prenez-moi ce mouchoir.

Dorine
Comment ?

Tartuffe
                    Couvrez ce sein,[7] que je ne saurais voir.
Par de pareils objets les âmes sont blessées,
Et cela fait venir de coupables pensées.

Dorine
Vous êtes donc bien tendre à la tentation ;
Et la chair,[8] sur vos sens, fait grande impression ?
Certes, je ne sais pas quelle chaleur vous monte :
Mais à convoiter,[9] moi, je ne suis pas si prompte
Et je vous verrais nu du haut jusques en bas,
Que toute votre peau ne me tenterait pas.

7 cover your bosom
8 flesh
9 to desire

    a.   Qu'est-ce qui « choque » Tartuffe ?

    b.   Quel est, d'après lui, le risque de montrer tant de peau ?

    c.   Sur quel ton Dorine répond-elle ? Comment peut-on décrire sa
       réponse ?

    d.   Dans le film la célèbre phrase « Couvrez ce sein que je ne
       saurais voir » est dite par M. Jourdain et adressée à sa femme.
       Comment le réalisateur l'a-t-il introduite pour qu'elle ait du sens
       dans ce contexte ?

3.   **Extrait du *Misanthrope***

    Alceste déteste tout le monde, et notamment l'hypocrisie, la
    méchanceté et les petits arrangements qu'il voit autour de lui.
    Cela ne l'empêche pas d'être amoureux de Célimène, une jeune
    veuve coquette qui utilise son charme et son esprit pour attirer les
    hommes et médire de tout le monde. Dans l'extrait suivant, Alceste
    reproche à Célimène d'avoir trop d'amants (acte II, scène 1).

> Cet extrait est plus difficile
> que les autres. Essayez d'en
> comprendre l'essentiel !

Alceste
Je ne querelle point ; mais votre humeur, Madame,
Ouvre, au premier venu, trop d'accès dans votre âme ;
Vous avez trop d'amants, qu'on voit vous obséder,[1]
Et mon cœur, de cela, ne peut s'accommoder.

Célimène
Des amants que je fais, me rendez-vous coupable ?
Puis-je empêcher les gens, de me trouver aimable ?

1 follow

Et lorsque, pour me voir, ils font de doux efforts,
Dois-je prendre un bâton,[2] pour les mettre dehors ?

Alceste
Non, ce n'est pas, Madame, un bâton qu'il faut prendre,
Mais un cœur, à leurs vœux, moins facile, et moins tendre.
Je sais que vos appas[3] vous suivent en tous lieux,
Mais votre accueil retient ceux qu'attirent vos yeux ;
Et sa douceur offerte à qui vous rend les armes,[4]
Achève, sur les cœurs, l'ouvrage de vos charmes.
Le trop riant espoir que vous leur présentez,
Attache, autour de vous, leurs assiduités ;
Et votre complaisance,[5] un peu moins étendue,
De tant de soupirants[6] chasserait la cohue.
Mais, au moins, dites-moi, Madame, par quel sort,
Votre Clitandre a l'heur[7] de vous plaire si fort ?
Sur quel fonds de mérite, et de vertu sublime,
Appuyez-vous, en lui, l'honneur de votre estime ? [...]

Célimène
Qu'injustement, de lui, vous prenez de l'ombrage !
Ne savez-vous pas bien, pourquoi je le ménage ?
Et que, dans mon procès, ainsi qu'il m'a promis,
Il peut intéresser tout ce qu'il a d'amis ?

Alceste
Perdez votre procès, Madame, avec constance,
Et ne ménagez point un rival qui m'offense.

Célimène
Mais, de tout l'univers, vous devenez jaloux.

Alceste
C'est que tout l'univers est bien reçu de vous.

Célimène
C'est ce qui doit rasseoir votre âme effarouchée,[8]
Puisque ma complaisance est sur tous épanchée :
Et vous auriez plus lieu de vous en offenser,
Si vous me la voyiez, sur un seul, ramasser.

Alceste
Mais, moi, que vous blâmez de trop de jalousie,
Qu'ai-je de plus qu'eux tous, Madame, je vous prie ?

Célimène
Le bonheur de savoir que vous êtes aimé.

Alceste
Et quel lieu de le croire, a mon cœur enflammé ?

Célimène
Je pense qu'ayant pris le soin de vous le dire,
Un aveu de la sorte, a de quoi vous suffire.

Alceste
Mais qui m'assurera que, dans le même instant,
Vous n'en disiez, peut-être, aux autres tout autant ?

2 a stick
3 charms
4 whoever abandons himself
   to you
5 softness
6 suitors
7 good fortune
8 alarmed

a. Comment Célimène réagit-elle aux critiques d'Alceste ?

b. Qu'est-ce qu'Alceste voudrait voir comme changement dans l'attitude de sa bien-aimée ?

c. Pourquoi Célimène entretient-elle de bonnes relations avec Clitandre ?

d. Pourquoi, d'après Célimène, Alceste n'a-t-il pas lieu de s'inquiéter ? Est-elle sincère ? Alceste est-il dupe ?

e. Comment cette scène est-elle adaptée dans le film ? Qu'est-ce que le réalisateur a changé ?

4. **Extrait de *L'avare***

Cléante et Elise sont frère et sœur. Cléante vient d'avouer à Elise qu'il est amoureux de Mariane, une jeune fille pauvre mais charmante. Il craint fort que son père, Harpagon, refuse cette union. Elise est elle-même amoureuse de Valère, mais ni son frère ni son père ne le sait (acte I, scène 4).

Cléante.- C'est de mariage, mon père, que nous désirons vous parler.

Harpagon.- Et c'est de mariage aussi que je veux vous entretenir.

Elise.- Ah ! mon père.

Harpagon.- Pourquoi ce cri ? Est-ce le mot, ma fille, ou la chose, qui vous fait peur ?

Cléante.- Le mariage peut nous faire peur à tous deux, de la façon que vous pouvez l'entendre[1] ; et nous craignons que nos sentiments ne soient pas d'accord avec votre choix.

Harpagon.- Un peu de patience. Ne vous alarmez point. Je sais ce qu'il faut à tous deux ; et vous n'aurez ni l'un, ni l'autre, aucun lieu de vous plaindre de tout ce que je prétends[2] faire. Et pour commencer par un bout ; avez-vous vu, dites moi, une jeune personne appelée Mariane, qui ne loge pas loin d'ici ?

Cléante.- Oui, mon père.

Harpagon.- Et vous ?

Elise.- J'en ai ouï parler.[3]

Harpagon.- Comment, mon fils, trouvez-vous cette fille ?

Cléante.- Une fort charmante personne.

Harpagon.- Sa physionomie ?

Cléante.- Toute honnête, et pleine d'esprit.

Harpagon.- Son air, et sa manière ?

Cléante.- Admirables, sans doute.

Harpagon.- Ne croyez-vous pas, qu'une fille comme cela, mériterait assez que l'on songeât à elle ?

Cléante.- Oui, mon père.

Harpagon.- Que ce serait un parti[4] souhaitable ?

Cléante.- Très souhaitable.

Harpagon.- Qu'elle a toute la mine de faire un bon ménage ?

Cléante.- Sans doute.

Harpagon.- Et qu'un mari aurait satisfaction avec elle ?

1 = *le comprendre*
2 = *ce que j'ai l'intention de*
3 = *entendu parler*
4 a match

Cléante.- Assurément.

Harpagon.- Il y a une petite difficulté ; c'est que j'ai peur qu'il n'y ait pas avec elle tout le bien[5] qu'on pourrait prétendre.

Cléante.- Ah ! mon père, le bien n'est pas considérable, lorsqu'il est question d'épouser une honnête personne.

Harpagon.- Pardonnez-moi, pardonnez-moi. Mais ce qu'il y a à dire, c'est que si l'on n'y trouve pas tout le bien qu'on souhaite, on peut tâcher de regagner cela sur autre chose.

Cléante.- Cela s'entend.

Harpagon.- Enfin je suis bien aise de vous voir dans mes sentiments : car son maintien honnête, et sa douceur, m'ont gagné l'âme ; et je suis résolu de l'épouser, pourvu que j'y trouve quelque bien.

Cléante.- Euh ?

Harpagon.- Comment ?

Cléante.- Vous êtes résolu, dites-vous...

Harpagon.- D'épouser Mariane.

Cléante.- Qui vous ? vous ?

Harpagon.- Oui, moi, moi ; moi. Que veut dire cela ?

Cléante.- Il m'a pris tout à coup un éblouissement,[6] et je me retire d'ici.

Harpagon.- Cela ne sera rien. Allez vite boire dans la cuisine un grand verre d'eau claire. Voilà de mes damoiseaux flouets,[7] qui n'ont non plus de vigueur que des poules. C'est là, ma fille, ce que j'ai résolu pour moi. Quant à ton frère, je lui destine une certaine veuve dont ce matin on m'est venu parler ; et pour toi, je te donne au seigneur Anselme.

Elise.- Au seigneur Anselme ?

Harpagon.- Oui. Un homme mûr, prudent et sage, qui n'a pas plus de cinquante ans, et dont on vante les grands biens.

Elise.- *Elle fait une révérence.*- Je ne veux point me marier, mon père, s'il vous plaît.

Harpagon.- *Il contrefait sa révérence.*- Et moi, ma petite fille ma mie, je veux que vous vous mariiez, s'il vous plaît.

Elise.- Je vous demande pardon, mon père.

Harpagon.- Je vous demande pardon, ma fille.

Elise.- Je suis très humble servante au seigneur Anselme ; mais, avec votre permission, je ne l'épouserai point.

Harpagon.- Je suis votre très humble valet ; mais, avec votre permission, vous l'épouserez dès ce soir.

Elise.- Dès ce soir ?

Harpagon.- Dès ce soir.

Elise.- Cela ne sera pas, mon père.

Harpagon.- Cela sera, ma fille.

Elise.- Non.

Harpagon.- Si.

Elise.- Non, vous dis-je.

Harpagon.-Si, vous dis-je.

5   money
6   I am not feeling well
7   weak young men

Elise.- C'est une chose où vous ne me réduirez[8] point.

Harpagon.- C'est une chose où je te réduirai.

Elise.- Je me tuerai plutôt, que d'épouser un tel mari.

Harpagon.- Tu ne te tueras point, et tu l'épouseras. Mais voyez quelle audace ! A-t-on jamais vu une fille parler de la sorte à son père ?

Elise.- Mais a-t-on jamais vu un père marier sa fille de la sorte ?

8 that you will not force me to do

a. Sur quoi repose l'humour de cette scène ?

b. Quelle est la seule hésitation d'Harpagon ?

c. Comparez le nombre de répliques au sujet de Mariane au nombre de répliques au sujet des mariages de Valère et d'Elise. Qu'est-ce que cela suggère sur Harpagon ?

d. Comment Elise répond-elle à son père ?

e. Comparez cette scène à celle du film dans laquelle M. Jourdain annonce à sa fille qu'elle va épouser Thomas.

Récapitulons !

Qu'est-ce que l'étude de ce film vous a appris sur :

- Molière ?
- Les oeuvres de Molière ?
- La vie d'une troupe de théâtre au XVIIe siècle ?
- La société du XVIIe siècle (bourgeoisie et noblesse, mariage, argent) ?

Intouchables

Présentation du film

Philippe est riche, cultivé, veuf et tétraplégique. Il a besoin d'une personne qui l'aide dans sa vie quotidienne donc il embauche Driss, un jeune complètement différent de lui : histoires personnelles et familiales différentes, expériences professionnelles différentes, goûts différents, aspirations différentes. Et pourtant, une belle amitié se développe entre les deux hommes.

Carte d'identité du réalisateur

Eric Toledano (né en 1971) et **Olivier Nakache** (né en 1973) sont amis d'enfance et ont tourné tous leurs films ensemble. C'est avec leur deuxième film, *Nos jours heureux*, sur leurs souvenirs de colonies de vacances, qu'ils ont obtenu leur premier succès en 2006. Ils ont enchaîné avec *Tellement proches*, une comédie familiale, mais c'est surtout *Intouchables* qui les a propulsés au sommet en 2011. Depuis, ils ont abordé le sensible sujet de l'immigration dans *Samba* (2014), et sont revenus à la comédie pure avec *Le sens de la fête* (2017), sur un mariage où rien ne se passe comme prévu.

Carte d'identité des acteurs

La carrière de **François Cluzet**, né en 1955, est lancée par Claude Chabrol dans *Le cheval d'orgueil* en 1980. Son talent se manifeste par 2 nominations aux César en 1983, celui du meilleur acteur dans un second rôle dans *L'été meurtrier* et celui du meilleur jeune espoir masculin dans *Vive la sociale*. Il retrouve Chabrol pour *Une affaire de femmes* en 1988 et *L'enfer* en 1994. Il est à nouveau nominé pour *Les apprentis* (1995) mais c'est *Ne le dis à personne* de Guillaume Canet qui lui apporte la consécration en 2006. C'est désormais un acteur de premier plan, sincère, authentique, et très aimé des spectateurs. Il a à nouveau été nominé pour *Le dernier pour la route* (2009) et *A l'origine*, avant d'endosser le rôle de Philippe dans *Intouchables*. Depuis cet immense succès, il a joué un skipper dans *En solitaire* (2013) et un médecin malade dans *Médecin de campagne* (2016). Il a aussi retrouvé Guillaume Canet pour *Les petits mouchoirs* (2010) et sa suite *Nous finirons ensemble* en 2019.

Omar Sy, né en 1978, grandit dans une cité qui ressemble à celle du film avant de travailler à la radio et à la télévision où il a plusieurs seconds rôles. Sa rencontre avec Toledano et Nakache est déterminante puisqu'ils lui confient un rôle dans *Nos jours heureux*, et surtout le rôle de Driss dans *Intouchables*. Son interprétation à la fois fine et comique lui permet de remporter le César du meilleur acteur et fait de lui une star. Il alterne désormais entre des seconds rôles en anglais (*X-Men of Future Past*, 2014, *Jurassic World*, 2015, *Burnt*, 2015, *Avengers : Infinity Wars*, 2018) et des premiers rôles en français : travailleur sans-papier dans la comédie dramatique *Samba* (2014), clown dans le biopic *Chocolat* (2016) et commandant de sous-marin dans *Le chant du loup* (2019).

L'heure de gloire

Intouchables s'est fait remarquer aux César avec 9 nominations, dont celles du meilleur film, du meilleur réalisateur, des meilleurs acteurs et du meilleur scénario. Omar Sy a remporté le prix du meilleur acteur. Le film a aussi été nominé aux Golden Globes.

Il a rencontré un énorme succès public avec 19 millions d'entrées en France, un chiffre considérable pour le cinéma français.

1   Vocabulaire

Vocabulaire utile avant de voir le film :

> Vous connaissez déjà certains des mots de la liste. Ils sont notés pour que vous les révisiez. Vous devez savoir ce vocabulaire par cœur, avec les genres pour les noms, les prépositions pour les verbes et les orthographes difficiles. Observez bien les exemples, ils vous aideront à vous exprimer correctement.

Noms

un entretien : *an interview*
un(e) auxiliaire de vie = une aide à domicile :
    a caregiver, a personal aide
le personnel de maison : *house staff*
un(e) handicapé(e) : *a handicapped person**
un accident de parapente : *a paragliding accident*
un fauteuil roulant : *a wheelchair***
une tante : *an aunt*
une femme de ménage : *a cleaning lady*
une cité : *a housing project*
une peinture = un tableau : *a painting*
une galerie d'art : *an art gallery*

une maladie incurable : *an incurable disease*
le décès de qq'un : *s.o.'s death*
une fille adolescente : *a teenage daughter*
une voiture de sport : *a sports car*
un dossier : *a folder*
une soirée d'anniversaire : *a birthday party*
l'amitié : *friendship*
de l'humour noir : *dark humor*
une histoire vraie : *a true story*

*le « h » ne se prononce pas !
**Attention à toutes les voyelles, mettez-les dans le bon ordre !

Verbes

être handicapé(e) : *to be disabled*
être en fauteuil roulant : *to be in a wheelchair**
être en deuil : *to be in mourning**
faire tamponner un formulaire : *to have a form stamped*
être engagé(e) à l'essai : *to be hired for a trial period*
être embauché(e) : *to be hired*
vivre dans le luxe : *to live in luxury*
venir des banlieues : *to come from the projects*
être dans une situation familiale compliquée :
    to be in a complicated family situation
sortir de prison : *to get out of jail*
avoir de mauvaises fréquentations : *to hang around*
    with the wrong crowd
voler qqch à qq'un : *to steal sth from s.o.***
n'avoir rien en commun : *to have nothing in common*
se méfier de qq'un : *to beware of s.o.*
se rapprocher : *to get closer*
s'occuper de qq'un : *to take care of s.o.*
avoir confiance en qq'un : *to trust s.o.****
communiquer par courrier : *to communicate by mail*
avoir des douleurs : *to have aches and pains*

fumer un joint : *to smoke a joint*
peindre : *to paint*
draguer qq'un : *to flirt with s.o.*
se confier à qq'un : *to confide in s.o.*
avoir pitié de qq'un : *to pity s.o.*
être sans pitié : *to have no pity*
se venger de qq'un : *to retaliate against s.o.*
forcer la main de qq'un : *to force s.o.'s hand*
retrouver goût à la vie : *to rediscover a taste for life*
aller au bord de la mer : *to go to the seaside*

Le saviez-vous ?

Le mot « banlieue » est formé de deux mots : le ban (la loi de la grande ville proche) et la lieue (une distance de 2,5 à 4 km, en function des époques). A l'origine, la banlieue est donc le pourtour de la ville, qui obéit aux règles de la ville.

*fauteuil / deuil : c'est le même son et c'est difficile à prononcer !
**Ex : Il a volé un œuf à Philippe. Il lui en a volé un.
***Ex : Philippe a confiance en Driss / en lui.

Adjectifs

tétraplégique : *quadriplegic**
cultivé(e) : *well-read*
raffiné(e) : *refined, sophisticated*
discret (-ète) : *discreet*
veuf (-ve) : *widowed*
digne : *dignified*
provocateur (-trice) : *provocative, defiant*
exigeant(e) : *demanding*

drôle : *funny*
gai(e) : *cheerful*
fort(e) : *strong*
franc(he) : *frank, honest*
dynamique / énergique : *energetic*
insolent(e) : *disrespectful, insolent*
jovial(e) : *joyful*

*Dans le film les personnages disent aussi « tétra ».

Traduisez !

1. Philippe is a quadriplegic in a wheelchair but he is looking for someone who will be funny, energetic and who will not pity him.
2. Driss was coming to have a form stamped but he was hired as a personal aide for a trial period.
3. Philippe and Driss seem to have nothing in common : Philippe is a well-read art lover who lives in luxury, whereas Driss comes from the projects and just got out of jail.
4. Philippe trusted Driss and he was right : he rediscovers a taste for life thanks to him.

2 Repères culturels

1. Dans le film, Philippe est handicapé à cause d'un accident de parapente. Qu'est-ce que c'est ? Y a-t-il des risques ?
2. Driss vient du Sénégal. Où ce pays se situe-t-il et quelles relations a-t-il entretenues avec la France au XXe siècle ?
3. Driss vient de la banlieue et sa famille vit dans une cité. Qu'est-ce qu'on entend quand on dit d'une personne qu'elle vient de la banlieue ? Et quel type de quartier est une cité ? A quelles difficultés particulières les gens doivent-ils faire face dans les cités ?
4. Philippe vit dans un hôtel particulier. Quel genre de logement est-ce ?

La cité de Driss

Pôle Emploi

C'est l'organisme public qui enregistre les chômeurs et les aide à retrouver un emploi.

pôle emploi

ASSEDIC

Jusqu'en 2009, les personnes qui avaient été licenciées ou dont le contrat à durée déterminée arrivait à son terme, recevaient une attestation ASSEDIC qui leur donnait droit aux allocations chômage. Aujourd'hui c'est une attestation Pôle Emploi. Par extension, on dit « être aux ASSEDIC » ou « toucher les ASSEDIC » pour dire qu'on reçoit des allocation chômage.

3 Le contexte

Tout semble opposer Philippe et Driss : leur âge, leur condition sociale, leur milieu familial, leur expérience professionnelle, leur couleur de peau, leurs capacités physiques, leurs goûts et leurs envies. A votre avis, à quelles difficultés pour se comprendre vont-ils faire face ?

4   Bande-annonce

Allez sur le companion website (hackettpublishing.com/cinema-for-french-resources) pour regarder la bande-annonce et répondez aux questions suivantes :

1. Par quoi la bande-annonce commence-t-elle ? Que comprend-on sur Driss et Philippe ?
2. Comment Driss s'occupe-t-il de Philippe au début ?
3. Que font-ils ensemble plus tard ?
4. Quel est le ton général de la bande-annonce ?

5   A savoir avant de visionner le film

- Durée : 1h52
- Genre : Comédie
- Public : Il a été vu par un très large public en France mais est classé R aux Etats-Unis.
- Tournage : Le film a été tourné dans le très chic 7e arrondissement de Paris, ainsi que dans le quartier de Saint-Germain des Prés. La scène de la galerie d'art a lieu au Palais de Chaillot.
- Notes : Le film a eu un succès phénoménal en France et dans le monde. Aux Etats-Unis, certains spectateurs ont été choqués par la représentation de l'homme noir. Souvenez-vous que la France et les Etats-Unis ont des histoires très différentes en ce qui concerne les relations entre les Noirs et les Blancs en général et l'esclavage en particulier.

PREMIERE APPROCHE

1   L'histoire

Les personnages

Le but de cette activité est double :
- Vérifier que vous avez bien compris l'histoire
- Vous préparer à la discussion en classe

Répondez à chaque question en une ou deux phrases. Utilisez le vocabulaire que vous avez appris.

Philippe
(François Cluzet)

Driss
(Omar Sy)

Magalie
(Audrey Fleurot)

Yvonne
(Anne Le Ny)

1. **Situation de Philippe**
   * Avec qui Philippe vit-il ?
   * Comment est sa maison ? Décrivez-la.
   * Qu'est-ce que Philippe apprécie ?

2. **Situation de Driss**
   * Où Driss a-t-il passé les 6 derniers mois ? Pourquoi ?
   * Dans quelles conditions sa famille vit-elle ?
   * Quel travail sa mère a-t-elle ?
   * Qu'est-ce qui inquiète Driss à propos de son frère ?
   * Pourquoi accepte-t-il la proposition de Philippe de le prendre à l'essai ?
   * Qu'apprend-on à la fin sur sa jeunesse ?

3. **Relation Driss-Philippe**
   * Pourquoi Driss s'est-il présenté à l'entretien ? Etait-il intéressé par le poste ?
   * Pourquoi Philippe l'a-t-il choisi ?
   * Comment voit-on qu'ils se rapprochent ?
   * Pourquoi Philippe l'encourage-t-il à quitter son emploi ?
   * De quoi le « voyage » de l'œuf Fabergé est-il symbolique ?

Oeufs Fabergé

Pierre-Karl Fabergé, joailler russe d'origine française, a créé une série d'oeufs précieux entre 1885 et 1917. Ils étaient principalement destinés à la famille impériale. La majorité des oeufs est aujourd'hui dans des musées ou entre les mains de collectioneurs privés, connus pour la plupart. On peut donc supposer que les oeufs de Philippe sont de belles copies.

4. **L'entourage**
   * Quelles sont les responsabilités de Magalie et d'Yvonne ?
   * Quels problèmes Elisa, la fille de Philippe, a-t-elle ?
   * Que pense le frère de Philippe d'avoir choisi Driss ?
   * Comment Philippe se moque-t-il et se venge-t-il de son frère ?

5. **Sorties et vie sociale**
   * Où Driss emmène-t-il Philippe ?
   * La soirée d'anniversaire se passe-t-elle comme prévu ?

6. **Eléonore**
   * De quelle façon Philippe et Eléonore communiquent-ils quand Driss arrive ?
   * Comment force-t-il la main de Philippe pour accélérer la relation ?
   * Que se passe-t-il au rendez-vous prévu dans un café ?

7. **Le parapente**
   * Pourquoi Philippe et Driss partent-ils faire du parapente ?
   * Driss a-t-il envie de faire du parapente ? Pourquoi Philippe ne lui laisse-t-il pas le choix ?

2 Analyse d'une photo

1. Où sont Driss et Philippe ?
2. Pourquoi Philippe est-il venu ?
3. Driss est-il d'accord avec Philippe ?
4. Pourquoi cette scène est-elle mémorable ?
   Pensez au tableau et au sac de M&M.

3 Analyse de citations

Analysez les citations suivantes en les replaçant
dans leur contexte :

1. Driss : « Moi, si je connais Berlioz ? Vous, là, ça
   m'étonnerait que vous connaissiez Berlioz. »
   Philippe : « Ah pourtant, je suis un spécialiste. »
   Driss : « Ah bon, vous connaissez qui là-bas ? »

2. Philippe : « Autrement, comment vous vivez l'idée d'être un assisté ? »
   Driss : [...] « Ca va, merci, et vous ? »

3. Driss : « Si ca m'arrive, je me flingue. »
   Philippe : « Oui mais ça aussi c'est difficile pour un tétra. »

se flinguer = se suicider
un tétra = un tétraplégique

APPROFONDISSEMENT

1 Vocabulaire

Enrichissez votre vocabulaire !

Le but de cette deuxième liste est d'élargir votre champ lexical. Ce
vocabulaire ciblé sur des thèmes du film va vous permettre d'enrichir
votre style.

L'amitié, la solidarité

être ami(e)s de longue date : *to be old friends*
un(e) ami(e) d'enfance : *a childhood friend*
se faire des ami(e)s : *to make friends*
devenir ami(e)s : *to become friends*
une amitié durable : *a lasting friendship*
un(e) ami(e) fidèle : *a loyal friend*
un(e) copain/copine : *1. a buddy, 2. a boy/girlfriend*
la camaraderie : *camaraderie*

la bienveillance : *care, benevolence*
bien s'entendre : *to get along well*
se sentir bien avec qq'un : *to feel comfortable with s.o.*
tenir à qq'un : *to hold s.o. dear*
être disponible pour qq'un : *to be available for s.o.*
se soutenir : *to support one another*
partager : *to share*

Mise en pratique du vocabulaire :

Ecrivez 5 phrases dans lesquelles vous utilisez au moins 10 mots de la liste
ci-dessus.

2 Réflexion - Essais

1. Quels points communs ont les deux hommes ?
2. Peut-on dire qu'ils sont tous les deux handicapés ?
3. Pourquoi deviennent-ils amis ?
4. Les personnages ont d'énormes zones d'ombre : Philippe est en deuil et complètement dépendant, Driss a quitté ses parents et le Sénégal à 8 ans, il sort de prison, sa famille vit dans un appartement surpeuplé dans une cité, son frère semble faire du trafic. Et pourtant, le film n'est pas du tout déprimant. Pourquoi ?
5. Comment / pourquoi Driss rend-il le goût de vivre à Philippe ?
6. Quel impact Driss a-t-il sur Philippe et son entourage ? Et de quelle façon Philippe a-t-il aidé Driss ?
7. Etait-ce une bonne idée de faire venir Eléonore et de ne pas le dire à Philippe ?
8. Qu'est-ce qui est au cœur du film, le handicap ou l'amitié ?
9. Le film a eu un succès spectaculaire, aussi bien en France qu'à l'étranger. Comment peut-on l'expliquer ?

3 Analyse d'une scène : Au café, la nuit (de 45:06 à 48:56 après le début)

> ### Vocabulaire spécifique à cette scène
>
> une fausse couche (*a miscarriage*) • un mi-cuit au chocolat (*a molten chocolate cake*) • coulant (*runny*) • une tarte Tatin (*a kind of apple tart*) • la météo (*the weather*) • s'en sortir (*to pull through*) • se flinguer (*familier, to shoot oneself*)

A. Ecoutez

1. Qu'est-ce que Philippe raconte sur Alice ?
2. Pourquoi le commentaire de Driss sur le mi-cuit est important ?
3. Pourquoi Philippe aimait-il tant le parapente ? Pourquoi en a-t-il fait le jour de son accident, alors que la météo était difficile ?
4. Montrez comment dans cette scène les moments sérieux, intimes, alternent avec des moments comiques.
5. Quelle bonne nouvelle Philippe annonce-t-il à Driss ? De quelle façon est-elle tempérée ?

B. Observez

1. Comment Philippe est-il habillé ? Pourquoi ?
2. Comment les expressions de Philippe changent-elles quand il parle d'Alice ?
3. Comment la scène est-elle éclairée ?
4. Comment la scène est-elle filmée ? Où la caméra est-elle placée ?

C. Cette scène dans l'histoire

Qu'est-ce que cette scène change pour les deux hommes ? Peut-on dire que c'est un tournant dans leur relation ?

Remarquez que la scène a été filmée au très célèbre Café des Deux Magots.

D. Langue

1. Comparatifs et superlatifs

Mettez les mots entre parenthèses au comparatif ou au superlatif.

Ex : Driss espère que la tarte sera _____ (+ bonne) le gâteau.
   Driss espère que la tarte sera meilleure que le gâteau.

   a. Le gâteau est _____ (- cuit) prévu.
   b. Les deux hommes sont _____ (= expressifs) l'un que l'autre.
   c. Philippe et Alice ont eu _____ (+ bonne) relation imaginable.
   d. La mort d'Alice a été _____ (+ mauvais) moment de la vie de Philippe.
   e. Philippe est l'homme _____ (+ riche) que Driss connaisse.
   f. Driss et Philippe ont _____ (= problèmes), ils sont juste différents.
   g. De tous les assistants de Philippe, Driss est celui qui conduit ___ (+ bien).

2. Cause, conséquence et concession

Remplissez les blancs avec les mots de la liste qui conviennent.

à cause de • donc • c'est pourquoi • quand même •
par conséquent • grâce à • comme

   a. _____ c'était une maladie incurable, elle est décédée.
   b. On ne pouvait pas avoir d'enfant, _____ on a décidé d'adopter.
   c. La météo était difficile, il est sorti _____.
   d. Il a eu un accident _____ la météo.
   e. Sa femme n'allait pas s'en sortir, _____ il a pris tous les risques.
   f. _____ la science, il va vivre jusqu'à 70 ans.
   g. Les traitements coûtent cher mais il est riche, _____ il peut payer.

3. Discours indirect

Les phrases suivantes sont extraites du dialogue entre les deux hommes. Mettez-les au discours indirect.

Ex : « On s'est rencontré à 20 ans sur les bancs de Sciences Po. »
   Philippe a raconté qu'ils s'étaient rencontrés à 20 ans sur les bancs de Sciences Po.

   a. Driss : « J'ai vu plein de photos chez vous. Elle est pas mal. »
   b. Philippe : « On a vécu une histoire incroyable. Je vous souhaite de vivre ça au moins une fois dans votre vie. »
   c. Driss : « Je vais prendre une tarte Tatin s'il vous plaît. »
   d. Philippe : « Je n'ai plus que ma tête pour m'élever. »
   e. Driss : « Et les médecins, ils vous disent quoi ? »
   f. Driss : « Si ça m'arrive, je me flingue. »
   g. Philippe : « On est quelle date aujourd'hui ? »

E. Comparaison avec une autre scène

Comparez cette scène avec celle où Driss raconte son histoire familiale à Philippe (1:7:52 à 1:29:00). Dans quelles circonstances racontent-ils ? Pourquoi racontent-ils ?

F. **Sketch**

Le lendemain, Driss et Adama quittent la maison et vont attendre leur mère au métro. Imaginez la conversation, pendant laquelle Driss parle du travail qu'il effectuait chez Philippe et pourquoi il est parti. Quelle attitude sa mère va-t-elle avoir ? Que va-t-elle demander ?

LE COIN DU CINEPHILE

1 Première scène

La première scène (la course poursuite en voiture) est un flash-forward. Pourquoi les réalisateurs ont-ils choisi de commencer le film avec cette scène, plutôt que la suivante, qui est la série d'entretiens avec les candidats ?

2 Comparaison d'affiches

Allez sur le companion website (hackettpublishing.com/cinema-for-french-resources) pour comparer l'affiche française et l'affiche allemande. Préférez-vous une des deux affiches ? Pourquoi ?

3 Musique

La musique joue un rôle central dans le film. Comment est-elle utilisée ?

4 Classement

Le film est considéré tous publics en France mais classé R aux Etats-Unis. Comment peut-on expliquer cette différence ?

AFFINEZ VOTRE ESPRIT CRITIQUE

1 Titre

Pourquoi le film s'appelle-t-il *Intouchables* ? Qu'est-ce que cela veut dire ?

2 Succès public / récompenses

Le film a eu un succès considérable et a bénéficié d'une critique très favorable dans son ensemble. Il a pourtant reçu peu de prix. Comment peut-on expliquer ce décalage ?

3 La comédie sur tous les sujets ?

Le film est une comédie, et pourtant il parle du handicap physique, du chômage, de l'exclusion, du deuil, des inégalités. Est-ce acceptable de faire des comédies sur des sujets graves ?

4 Réaction américaine

Certains Américains ont vivement critiqué le film en disant qu'il était choquant et raciste et qu'il véhiculait des stéréotypes de classe et de race. Qu'en pensez-vous ?

5 Les critiques

1. Thierry Gandillot décrit le film en disant qu'« on en ressort avec une pêche d'enfer*, conscient aussi d'avoir assisté, l'espace de deux heures, à une réconciliation des classes sociales aussi exemplaire qu'exceptionnelle. » (*Les échos*, 2 novembre 2011) Etes-vous d'accord que le film donne une pêche d'enfer, et aussi que cette histoire est exemplaire mais exceptionnelle ?

   *feeling awesome

2. Danielle Attali fait le commentaire suivant à propos d'Omar Sy dans le *Journal du Dimanche* du 30 octobre 2011 : « Les réalisateurs Eric Toledano et Olivier Nakache ont écrit *Intouchables* pour lui, et prétendent même que, sans son accord initial, ils ne s'y seraient pas risqués une seconde. » Il semble donc qu'Omar Sy était indissociable du projet et que c'était le seul acteur envisagé pour le rôle de Driss. Qu'en pensez-vous ? Avez-vous le sentiment qu'Omar Sy porte le film et qu'il est indispensable ?

POUR ALLER PLUS LOIN

1 Parallèles avec d'autres films

1. **Le père :** De nombreux films ont une figure paternelle : *La famille Bélier, Inch'Allah dimanche, Ressources humaines, Les femmes du 6ᵉ étage, Ce qui nous lie, Molière, Intouchables* et *Fatima*. Ces hommes sont-ils très impliqués dans la vie de leurs enfants ? Sont-ils gentils et encourageants, ou distants, autoritaires et injustes ?

2. **Amitié inattendue :** Plusieurs films sont des histoires d'amitié inattendue : *Welcome* (Simon et Bilal), *Joyeux Noël* (les officiers des trois pays en guerre) et *Intouchables* (Philippe et Driss). Pourquoi ces amitiés étaient-elles inattendues ? En quoi les personnages sont-ils différents ? Pourquoi deviennent-ils amis ?

3. **Paris :** Plusieurs films se passent à Paris : *Le fabuleux destin d'Amélie Poulain, Les femmes du 6ᵉ étage, Diplomatie, Intouchables* et *La cour de Babel*. La ville est-elle montrée de façon réaliste ou idéalisée ? Et quels genres de quartier voit-on ? Des quartiers résidentiels ou touristiques ? Privilégiés ou en difficulté ?

4. **Les rapports de classe :** Réfléchissez au rôle joué par les différences de classes sociales dans *8 femmes, Les femmes du 6ᵉ étage, Ressources humaines, Fatima* et *Intouchables*. Quel impact les différences de classes ont-elles sur les rapports entre les personnages ? Les personnages respectent-ils les différences ? Les films se passent dans les années 50, 60, 90 et très récemment. Voyez-vous une évolution ?

2 Imaginez !

1. Driss retourne au restaurant pour aller chercher Philippe après le déjeuner avec Eléonore. Il pose des questions à Philippe qui raconte, plus ou moins, ce qui s'est passé. Ecrivez leur dialogue.

2. Imaginez la suite du film. Que va-t-il se passer entre Philippe et Eléonore ? Quel rôle Driss aura-t-il ? Travaillera-t-il toujours pour Philippe ?

3 Lectures

1. **Entretien avec les réalisateurs paru dans** *Le Journal du Dimanche* **du 29 octobre 2011**

« L'humour, la dérision, c'est notre nature »

Eric Toledano et Olivier Nakache (*Je préfère qu'on reste amis…*, *Tellement proches*, *Nos jours heureux*) signent leur quatrième long métrage.

Comment en arrive-t-on à signer une comédie sur un sujet aussi tragique ?

On a fait trois films pour exister et donner une identité à notre travail. Cette fois, on a voulu raconter une histoire forte sans trahir[1] notre nature, c'est-à-dire : la comédie, l'humour, la dérision. L'idée du film est subversive, la seule façon d'en parler était d'en rire.

Avec un handicapé, un Noir délinquant et la banlieue, vous ne manquez pas d'audace !

Cette irrévérence nous plaisait. A priori, tout était contre nous. Mais on a été poussés par une force qui nous a dépassés. Nos producteurs nous ont soutenus, les chaînes de télé n'ont pas hésité une seconde. Ç'a été un film, finalement, facile à faire. En plus, on avait choisi Omar Sy dès le départ.

Pourquoi lui ?

Parce qu'on a eu un vrai coup de foudre pour ce mec[2]. Il a une façon d'être, de se tenir, d'envoyer les choses qu'on adore. Il est de la trempe[3] des grands acteurs, qui ne sortent pas des cours de théâtre. Quand, en 2002, on lui a demandé de jouer dans notre court métrage, il a lancé : « Mais je ne suis pas un acteur. » On lui a répondu : « Ça tombe bien, on n'est pas des réalisateurs, mais on va faire des choses ensemble. »

L'autre soir, vous avez montré le film à Philippe Pozzo di Borgo, qui est tétraplégique, dont vous racontez l'histoire ici…

Philippe est quelqu'un qui a un humour incroyable. On lui a demandé si ça lui plaisait. Il a répondu : « Oui ! J'applaudis[4] des deux mains. »

Le choix de François Cluzet s'est-il également imposé à vous ?

Il n'a pas été la première personne à laquelle on avait pensé. Mais dès qu'on l'a rencontré, on n'a plus voulu voir personne d'autre. Ce qu'il fait tient de la performance. En plus, il a la générosité d'accepter de rester assis pendant que l'autre joue.

1   without betraying
2   we fell in love with this guy
3   *here:* he has the character and talent
4   I'm clapping

Pourquoi cette histoire vous touche-t-elle à ce point ?

Parce qu'elle est exemplaire. Elle ressemble à un mille-feuille[5]. On trouve le petit frère, la banlieue, la mère, la cité, Paris, les hôtels particuliers, la musique, l'art contemporain, les préjugés… C'est un conte de fées[6] moderne, social et politique, qui dégage une émotion extraordinaire. C'est cela qu'on a voulu traduire à l'écran.

Propos recueillis par Danielle Attali

5   multilayer cake
6   fairy tale

    a.   Pourquoi le sujet et les personnages du film étaient-ils risqués ?

    b.   Comment les réalisateurs ont-ils choisi leurs acteurs ?

    c.   Qu'est-ce qu'ils ont aimé dans cette histoire ?

2.   **Entretien avec Philippe Pozzo di Borgo par Anne-Charlotte de Langhe, publié par *Le Figaro* le 10 novembre 2011**

Philippe Pozzo di Borgo salue « le ton juste » d'*Intouchables*

INTERVIEW - Depuis le Maroc, où il vit désormais, l'homme d'affaires tétraplégique ayant inspiré le film d'Éric Toledano et Olivier Nakache répond aux questions du Figaro.fr.

Qu'avez-vous ressenti à l'issue de la projection du film *Intouchables* ?
Philippe POZZO DI BORGO. - En septembre dernier, Éric Toledano et Olivier Nakache sont venus me montrer leur film chez moi, à Essaouira, où j'avais réuni quelques amis. Nous l'avons regardé sous les étoiles, projeté sur le mur pas très propre de l'enceinte[1] de la maison. J'étais touché personnellement, mais plus encore par l'émotion suscitée chez mes proches[2]. Cinq minutes de silence total ont accompagné le générique de fin ; chacun était dans sa bulle. Il faut croire qu'Eric et Olivier ont su trouver le ton juste[3], faire la part des choses, entre le rire et l'émotion. Suffisamment, en tout cas, pour atteindre ce que je pourrais appeler un état de grâce.

La scène du casting marque le point de départ de votre histoire avec Abdel (Driss/Omar Sy). Est-elle conforme à la réalité ?
Parfaitement. Je l'ai vécue ainsi, exactement comme je l'ai décrite dans mon livre (*). Abdel était arrivé à 8h30 à l'entretien, uniquement pour faire tamponner[4] son papier qui lui permettrait de toucher le chômage[5]. Il n'avait absolument pas l'intention de rester.

Aviez-vous une idée précise du « profil » recherché ?
À l'origine - et c'est l'une des petites différences entre la réalité et ce qui est raconté dans *Intouchables* - je cherchais quelqu'un pour m'aider à assister ma femme. À l'époque, mon épouse Béatrice, malade, vivait ses derniers mois. Préoccupé par sa survie, j'avais besoin d'une personne susceptible[6] d'assurer mon autonomie afin de m'occuper d'elle le mieux possible.

Certains passages du film ont été romancés pour les besoins du scénario. Auraient-ils néanmoins pu trouver leur place dans votre véritable histoire ?
Il y a bien eu des échanges épistolaires avec une jeune femme. Mais pas seulement… Mes courriers étaient en outre moins ampoulés[7] que le dit le

1   wall around the property
2   family and friends
3   the right tone
4   stamp
5   get his unemployment benefits
6   capable of
7   flowery

film. De même que je n'ai jamais fait appel à une masseuse thaï pour me caresser les oreilles, pas plus qu'il n'y eut de dossier « PUTES[8] » pour trier ma correspondance. Ce n'est pas mon genre : je suis un romantique ! De même, Abdel ne chante pas...mais il tape[9]. Fort !

Votre séparation s'est-elle faite dans la douleur[10] ?

Il fallait rester pragmatique : Abdel n'allait pas pousser un fauteuil toute sa vie. Nous avons mis fin à notre collaboration sans difficulté, ni tristesse. Une page de notre histoire se tournait, après dix années au cours desquelles nous avions eu besoin l'un de l'autre.

(*) *Le Second souffle* (Bayard éditions)

8   whores
9   he hits
10 Was your separation painful?

a.   Qu'est-ce que Philippe Pozzo di Borgo a pensé du film ?

b.   Comment ses proches ont-ils réagi ?

c.   Comparez le film et l'histoire originale. Qu'est-ce qui est identique / différent ?

3.   **Impact du film**

L'article suivant, par Delphine de Mallevoüe, a été publié par *Le Figaro* le 8 novembre 2012, un an après la sortie du film.

Handicap : *Intouchables* a changé le regard des Français

Un sondage[1] Ifop montre que le film à succès a été plus efficace sur l'opinion que les campagnes nationales de sensibilisation[2].

Le regard[3] de la population sur le handicap aurait changé depuis 3 ans. Pas tant en raison des[4] campagnes de sensibilisation ou des effets de la loi de 2005 que grâce au film *Intouchables*. C'est ce que révèle un étonnant sondage Ifop mené auprès de salariés et de chefs d'entreprise pour l'Association de gestion du fonds pour l'insertion professionnelle des personnes handicapées (Agefiph).

Réalisé pour les 25 ans de cet organisme, et alors que s'annonce la semaine pour l'emploi des personnes handicapés le 12 au 16 novembre, le sondage montre que les employés désignent ce film à succès comme le principal facteur (34 %) ayant contribué à faire évoluer leur regard. Au même titre que la rencontre avec une personne handicapée dans la vie personnelle, pour 34 % des sondés. Autre événement cité comme déterminant : les Jeux paralympiques de Londres (28 %), devant les campagnes de communication sur le handicap (26 %), l'expérience personnelle d'un accident ou d'une immobilisation (25 %) ou l'effort fait par les entreprises pour l'intégration des personnes handicapés (23 %).

S'ils sont 60 % de dirigeants d'entreprise[5] et 56 % de salariés à affirmer que leur regard a évolué de manière positive ces dernières années, un paradoxe saisissant vient pourtant relativiser[6] leurs déclarations avec un cliché à la peau dure[7] : pour la très grande majorité des salariés (88 %) et des dirigeants (72 %), un employé handicapé est selon eux une personne en fauteuil roulant. Les campagnes institutionnelles ont beau répéter année après année que les trois quarts des handicaps sont invisibles (problèmes cardiaques, auditifs, diabète, etc.), le stéréotype de la chaise roulante continue de dominer très largement les représentations.

1   a poll
2   awareness campaigns
3   *here:* the opinion
4   Not so much because of
5   company leaders
6   put in perspective
7   persistent

Un fort taux de chômage

Autre résultat contradictoire : à la question « l'entrée en vigueur de la loi de 2005 destinée à favoriser l'accès des personnes handicapées à la vie professionnelle vous a-t-elle incité à modifier vos habitudes sur l'emploi des personnes handicapées ? », 57 % des sondés répondent non. Alors qu'ils étaient 77 % à déclarer leur intention de les modifier une fois la loi votée, dans une étude Agefiph de 2005.

Patrons et salariés sont également 56 % à penser que cette loi n'est pas respectée par les entreprises, tout en estimant que la situation des personnes handicapées par rapport à l'emploi s'est améliorée au cours des trois dernières années, tout comme leurs conditions de travail.

Dans la réalité, le taux[8] d'emploi des handicapés « a considérablement augmenté, affirme Odile Menneteau, présidente de l'Agefiph, et les regards ont bel et bien[9] changé même si les chefs d'entreprise estiment encore que l'embauche d'un salarié handicapé reste difficile ». Depuis 2005, elle constate une hausse[10] de 50 % du nombre de salariés handicapés dans les entreprises, avec « un bond[11] de 27 % pour les seules années 2008 à 2010 », remarque-t-elle. Un progrès incontestable qui n'éclipse pourtant pas le fort taux de chômage de cette population, toujours en augmentation. En 2012, 7,5 % des demandeurs d'emploi sont handicapés, soit 340 000 personnes, alors qu'ils étaient 6,4 % en 2011. « C'est évidemment dû au contexte de crise économique mais aussi au nombre croissant de personnes qui déclarent un handicap », explique Odile Menneteau.

Aujourd'hui, deux entreprises sur 10 ne remplissent[12] pas leur obligation d'emploi de personnels handicapés (toute entreprise de 20 salariés doit en employer 6 %). Elles sont 1 500 en France à être pénalisées à hauteur de « 1500 fois le smic[13] par bénéficiaire non employé », explique l'Agefiph, ce qui représente une « sur-contribution » de 22 millions d'euros par an.

8   rate
9   *here*: certainly
10 increase
11 jump
12 fulfill
13 minimum wage

    a. Quels sont les deux principaux facteurs qui ont fait changer le regard de la population sur les handicapés ?

    b. Qu'est-ce que les gens imaginent toujours quand ils pensent « handicap », malgré les campagnes de sensibilisation ?

    c. Qu'est-ce qui est contradictoire en ce qui concerne l'emploi ? Comment peut-on expliquer cette contradiction ?

Récapitulons !

- Quels sont les quelques mots qui vous viennent à l'esprit quand vous pensez à ce film ?
- Qu'avez-vous appris en le regardant ?
- Pouvez-vous expliquer pourquoi il a eu tellement de succès ?

Index Culturel

Histoire

XVIIe

Arras (le siège d') : *Cyrano de Bergerac*
Duel : *Cyrano de Bergerac / Ridicule*
Louis XIII : *Cyrano de Bergerac*
Louis XIV : *Cyrano de Bergerac*
Mousquetaire : *Cyrano de Bergerac*
Richelieu : *Cyrano de Bergerac*

XVIIIe

Déclaration des Droits de l'Homme et du Citoyen : *Ridicule*
Duel : *Cyrano de Bergerac / Ridicule*
Epée (l'Abbé de l') : *Ridicule*
Louis XV I : *Ridicule*
Lumières : *Ridicule*
Ordres : *Ridicule*
Marie-Antoinette : *Ridicule*
Révolution française : *Ridicule*

XIXe

Guillotine : *La veuve de Saint-Pierre*
Haussmann : *Les femmes du 6e étage*
Seconde république : *La veuve de Saint-Pierre*

XXe

Première Guerre mondiale (f) : *Joyeux Noël*
Seconde Guerre mondiale (f) : *Au revoir les enfants / Diplomatie*
Années 50 : *8 femmes*
Années 60 : *Les femmes du 6e étage*
Années 70 : *Inch'Allah dimanche*

Langue et littérature

Aragon : *8 femmes*
Comédie : *Molière*
Coppée : *Le fabuleux destin d'Amélie Poulain*
Fort : *Le fabuleux destin d'Amélie Poulain*
Illustre-Théâtre : *Molière*
Molière : *Molière*
Préciosité : *Cyrano de Bergerac*
Roman policier : *8 femmes*
Rostand : *Cyrano de Bergerac*
Rousseau : *Ridicule*
Salons : *Molière*
Voltaire : *Ridicule*

Lieux

Algérie : *Inch'Allah dimanche*
Bourgogne : *Ce qui nous lie*

Calais : *Welcome*
Dombes (la) : *Ridicule*
Manche (la) : *Welcome*
Martinique : *La veuve de Saint-Pierre*
Mayenne : *La famille Bélier*
Métropole (la) : *La veuve de Saint-Pierre*
Montmartre : *Le fabuleux destin d'Amélie Poulain*
Paris : *Cyrano de Bergerac / Diplomatie / Les femmes du 6e étage / Le fabuleux destin d'Amélie Poulain / La cour de Babel / Intouchables*
Saint-Pierre-et-Miquelon : *La veuve de Saint-Pierre*
Saint-Quentin : *Inch'Allah dimanche*
Versailles (le château de) : *Ridicule*

Art

Renoir, Auguste : *Le fabuleux destin d'Amélie Poulain*
Vermeer, Johannes : *Cyrano de Bergerac*

Société / politique

35 heures : *Ressources humaines*
Banlieues : *Fatima / Intouchables*
Bourgeoisie : *Molière / Ridicule / 8 femmes*
Campagne : *La famille Bélier / Ce qui nous lie*
Chambre de bonne : *Les femmes du 6e étage*
Chômage : *Ressources humaines*
Divorce : *Inch'Allah dimanche / Les femmes du 6e étage*
Ecole : *Au revoir les enfants / La cour de Babel*
Education : *8 femmes*
Grandes écoles : *Ressources humaines*
Grève : *Ressources humaines*
Guillotine : *La veuve de Saint-Pierre*
Handicap : *La famille Bélier / Intouchables*
Héritage : *Ce qui nous lie*
Immigration : *Les femmes du 6e étage / Inch'Allah dimanche / Fatima / Welcome / La cour de Babel*
Langue des signes : *La famille Bélier / Ridicule*
Migrations : *Welcome*
Mobilité sociale : *Ressources humaines / Fatima*
Noblesse : *Molière / Ridicule*
Ouvriers : *Ressources humaines*
Peine de mort : *La veuve de Saint-Pierre*
Regroupement familial : *Inch'Allah dimanche*
Syndicats : *Ressources humaines*
Université : *Fatima*
Vin : *Ce qui nous lie*
Vote des femmes : *8 femmes*

Index des Acteurs et Actrices

Credits

We have made every effort to trace the ownership of all copyrighted material and to secure permission from copyright holders. In the event of any question arising as to the use of such material, we will be pleased to make the necessary corrections in future printings. We thank the following authors, publishers, and agents for permission to use the material included.

Illustrations

Frontmatter
xi · Shutterstock / Rainer Lesniewski

Inch'Allah Dimanche
1, 2, 9 (top), 10, 14 · © Film Movement
4 · © France Voyage
5 · Insee
11 (top) · iStock Photo / Avner Richard

Ressources humaines
42 · Directphoto Collection / Alamy Stock Photo
39, 45, 46, 47 (bottom), 50, 51 · © Haut et Court
52 · Jastro / Wikimedia Commons. Public Domain
56 · Wikimedia Commons / peco / CC BY-SA 3.0

Joyeux Noël
60, 72, 77 · Nord-Ouest Productions
63 · Wikimedia Commons / historicair GNU Free Documentation License
64 · Courtesy of the Library of Congess

Fatima
80 · © Pyramide Films

Le fabuleux destin d'Amélie Poulain
100 (top) · Wikipedia. Public Domain
100 (bottom) · Shutterstock / Will Aronson
103, 110 (top) · © Anne-Christine Rice
110 (bottom) · © Patrick Clément, Ecole Nationale Supérieure des Télécommunications. Used by permission.
111 · Wikipedia. Public Domain
112 · Shutterstock / Niserin
113 · iStock Photo / Alex Klochkov

Ce qui nous lie
128–29 · Courtesy of Nathalie and Jean-Claude Theulot

La famille Bélier
133 · Allstar Picture Library Ltd. / Alamy Stock Photo
136 · Shutterstock / GiulianiBruno

Ridicule
144 (top) · Wikipedia. Public Domain
144 (center) · Shutterstock / nui7711
144 (bottom) · Wikipedia. Public Domain
145 · Wikipedia. Public Domain

161 · iStock Photo / Ken Saigle
162 · Wikipedia. Public Domain
164 · Wikipedia. Public Domain
166 · Wikipedia. Public Domain
167 · Wikipedia. Public Domain

La veuve de Saint-Pierre
172, 173 (top), 181, 182, 183, 184, 185 · Gift of André Lafargue

Les femmes du 6ᵉ étage
194, 208, 209 · © Anne-Christine Rice

Welcome
221 · © Nord-Ouest Productions
223 · © Élodie Ratsimbazafy. Used by permission.

Au revoir les enfants
231 · © Roger-Viollet
235, 239 · © Archives des Carmes d'Avon. Used by permission.
244, 245, 247 · © With the kind permission of Andrée Anglard.

8 femmes
250–51 · © Canal +
267 (top) · Centre de documentation de Planning Familiale, Paris. Used with permission.
267 (bottom) · © Roger-Viollet
268 · © Albert Harlingue / Roger-Viollet
269 (top) · © iStock Photo / Crobard
270 · © iStock Photo / Nikolay Staykov

Cyrano de Bergerac
271, 278 (center) · © Orion Classic / Photofest
274, 275, 276 (top), 277, 278 (top, bottom), 282, 283 (top), 287, 288, 289, 290 · Collection of Kathia David and Thomas Sertillanges / Image BnF
286 · Wikimedia. Public Domain.

Diplomatie
296 (bottom) · Bundesarchiv, Bild 183-E1210-0201-018 / CC-BY-SA 3.0
298 · Wikipedia. Arnaut 25. CC BY-SA 4.0
306 · Courtesy of the Library of Congress
309 · Courtesy of Le Monde

Molière
315 (top) · © iStock Photo / traveler1116
315 (bottom) · Wikipedia. Public Domain
323 · © Photo 12 / Alamy Stock Photo

Texts

Inch'Allah Dimanche
17–19: Cité nationale de l'histoire de l'immigration, www.
    histoire-immigration.fr, 2012

La Cour de Babel
33–35: © L'Obs / Marie-Elisabeth Rouchy, October 23, 2014
35–37: © Bayard/La Croix / Nathalie Birchem, November 16,
    2017

Ressources humaines
52–53: © L'Express / Anne Vidalie, October 10, 2002
54: © Marc Durin-Valois / Le Figaro Magazine, May 24, 2008
55–56: © Le Monde / Adrien Naselli, April 15, 2019

Joyeux Noël
75–76: Letter of Marcel Decobert, courtesy of CRID
77–78: © Historia / François Quenin, November 2005

Fatima
90–91: © Centre d'observation de la société, September 24, 2012
91–93: © Observatoire des inégalités, June 19, 2019
93–94: © L'Express, February 7, 2019

Le fabuleux destin d'Amélie Poulain
110–11: © Journal Français / Danielle Plusquellec, January 2002
11–13: © Jean-Pierre Lavoignat and Michel Rebichon / Studio
    Magazine

Ce qui nous lie
126–28: © Le Monde / Laure Gasparotto, April 14, 2016
128–30: © Réussir ma vie / Michèle Longour, August 6, 2019

La famille Bélier
144–46: © Louane Emera / Mars Films
146–48: © Première, April 30, 2017

Ridicule
162–63: © Rémi Waterhouse, Les éditions Le Pré aux Clercs, un
    département de Place des éditeurs, 1996

La veuve de Saint-Pierre
182–85: With kind permission of Marc Cormier (www.
    grandcolombier.com)
187–88: © ladocumentationfrancaise.fr, 2001

Les femmes du 6ᵉ étage
193: © Natacha Lillo / Cité Nationale de l'Histoire de
    l'Immigration, www.histoire-immigration.fr
203–7: © SND Films / cinemovies.com

Welcome
223–24: © Francois Béguin / Le Monde, June 1, 2012
225–27: © Elisa Perrigueur / Le Monde, June 18, 2019

Au revoir les enfants
244–48: With kind permission of Yves Guiet

8 femmes
264–65 © Seghers; Louis Aragon, La Diane française (1946)

Cyrano de Bergerac
291–92 © L'Express and René Bernard, March 23, 1990

Diplomatie
307–8: © Volker Saux / GEO Histoire, August 2014
308–310: © Angela Bolis / Le Monde, August 25, 2014

Intouchables
346–47: © Danielle Attali / Le Journal du Dimanche, October
    29, 2011
347–48: © Anne-Charlotte De Langhe / Le Figaro.fr / November
    10, 2011
348–49: © Delphine de Mallevoüe / Le Figaro.fr / November 8,
    2012